警官高等职业教育"十三五"规划教材

商法教程

SHANG FA JIAO CHENG

主　编◎郑昆白
副主编◎陶　政
撰稿人◎（以编写章节先后为序）
　　　　郑昆白　陶　政　方劲华
　　　　吴　瑞

中国政法大学出版社

2021·北京

图书在版编目（ＣＩＰ）数据

商法教程/郑昆白主编. —北京:中国政法大学出版社,2021.8
ISBN 978-7-5620-9993-2

Ⅰ.①商…　Ⅱ.①郑…　Ⅲ.①商法－中国－高等职业教育－教材
Ⅳ.①D923.99

中国版本图书馆CIP数据核字(2021)第149730号

- -

出 版 者	中国政法大学出版社
地　　址	北京市海淀区西土城路 25 号
邮寄地址	北京 100088 信箱 8034 分箱　邮编 100088
网　　址	http://www.cuplpress.com (网络实名：中国政法大学出版社)
电　　话	010-58908435(第一编辑部) 58908334(邮购部)
承　　印	固安华明印业有限公司
开　　本	720mm×960mm　1/16
印　　张	24.5
字　　数	453 千字
版　　次	2021 年 8 月第 1 版
印　　次	2021 年 8 月第 1 次印刷
印　　数	1～5000 册
定　　价	69.00 元

■■■■ 主编简介

郑昆白　1988 年 7 月毕业于华东政法大学法律系，法学硕士。历任安徽警官职业学院教务处处长，法律一系系主任。现任安徽警官职业学院教授，信息管理系主任，二级警监。曾任国家级和省级《法律事务》专业带头人、省级教学团队负责人。学院学术委员会委员、教学工作委员会委员。院级教学名师。安徽陈有志律师事务所兼职律师，长期坚持法律实践服务，具有丰富民商事法律问题的办案经验。

曾任西南政法大学客座教授，安徽省人大立法咨询专家，中国科学技术大学特聘教授、法律硕士研究生导师，中国法学会会员，安徽法学会国际法学会副会长。曾获省级多媒体教育软件"软件系统"二等奖；安徽省司法厅首届法学教育论文评选特等奖。成功申报《司法信息安全》《大数据技术与应用》《商务数据分析与应用》三个新专业。

在国家级和省级学术期刊上发表学术论文十几篇；主编司法部部级规划教材和警官高等职业教育"十二五""十三五"规划教材四部。

✦✦ 编写说明

　　作为高等职业教育的重要组成部分，警官高等职业教育正随着经济社会的快速发展和一线政法工作对专门人才的迫切需求而与时俱进。近年来，全国司法类高职院校都积极探索高职教育教学规律、完善专业人才培养模式，以适应经济社会发展对司法类专门人才的客观需求，创新内容涉及各个方面，包括专业建设、课程建设、师资队伍建设等，当然也少不了至关重要的教材建设。编写一套以促进就业为导向、以能力培养为核心、以服务学生职业生涯发展为目标、突出当前警官高等职业教育教学特点的系列规划教材就显得尤为重要。

　　为适应司法类专业人才培养的需要，安徽警官职业学院决定遴选理论功底扎实、教学能力突出、实践经验丰富的优秀教师组成编写组，对警官高等职业教育原有的系列教材进行重新编写。本次编写按照"就业导向、能力本位、任务驱动"等职业教育新理念的要求，紧紧围绕培养高素质技能型人才开展工作。基础课程教材体现以应用为目的，以必需、够用为度，以讲清概念、强化应用为教学重点；专业课程教材加强针对性和实用性。同时，遵循高职学生自身的认知规律，紧密联系司法工作实务、相关专业人才培养模式以及课程教学模式改革实践，对教材结构和内容进行了革故鼎新的整合，力求符合教育部提出的"注重基础、突出适用"的要求，在强调基本知识和专业技能的同时，强化社会能力（含职业道德）和应用能力的培养，把基础知识、基本技能和职业素养三者有机融合起来。

　　本系列教材的主要特点是：

　　1. 创新编写思路，培养职业能力。"以促进就业为导向，注重培养学生的职业能力"是高等职业教育课程改革的方向，也是职业教育的本质要求。本系列教材针对司法类高职院校学生的特点，在教材编写过程中突出实用性和职业性，以我国现行的法律、法规和司法解释为依据，使学生既掌握法学原理，又明晓现行法律制度，提高学生运用法律知识解决实际问题的能力。同时，在教材内容编排上，本系列教材遵循由浅入深和工作过程系统化的编写思路，为学生搭建合理的知识结构，以充分体现高职的办学要求。

2. 体例设计新颖，表现形式丰富。为了突出实践技能培养，践行以能力为本位的职业教育理念，本系列教材改变以往教材以理论讲述为主的教学模式，采用新颖的编写体例。除基本理论外，本系列教材在体例上设置了学习目标、工作任务、导入案例、案例评析、实务训练、延伸阅读等相关教学项目，并在每章结束时通过思考题的形式，启发学生巩固本章教学内容。该编写体例为学生课后复习和检验学习效果提供便利，对提高学生的学习兴趣、促进学以致用、丰富教学形式、拓宽学生视野、提升职业素养具有积极的推动作用。

3. 课程针对性强，职业特色明显。高等职业教育教材突出相关职业或岗位群所需实务能力的教育和培养，并针对专业职业能力构成来组织教材内容。法律实务类专业在社会活动中具有与各方面接触频繁、涉及面广的特点，要求学生具有较高的综合素质和良好的应变能力。因此，本系列教材采用案例教学法，通过案例导入，并辅以简洁的案例分析，提供规范的实务操作范例，使学生能够更为直观地体会法律的适用，体验工作的情境和流程，增强学生的综合能力。

4. 文字表述简洁，方便学生使用。本系列教材在概念等内容编写中，尽量采用简洁明了的语言表述，使学生明确概念的要点即可，从而避免教材"一个概念多个观点""理论争论较多"的现象。

本系列教材共 16 本，在其编写过程中借鉴吸收了相关教材、论著的成果和资料；中国政法大学出版社也给予作者们大力支持和指导，责任编辑在审读校阅过程中更是付出了辛勤的劳动，在此我们深表谢忱。同时，由于时间紧、任务重，教材中难免出现不足和疏漏，恳请广大师生和读者给予批评指教，以便我们再版时进一步改进和提高教材质量，更好地服务于警官高等职业教育事业的发展。

警官高等职业教育"十三五"规划教材编审委员会

2019 年 3 月

❖❖ 前 言

　　高等法律教育职业化、法律的生命不在于逻辑而在于实践已成为社会的广泛共识。作为高等教育的重要组成部分，警官类高等职业教育以培养高素质技能型法律专门人才为目标，对理论知识的传授以"必需、够用"为度，适应职业性和应用技能培养的要求。为了适应培养职业技能型人才的客观需要，确保因材施教，在中国政法大学出版社的大力支持下，我们尝试以一种新的方式编写了《商法教程》这本教材，以期为高等法律职业教育的教材建设提供建设素材。

　　参与本教材编写的人员均是长期执教教学一线的教师和执业律师，具有丰富的教学实践经验和法律实务经验。本教材具有如下鲜明特点：

　　1. 系统性。本教材注重商法的基本概念、基本原理和基本实务问题的分析和阐述，释义准确、重点突出、系统科学、结构严谨、逻辑严密，便于学生有针对性地学习和掌握相关知识点，并运用基本原理解决实际问题，真正做到学以致用。

　　2. 实用性。本教材通过对基本知识、基本实务问题的科学编排和准确阐述，教学素材（包括典型案例导入、基本理论和知识、法律提示、相关法律链接、案例点拨和实战训练）的精心选取，实践教学环节的组织以及相关问题的展现，将知识和技能有机地融合起来，突出了职业性、应用性的要求，注重对学生应用能力包括识别能力、归纳能力、解释能力、提高能力的培养和训练，真正实现"教、学、练、战"一体化。

　　3. 针对性。本教材的编写，在突出职业性和应用性特点、强调理论与实践紧密结合的同时，坚持"以市场需求为导向，增强学生就业竞争力为核心"的宗旨，紧密联系学生就业工作实际，兼顾学生和广大读者参加国家司法考试、公务员考试、人民警察招录考试和学历提升考试的需要。

4. 通俗性。本教材力求用典型的案例和深入浅出的阐述，使抽象的专业术语及复杂的理论浅显易懂，易于学生掌握。针对警官高等职业教育的特殊性，本教材在内容方面不涉及比较法学和学术争论等理论问题，对现行立法与司法解释中的某些不足之处亦不作评析。因此，本教材既是警官高等职业学院和警官、司法从业人员业务培训的首选教材，又可以作为其他类型职业学校、高等专科、高等学校法律事务专业的实用教材，还可供广大法律爱好者自学之用。

本教材由郑昆白教授任主编，陶政副教授任副主编，全书共六章，具体写作分工如下（按编写章的先后排序）：

郑昆白：第一章、第二章；

陶　政：第三章、第四章；

方劲华：第五章；

吴　瑞：第六章。

编　者

2021 年 4 月

⫶⚬ 目　录

第一章

商法总论

第一节　商法概论

一、"商"的含义

什么是"商",这是我们学习商法首先必须搞清楚的问题。当代各国商法并没有对什么是"商"进行解释,依通常的理解,"商"即买卖或者交易行为。但是,对"商"的含义,可以从社会学、经济学和法学的不同角度进行理解。

（一）社会学上对商的理解

在我国古代,商被理解为是商品交换的活动,即买卖活动。例如:《汉书》称"通财鬻货曰商"。《白虎通》称"商其远近,度其有无,通四方之物,故谓之商"。这些都是我国古代基于当时的社会条件对商的最早理解。

上古是商业发展的初期,主要实行以物易物的交换手段,因而,当时所谓的"商"仅仅是指媒介货物直接交换的行为。这种将"商"视为买卖的理解反映了当时社会对"商"的朴素认识。

在现代社会学意义上,"商"一般是指介于农业、工业之间以及工农业等生产者与消费者之间,与农业、工业等相对应的一种社会分工。它是社会职业的一种分类,也是社会经济的一个部门。

（二）经济学上对商的理解

随着商业的发展,产生了以货币为媒介的财产货物交易。特别是到了近现代,交通逐渐发达,商品的种类和数量大幅度增加,商业活动日益繁荣,人们对"商"又有了新的认识,即将"商"视为"以营利为目的的各种商品交换行为"。或者,商"是指以营利为目的,直接从事媒介财货交易的行为。换言之,商就是介于农业、工业等生产者与消费者之间,直接进行媒介财货交易,调剂供需,而从中获取利润的行为"。这是经济学上对商的理解。

在现代经济学意义上,"商"被理解为沟通生产与消费的中间环节,它是产品进入流通市场的行为，是产品从生产者手中流转到消费者手中的渠道，是生产方式的一种。经济学上所说的商，仅仅是狭义商的解释。

（三）法学上对商的理解

在现代社会，商品经济进一步发展，以营利为目的的经济活动的范围不断扩大，除直接媒介财货交易的"买卖"外，营利性的行为还表现在金融业、运输业、服务业、信息技术贸易业、印刷业、出版业等领域。而经济学对商的概括并不能完全涵盖这些领域。

在现代法学上所说的"商"，不仅仅包括流通领域，还包括生产领域，因此，可以认为这是对"商"的广义解释。但是，它并不是指所有的生产和流通行为，而是只有生产和流通与经营联系在一起，即生产和流通是为了一定的营利为目的之时，这种行为才可以被视为法律意义上的商。从这一角度理解，法律意义上的商，是一种特指的经营活动，而不是一般的贸易活动。

从法律上理解商，重点不在于商的方式（即是否处于流通和生产环节），而在于理解商的目的（即是否属于营利性活动），以及商的主体资格（即从事这种营利性活动的行为人具有法律上所赋予的能力）。概括地说，商法上的"商"是指营利性营业活动和事业的总称。

按照商法学者的归纳，现代商法中商的范围大致可以分为以下几类：

第一，直接媒介财货交易以及传统上被纳入基本商事活动的"固有商"，如交易所交易、买卖商交易、证券交易、票据交易、海商海事活动等。学说中又将其称之为"第一种商"。

第二，间接以媒介货物交易为目的的营业活动，它实际上是某种辅助"固有商"营业得以实现的"辅助商"，如货物运送、仓储、代理、行纪、居间、包装等。学说中又将其称为"第二种商"。

第三，虽不具有直接或间接媒介货物交易的行为目的，但其行为性质与"固有商"和"辅助商"有密切联系或者为其提供商业条件的营业活动，如银行、融资、信托、承揽、制造、加工、出版、印刷、摄影营业等。学者又将其称为"第三种商"。

第四，仅与"辅助商"或"第三种商"有牵连关系的营业，如广告宣传、人身与财产保险、旅馆营业、饭店酒楼、戏院舞厅、旅游服务、娱乐营业、信息咨询等，此种商事营业与"固有商"的联系已极为间接，学者多将其称为"第四种商"。

总之，商是对社会生活中生产经营活动性质的概括，这一法律抽象的作用在于将整个社会具有重要意义的生产经营活动独立出来，使商法得以对由其形成的社会关系进行专门的法律调整。可以说，商法中关于商事主体、商事行为、商事能力、商事登记、商事责任等一系列概念、规则和制度均建立在对于商的理解上。

二、商法的概念

商法，又称商事法，是调整商事关系的法律规范的总称。

在传统的商法理论中，商法有形式意义上的商法和实质意义上的商法两种分类：

（一）形式意义上的商法

所谓形式意义上的商法，是指在民商分立的国家所制定的、并以"商法典"命名的法律。形式意义上的商法通常包括：商法一般规则、商事公司、破产、票据、保险、海商等基本制度。据不完全统计，世界上大约有40多个国家有形式意义上的商法，主要有法国、德国、比利时、葡萄牙、西班牙、日本、韩国、美国、巴西以及阿根廷等国。

（二）实质意义上的商法

实质意义上的商法是指以商事为规范对象的各种法律规范。这些规范有的规定在宪法中，有的规定在民法、经济法、行政法中，有的规定在单独的法律中，甚至有的在判例、规则中也有所反映。

至于根据商法典或者宪法的规定所制定的各种商事单行法，如公司法、票据法、保险法、海商法等，虽未冠以"商法"之名，但都被视为商法的特别法。就其实质而言，都是以商事为调整对象，规范其特有生活关系的法律法规。

因此，在市场经济条件下，一个国家可能没有商法典，但一个国家不可能没有关于商事的法律法规。或者说，一个国家可能没有形式意义上的商法，但不可能没有实质意义上的商法。

我国目前的商法类型属于实质意义上的商法。近几年，为适应改革开放的需要，我国颁布了大量涉及商事主体和商事行为的法律法规，如：公司法、票据法、海商法、保险法、担保法、商业银行法、反不正当竞争法、合同法以及其他有关集体、个体、独资和涉外方面的法律法规，这些法律法规基本上构建了我国实质意义上的商法体系。

在大陆法系国家中，商法还可以进一步分为商事普通法、商事特别法和商事习惯法。

1. 商事普通法是指调整商事基本关系的一般规则的总称，其内容包括有关商法的原则、商事主体、商事行为、商事登记、商业名称、商业账簿、对商事行为的一般控制制度等。商事普通法在民商分立国家中表现为统一的商法典，而在民商合一国家中则多表现为民法中的特别规则或者单行法。但无论采取何种形式，它们均对各种类型的商事关系具有普遍的适用力。

2. 商事特别法，又称商事部门法，是指调整某一特定范围的商事关系的商法规范的总称。例如，大陆法系各国普遍存在的公司法、保险法、破产法、票据法、海商法、仲裁法等均属于商事特别法。商事特别法是对特定商事关系的专门调整，一定的商事特别法仅适用于特定范围的商事关系，对其他类型的商事关系不具有普遍适用力，这不同于商事普通法。

3. 商事习惯法，是指在商事实践中形成的经国家确认、调整商事关系的习惯规则，通常具有非成文性和行业规则性的特点。按照各国司法实践，商事习惯法对于成文法具有补充适用意义。

三、商法的特征

商法的特征是商法区别于其他法律部门的主要标志，是商法本质的外在表现形式。商法主要具有以下特征：

（一）营利性

商事主体从事商事活动，其直接和主要目的就在于营利。或者说，营利是商人从事经营活动的终极目的，是商事活动的根本价值追求。商法的营利性并不表现为教会人们如何去营利，而是以法律制度来规范商事主体从事的以营利为动机的商事行为。从这个意义上说，商法的整个制度设计是为了满足商事主体的营利性要求。

一方面，商法为商事主体的设立以及其内在组织运作提供法律规范，确认商事主体从事营利活动的主体资格。比如，公司法、合伙企业法以及独资企业法中有关企业组织的规定，为营利性组织的设立提供了法律依据。另一方面，商法为各种商事行为提供法律依据，确认以营利为目的的商事行为的合法性，并保障其目的的实现。比如，公司法关于公司债、股份的发行与交易，票据法关于票据行为的规定，保险法关于保险合同的规定等，均为商事行为提供了规范依据。

（二）特定性

商法作为一个特殊的法律部门，它所调整的对象是特定的商事法律关系。它仅适用于履行了商事登记而具有商事主体资格的人和商事行为。多数国家的法律规定，非商人及商事行为，不得使用商法。

（三）技术性

近代学者从社会学的角度，把法律条款分为伦理性条款和技术性条款。民法、刑法等法律，其条款绝大多数属于伦理性条款。比如：刑法中的不得杀人，民法中的买卖双方应当诚实守信等。

而商法则从实用的角度出发，强调技术规则。从产生之初商法就具有专门性及职业性，发展至今，虽几经变化，但其始终是对市场经济进行调整的直接法律规范，为市场经济主体的营利活动提供了具体的规则。因此，市场经济的一些基本要求和基本内容都与商法有密切联系。

市场经济客观上要求法律尽可能使商事主体的设立程序化，使商事行为的规则简洁化，以利于经济活动的快捷发展，即要求商法规范具有可操作性和实用性。这就使得商法规范不同于反映道德的伦理法，而包含有大量的技术规范。如公司法中公司的设立规则，股东会、董事会的组成以及会议程序，股份发行、上市的规则；票据法中关于票据的文义性、要式性、无因性的规定等都具有强烈的技术性规范的特点。再如保险法中有关保险费用、保险金额、保险标的等规范均涉及数学、统计学原理。

（四）国际性

商法本属于国内法，它所调整的对象主要是国内商事关系。但是，商事交易没有国界，货物的买卖、技术的转让、资本的融通、海上运输及其保险、货款结算等直接反映了商事交易的国际性，因此商法在形成和制定过程中不可能不考虑到跨国交易的需要和其他国家的商事立法及惯例。而且，一国行之有效的商事制度往往很快就可以被其他国家吸收。商法的国际性是由商事交易的国际性所决定的。

20世纪以来，一些国际会议制定了许多国际性的统一商法规范，如日内瓦统一票据法公约。特别是60年代以来，这些国际会议又在国际货物买卖、国际支付、国际航运、国际商事仲裁等方面制定了许多国际性公约。比如1980年制定的《联合国国际货物销售合同公约》。同时，各国为使本国商法与国际公约相一致，或者对本国法进行了修改，或者在立新法时尽可能与之相协调，如1931年在日内瓦制定了《统一票据法国际公约》后，德国、法国随之修改和重新制定了本国的票据法。

（五）协调性

商法规范分为两部分，包括规范商事主体的法律规范和规范商事行为的法律规范。

商事主体的法律规范主要规定了商事主体进入市场的资格以及其组织机构的设立等内容，如公司的成立条件中有关于公司的资本、场所、人数的规定等等。

商事行为法律规范是以特定商事主体之间的商事行为为调整对象的规范，一般不会涉及第三人利益，如买卖、运输、保险等。对于这些行为，国家应当坚持意思自治的原则，采取自由主义的立法模式，以任意性规定进行规范，如契约自由、方式自由等。这部分规定属于行为法范畴。

（六）易变性

商法是为了调整商事关系的需要而存在的。在经济活动中，商事主体的营利性动机决定了商事主体必然遵循"利润最大化"的原则，寻求各种能够减少成本，增加效益的组织结构和行为方式，这就使得商事关系会频繁发生变动。而以商事关系为调整对象的商法也就必然表现出易变性的特点。

进入 20 世纪以来，商事活动日益现代化和复杂化，商法需要不断革新以适应其需要。为此，各国商法处于不断修改之中。比如，日本商法在 1911 年～1975 年之间，共修改了 25 次。德国和法国也对商法进行了多次修改。

（七）公法性

在大陆法系国家，法律被分为公法和私法。商法作为调整商事关系的法律，是民法的特别法，从根本上说，商法属于私法范畴，实行意思自治原则，最大限度地为人们从事社会经济活动的自由提供法律空间。但是，它又不同于普通私法，是一种特别的私法规范。

进入 20 世纪以来，为遏制极端个人主义给社会带来的危害，国家不仅加强了对经济活动的直接干预，而且也加强了对私权的干预，开始在商法领域实行公法干预政策，商事法律中越来越多地体现政府经济职权色彩和干预意志。例如商事登记、商业账簿制度、企业和公司组织形态、船舶登记、破产法中债务清偿顺序的规定等等，均体现了国家对经济活动的管理，具有公法性。当然，不能就此否认商法的私法性质。商法中的公法性条款始终处于为私法交易服务的地位，还不能从根本上改变商法的私法性质。

四、商法的调整对象

（一）商法的调整对象

商法的调整对象是商事法律关系。商事法律关系是一种经营关系，即由经营主体所从事的经营性行为而形成的特殊的社会关系，是实施了经营行为的经营主体及其之间的对内和对外法律关系。也可以说是商事主体基于营利性活动所建立的社会经济关系及与其相关的其他社会关系的总和。

作为商法调整对象的商事法律关系具有如下特点：

1. 商法调整营利主体，不调整非营利主体。虽然商事法律关系多种多样，但是所有的商事法律关系都反映着商事主体的营利性动机，商事主体的经营行为均是围绕实现这一目的而进行的。商法只调整营利主体，不调整非营利主体。如民事主体、行政主体等商法都不予调整。即使是对非营利主体偶尔从事的营利行为，商法也不作调整。

2. 商法只调整营利主体的营利行为，不调整营利主体的非营利行为。即不调整营利主体所从事的与商事活动无关的行为，如企业开展文体活动、企业对慈善事业的捐赠等。

3. 商法所调整的营利主体是各种企业组织。商法对各种企业组织具有多层次、多规模的广泛适用性。

4. 商法调整的是实施了经营行为的经营主体及其之间的对内、对外法律关系。商法所调整的营利主体在经营活动中所形成的关系，既包括企业的对外关系，也包括企业的对内关系；既包括国家对企业行为的监管所形成的关系，如工商登记，也包括企业与企业之间在交易过程中所形成的经济关系，还包括企业与权利人，如出资股东，以及企业与企业员工之间所形成的权利和财产关系。

5. 商法所调整的是在法律上处于平等地位的主体之间的关系。在社会经济生活中，存在着各种各样的社会经济关系主体，根据这些主体在法律上的不同地位，可以划分为两大类：私法上的主体和公法上的主体。商事主体属于私法上的主体，商事法律关系因此也就是发生在平等主体之间的社会关系。

6. 商法所调整的营利主体的活动必须发生在持续的营业之中，偶尔发生的营利行为不是商法调整的对象。广泛的商事营利活动可以随时发生，但相当多的商事营利活动是偶尔发生的，它们并不表现为持续性，因而不会产生商事法律关系。正因为如此，偶尔发生的营利行为不是商法调整的对象。而有些商事营利活动是反复进行的，成为商事主体的一种营业，这些必须由商法来进行调整。

（二）商事法律关系与民事法律关系的联系与区别

商法所调整的商事法律关系与民法所调整的民事法律关系有密切联系，商事法律关系不能完全脱离民事法律关系而存在。但是，两者在性质上存在着重要的区别。主要区别如下：

1. 民事法律关系是平等主体的公民之间、法人之间（包括公法人和私法人之间）、非法人的组织之间以及公民、法人、非法人的组织相互之间基于民事行为而形成的社会关系。这种民事行为既包括非经营活动，也包括经营活动。

商事法律关系仅仅是商主体实现商行为所形成的社会关系，主体是不含有自然人特征的抽象的经营单位，商行为仅仅是经营活动，不包括非经营活动。

2. 民事法律关系不仅包括财产关系，而且包括人身关系，如婚姻关系、家庭关系。

商事法律关系主要涉及财产关系，不涉及与自然人相关的人身关系。

3. 民事法律关系中的财产关系主要反映的是商品交换关系，重点是财产的支配权。

商事交易中的财产关系不仅仅包含商品交换，而且包含商品的生产和经营关系；不仅包括财产的支配权，还包括财产的管理权、经营权。

4. 民事法律关系重点强调的是主体的平等权利，即私法上的权利。

商事法律关系不仅仅强调这种私法上的平等权，同时强调公法上的国家主体对商主体的管理权，强调因国家管理所形成的各种关系，如商事登记管理、特种标的物经营许可的管理等等。

总而言之，在我国的立法实践中，虽然在形式上没有制定统一的商法典，在立法上没有明确商法调整对象的独立性，但在实践中，商事部门法的制定和实施都是基于商事法律关系，基于商法独特的调整对象。例如，公司法、合伙企业法、个人独资企业法、外商投资企业法、票据法、破产法、保险法、海商法等，都是针对特定的商事主体所从事的商事行为而制定的。工商、税务、金融部门对商事经营活动的专门管理也是基于商事法律关系的特殊性和独立性而进行的。从这个意义上说，商法调整对象的独立性，已经在我国的立法和司法以及经济生活和经济管理中深入人心。

第二节　商法的基本原则

商法的基本原则，是指集中反映一国商事法律的性质和宗旨，对各类商事关系都具有普遍的指导意义，调整商事法律关系必须遵守的基本准则。

各国商法理论与实践对商法的基本原则都给予特别关注，将其作为构建商法统一规范体系的基础。无论是在民商分立国家的形式商法中，还是在民商合一国家的实质商法中，都存在着统辖商法具体规则的基本原则。概括起来，商法的基本原则有：商事主体法定原则；公平交易原则；交易简便、迅捷原则；鼓励交易原则；保障交易安全原则。

一、商事主体法定原则

现代各国一般都制定了大量的强行性法规对商事主体的资格予以严格控制，形成了商事主体严格法定原则。它主要包括商事主体类型法定、商事主体内容法定和商事主体公示法定三个方面。

（一）商事主体类型法定

商事主体类型法定，是指可以进行经营活动的商主体在组织形式上由法律予以明确设定，非经法律设定者不享有商事主体资格；当事人不得创设法定类型之外的商事组织形式。例如，在多数西方国家，无限责任公司、两合公司、股份两合公司、合作社等等都是商主体。而在我国，这些经济组织至今还不是商主体。我国长期以来作为商主体存在的集体企业、个体工商户、农村承包经营户，在西方国家商事主体的概念中却从未有过。这种差异就是商主体类型法定的结果。

（二）商事主体内容法定

商事主体内容法定，是指可以进行经营活动的商主体的财产关系和组织关系由法律予以明确规定；当事人不得创设非规范性的财产关系和组织关系。

例如，有限责任公司、股份有限公司、合伙企业、个人独资企业、中外合作经营企业等这些不同的商事主体，其投资者与被创设企业之间的财产关系、企业自身的组织机构等，彼此之间都存在着重大差异。之所以存在这种差异，就在于法律对不同主体的上述关系设定了不同的规则，设定了不同商主体在内容上的不同构成要件。

商事主体内容法定导致两个必然结果：其一，合法存在的商事主体必须在内容上符合法律对其所作出的特定要求；其二，对商事主体内容的不同法律要求，构成了不同类型商事主体彼此之间的根本性差异，形成了不同类型商事主体自身的特点。

（三）商事主体公示法定

商事主体公示法定，是指商事主体的成立必须按照法定程序予以公示，以便交易第三人及时知晓；未经法定公示者，不得对抗善意第三人。正是商事主体公示法定原则构成了商事登记制度，构成了商事交易合法性中的主体要件制度。

总而言之，商事主体法定原则是传统商事交易行为的自由主义向现代商事活动的国家干预转变的结果，是现代商事管理制度的核心，是商事登记制度的基础。它充分反映了作为私法的商法所含有的公法性成分。

二、公平交易原则

公平原则是民法最基本的原则。商法作为民法的特别法，民法的公平原则在商法中的具体体现为公平交易原则。

公平交易原则，是指商事主体应本着公平的观念从事商事行为，正当行使权利和履行义务；在商事交易中兼顾他人利益和社会公共利益。

商法维护交易公平的任务是：其一，要设立公平交易的行为准则，从而建立市场竞争的正常条件；其二，就是依据这些行为准则以及一般的公平原则，对各种异常行为进行识别和矫正，以恢复市场竞争的正常条件。

在商法上，公平交易的基本原则主要体现为平等原则和诚实信用原则。

（一）交易主体上的平等原则

现代商法上的平等原则主要指当事人之间的权利平等原则和市场参与者之间的机会均等原则。为了实现交易主体上的平等原则，应当从下列三个方面着手：

1. 在交易当事人之间，应当贯彻合同法上的平等自愿原则，不允许运用欺诈、胁迫等不正当手段，使他人在违背其真实意思的情况下订立合同。

2. 企业组织内部成员之间的关系也要遵循平等原则。例如，公司股东大会基于资本权利平等的"一股一权"原则，合伙人之间基于人格平等的共同参与原则。

3. 在市场秩序方面，现代商法为了维护公平竞争原则，必须制定一系列的规则，禁止恃强凌弱，禁止以政治权力或其他特权谋取交易中的优势，禁止以不正当手段损人利己，禁止垄断和歧视。商事法律中针对不正当竞争行为的禁止性条款，就体现了这样的要求。

（二）诚实信用原则

诚实信用原则是现代商法中的一项极其重要的原则。在许多法律中规定了当事人披露有关事实的义务和履行约定条款的义务，禁止欺诈和背信行为。在一些国家，诚实信用原则还被用于解释和修正合同条款，以及对合同订立后因情势变更引起的合同利益的严重失衡加以补救。

诚实信用原则重在通过维持当事人之间的利益关系和当事人与社会之间的利益关系这两者的平衡来实现交易的公平。在当事人之间的利益关系中，诚实信用要求尊重他人的利益，以对待自己事务的谨慎与重视态度来对待他人事务，保证法律关系的当事人都能得到自己应得的利益。在当事人与社会的利益关系中，要求当事人在从事商事行为时，必须在法定范围内以符合社会经济目的的方式行使自己的权利，不得因自己的行为损害第三人和社会的利益。

在商事组织法律中，企业内部的忠实义务也体现了诚实信用原则的道德标准。例如，公司法规定公司董事必须忠实履行职务，维护公司利益，不得以职权谋取私利，不得侵占公司财产，不得同本公司进行交易，不得自营或者为他人经营与公司相竞争的营业。又如，保险法规定，投保人在订立保险合同时，应当遵循最大诚信原则，对保险的重要事实如实告知。

公平交易原则的内容主要体现为以下两个方面：其一，商事交易主体的地位平等，在交易过程中，任何一方不得享有法律上的特权。地位平等是实现交易公平的前提，是现代商品经济客观规律的反映。其二，诚实信用，即商事交易主体在从事商事行为时应该讲诚实、守信用，以善意的方式互为交易、履行义务，不得规避法律和合同的约定，以维护交易之公平。

三、交易简便、迅捷原则

商事交易，重在简便，贵在迅捷。商事交易的目的在于充分利用现有资源以追求最大的经济效益，而资金与商品的流转频率与其所获得的效益成正比。因此，商品的流转规律客观上要求法律应当充分保证商品交易的简便、迅捷。

交易便捷的意义在于节约时间成本。节约时间意味着减少费用和加快流转速度。为此，现代商法主张尽可能地消除一切不必要的手续、限制和干预，给交易者以充分的自由空间。现代商事立法大量采用任意性规范和弹性规则，其体现了这样一种思想：法律给予交易者必要的提示和指导，而具体交易条件和交易形式由他们自己决定。主要表现在以下几方面：

1. 现代商法为实现交易便捷的主要措施是使商事交易的技术手段现代化。例如电子技术的采用。电子技术使交易快捷、便利和准确。

2. 承认默示行为在商法上具有法律效力。民法中关于合同成立的规定一般认为沉默不能构成承诺的意思表示。但是，在商法上，为了实现交易便捷，往往赋予沉默以积极的法律效果，即规定在一定情况下达到一定期限的沉默构成同意。例如，《德国商法典》第362条规定，合同订立过程中，如果受要约人是商人，而其业务涉及对他人事务的管理，那么在其不打算接受要约时，必须作出明确表示，否则，其沉默将被视为同意。又如法国在1967年发布的关于拒绝承兑的法律中规定，在接到有一定声明事项的票据后，15日内没有提出异议的，视为同意支付该款项。

3. 商法上的证明形式自由。商事合同的证明形式比较自由。商法并不以双方签署书面合同为唯一有效的证明形式；其允许通过证据或者依据相关事实的推断证明合同的存在。法国曾在1980年的一项法律中规定，对于商人，除非法律另有规定，商事合同可以通过各种方法缔结。合同的价值大小，一般只要有证人证明即可。借助双方当事人的来往信函、账册、副本以及一切足资推断的情况，都是可行的。但是，对于某些特定行为，法律要求采用书面形式，例如公司董事会决议、运输合同。证明形式自由可能带来一定的风险，但是，在一个有足够信用支持的商业社会中，矢口否认自己作出的行为，对一个商人来说无异于自断生路，因为这将使他失去那些愿意与之交易的人。

4. 短期时效制度在商法上的实行。对于商事行为所生的债权，实行短期时效制度，可以达到促使当事人迅速行使权利，了结债务的目的。在法国，商事合同的债权，消灭时效为10年，而民法上的消灭时效为30年。在我国，一般民事权利的诉讼时效为3年，而票据法规定的持票人对前手的追索权为6个月。

5. 解决商事纠纷的办法可以使用仲裁。商人们常常愿意将他们的商事纠纷提交仲裁。对于商人们来说，仲裁有如下好处：其一，迅速了结纠纷，这意味着他们可以减少诉讼成本和机会成本的损失；其二，请专家进行仲裁，这将使那些主要围绕专门性、技术性问题的纠纷能够得到更公正的裁判；其三，为当事人保密，由于商事仲裁是不公开进行的而且其案情不允许公布，这有利于防止当事人的信誉受到纠纷的影响；其四，仲裁一裁终局，节省解决纠纷的时间。

四、鼓励交易原则

商法是自由经济的产物。虽然现代商法具有很强的公法色彩，不断加强国家对商事活动的干预，但这种干预的根本目的不是限制、妨碍交易，而是通过建立良好的交易秩序保障、促成交易。商法以鼓励交易为其基本原则之一，目的在于通过最大化地优化和利用资源，最大可能地促进社会经济的交往。正是鼓励交易原则，构成了市场经济条件下以保障交易为己任的商法与计划经济条件下以管制交易为己任的商法之间的根本性区别。

鼓励交易原则充分体现在商法的其他一系列原则和制度之中。主要表现为以下几个方面：其一，通过确立商法的其他基本原则，如短期时效、交易简便、迅捷、交易自由、意思自治，在合法前提之下最大限度地尊重当事人的交易意愿等，促进交易；其二，最大可能维护交易的有效性，如合同法中的可撤销制度、效力待定的制度等；其三，对于有过错或失误的交易行为，最大可能地为交易行为人提供补救机会，如破产重整制度等。

五、保障交易安全原则

保障交易安全原则，是指必须充分保障商事交易活动中交易各方对其行为内容予以充分提示，使相对人能够全面知晓，并加强法律监管，维护交易安全。

交易安全是与交易风险相对立的。随着交易标的的增大、交易手段的复杂、交易范围的扩大、交易周期的加快，现代商事经营活动的交易风险日益突出。商事关系中的不确定因素使人们无法确切地预测其交易行为的法律效用和法律后果，从而减少交易的动机或者增大交易的成本。因此，商法的一项任务，就是尽量减少商事关系中的不确切、不稳定因素，提高交易行为的法律效果的可预见性，以增强人们的安全感，从而调动人们从事交易的积极性。现代商法的保障交易安全原则主要体现在以下几个方面：

（一）强制主义

强制主义，又称干预主义、要式主义，是指国家运用公法手段对商事关系进行强行法的规制。它是商法公法化的体现和结果。

现代商法为保障交易安全，在必要的情况下设置了一些要式主义或干预主义的强行规定。这种情况属于商法自由原则的例外。要式主义就是针对一些特殊情况设立特别的形式要件或者特定的法律后果，以规范人们的交易行为，避免因行为人的欺诈或疏漏而造成损失。例如，对于公司章程、票据、保险单、提单等重要商事文书，法律规定了必要的记载事项，当事人必须遵照执行。又如，对于票据的出票、背书、承兑、保证等行为的性质、方式、效力、特定术语的意义以及特定行为的责任，法律作出明确规定，不允许当事人以协议加以取消或变更。

（二）公示主义

所谓公示主义，是指商事活动的交易当事人对于涉及利害关系人利益的营业上的事实，负有进行登记并公示告知的义务。在涉及公众或多数当事人的场合，商法实行公示原则，要求将有关事实公诸于世。公示的方式，一是登记，二是公告。登记是将有关重要事实和相关文件记载和保存在法定登记机关，供利害关系人随时查阅。公告是通过一定媒介将有关重要事件及事实向公众宣布。例如，公司的设立、注销、合并、分立等重大人格变动，涉及众多投资者和债权人的利益，故法律规定必须登记和公告。又如，破产法规定，破产案件受理和破产宣告的裁定，都必须公告，以便债权人和其他利害关系人及时行使权利和履行义务。

（三）外观主义

外观主义，是指商法以交易当事人行为的外观为标准来认定其行为所产生的法律效果。按照外观主义原则，交易当事人的真实意思表示与意思表示不一致时，以意思表示为准，意思表示一经成立就发生法律效力。外观显示的内容优先于内在的真实意思表示，这样可以使外观依赖者的利益得到有效的保护。例如，票据上所载的发票地和发票日期，即使与真实的发票地和发票日期不相符，也不影响票据行为的效力。又如，在保险法中，依保险单的记载来确定保险当事人的权利和义务，也体现了外观主义。

总之，外观主义的本意是保护善意相对人，其依据就是保障交易安全原则。所以，在商事主体或者商事行为的性质不明的情况下，法律总是从有利于善意相对人的角度加以认定。

（四）严格责任主义

为了保障交易安全，商法采取了一些责任严格化的措施，来加强对交易行为的风险约束。严格责任主义，主要包括广泛的连带责任和无过错责任。严格责任的基本要求，是防止行为人将损失风险转嫁给他人。例如，产品生产者和经营者应当承担因产品瑕疵所造成损失的赔偿责任；合伙人对合伙企业债务承担无限连带责任；股份有限公司的发起人，应对因公司不能成立而产生的费用和债务承担连带责任；保险人对投保人或者被保险人的责任，即使是不可抗力所致，也应当承担责任。

（五）保护善意相对人

在商事交易中，一方当事人存在权利瑕疵时，如果相对人为善意买受人，则法律保护相对人的合同权利。例如，英国规定，公司董事超越公司授权范围的行为，公司应当承担其法律效果，除非公司能够证明相对人已知或者不可能不知该行为越权。在德国，《民法典》第932条的善意买受人保护制度，规定买受人只有在相信出卖人是标的物的所有人时，才能构成善意。但是，在商业活动中，商人常常有权出售属于他人的财物，如行纪、代理商等，因此，《德国商法典》规定，那些知道出卖人不是所有人，但相信出卖人有权代表所有人出卖标的物的买受人，也应受到保护。

第三节 商事主体和商事行为

一、商事主体

（一）商事主体的概念和特征

商事主体，又称商事法律关系主体，是指依照法律规定参与商事法律关系，能够以自己的名义从事商事行为，享受权利和承担义务的组织和个人。

在传统商法中，有的国家称商事主体为商人。商事主体有广义和狭义之分。广义的商事主体，不仅包括商人，即从事商事活动的商自然人、商法人和商合伙，而且包括广大的生产者和消费者。狭义的商事主体仅仅是指实施商事行为的商人。商法上的商事主体是狭义的概念，仅仅是指实施了商事行为的商人。

（二）商事主体的特征

1. 商事主体必须是商法上规定的主体。这又称为商事主体法定原则。商事主体的类型、资格的取得和丧失等，都必须依照商法和商事法规的规定。商人必须依照商法的规定，取得商事主体资格才可以从事商事行为。商事主体包括了商自然人、商法人和商合伙，如个体工商户、有限责任公司和股份有限公司、合伙企业等。

2. 商事主体必须具有商事能力。商事能力是商事权利能力和商事行为能力的统称，是指商事主体依据商事登记所核定的范围，独立地从事特定的商事经营活动，享有商法上的权利并承担相应义务的资格和能力。商事能力是附加于民事能力之上的一种特殊能力。一般民事主体，未经法律的特别授权，不得从事商事经营活动。

3. 商事主体必须以自己的名义从事商事经营活动。所谓以自己的名义从事商事经营活动，是指在商事经营活动中，商事主体以自己的名义参加商事法律关系，并以自己的名义在商事活动中独立的享受权利、承担义务、履行法律上的责任。

（三）商事主体的分类

20 世纪以来，随着现代公司制度的建立和一系列商事特别法的颁布实施，投资状态称为商事主体分类的重要基础。商事主体类型的发展变化在一定程度上反映了社会经济发展的状态，同时也体现了商事主体的不断成熟。

在现代各国商法中，商事主体表现为多种形式，不同国家的商事立法和不同的商法理论，常常依照不同的标准对商事主体进行分类。一般说来，主要的分类如下：

1. 依照商事主体的组织结构形态或者特征，即是自然人还是组织体以及组织形态等形式状况，商事主体可分为商法人、商自然人、商合伙。

（1）商法人，是指按照法定构成要件和程序设立的，拥有法人资格，参与商事法律关系，依法独立享有权利和承担义务的组织。

在我国，根据现行法律规定的经济组织形态，商法人的主要类型有：① 国有商法人；② 集体商法人；③ 合营或合资商法人；④ 私营商法人；⑤ 外商投资商法人。

（2）商自然人，也称商个人、商个体、个体商人、个体商号，是指按照法定构成要件和程序取得特定的商事主体资格，独立从事商事行为，依法独立享有权利和承担义务的个体。

商个人可以在法律授权的范围内从事商事行为，但其行为受到法律的严格限制，它不能超越工商登记的范围实施经营活动，否则不仅行为无效，而且将受到法律的追究。

在我国，商个人的主要类型有：① 个体工商户；② 私营独资企业；③ 农村承包经营户。

（3）商合伙，又称商业合伙，它是指两个或两个以上的按照法律和合伙协议的规定，合伙人共同出资、共同经营、共享收益、共担风险，并对合伙经营所产生的债务承担无限连带责任的商事组织。

在我国，商合伙的主要类型有：① 个人合伙；② 合伙型联营；③ 合伙企业。

2. 依照法律授权或法律设定的要件、程序和方式，商主体可分为法定商人、注册商人、任意商人；或者称为：必然商人、应登记商人、自由登记商人。

（1）法定商人，即以从事法律规定的商事行为为职业的人，不论其是否进行商业登记，都是商人。例如，从事货物买卖、制造、保险业务、银行和兑换业务、运输、印刷出版等商业活动的商人。

（2）注册商人，即从事非固定职业或从职业本身不能确定其为商人，而必须通过商业注册登记才能被确认为商人。例如，从事娱乐场所活动的人等。

（3）任意商人，是指依法由其自主决定是否登记注册的商人。主要是从事辅助商事行为的人。这些人既不以法律规定的商事行为为职业，又不是必须登记注册，其从事的商业活动带有任意性的特点。例如，从事装配、包装、洗涮等的企业和农业手工业者。

3. 依照经营者的法律状态和事实状态，商主体可分为形式商人、拟制商人。

（1）形式商人，即固定商人，是指以营利为目的，有计划、反复连续地从事商法列举的特定的商事行为的组织和个人。该种商事主体的特征主要有：一是该种商人所实施的行为均以营利为目的；二是该种商人是以法定商事行为作为其经常性职业；三是该种商人所从事的应是反复不断的营业性行为。

（2）拟制商人。是指虽然不以商事行为作为其经常职业，但商事法律仍将其视为商人的一类商事主体。例如，依据《日本商法典》第 4 条第 2 项之规定，依店铺或其他类似设施，以出卖物品为业者，或经营矿业者，虽不以实施商事行为为业，也视为商人。

4. 依照经营者的经营规模，商主体又可分为大商人和小商人。

（1）大商人，又称"完全商人"。它是指以法律规定的商事行为作为其营业范围，并根据法定商业登记的程序和条件进行商业登记而设立的商事主体。大商人概念仅相对于小商人概念而存在，法律上并无"大商人"的用语。应当说，大商人实际上是符合典型商人标准的一般性商主体。

（2）小商人，又称为"不完全商人"。它是指从事商法规定的某些商事行为的当事人，依商业登记法的特别规定经登记而设立的商主体。按照德国、日本和意大利等国家商法的规定，小商人所从事的商事行为主要是农牧业、修理业、服务业、手工业和零售业等。小商人的形式通常为商自然人、小型企业和小商号等形式。我国法律对小商人没有明确规定。

5. 依照经营种类，商主体可以分为制造商、加工承揽商、销售商、供应商、租赁商、运输仓储商、餐旅服务商、金融证券商、保险商、代理商、行纪商、居间商、信托商等等。

在我国，商事主体的种类没有以商法典的形式作出明确划分。可以从事商事经营活动的主体很多，它主要表现在民法、企业法、涉外企业法、工商登记法规以及税法等等之中。根据上述法律、法规的规定，在我国，商主体主要表现为商法人、商自然人、商合伙人、商中间人、商辅助人等类型。

二、商事行为

（一）商事行为的概念

商事行为，又称商法律行为、商业行为。它是指商事主体以营利为目的而实施的经营行为。

商事行为与民事行为相对应。关于商事行为的概念和范围，各国商法呈现出较大的差异。从历史上看，商事行为的范围也呈现出较明显的变动性。广义的商事行为，包括了市场交易中的各种法律行为，如买卖、租赁、借贷、担保、运输、仓储、证券、票据、保险等等。

（二）商事行为的特征

商事作为一种特殊的民事法律行为，它具有民事法律行为的共性，同时又具有自身的特征。商事行为的主要特征如下：

1. 商事行为必须是以营利为目的而实施的行为。所谓以营利为目的，是指行为人的目的在于营利，而非公益或者其他。

商事行为作为一种以营利为目的的行为，着眼点在于行为的目标，而不在于行为的结果。是否实现了营利，并不是判断商事行为成立与否的依据。

以营利为目的对区分商事行为和非商事行为具有重要意义，公益单位、宗教组织、政治机构都可能从事经济活动，但他们均不以营利为目的，因而其行为都不是商事行为。许多国家立法中明确规定，只要是以商主体的名义实施的行为，必然为商事行为。

2. 商事行为是经营性行为。所谓经营性是指营利行为的连续性和不间断性，它表明商主体至少在一段时期内连续不断地从事某种同一性质的营利活动，因而是一种职业性营利行为。

多数国家商法规定，一般民事主体偶尔从事营利活动，不属于商事行为。由于经营性活动是一种重复性、经常性的活动，已经被纳入了国家专门管理的范围，因此它与商事登记密切相关，即履行了商事登记的行为可以推定为商事行为。

3. 商事行为是商主体所从事的行为。任何法律行为都是特定主体所从事的行为，主体的行为能力对于行为的有效性起着决定性作用，因此，从这个意义上说，商事行为是具有商事行为能力的商事主体所从事的行为；也正是基于这一点，一些国家法律明确规定，非商事主体所从事的行为不能认定为商事行为，不能适用商法。

4. 商事行为是体现商事交易特点的行为。商事交易是一种充分体现经济利益和经济效益的活动，商事行为又是以商事交易为内容的法律行为，因此，商事行为必然具有商事交易的一些重要特点。这些特点主要表现为三个方面：

（1）商事行为是与风险和风险防范紧密相连的行为。商事活动是一种风险与利益并存的活动，获利越高，风险越大；高风险下的高获利，常常是推动商事发展的动力，也是商事交易的规律和特点。商事行为作为一种受法律调整的行为，从行为的自发性而言，它具有高风险的特征；从法律对商事行为的规范性而言，行为的有序性和受法律调整性，又充分体现了其对风险的自觉防范。

（2）商事行为是保密性与公开性并存的行为。商事行为的经营手段、方法和经验等对竞争成功与失败至关重要，这些也是商事主体所特有的商业秘密，所以，商事行为是具有一定保密性的行为。另一方面，商事交易行为是一种以交易相对人之存在为前提的行为，交易过程和交易结果都直接影响着交易相对人，甚至社会公众的利益。为了保证交易安全，使交易相对人或社会公众对交易对方的情况、交易的内容有所了解，有些法定的信息必须公开，所以，商事行为又是一种具有公开性的行为。比如，法定的商事登记制度、年检制度、上市公司信息披露制度等等。

（3）商事行为是注重商事效率的行为。商事交易的特点之一是商事效益与商事效率紧密相连，只有高效率才能实现高效益。商事行为的高效率主要体现在交易形态定型化，如格式合同；交易客体证券化，如票据、提单等；筹集资金行为股票化，如上市公司股票发行。

（三）商事行为的分类

商事行为主要分为以下几种类型：

1. 绝对商事行为与相对商事行为。绝对商事行为，是指依照行为的客观性和法律的规定而必然认定的商事行为。它不以行为主体是否为商人和行为本身是否具有营利性为认定要件，仅仅以行为的形式为认定要件。在许多国家，票据、证券交易、融资租赁、保险、海商等行为等均为绝对商事行为。绝对商事行为通常由法律限定列举，不得作推定解释。

相对商事行为，是指依行为的主观性和行为自身的性质而认定的商事行为。它以行为主体是否为商主体和行为是否具有营利特性为认定要件。凡是由商人所从事的营利行为就是商事行为。

2. 单方商事行为与双方商事行为。单方商事行为，是指行为人一方是商主体而另一方不是商主体所从事的行为。对于单方商事行为的法律适用，各国商法的规定不尽相同。大陆法系国家商法通常规定，只要行为人中有一方为商人，其交易双方都应适用商法。但英美法系国家商法则规定，当行为人中只有一方为商人，该商人适用商法，作为另一方的非商人不适用商法。

双方商事行为，是指当事人双方都为商主体所实施的营利性经营的行为。双方商事行为适用商法。

3. 基本商事行为与辅助商事行为。基本商事行为，是指直接从事营利性经营活动的商事行为。如，买卖商事行为。

辅助商事行为，是指其行为本身并不直接达到商主体所要达到的经营目的，但却可以对以营利为目的的商事行为的实现起辅助作用。如，仓储行为、广告行为、代理行为等等。辅助商事行为作为一种从属性商事行为，它是相对于主商事行为而言的。其实，从事辅助商行为的主体本身也是为了实现一定的营利目的而实施此行为的。

4. 固有商事行为与推定商事行为。固有商事行为，是指商主体所实施的营利行为或者商法所确定的行为。

推定商事行为，是指拟制商事主体所实施的经营性行为。这种商事行为通常不能根据法律的规定来确定商事行为的性质，而需要根据该行为本身的性质来推定该行为的性质，如非商事主体以营利为目的所从事的信息服务、咨询服务、间接代理等行为。

第四节　商事登记

一、商事登记的概念和特征

（一）商事登记的概念

商事登记，是指商事主体或商事主体的筹办人，为了设立、变更或终止商事主体资格，依照商事登记法规、商事登记法规实施细则以及其他特别法规定的内容和程序，由当事人将登记事项向营业所所在地的登记机关提出，经登记机关审查核准，将登记事项记载于登记簿的法律行为。

商事登记是对商事经营中重要的或与经营之开展有着直接关系的事项的记载。登记内容和范围在法律上受到某种程度的限定。对于经营者来说，并不是有关他的所有事项都必须登记，与商事经营无关的事项不必登记。

根据我国法律的规定，商事登记的必要事项主要有：商号、商事主体的住所、经营场所、法定代表人、经济性质、经营范围、经营方式、注册资金、从业人数、经营期限、分支机构、所有权人、财产责任等等。

（二）商事登记的特征

商事登记的法律特征主要有以下几个方面：

1. 商事登记是商事主体设立、变更或终止的法律行为，其目的在于获得商主体的资格和能力发生变化的结果。

2. 商事登记是一种要式法律行为，它必须按照法定要求将法定事项在法定主管机构办理，因此，其行为的内容、方式以及生效等都必须符合法律设定的要求。

3. 商事登记，从本质上说，它是国家利用公权干预商事活动的行为，是一种公法上的行为。它是作为私法的商法的公法性最为集中的体现。

4. 由于商事登记的结果在于导致商事主体资格的变化，登记行为本身是创设和确立商事法律关系的基本要素，因此，它又是商法体系中必不可少的部分。

二、商事登记的对象与管理机关

（一）商事登记的对象

商事登记的对象是商事主体，但哪些商事主体必须履行商事登记手续，以及履行何种商事登记，各国法律的规定各不相同。

我国法律将登记对象分类主要有两种方式。

一种是三分法，即将商事主体分为：公司；非公司企业；外商投资企业。

另一种是二分法，即将商事主体分为：

（1）具备企业法人条件的企业。如，全民所有制企业、集体所有制企业、私营企业、联营企业、外商投资企业、有限责任公司、股份有限公司以及其他性质的法人企业等；

（2）不具备企业法人条件的企业或经营组织。如，个人独资企业、联营企业、企业集团、企业法人所属的分支机构、从事经营活动的事业单位和科技性社会团体、事业单位和科技性社会团体设立的经营组织、外商投资企业设立的从事经营活动的分支机构、外国公司的分支机构、农村承包经营户、个体工商户等。

（二）商事登记管理机关

商事登记的管理机关，是指按照商事登记法的规定，接受商事登记申请，并具体办理商事登记的国家主管机构。

各国关于商事登记管理机关的规定很不一样，主要有四种模式：

1. 法院是商事登记机关。如德国、韩国等国商法规定，商事登记由地方法院办理。

2. 法院和行政机关均为商事登记机关。如法国商法规定，法院办理一般商事登记，行政机关办理公司商事登记。

3. 行政机关或专门设立的附属行政机构为商事登记机关。如美国、英国、日本等国的商事登记。在美国，根据一些州法律规定，商事登记在州政府秘书处；在日本，商法典规定商事登记在地方法务局。

4. 专门注册中心和商会为商事登记机关。如荷兰《商事注册法》规定地方商会负责保管当地商事注册文件。

在我国，商事登记的主管机关是国家工商行政管理机关。国家工商行政管理机关独立行使登记管理权，并实行分级登记管理原则，即国家工商行政管理局和地方的省、自治区、直辖市工商行政管理局及市、县、区工商行政管理局等多级管理。具体如下：

1. 全国性的公司、企业在国家工商管理总局办理工商登记，其他的一般都在地方工商行政管理局办理登记。

2. 公民个人，即私人企业一般在户籍所在地的市、县、区的工商行政管理局办理登记。

3. 对于外商投资企业实行特殊管理，即实行国家工商行政管理总局登记管理和授权登记管理的原则。

4. 关于登记机关管理权的行使和监督所奉行的原则是：不同级别的工商机

关独立行使职权；但上级登记主管机关有权纠正下级登记主管机关不符合国家法律法规和政策规定的行为。

三、商事登记的种类和程序

（一）商事登记的种类

我国《企业法人登记管理条例》规定的登记种类是：开业登记、变更登记、注销登记。《公司法》中规定的登记种类是：设立登记、变更登记、注销登记、分公司的设立登记。此外，《企业名称登记管理规定》还规定了商号的各项登记制度。

一般说来，商事登记主要有以下几种：

1. 开业登记。商事主体的开业登记，又称设立登记，是指商事主体的创设人为设立商事主体而向登记机关提出申请，并由登记机关办理登记的法律行为。

在实践中，商事主体设立登记主要分为：公司设立登记、非公司企业设立登记和外商投资企业设立登记三种类型。根据法律规定，商事主体开业登记通常涉及以下内容：①名称；②出资人；③住所；④法定代表人；⑤注册资金；⑥章程登记；⑦企业的类型和经济性质；⑧经营范围。

2. 变更登记。变更登记，是指商事登记机关对已成立之商事主体，因其自身情况发生变化，变更已登记事项的法律行为。通常，商事主体因合并、分立、转让、出租、联营以及因名称、住所、经营场所、法定代表人、经济性质、经营范围、经营方式、注册资金、经营期限、股东人数、非公司企业上级主管部门等发生变化，都会直接导致其产生变更登记。近年来，国有企业按《公司法》改制是商事主体变更登记的一项重要内容。

3. 注销登记。注销登记，是指登记机关依法对被终止经营的商事主体，收缴营业执照、公章、撤销其登记注册号，取消其商事主体资格或经营权的法律行为。

商事主体解散、歇业、被撤销、宣告破产或者因其他原因终止营业时，必须办理注销登记，这是当代各国商事登记制度的通行规定。其目的在于保障社会交易活动的安全，方便国家对商事主体的宏观管理。

（二）商事登记程序

商事登记程序，是指商事主体依法向登记机关申请登记、登记机关依法审查核准并办理登记注册的步骤和方法。

各国法律规定的关于商事登记的程序大同小异。在我国，主要分为下列五个阶段：

1. 申请。申请，是指由商事主体创办人或商事主体提出的创设、变更商事主体或变更商事主体已登记的有关事项的行为。

申请必须以书面形式，必须按照法定要求提交相关的文件、证件以及必须填报的登记注册书。如果经营活动依法必须经行业主管机关许可，还必须提交相应的许可证明书。只有符合法定要求，登记主管机关才予以受理。

2. 受理。受理，是指登记机关对登记申请人提交的登记文件予以初步审查，确认文件已经齐备，符合申请条件后作出的接受商事主体申请登记的法律行为。

受理以受理通知书的方式向申请人作出意思表示，受理机关同时应在登记文件中签署受理时间和受理意见。

3. 审查。审查是指受理登记申请的机关，在接到申请者所提交的申请之后，于法定期限内，对申请者所提交的申请内容，依法进行审查的活动。

审查可分为三种：

（1）形式审查，即登记机关仅仅对申请者所提交的申请从是否符合法律要求的角度进行审查，而不对登记事项的真伪进行调查核实。

（2）实质审查，即登记机关不仅对申请者所提交的申请从形式上审查其是否合法，而且对申请事项予以调查核实，以保证登记事项的法律效力。

（3）折中审查，即登记机关对登记事项有重点的进行审查，尤其对有疑问的事项予以审查，如果发现有不符合法律规定的，则不予登记。但已登记的事项不能因此而推定为完全真实，其登记事项的真伪最终还需由执行机关加以裁定。

4. 核准。核准，是指登记机关对登记申请人提交的文件予以审查后，作出的登记并颁发执照的行为。

登记机关在收到申请人的申请及相关的材料并予以审核之后，应在法定期限内将审核的结果，即核准登记或不予登记的决定及时通知申请人。对予以核准登记的商事主体，应及时颁发有关证明，并及时通知法定代表人或商事主体负责人领取证照，办理法定代表人签字备案手续。

5. 公告。公告，是指将登记的有关事项，通过报道或其他途径让公众周知的行为。公告具有便于商事交易的进行、社会公众的监督、保障商事主体的合法权益等作用。进行商事登记之后，应当及时予以公告。

四、商事登记的效力

（一）商事登记的事项在法律上对第三人具有的效力

商事登记的效力在法的理论和司法实践中主要涉及两个方面的内容：

第一，未履行商事登记的事项在法律上对第三人具有何种效力；

第二，已履行商事登记的事项在法律上对第三人具有何种效力。

各国法律关于商事登记效力的规定不完全相同，归纳如下：

1. 商事登记是商法人获得法律人格的必要条件；未经登记及宣告，商法人不能成立，其行为不能被视为商事行为。但是，对于商个体和商合伙而言，商事登记仅仅具有宣告性，是其商人身份的法律认可；如果行为人未经登记而从事了商事经营活动，其不享有商人所享有的权利，但必须履行商人应履行的义务。德国、法国、瑞士的商法奉行这一原则。

2. 商事登记不是商事主体资格取得的必要条件；未经登记程序，行为人实施了商事行为，同样可以享有商人的权利并履行商人的义务。商事登记的作用仅在于保护商号和商事主体的商标等其他与商事主体相关的特殊权利。荷兰等国家的商法奉行这一原则。

3. 商事登记是各类商主体成立的必要要件；未经商事登记程序，行为人即使实施了商事经营活动，也不享有商人的权利，同时也不必履行商人的义务，该行为可认定为无效行为。

在我国，根据工商登记法规的规定，商事登记不仅仅是商法人取得法人资格的前提条件，也是不具备法人条件的商事主体取得商事经营活动资格的前提条件。我国法律严禁未经登记的无证照经营行为。

（二）商事登记与公示对第三人的法律效力

合法有效的商事登记，必然对第三人产生效力。但是，登记与公示是密切相连的一个完整的法律行为。考察各国司法实践，登记与公示对第三人的法律效力是一个颇为复杂的问题。在这方面，大陆法系国家商法所奉行的几个重要原则，对于我们更好地理解商事登记的效力具有一定的参考意义。

第一，多数国家法律规定，只要必须在商事登记簿上登记的事项还未履行登记或还未予以公告，任何该必须登记事项的参与人都不可以用该事项来对抗第三人，除非第三人已经了解该事项的真实情况。

第二，一些国家法律规定，如果登记事项已经登记并已经公布，该事项则对第三人生效。但是，如果在登记事项公布之后一定时间以内，第三人既不知道，也无责任必须知道该登记事项，那么，该登记事项对其法律行为不产生效力。

第三，一些国家法律规定，如果登记事项公布有误，第三人可以针对负有登记义务的登记人，根据已公布的事实实施法律行为。除非第三人已经知道公布事实有误。在此，第三人必须是善意第三人，必须是该事项的局外人，不能是该事项的直接参与人；同时，第三人对公布内容的信任必须是导致他所实施的法律行为的直接原因。

五、商事登记的限制和监督管理

（一）商事登记的限制

商事登记的限制，是指对于不符合法定要求的登记事项不予登记的制度。

各国商事登记法多采取授权性规范和义务性规范相结合的立法模式，即法律仅仅规定可以登记和必须登记的事项。一般在统一的商事登记法中，不采用禁止性规范的立法模式，即不列举不可以登记的事项；而是把商事主体不得申请登记的事项规定在其他一些专门的法中。

因此，从理论上说，商事登记的限制，可从主体的限制和行为的限制两个方面来理解。

1. 主体的限制，主要包括主体职务上的限制和主体能力上的限制。

（1）主体职务上的限制。如，公务员、国家工作人员不得登记从事商事经营活动；

（2）主体能力上的限制。如，公司未经主管部门的专门授权，不能登记从事国家专控的经营业务。

2. 行为的限制，主要包括行为符合法律规定的一般要求和具体要求。

（1）行为符合法律规定的一般要求。如，所登记的行为内容不得违反国家经济政策和损害社会公共利益；

（2）行为符合法律规定的具体要求。按专门法律要求或国家授权设立的商事主体，只能登记从事获得专门授权的商事经营。如，银行只能登记与银行业相关的经营活动。

（二）对商事登记的监督管理

由于商事登记本身并不纯粹是一种按照申请人自由意志行为的活动，它具有很强的行政色彩，是国家的一种行政管理行为，因此，商事登记的监督管理就成为商事登记制度中的一项不可或缺的内容。

在各国法律中，对商事登记的监督管理所规定的方法并不完全一样。一般说来，商事登记的监督管理分为：社会公众的监督管理和登记主管机关的监督管理。

1. 社会公众的监督管理。主要是规定公众享有查阅商事登记簿、查阅与登记相关的各项资料和信息的权利。

2. 登记主管机关的监督管理。主要是通过法律明确规定：①登记主管机关对商事主体的登记事项负有监督管理的职责；②对于商事主体违反登记法规的行为有权予以处罚。

在我国，根据《企业法人登记管理条例》及其他法规的规定，如果商事主体违反工商登记管理法规，工商登记主管机关可以根据情况分别给予警告、罚款、没收非法所得、停业整顿、吊销营业执照等处罚。

第五节　商号和商事账簿

一、商号

（一）商号的概念

商号，又称商事名称、商业名称。它是指商事主体在从事商事行为时所使用的名称，即商事主体在商事交易中为法律行为时，用以署名或让他的代理人用其与他人进行商事交往的名称。

商号的概念，在我国法律中没有一致的解释。规定商号的法律主要有《民法总则》、《企业名称登记管理规定》以及工商登记的单行法规。

我国《民法总则》中对个体工商户和个人合伙的商事名称称为"字号"，而《企业名称登记管理规定》中对工商企业的名称称为"企业名称"，与此同时，该规定第7条中将"字号"等同于"商号"。

商事主体的名称统称为商号。商号的概念有广义和狭义之分。在广义上，商号既包括工商企业的名称，也包括个体工商户的字号；在狭义上，商号仅仅指字号。

（二）商号的法律特征

商号作为商事主体从事商事行为时所使用的名称，在法律上具有以下几个方面的重要特征：

1. 商号仅仅是一个名称，这个名称本身不是法律上权利义务的承担者，不等于承担权利义务的行为人。因此，商号不等同于商事主体，就像公司的名称不等于公司一样。

2. 商号是商事主体用于代表自己的名称，它依附于商事主体，是商事主体相互区别的重要外在标志。

3. 商号是商事主体的商事名称，也就是说，只有商事主体在从事商事行为时才可以使用这一名称。在一些国家中，商事主体的商事名称可以与自然人的姓名相同，在这种情形下，区分是商事行为中使用、还是个人生活中使用，就具有实际价值。

（三）商号与其他商事标记的区别

1. 商号与商事经营者的姓名。商号仅仅是商事主体的名称，商事主体在从事商行为时，应该使用商号。在一般情况下，商号与商事经营者的姓名不一致。但在特殊情况下，它们可以相互一致，于此情形，则需确定使用者是否在从事商事行为时使用了这一名称，否则，这一名称的使用只能视为使用者个人的行为。

2. 商号与商店招牌。商店招牌，包括厂牌，是指商事主体挂在营业所门前作为标志的牌子。它只是商事主体住所地的告示，起到营业场所的广告作用。多数情况下，商店招牌与商号相一致，但有时，商事主体不用商号作为招牌，而使用其他的文字、图案、符号作招牌。

3. 商号与行号。行号是大陆法系国家商法中的一个概念，它是指商事营业所的名称。大陆法系国家的商法学家认为，行号与商号的最大区别在于，行号指明的仅仅是企业；商号指明的则是企业的承担者，即商事主体。大陆法系国家商号与行号的区别，近似于我国商号与商店招牌的区别。

4. 商号与商号缩写。西方国家商法中规定，商号缩写由商号缩略而成，它通常可以被用作电报上的地址来使用。如果商人使用的商号缩写与流行的商号缩略规则相一致，那么，这种商号缩写在法律上享有与商号同等的效力。

5. 商号与注册商标。注册商标是指属于一定的经营企业的特种商品或产品的标记，它适用商标法，而不适用关于商号的法律规定，两者在形式构成、实际作用、法律调整等方面都存在差异。因此，商号与注册商标两者性质迥然不同。

（四）商号的选定及其限制

1. 商号的选定。商号的选定是指商事主体按照法律的要求取得商号。不同国家在商号选定方面奉行不同原则。主要有两种：

一是商号自由原则，即商人选用何种商号，法律不加以限制，但法律并不排除商号选定时某些内容禁止使用。

二是商号真实原则，即法律对商号选定予以严格限制，商号必须反映商事主体的真实状况。具体说，就是商号与商事主体的营业种类、经营范围、投资状况等相一致，不可以给公众造成一种假象或者产生迷惑，否则法律将禁止其继续使用。

在我国，从《企业名称登记管理规定》的内容看，我国商号制度所奉行的为商号真实原则。该原则对商号选定有如下几个方面的要求：

（1）商号应依次由字号、行业或经营特点、组织形式三个部分组成。

（2）商号应当冠以商事主体所在地的省（或自治区、直辖市）或市（州）或者县（市辖区）行政区划名称。

（3）某些商事主体的名称可以不冠以所在地行政区域的名称。这主要包括：①法律规定可以在名称中冠以"中国"、"中华"、"国际"字词的商事主体；②历史悠久、字号驰名的商事主体；③外商投资的商事主体。

（4）商号中的字号应当由两个以上的字组成。商事主体可以使用本地或异地地名作字号，但不得使用县以上行政区域名称作字号。私营企业可以使用投资人姓名作字号。

　　根据法律规定，在我国，商号的构成一般采用四段式结构：第一部分是主体所在地行政区域的名称；第二部分是主体的具体字号；第三部分是依照国家的行业分类标准划分的主体行业或经营特点；第四部分是主体的组织结构或责任形式。如，北京昌达房地产有限责任公司。

　　2. 商号选定的限制。无论奉行商号真实原则还是奉行商号自由原则，各国商法都不同程度地规定了对商号选定的限制。我国《企业名称登记管理规定》对商号的选定作出了一系列限制，主要有：

　　（1）商事主体原则上只允许使用一个商号，在同一工商行政管理机关辖区内，新登记的商号不得与已经登记注册的同行业的商号相同或近似，如有特殊需要，经省级以上工商行政管理机关批准，商事主体可以在规定的范围内使用一个从属商号。

　　（2）商号的内容和文字涉及法律所列举的不得使用的事项时，这类商号将被禁止使用：① 有损于国家和社会公共利益的商号；② 可能对公众和社会造成欺骗或误解的商号；③ 以外国国家（地区）名称、国际组织名称作为内容的商号；④ 以党政名称、党政机关名称、群众组织名称、社会团体名称及部队番号作为内容的商号；⑤ 以汉语拼音字母（外文名称中使用的除外）、数字作为文字的商号；⑥ 其他法律、行政法规禁止使用的商号。

　　（3）商号的选定必须遵守语言文字的统一要求，除民族自治地方的企业可以使用本民族自治地方通用的民族语言外，其他商号一般应使用汉字。如果在企业名称中需要增加外文名称的，该外文名称应该与所翻译的中文名称相一致。

　　（4）设分支机构的商事主体，该商事主体及其分支机构的商号的选定应符合法定要求：①在商事主体的商号中使用"总"字的，必须下设三个以上分支机构；②不能独立承担民事责任的分支机构，其名称应当冠以其所从属商事主体的名称，缀以"分公司"、"分厂"、"分店"的字词；③能够独立承担民事责任的分支机构。

　　（5）联营商事企业的名称可以使用联营的字号，但不得使用联营成员的商号。联营商事企业应当在其商号中标明"联营"或者"联合"的字样。

　　（五）商号权及其保护

　　商号权，是指商事主体依法享有的对商号的专有使用权，它包括专有权和使用权两个方面。专有权具有排斥他人使用容易混同的商号的作用；使用权具有防止他人妨碍商事主体使用其商号的作用。

　　多数国家法律规定，商号依法登记后商事主体方可取得商号权，但也有一些国家法律规定，在未履行登记之前，商事主体使用了某一商号，它就可以获得该商号权，而履行登记只是加强这种权利的保护。

在我国，根据法律规定，商号权以登记为取得要件。商号登记是商事主体工商业营业登记的必要事项。

商号权是一种名称权，属于法律上的绝对权，而非相对权。商号权是兼人身权与财产权于一体的混合性权利。

商号权作为一种特殊的法律权利，它具有以下几个重要特点：

第一，商号权具有区域限制性。各国法律普遍规定，商号登记的效力受一定区域范围内使用的限制。除全国驰名的大企业的商号可以在全国范围内享有专有使用权外，其他商事主体，其商号只能在其所登记的某一地区，如省、自治区、直辖市、市、县等范围内享有专有使用权。

第二，商号权具有公开性。商号必须通过登记而予以公开，可以为他人知晓。登记则为公开的必经程序。商号的创设、变更、废止、转让、继承等等都必须通过登记程序进行公开，未经此程序者，不得对抗善意第三人，不对外发生效力。

第三，商号权具有可转让性。在我国，根据现行立法和司法实践，商号权可以转让，但一般应与商事主体的经营同时转让，至于商号权是否可以单独转让，理论上依然存在着较大的争议。

合法使用的商号必须受到法律保护，这是各国法律中奉行的关于商号权的一个基本原则。保护商号权保护的法律，在商法之外，主要涉及《民法》《反不正当竞争法》《商标法》等等。

商号权保护的方法，通常主要有两种：

第一，商号管理机关行使商号保护权。这主要是指，当行为人使用了法律规定其无权使用的商号，如合伙人以有限责任公司的名义进行经营；有限责任公司以股份有限公司的名义进行经营等等，商号主管机关则可以通过行政或司法途径，对其予以处罚，禁止其使用。

第二，商号权利人行使商号保护权。这主要是指，如果他人由于未经允许使用商号或妨碍商号权利人使用其商号，致使商号所有人的权利遭受侵犯，商号所有人可以通过司法途径要求他人不再使用该商号并排除妨碍，与此同时，商号所有人还享有损害赔偿请求权。

二、商事账簿

（一）商事账簿的概念

商事账簿，是指商事主体为了表明其财产状况和经营状况而依法制作的簿册。商事账簿是商法调整的一项重要内容，各国商法都对其有专门的规定。在我国，没有制定专门的商事账簿法，有关商事账簿的规定，主要体现在《会计法》、《审计法》、《企业会计准则》、《企业会计通则》以及关于股份有限公司，尤其是上市公司财务管理的规定等法律法规之中。

商事主体是否都必须制作商事账簿，在我国，法律对此并没有明确规定。不过，根据法律的规定，只从事小规模经营活动的商事主体，如个体工商户，也必须按照税务机关的规定建立、使用和保管账簿、凭证。如因规模太小，确无建立账簿的能力，而聘请财会人员又实有困难者，经税务机关批准，可以暂缓建账。但是进货、出货的凭证和发票必须妥善保管好。

(二) 商事账簿的种类

各国商法对商事账簿的分类所作的规定不尽相同。在我国，一般认为，根据会计、审计法律法规的规定，商事账簿的分类主要有会计凭证、会计账簿和会计报表三种。

1. 会计凭证，是指记录商事主体日常经营活动情况并作为依据的书面证明。根据法律的规定，商事主体在经营活动中所作出的货币收付、款项结算、货物进出、财产增减等等都必须由经办人员取得或填制会计凭证，并以此作为结算的依据。没有会计凭证不得收付款项、进出财物、进行财产处理。会计凭证所记载的事项必须真实、客观、可靠，商事主体不得作出虚假会计凭证。

2. 会计账簿，是指按照一定的程序和方法，连续、分类记载商事主体经营业务活动的簿册。它通常由主管部门按一定的格式统一印制，由具有专门格式并互有联系的账册组成。

会计账簿种类很多，按其性质和用途可分为序时账簿、分类账簿和备查账簿等。序时账簿又可分为普通日记账和特种日记账两种。根据法律的规定，在商事经营中，商事主体都必须根据其组织形式、营业性质、收支状况等实际需要，制作适合其经营特点的会计账簿。会计账簿所记载的各项内容都是商事主体编制会计报表、进行经营活动分析、进行资产审计评估以及在涉及法律诉讼时作为证据材料的重要依据。

3. 会计报表，又称会计表册，它是指以货币为计量单位综合反映商事主体在一定时期内，即一定的会计期间内的生产经营活动和财务状况的一种书面报告文件。它一般是根据会计账簿的记载，按照主管部门统一印制的格式、内容和方法要求编制而成的。

会计报表同样是由商事主体所提供的，证明其经营和财产状况的、具有法律效力的书面文件。它通过有重点地、简明地、全面地反映商事主体的财务状况和经营状况，从而向商事主体的经营管理机关、商事主体的交易相对人以及政府有关部门等会计报表使用人提供必要的财务资料和会计信息。

(三) 商事账簿的法律效力

符合法律规定的条件而制作的商事账簿，具有法律效力。一般认为，这种效力主要表现在以下三个方面：

1. 对于商事交易各方而言，尤其在商事交互计算中，商事账簿是其进行财物清点核算的重要依据。

2. 对于商事主管部门而言，商事账簿是进行稽核审计、计算税率、资产评估等的重要依据。

3. 在法律诉讼中，商事账簿具有重要的证据效力。

各国法律都不同程序地规定了商事主体有保管商事账簿的义务。但对于不同的商事主体，保管的方式和期限规定不一。在我国，根据《会计法》规定，会计凭证、会计账簿、会计报表和其他会计资料，应当按照国家有关规定建立档案，妥善保管。根据《公司法》规定，公司不仅应妥善保管商事账簿，而且还应按照法律或公司章程的要求及时向公司股东提供商事账簿。

第六节　我国商法的历史发展

一、我国古代商法

在鸦片战争以前，我国不存在独立的现代意义上的商事法律制度，主要原因如下：

（一）中国古代社会是小农经济社会

在小农经济社会里，生产的产品是以日用消费品为主，工业及手工业都不发达，商业所经营的商品也主要是日用消费，而且一些重要的消费品，如，食盐、铁、油、茶，从汉代起就一直实行国家专营。土地这种生产资料，是按照封建土地所有制的方式去经营。商人在社会上的地位很低，人数较少。为数不多的商人最终被封建地主同化，始终未形成一个独立的社会阶层，从而缺乏促进商法发展的动力。

（二）重农抑商的政策始终占主导地位

商人始终是四名之末，《史记·商君列传》记载商鞅变法时就把商业与手工业列为"末作"。在立法中规定"僇力本业，耕织致粟帛多者，复其身；事末利及怠而贫者，举以为收孥"。《旧唐书·食货志》记载两汉之后，各朝代多在身份、进仕和服饰上对商加以限制。如唐高宗下禁令："工商不得乘马"、"工商杂类不得预于仕伍"。并规定："有市籍不得官，父母有市籍者，亦不得官。"即工商者本人不得为官，而且其子孙也要受到限制。《清朝文献通考》记载，清雍正二年（公元1724年）的上谕中仍言："朕帷四民，以士为首，农次之，工商其下也。汉有力田孝娣之科，而市井子孙不得仕官。"

（三）以刑为主的法律体系

中国古代的法律体系是以刑为主、诸法合体、重刑轻民、实体法与程序法不分的成文法结构体系。中国社会历来重视家族、家庭的作用，把家庭视为国家和社会的基础，形成了家庭本位的理念。家庭本位的核心是家长权，其最主要是作为一个整体的家庭财产权。因此，刑法和民法在封建社会没有本质的区别，法律是礼治的工具，礼的核心是尊卑、贵贱、亲疏一类的宗法观念，它又主要表现为家庭关系，法律维护的是夫权、父权、族权，家庭本位在中国有着牢固的基础。与这种血缘关系相适应的简单商品生产，只能产生以刑为主、重刑轻民的法律体系，而不可能形成商业文明，也就不可能有现代意义的商法。

二、我国近代商法

（一）清王朝的商事立法

1840年鸦片战争后，中国逐渐沦为半封建半殖民地社会。19世纪后半期开始，一部分商人、地主和官僚投资近代工业，社会经济结构发生了变化，相应地，清朝的政治法律制度也发生了一系列变化。清朝统治者为了维持岌岌可危的封建政权，宣布实行"新政"。光绪皇帝在变法维新中把制定商法看成是"通商惠工"、"经国之要政"，为了"慎重商政，力图振兴"，1903年派载振、伍廷芳、袁世凯等编定商律。1904年制定了《公司律》和《商人通例》，1906年制定了《破产律》，1909年制定了《大清商律草案》。在体例上仿效日本商法，在内容上则多借鉴德国商法。但这些立法大多尚未颁行，就随着清朝的灭亡而成为历史文献了。

（二）民国时期的商事立法

民国政府成立后，在《大清商律草案》的基础上，于1914年制定颁行了《中华民国商律》，实行民商分立的立法体例。此后又颁行了《公司条例》与《商人通例》。国民政府迁都南京后，改采民商合一立法体例，于1917年制定了兼含商法章节的《民法典》。该法典将旧商法中的商法总则、商人、经理人、代办商、商事行为、交互计算、行纪、仓库、运送等制度并入民法债编，某些不能并入民法典的商法制度，以单行法规定。1919年以后，国民政府又相继制定了《票据法》《公司法》《海商法》《保险法》和《商事登记法》等，从而形成民国时期民商合一与单行商法补充的立法格局。

三、我国现代商法

（一）市场经济建立前的商事立法

新中国成立后，在长期高度集中的计划经济体制下，忽视商品生产、价值规律和市场的作用，忽视民主和法制建设，国家和地方虽曾颁布过一些商业法规，但不少已经废止、失效。我国始终未能制定统一的商事基本法，实质意义的商法发展长期处于非系统化的状态。但是，如果从我国法律的具体内容来看，现行法中实际上存在着大量旨在规制营利性主体从事营业活动的基本规则和制度。

(二) 市场经济确立后的商事立法

十一届三中全会后，我国开始了社会主义市场经济的建设，一批调整市场经济关系的单行商法相继颁布：1986 年的《破产法（试行）》、1992 年的《海商法》、1993 年的《公司法》、1995 年的《票据法》《保险法》《担保法》、1997 年的《合伙企业法》、1999 年的《合同法》《个人独资企业法》等。

2019 年 3 月 15 日，十三届全国人大二次会议表决通过了《中华人民共和国外商投资法》，自 2020 年 1 月 1 日起施行。

虽然我国仍然没有统一的商事基本法，但是这些单行的商法在维护市场经济秩序中发挥了重要作用。

第七节　商法与相关法律的关系

一、商法与民法

商法与民法是私法领域的两大法域，两者有十分密切的关系。通常认为，民法和商法是一般法与特别法的关系，民法对市民社会的私人之间关系作出一般性的规定，商法则仅对商事关系进行特别规定。因此，二者在许多方面有共同之处，同时也存在众多差异。

（一）民法与商法之间的联系

1. 就调整对象而言，民法和商法均是调整民商事行为的法律，都属于私法范畴，调整的都是平等主体之间的财产关系。商法是以营利性的营业行为为调整对象的，而营利性的营业行为只是社会经济生活的一部分；民法的债权制度则是以财产流转关系为调整对象，即调整的是流通领域的商品交换关系。因此，民法和商法都是规范财产归属和流转的法律。

2. 从调节机制看，民法和商法都强调当事人的意思自治。在民商法领域，法律规范大多是任意性规范，赋予当事人在合法的范围之内，自由选择从事民商事活动的内容和方式的权利。

3. 在法律原则方面，民法和商法有许多共同之处，比如二者都适用公平、平等、诚实信用原则。

（二）民法与商法之间的区别

1. 调整对象不完全相同。民法所调整的是平等主体之间基于各种民事活动而形成的人身关系和财产关系，不但包括等价有偿的经济关系，而且包括无偿的社会关系；商法是以经营性主体的营利活动为调整对象的，其内容是生产经营性的经济关系，具有等价有偿的特点。

2. 基本价值取向不同。民法所关注的不是主体获得超过其投资的利益，而在于民事主体之间的法律地位平等和利益均衡，因此，公平是其首要价值。公平原则体现在民法制度的各个方面，贯穿于民法规定的始终，民法的三大基本原则——人格平等、私有财产神圣不可侵犯、合同自由，以及其他的原则都体现了公平。

商法调整的是商事主体在商事交易活动中发生的营利性经济活动，其所关注的是商事主体的资本的增值，营利性是其基本特征，因此，效益就成为商法的最高价值取向。商法的许多制度都是为了实现效益而设计的。比如，为实现商事交易的营利目的，必须要求交易能迅速完成，为此，商事法律规定了较短的时效期间和交易对象定型化、证券化的制度，以增加交易的次数。

3. 性质有所不同。民法属纯私法，调整的是平权关系；商法本质上是私法，以私法为主体，但又具有公法的属性，调整的是平权与不平权兼有的关系，如商事登记、商事账簿、商事破产程序等都兼有很强的调整不平权关系的公法色彩。因此，民法是私法规范体系；商法是以私法规范为主体，私法规范与公法规范相结合的法律规范体系。

4. 伦理色彩的程度有所不同。从伦理色彩的特点上看，各国民法注重固有的传统，具有强烈的伦理色彩；商事活动的跨国界性决定了商法具有世界性，本土化的性格比较弱，与民法的伦理色彩与不同，商法的众多规范都是纯技术性的。

5. 法律规范的稳定性不同。从法律规范的稳定性上看，由于民法的固有的伦理性，民事法律规范比较稳定；而商法的技术性以及商事交易活动的多变性，决定了商事法律规范的制定和修改较为迅速、频繁，不如民事法律规范稳定。

二、商法与经济法

与商法相比，经济法是个比较新的概念。19 世纪末 20 世纪初，西方国家由自由资本主义进入垄断资本主义阶段。第一次世界大战后，垄断导致了资本主义世界的整体经济危机。为了缓和各种社会矛盾，稳定社会经济秩序，西方各国开始转变在自由资本主义时期所奉行的尽量少干预经济的政策，转而实行积极的干预政策，于是出现了一系列与国家干预经济活动相适用的法律、法规，学者们将其称为"经济法"。

现代社会，随着商事活动规模的扩大，专业经济组织的增多，经济活动日益社会化、公益化，国家对宏观经济活动的管理和干预也就愈发重要，经济法也因此在各国获得了普遍发展。经济法产生以后，其与商法之间的关系便成为学者们研究的课题。德国学者柯洛特（Krott）主张经济法包括商法，是规范各种职业阶层经济生活特别关系的法规的总称。德国学者赫德曼（Hedeman）则主张经济法是社会法的一部分，与传统商法不同。卡斯克鲁（Kaskel）认为经济法是促成民商合一而代替商法的总名称。学者们的观点都有一定的道理，但同时又都没有从总体上把握商法和经济法的关系，难免有以偏概全之嫌。应当承认，商法与经济法既有共性，又有差别。

（一）商法与经济法的联系

1. 从规范对象来看，二者都是规范经济关系的法律。商法规范的是商事主体之间因商事交易活动而产生的经济关系；经济法则调整因国家干预商事主体的经济活动而产生的经济关系。

2. 从规范性质来看，二者都具有公法性。商法本质上是私法，但在调整平等主体间商事关系的同时，还运用国家公权力对商事主体进行监督，所以又带有一定的公法性，比如商事登记制度对商事主体入市条件的强制性规定就是具有公法色彩的规范；为了维护社会经济秩序，经济法对商事主体的经济活动进行宏观调控，必须借助国家公权力，采取强行法的形式，因而，经济法在本质上是公法。

（二）商法与经济法的区别

当市场经济处于正常状态时，价值规律、竞争规律、供求规律等"无形之手"发挥调节市场的作用，主体的市场行为必须符合这些规律，否则就会受到无情的惩罚。商法的任务就在于努力体现这些规律的要求，把"无形之手"变成一套看得见、摸得着的行为规范。当规范市场的各种规律失灵，市场处于"非常态"时，商法将无法保障市场秩序公平地进行。这时就需要国家以"有形之手"干预经济活动，以强制性的法律规范规制市场主体的行为，恢复正常的市场秩序。经济法的目的就在于保持自由、平等和公平竞争的市场秩序，其调整的是市场失灵状态下的经济关系。因此，商法和经济法所调整的经济关系是两种性质根本不同的关系，由此决定了二者在许多方面有所不同。

1. 调整的范围不同。商法调整的是营利性的主体在营业活动中发生的商品交易关系，这类关系发生于平等主体之间；经济法调整国家因管理市场秩序、干预商事主体的经济活动而产生的关系，是非平等主体之间的经济关系。只要商事主体的交易行为不危及整体交易秩序，就适用商法；否则，就需要由经济法进行调整。

2. 调整方法不同。商法同民法一样，强调当事人地位平等、意思自治，多采用自律的调节方法；经济法是国家以社会的名义对国民整体经济生活进行调整，主要采取他律的方法。由此决定了商法规范大多是任意性的，强制性规范是少量、明确和具体的；而经济法规范则大多是强制性的。

3. 二者的价值取向不同。商法侧重于以各种具体规范保证商事主体实现其营利目的，保护的是商事主体的个体利益，因此，效益是其首要的价值追求；经济法关注的是社会整体利益，目的在于建立公平竞争的市场秩序，以追求社会公共利益的实现，即公平是经济法的基本价值取向。

三、商法与行政法

商法作为私法规范与公法规范相兼容的法律规范体系，其公法性规定主要为行政法律规范。行政法是调整行政活动的法律规范的总称。它主要规定国家行政权力的组织、行政权力的活动以及对行政活动后果的救济。因此，商法与行政法既存在规范体系上的联系，又存在性质上的区别。

（一）商法与行政法的联系

行政法与商法的联系颇为密切。商法中的公法性规范主要是行政法律规范，如商事登记制度、商事账簿制度、股权转让登记制度、船舶登记制度等等。这些制度的制定目的就是为了保障商事秩序的建立和商事权利的实现。从这个意义上来说，商事活动中的行政法调整，是商法对行政法的补充。

（二）商法与行政法的区别

行政法调整的行政关系与商法调整的商事关系具有不同的特性，主要区别如下：

1. 法律关系的产生意志不同。行政关系是根据国家意志产生的，是国家权力运用的结果；商事关系是基于商主体的自由意志产生的。是商主体自主自愿行为的结果。

2. 法律关系的主体不同。行政关系中的法律主体，必然有一方为国家行政管理机关，有时双方皆为行政管理机关；商事关系中的双方一般皆为公民、法人或其他经济组织，国家只是在例外情况下才成为商主体，如政府采购、国家发行国库券等。此外，当国家行政机关对商主体行使管理职权时，可以成为由此形成的法律关系的主体，但这种法律关系不等同于商事法律关系。

3. 法律关系中的当事人地位不同。行政关系具有隶属性，是一种不平权关系，当事人地位具有不平等性；商事关系中的当事人地位具有平等性，是一种平权关系。

4. 调整方法不同。行政法以强制性规范为主，其调整方法具有强制性；商法以任意性规范为主，其调整方法具有任意性。

5. 权力（权利）的行使方式有所不同。行政关系中主体所获得的权力是由国家授予的，它是职权与职责的结合，其权力与特定主体密切联系，不可任意放弃，也不可随意转让；商事关系中主体的权利与主体的个人意志及利益相联系，并可由主体依照自己的意志合法处置。

四、商法与国际商法

近代商法的起源，是欧洲中世纪地中海沿岸各国的、具有国际性的商人习惯法。民族国家形成以后，各国相继将商人习惯法纳入国内立法，在这一时期，商法的国际性依然存在。但实践证明，商法被纳入国内法后，严重妨碍了商品与服务的国际流通。它使人们认识到，商品交易适用的法律在世界范围内应当是统一的。

近年来，随着国际经济一体化的发展，商法的国际化趋势日益增强，国际商事规则、条约随之增多，如《国际贸易术语解释通则》《跟单信用证统一惯例》《船舶碰撞及海难救助统一公约》《汇票、本票及支票统一公约》《联合国国际货物销售合同公约》等。当然，这些国际商事规则是协调国内商法的结果，来源于国内商法；反之，某些国际商事制度、规则，一旦被证明是行之有效的，很快就会被各国的国内立法所吸收。因此，国内商法与国际商法之间是一种融合统一的关系。

复习思考题

1. 什么是商法？商法的特征有哪些？
2. 商法的调整对象是什么？它有哪些特征？
3. 简述商法的基本原则。
4. 什么是商事主体？商事主体有哪些特征？
5. 什么是商事行为？商事行为有哪些特征？
6. 什么是商事登记？它有哪些法律特征？
7. 什么是商号？商号选定的限制有哪些？
8. 简述商事账簿的概念、种类及其法律效力。
9. 简述商法与民法的联系与区别。

第二章

公司法

第一节 公司法总论

学习目标

了解公司企业法人、公司成立的条件、股东和公司承担的责任、相关法律《中华人民共和国民法通则》《中华人民共和国合伙企业法》《中华人民共和国个人独资企业法》的相关规定。

任务驱动

通过学习，解决现实中出现的股东和公司之间的民事责任问题、处理出现的具体法律纠纷事务。

案例导入

2017 年 2 月，合肥忠祥有限责任公司（以下简称忠祥公司）、常山有限责任公司（以下简称常山公司）等 9 家企业发起设立大昌建材贸易有限公司（以下简称大昌公司）。同年 6 月初，大昌公司因听传言说国家欲在本市郊区建一武警军事基地，遂与临市长城水泥有限责任公司（以下简称长城公司）签订了一份水泥买卖合同。双方约定：由长城公司于 7 月 1 日前供应 2000 吨 525 号白水泥（单价 280 元/吨）运至大昌公司的仓库，大昌公司收到水泥并验收无误后当即支付给长城公司贷款人民币 6 万元，剩余贷款 50 万元由大昌公司于 7 月 5 日前汇入长城公司指定账户。6 月 28 日，长城公司将水泥如数运至大昌公司仓库，但直至 7 月 20 日，仍未见大昌公司汇剩下的 50 万元货款，经多次交涉未果。事后查实：大昌公司自建立以来，因诚信欠佳，一直处于亏损状态，已拖欠多笔大额货款，但考虑到大昌公司的股东忠祥公司、常山公司等均系合肥市大型企业，且多数运营良好，重合同守信用，遂欲起诉大昌、忠祥、常山等 9 家公司，要求他们偿还所欠货款 50 万元，请律师代为起诉。

律师认为：长城公司与大昌公司签订的合同合法有效，大昌公司作为长城公司的义务人，应依合同约定履行义务，其未依约履行构成违约，应承担违约责任。而忠祥公司等 9 家公司作为大昌公司的出资人，只以出资为限承担有限责任。如果他们都完成了出资，则不应对大昌公司的债务承担责任。所以长城公司只能以大昌公司为被告向人民法院起诉。

法律提示

《公司法》

第 3 条　公司是企业法人，有独立的法人财产，享有法人财产权。公司以其全部财产对公司的债务承担责任。

有限责任公司的股东以其认缴的出资额为限对公司承担责任；股份有限公司的股东以其认购的股份为限对公司承担责任。

相关提示

1.《中华人民共和国民法典》

第 57 条　法人是具有民事权利能力和民事行为能力，依法独立享有民事权利和承担民事义务的组织。

第 59 条　法人的民事权利能力和民事行为能力，从法人成立时产生，到法人终止时消灭。

2.《中华人民共和国合伙企业法》

第 2 条　本法所称合伙企业，是指自然人、法人和其他组织依照本法在中国境内设立的普通合伙企业和有限合伙企业。

普通合伙企业由普通合伙人组成，合伙人对合伙企业债务承担无限连带责任。本法对普通合伙人承担责任的形式有特别规定的，从其规定。

有限合伙企业由普通合伙人和有限合伙人组成，普通合伙人对合伙企业债务承担无限连带责任，有限合伙人以其认缴的出资额为限对合伙企业债务承担责任。

第 39 条　合伙企业不能清偿到期债务的，合伙人承担无限连带责任。

3.《中华人民共和国个人独资企业法》

第 2 条　本法所称个人独资企业，是指依照本法在中国境内设立，由一个自然人投资，财产为投资人个人所有，投资人以其个人财产对企业债务承担无限责任的经营实体。

第31条　个人独资企业财产不足以清偿债务的，投资人应当以其个人的其他财产予以清偿。

前述案例分析

本案是一起买卖合同纠纷：本案所涉及的法律问题是公司的法人财产权以及公司与股东的关系等问题。

本案中，大昌公司是由忠祥公司等9家公司发起设立的，并已经登记成立，其设立行为符合法定的条件及程序，属依法设立，具有民事权利能力和民事行为能力。根据新《公司法》第27、28、29、30、32条的规定，股东将其财产存入有限责任公司在银行开设的账户或办理财产权的转移手续后，即丧失对其出资财产的所有权，而取得股权。公司经注册登记成立后即摆脱了对出资人的依附而具有独立的法律人格和生命力，取得法人财产权，使公司得以以其独立财产承担民事责任。忠祥公司等9家公司的出资构成了大昌公司的独立财产，大昌公司即对其享有法人财产权，并以此对其债务独立承担责任，而大昌公司的股东忠祥等9家公司并非购销合同的当事人，不应当承担清偿债务的责任。如果无视公司的法人财产权，仍把公司财产看作是属于股东所有，无疑是否认了公司的法律人格，把公司降格为合伙企业，股东的责任也从有限责任退回到无限责任。新《公司法》坚持了股东有限责任这一基本原则，只要股东不滥用其对公司的有限责任，股东的有限责任将受到法律的充分保护。

本案中，长城公司对公司与其股东间的关系认识不清，才会导致其欲错误地起诉忠祥公司等9家股东，幸好其在起诉前咨询了律师，律师给予了正确的法律意见，方避免了一系列麻烦，使长城公司的权利能得到合法有效的救济。

基本理论和知识

一、公司的概念和特征

（一）公司的概念

公司是现代企业的基本组织形式。国外公司制企业已有几百年的发展历史。改革开放以来，特别是我国提出建立社会主义市场经济体制、建立现代企业制度以来，我国的公司制企业得到迅速发展，公司制企业已经成为我国企业的一种主要组织形式。学习和研究公司法我们就必须对公司的概念和特征进行分析。从法律的角度来看，到底什么叫公司呢？

我国《公司法》第2条规定："本法所称的公司是指依照本法在中国境内设立的有限责任公司和股份有限公司。"其实该条只是规定了在我国目前的市场经济中能合法存在的两种公司的类型，而并未涉及公司的定义。从国外有关国家的立法来看，大陆法系国家的公司法、商法或民法不设完整的、专门的定义性规范，有关公司的定义多散见于有关的法条之中。按照大陆法系的传统定义，"公司是依法定程序设立的，以营利为目的的社团法人。"这一传统定义可以分解成三层意思：

第一，公司是法人，即公司是依法定条件和法定程序成立的具有权利能力和行为能力的民事组织；

第二，公司是社团法人，公司是两个或两个以上的股东共同出资经营的法人组织；

第三，公司是营利社团法人，即公司股东出资办公司的目的在于以最少的投资获得最大限度的利润。

在我国，目前法学界对于公司的定义也各不相同。归纳起来一般有以下两种定义最为典型：

第一种是将公司界定为"公司是依法设立的、以营利为目的的社团法人"。

第二种是将公司界定为是"公司是依法设立的、以营利为目的的企业法人"。

我们认为第二种定义比较妥当，我国《民法通则》以活动性质将我国的法人分为企业法人、机关法人、事业单位法人和社会团体法人。

根据《公司法》的第3条规定："公司是企业法人，有独立的法人财产，享有法人财产权。公司以其全部财产对公司的债务承担责任。"

综上所述，我们将公司定义为：公司是依照公司法律规定组织、成立和从事活动的、以营利为目的且兼顾社会利益的、具有法人资格的企业。

（二）公司的特征

根据公司的定义，一般我们认为公司具有以下三个基本的法律特征：

1. 公司具有法人资格。《公司法》第3条规定"公司是企业法人"。法人是与自然人并列的一类最常见的民商事主体，具有独立的商事主体资格，拥有商事主体所要求的权利能力和行为能力，能够以自己的名义从事商事活动，并以自己的财产独立承担民商事责任。公司是最典型的法人类型，体现了法人最本质的特征。

根据我国公司法的规定，公司法人资格的取得必须具有以下条件：

（1）公司必须依法设立。公司具有法人资格，而法人是法律赋予其法律人格的社会组织，法人非依法不得设立。公司依法设立主要是指其设立的程序而言，即公司的设立必须要依照法定的程序办理相关的登记手续，领取营业执照，有的公司如商业银行、保险公司、证券公司等的设立在登记之前还必须经过审批程序。凡在中国境内设立公司，必须依照我国公司法、公司登记管理条例及其其他相关的法律法规所规定的条件和程序设立。《公司法》第6条规定："设立公司，应当依法向公司登记机关申请设立登记。符合本法规定的设立条件的，由公司登记机关分别登记为有限责任公司或者股份有限公司。"

（2）公司必须具有必要的财产。财产是公司得以存在的物质条件，同时也是公司作为法人能够独立承担法律责任的物质保障。公司作为一个以营利为目的的企业法人，必须有其可控制与支配的财产，以从事生产经营活动。我国公司法将公司享有的独立法人财产称之为法人财产权，《公司法》第 3 条规定："公司是企业法人，有独立的法人财产，享有法人财产权。"公司财产一般被称之为公司资产，包括设备、材料、工具等动产和房屋、土地等不动产以及货币组成的有形资产，也包括企业名称、工业产权等无形资产。公司成立时的原始财产来源于公司股东的出资，股东可以以货币、实物、知识产权、土地使用权等方式出资。股东一旦完成出资义务，其出资标的物的财产权即转移至公司，构成公司原始财产。为了确保公司具备必要的财产，我国公司法规定了法定资本制，即公司成立时的资本必须要达到法定的最低资本限额。

（3）公司必须要有自己的名称、组织机构和场所。公司的名称相当于自然人的姓名，可以自由选用，但必须标明公司的种类，即有限责任公司或股份有限公司。依照《公司法》第 8 条的规定，有限责任公司必须在公司名称中标明"有限责任公司"或"有限公司"字样，股份有限公司必须在公司名称中标明"股份有限公司"或"股份公司"字样。根据《公司法》第 25 条、第 81 条的规定，公司名称是公司章程绝对必要记载事项之一，同时也是公司登记事项之一。

公司必须具有完备的组织机构。规范的内部治理形式是公司法人不同于其他法人组织的重要标志之一。公司作为法人并无自然实体，必须设立公司机关以决定和实施公司意志。健全的组织机构是公司意志得以实现的组织保障，其一般包括公司的权力机构、执行机构和监督机构。根据我国公司法的相关规定，有限责任公司和股份有限公司的组织机构大体相同，但有限责任公司在内部机构的设置上比较灵活，股东人数较少或者规模较小的有限责任公司，可以不设董事会或监事会，而只设一名执行董事或一至两名监事。股份有限公司的内部机构的设置相比较则比较规范。

公司要有自己的营业场所，它是公司实现其设立目的所实施经营的地方；公司还必须要有自己的住所，其住所可与其经营场所一致，也可以不一致。但公司住所是公司法律关系的中心地域，凡涉及公司的债务清偿、诉讼管辖、书状送达均以住所为标准。我国《公司法》第 10 条规定："公司以其办事机构所在地为住所。"

（4）公司必须能够以自己的名义从事民商事活动并独立承担民事责任。

①公司的独立权利。原则上，就公司的合法目的而言，公司几乎是和自然人一样的独立实体。公司若要与自然人一样，就必须拥有自己的权利。公司所享有的这些权利的范围是非常广泛的，如以自己的名义拥有财产包括不动产的权利、起诉和应诉的权利以及在公司目的的范围内从事任何合法经营活动的权利。但是由于本身所固有的性质，公司的权利受到一定的限制。如公司不能享有只能由自然人享有的生命权、结婚权、肖像权、隐私权、名誉权、健康权等权利，还有公司在经营中的权利应依照公司法的要求并且与公司章程中载明的经营范围相一致。②公司的独立责任。根据公司法的相关规定，公司必须在依法自主组织生产和经营的基础上自负盈亏，用其全部的法人财产对公司的债务独立承担责任。公司的独立责任就意味着公司的股东除承担对公司的出资义务外，不再承担任何其他责任，即股东的有限责任。《公司法》第 3 条规定："公司以其全部的财产对公司的债务承担责任。"这也是公司与其他企业组织形态如合伙企业、个人独资企业等的本质区别之一。

公司的独立责任意味着公司股东的有限责任。《公司法》第 3 条第 2 款规定："有限责任公司以其认缴的出资额为限对公司承担责任；股份有限公司的股东以其认购的股份为限对公司承担责任。"有限责任是公司制度的基石。但如果公司股东滥用有限责任或恶意利用有限责任制度而损害公司其他股东或公司债权人利益的，法律就会否认股东的有限责任，从而让股东承担无限责任。这在公司法理论上称为公司法人资格否认制度，英美法称之为"刺破公司面纱"。我国《公司法》第 20 条规定："公司股东应当遵守法律、行政法规和公司章程，依法行使股东权利，不得滥用股东权利损害公司或者其他股东的利益；不得滥用公司法人独立地位和股东有限责任损害公司债权人的利益。公司股东滥用公司法人独立地位和股东有限责任，逃避债务，严重损害公司债权人利益的，应当对公司债务承担连带责任。"

2. 公司是社团组织，具有社团性。依法人的内部组织基础的不同，可将法人分为社团法人和财团法人，公司属于社团法人。公司的社团性表现在它通常有两个或两个以上的股东出资组成。股份有限责任公司具有完全的社团性，其股东有两个人以上。有限责任公司同样体现了公司的社团性。只是法律允许存在例外的情形。我国公司法关于有限责任公司社团性的例外情况包括两种情况：一是一人有限责任公司，另外一种就是国有独资公司，在这两种公司中股东都只有一个。但是社团性除了含有社员因素外，还含有团体组织性，即不同于单个的个人，而是一个组织体，就这个特征而言一人有限责任公司和国有独资公司同样体现了公司的社团性。

3. 公司以营利为目的，具有营利性。公司以营利作为终极目标，公司的设立及其运作，都是为了追求经济利益。为此，公司必须连续不断地从事经济活动，如商品生产、交换或提供服务。公司的营利性特征已为世界上许多国家和地区的公司立法所确认，从而成为公司的基本特征。公司的营利性是公司区别于其他非营利性法人组织的重要特征。营利性法人的宗旨是获取利润并把利润分配于成员（出资人或股东）；而非营利性法人的宗旨是发展公益、慈善、宗教、学术事业，他们即使从事商业活动、赚取利润，也只是以营利为手段，旨在实现与营利无关的目的，而且其营利所得不能直接分配于成员。区分营利性法人和非营利性法人的主要法律意义就在于对其设立不同的设立程序、赋予其不同的权利能力、适用不同的税法等。

公司的营利性实质上是股东设立公司目的的反映。公司只能以营利为目的，实现公司利益最大化，才能让股东收回投资，并进而实现营利。法律内承认并保护公司的营利性，方能鼓励投资、更多地去创造社会财富，促进市场经济的发展。因此《公司法》第4条中把公司股东的资产收益权作为第一项权利加以规定，体现了公司的营利性特征。但是公司在追求利益最大化并把营利分配给股东时，也要遵守一定的原则，主要是保护债权人的利益。所以，当公司分配其盈利时，必须在支付职工工资、缴纳税款、清偿债务后才可分配给公司的股东。

二、公司的权利能力和行为能力

（一）公司的权利能力

1. 公司权利能力的含义。公司的权利能力是指公司作为法律主体依法享有权利和承当义务的资格。它有两层含义：

（1）公司的权利能力是法律所赋予的，而不完全依赖发起人或者股东的意志。

（2）公司是公司权利能力的享有者，公司的权利能力与发起人或股东权利能力相区别。

因此，公司权利能力意味着公司可以独立于其发起人或股东，依法直接享有权利和承担义务。公司的权利能力的起始时间与自然人有所不同。自然人的权利能力始于出生，终于死亡。而公司的权利能力于公司成立时产生，至公司终止时消灭。那么，公司何时成立、何时终止就是确定公司权利能力产生和消灭的关键。我国《民法通则》规定，企业法人应自其依法登记并领取营业执照之日起享有民事权利能力，自其解散并注销企业法人营业执照之日起终止其民事权利能力。具体而言，依照我国《公司法》第7条的规定，公司营业执照签发之日为公司成立的时间。因此，公司营业执照签发之日，就是公司权利能力产生之时。同样，依照《公司法》第188条的规定，公司清算结束以后，清算组应当制作清算报告，报股东会、股东大会或者人民法院确认，并报送公司登记机关，申请注销公司登记，公告公司终止。因此，公司注销登记之日，即为公司权利能力丧失之时。

2. 公司权利能力的限制。公司的权利能力与自然人的权利能力有较大的不同。公司权利能力多属于特别的民事权利能力，往往受到公司法、公司章程以及公司自身性质的限制。这些限制主要体现在以下几个方面：

（1）性质上的限制。公司是拟制人格，其本身并不具有新陈代谢的生命体，因此凡是与自然人性质有关的权利义务，公司均不可能享有。如前所述，专属自然人的生命权、健康权、婚姻权、继承权、隐私权、名誉权等，公司都不能享有。

（2）目的范围的限制。公司作为营利性的法人，其所持续经营的事业或业务记载于公司章程，登记于公司营业执照，公司法称为经营范围。我国《民法通则》规定第 42 条规定："企业法人应当在核准登记的范围内从事经营。"《公司法》第 12 条规定："公司的经营范围由公司章程规定，并依法登记。公司可以修改公司章程，改变经营范围，但是应当办理变更登记。公司的经营范围中属于法律、行政法规规定须经批准的项目，应当依法经过批准。"公司经营范围的意义表现在以下几个方面：其一，公司的经营范围应当由公司章程作出规定，公司章程未作出规定的，公司不得经营；其二，公司的经营范围必须依法进行登记，依法登记的才产生公示的效力；其三，公司的经营范围中属于法律、法规限制的项目，还必须依法进行批准，否则，公司不得经营。如经营银行业、保险业、证券业，就必须要经过银监会、保监会、证监会的批准；其四，公司应当在登记的经营范围内从事生产经营活动；其五，公司需要改变其经营范围的，必须要依照法定的程序修改公司的章程，并经公司登记机关变更登记，才可以变更其经营范围。

（3）法律上的限制。国家通过公司法及其他法律对公司的权利能力进行限制。

第一，对公司转投资行为的限制。为了督促公司为正常业务经营，不致因投资不当而影响公司的正常经营，和公司的偿债能力，我国公司对转投资行为进行了限制，主要体现在以下两个方面：其一，禁止公司承担无限清偿责任。即公司不能成为对所投资企业的债务承担连带责任的出资人；其二，对公司转投资额的限定。我国《公司法》第 16 条规定，如果公司的章程对公司的转投资有限额规定的，不得超过此限额。

第二，借贷的限制。为了使公司保持足够的变现资产来及时偿付债务，公司法禁止公司将资金借贷给公司董事、监事和高级管理人员。《公司法》第 115

条规定："公司不得直接或通过子公司向董事、监事、高级管理人员提供借款。"

第三，担保的限制。《公司法》第16条第1款规定："公司向其他企业投资或者为他人提供担保，依照公司章程的规定，由董事会或者股东会、股东大会决议；公司章程对投资或者担保的总额及单项投资或者担保的数额有限额规定的，不得超过规定的限额。"

（二）公司的行为能力

1. 公司行为能力的含义。公司的行为能力是指公司基于自己的意思表示，通过自己的行为独立行使权利和承担义务的资格。公司的权利能力和行为能力同时产生、同时终止。

2. 公司行为能力的实现方式。公司按照自己的意志实施行为时与自然人有所不同。

（1）公司的意志是通过公司的法人机关来形成和表示的。公司的法人机关就是公司的意志机关。公司法人机关通常是由股东会或股东大会、董事会和监事会组成，他们依照公司法规定的职权和程序，相互配合又相互制约，实现公司的意思表示。

（2）公司对外的行为能力由法定代表人来实施，或者由公司法定代表人的授权代表来实施。根据《公司法》第13条的规定，公司的法定代表人由公司的董事长担任，在不设董事会的情况下由执行董事或经理担任。公司的法定代表人按照公司的意思以公司的名义对外进行法律行为，为公司取得权利和承担义务。在公司的权利能力范围内，法定代表人所实施的法律行为就是公司自身实施的法律行为，其后果包括权利和义务，由公司承受。

三、公司的分类

公司的分类就是按照不同的标准对公司进行的划分。

（一）以公司股东的责任不同作为标准，可以将公司划分为无限公司、两合公司、有限责任公司、股份有限公司和股份两合公司

1. 无限公司。它是全体股东对公司的债务承担无限连带责任的公司。当公司的资产不足以清偿债务时，公司的债权人可以通过公司对公司的全体股东或任何一个股东要求清偿全部债务。而股东不论出资多少，都对公司债务承担无限连带清偿责任。

2. 两合公司。它是根据公司股东之间的约定，一部分股东承担有限责任，另一部分股东承担无限责任，由这两种股东组成的公司就叫两合公司。

无限公司和两合公司是公司发展史上最早出现的公司形式。现在各国都把两合公司抛弃了，无限公司在有的国家还保留。比如说我国的台湾地区，它在其公司法中还规定了无限公司，但是数量极少。德国商法规定，无限公司不是

法人。我国公司法没有规定无限公司和两合公司。

3. 有限责任公司。简称有限公司，是指由法律规定一定的人数的股东所组成的，股东以其出资额为限对公司承担责任，公司以其全部资产对公司债务承担责任的公司。这是现代公司的一种基本的形式，虽然出现较晚，由于它较好地吸收了其他公司的优点并克服其不足，所以这种公司的形式在各国都得到迅速地发展。我国公司法也将有限责任公司作为一种主要公司形式。

4. 股份有限公司。简称股份公司，是指由一定人数以上的股东发起成立的，公司全部资本分为等额股份，股东以其所持有的股份对公司承担责任，公司以其全部资产对公司的债务承担责任的公司。在公司的发展历史上，股份有限公司是在两合公司之后产生较早的公司形式。股份有限公司因其可以在社会上广泛筹资、股份可以自由转让、可以实现所有权和经营权分离的经营方式和分权制衡机制以及股份有限责任等特点，特别适合于大型企业的经营，现今其已成为十分重要的公司形式。我国公司法将股份有限公司作为最基本的公司形式之一予以调整。

5. 股份两合公司。它是由承担无限责任的股东和承担股份有限责任的股东共同组成的公司，与两合公司的主要区别在于：股份两合公司中承担有限责任的公司资本被划分成了等额的股份，而且用发行股票的方式来筹集资本。

（二）以公司股份转让方式为标准，可以将公司划分为封闭式公司和开放式公司

1. 封闭式公司。又称为不公开公司、不上市公司、私公司等，是指公司股本全部由设立公司的股东拥有，且其股份不能在证券市场上自由转让的公司。有限责任公司属于封闭式公司。

2. 开放式公司。又称公开公司、上市公司等，是指可以按法定的程序公开招股，股东人数通常无法限制、公司股份能够在证券市场上自由转让的公司。这种公司其实就是指股份有限公司中的上市公司。并非所有的股份有限公司都是上市公司，但是股份有限公司都具有开放性，都可以申请向社会公开发行股份和募集资金，而有限责任公司是不能向社会公开发行股份的，也就无法通过这种方式募集资金。

（三）以公司的信用基础为标准，可以把公司分为人合公司、资合公司和人合兼资合公司

1. 人合公司。是指公司的经营活动以股东个人信用而非公司资本的多寡为基础的公司。人合公司的对外信用主要取决于股东个人信用状况，故人合公司的股东之间通常存在特殊的人身信任关系或人身依附关系。无限公司就是典型的人合公司。

2. 资合公司。是指公司的经营活动以公司的资本规模而非股东个人信用为基础的公司。由于资合公司的对外信用和债务清偿保障主要取决于公司的资本总额及其现有财产状况，因此为防止公司由于资本不足而损害公司债权人的利益，各国法律都对资合公司的设立和运行作了严格的规定，如强调最低的注册资本金、法定的公示制度等。股份有限公司是典型的资合公司。

3. 人合兼资合公司。是指公司的设立和经营同时依赖股东的个人信用和公司资本规模，从而兼有两种公司的特点。两合公司、股份两合公司和有限责任公司均属此类公司。

（四）以公司之间的隶属关系为标准来划分，可以将公司划分为总公司和分公司

1. 总公司。又称本公司，是指从组织上、业务上管辖其他公司的公司。受管辖的公司在业务执行、资金调度、人事安排上均由本公司发号施令。

2. 分公司。是指从组织上、业务上接受其他公司管辖的公司。分公司在法律上不具有独立的主体地位和法人资格。分公司是总公司的分支机构，它是总公司的组成部分，分公司没有自己独立的名称，没有健全的组织机构，没有自己独立的财产，也不能独立地对外承当法律责任。我国《公司法》第14条第1款规定："公司可以设立分公司。设立分公司，应当向公司登记机关申请登记，领取营业执照。分公司不具有法人资格，其民事责任由公司承当。"但是，根据"最高人民法院关于适用《中华人民共和国民事诉讼法》的解释（以下简称《民诉解释》）"第52条的规定第5项的规定：法人依法设立并领取营业执照的分支机构可以作为其他组织成为民事诉讼的当事人；该《民诉解释》第473条规定：其他组织在执行中不能履行法律文书确定的义务的，人民法院可以裁定执行对该其他组织依法承担义务的法人或者公民个人的财产。那么，分公司的法律地位到底如何呢？请看下面的案例：

【案例】

原告：A公司　　　被告：B公司、C公司

B为C在某市设立的分公司，A向B购买一批货物。合同约定，2018年7月31日前A向B支付货款，自A支付货款之日起10日内B向A发货。2018年7月20日，A依约定向B支付了相应货款，但到2018年8月底，B仍未向A发货，由此给A造成巨大损失。A以B违约为由，将B及其总公司C诉至法院。

法院经审理认为，B未按合同约定的时间交货，构成违约，本案法律关系清楚。判决被告B承担直接违约责任，返还A的货款并赔偿相应损失，C作为B的总公司，作为补充责任人与B一同承担违约责任。

法条链接

1.《公司法》

第14条　公司可以设立分公司。设立分公司，应当向公司登记机关申请登记，领取营业执照。分公司不具有法人资格，其民事责任由公司承担。

公司可以设立子公司，子公司具有法人资格，依法独立承担民事责任。

2.《民事诉讼法》

第49条　公民、法人和其他组织可以作为民事诉讼的当事人。

法人由其法定代表人进行诉讼。其他组织由其主要负责人进行诉讼。

3.《最高人民法院关于适用〈中华人民共和国民事诉讼法〉的解释》

第52条　民事诉讼法第48条规定的其他组织是指合法成立、有一定的组织机构和财产，但又不具备法人资格的组织，包括：

（1）依法登记领取营业执照的个人独资企业；

（2）依法登记领取营业执照的合伙企业；

（3）依法登记领取我国营业执照的中外合作经营企业、外资企业；

（4）依法成立的社会团体的分支机构、代表机构；

（5）依法设立并领取营业执照的法人的分支机构；

（6）依法设立并领取营业执照的商业银行、政策性银行和非银行金融机构的分支机构；

（7）经依法登记领取营业执照的乡镇企业、街道企业；

（8）其他符合本条规定条件的组织。

第473条　其他组织在执行中不能履行法律文书确定的义务的，人民法院可以裁定执行对该其他组织依法承担义务的法人或者公民个人的财产。

在公司法和公司实际运作中，分公司是一个"另类"，它不像子公司"根正苗红"，能够独立运作，独立承担法律责任。但对于总公司来说，分公司是自己"肢体"的一部分，涉及分公司的法律纠纷经常也会给总公司徒增诉累。

总公司设立分公司，可能是出于开拓公司业务的需要，也可能是出于公司专业业务活动的需要。分公司具有自己的业务场所和办事机构，具有总公司拨付的营运资金和授予管理的财产，具有与总公司相对独立的管理机构和负责人员，具备相对独立开展业务活动的条件和能力，但是，根据我国《公司法》第14条规定，"分公司不具有法人人格，其民事责任由总公司承担。"也就是说，在法律上分公司是总公司的组成部分。

首先，分公司不具有独立的股东会和董事会，它除了总公司委派的业务负责人外，各重大事项要服从总公司股东（大）会或者董事会的决议或决定。

其次，分公司不具有独立的资本，其营运资金是总公司资本的一部分，分公司的财务核算虽然有其相对独立性，但不是完整的独立核算。分公司本身不是独立的纳税主体，其盈亏不直接向股东负责，而是由总公司统一核算向股东负责。

再次，分公司对外开展业务活动，不独立承担民事责任。

就前述案例而言，如果仅仅按照《公司法》第 14 条规定的分公司不具有法人资格，其民事责任由总公司承担，似乎违约责任应该由 B 的总公司 C 承担，那为什么司法实践中有众多的分公司作为当事方涉诉的案件呢?[1]

我国《民事诉讼法》第 48 条规定了公民、法人、其他经济组织可以作为民事诉讼的当事人，《最高人民法院关于适用〈中华人民共和国民事诉讼法〉的解释》第 52 条又对"其他组织"作了进一步的解释:"其他组织"包括法人依法设立并领取营业执照的分支机构。这样，领取了营业执照的分公司就可以成为民事诉讼的当事人，因此，B 作为分公司可以成为本案的被告。需要特别指出的是，根据前文民诉法解释第 52 条第（5）~（6）项的规定，若涉诉主体为中国人民银行、商业银行或保险公司的分支机构，则只能以该分支机构为被告。

既然分公司不可以单独承担民事责任，如果一旦败诉，分公司和总公司如何分担法律责任? 实践中，不同的法院有不同的法律见解，如果只列分公司为被告，那么法院判决分公司承担责任后，可首先以分公司的财产偿还，如果分公司在执行中没有足够的财产来偿还债务，根据《最高人民法院关于适用〈中华人民共和国民事诉讼法〉的解释》第 473 条的规定，申请执行人可以要求法院执行总公司的财产。当然，也可以直接执行总公司的财产。

本案中，原告把分公司和总公司都列为被告，如何在两者之间分配赔偿责任? 按照上述分析，本案的赔偿责任可先以分公司 B 相对独立的财产承担，不足部分以总公司 C 的财产承担。当然，也可以直接执行总公司 C 的财产。

以上分析似乎和《公司法》第 14 条规定的分公司不具有法人资格，其民事责任由其总公司承担相矛盾，其实不然。

首先，公司法设立的目的是为了规范公司运作，保护股东、债权人的合法权益，维护社会经济秩序。如果仅仅从表面上理解《公司法》第 14 条的规定，分公司因为有总公司这个"靠山"，在日常运营中会因欠缺审慎经营意识不自觉地与第三方产生诸多纠纷，给总公司带来不必要的诉累，特别是分公司众多的集团公司，更会因此而增加运作成本，影响公司的商誉和治理，此时总公司被

〔1〕　如北京慈文影视制作有限公司诉中国电信集团湖南省电信公司株洲市分公司等网络著作权侵权纠纷案〔（2008）湘高法民三终字第 8 号〕、中国平安财产保险股份公司厦门分公司诉厦门星联通运货运代理有限公司等保险代位追偿权纠纷案〔（2008）厦民终字第 3334 号〕等。

迫扮演"救火队员"的角色。从《民事诉讼法》立法目的观之，让分公司承担法律责任，有利于维护良好的经济秩序，规范公司运作。

其次，分公司作为纠纷的直接相对方，更了解情况，在诉讼中能占据更有利的地位。让分公司作为直接的法律责任承担者，可以促进分公司经营管理者强化责任意识，也能促使其合法经营、诚信运作。

第三，《公司法》第 14 条规定的分公司的民事责任由总公司承担，并不意味着分公司的败诉后果全由总公司承担，而是由分公司承担直接责任，在分公司财力不足以承担全部赔偿责任时，由总公司"兜底"，即所谓的补充责任，这从《民事诉讼法》第 48 条、《最高人民法院关于适用〈中华人民共和国民事诉讼法〉的解释》第 52 条、第 473 条的规定中可见一斑。这样做的好处是，既维护了债权人的合法权益，不至于债权人追债无门，又能使问题在最小范围得以解决，减少总公司的诉累。

本案中，法院的判决很好地解决了这个问题，既能使原告 A 的损失得到弥补，又很好地处理了分公司 B 和总公司 C 的赔偿分配关系。

另外，值得注意的一点是，对于分公司因合并、破产、被撤销等原因不再存续的情况，诉讼中，应以总公司为被告，原分公司的民事责任由总公司承担。因为原告起诉时，分公司已关闭或被撤销，其民事责任承担能力消亡，不再具有诉讼主体资格，故其权利义务应由开办、设立该分公司的总公司直接行使或承担。

实战训练

住所地在上海的四海公司在北京设立了一家分公司。该分公司以自己的名义与北京万达公司签订了一份房屋租赁合同，租赁万达公司的楼房一层，年租金为 30 万元，现在分公司因拖欠租金而与万达公司产生纠纷。

请问该房屋租赁合同是否有效？由此产生的法律责任应当由谁承当？

（五）以公司之间的从属关系来为标准划分，可以将公司划分为母公司和子公司

1. 母公司。是指拥有其他公司半数以上的资本或股份，或根据协议，能够控制、支配其他公司的人事、财务、业务等事项的公司。

2. 子公司。是指一定数额的股份被另一公司控制或依照协议被另一公司实际控制、支配的公司。子公司具有独立的法律人格，拥有自己所有的财产，自己的公司名称、章程和董事会，对外独立地开展业务和承担责任。但涉及公司利益的重大决策或重大人事安排，要由母公司决定。我国《公司法》第 14 条第 2 款规定："公司可以设立子公司，子公司具有法人资格，依法独立承担民事

责任。"

子公司和分公司之间的区别，主要表现在以下几个方面：

	子公司	分公司
法律地位	虽受母公司实际控制，但具有独立的法人人格，在工商部门领取《企业法人营业执照》，有自己的公司名称和章程，以自己名义开展经营活动。	不具有独立的法人人格，虽有公司字样但并非真正意义上的公司，无自己的章程，公司名称只要在总公司名称后加上分公司字样即可。【注意：分公司虽不具独立法律地位，但依《民事诉讼法》第48条和《民诉意见》第52条，依法设立的分公司可以作为民事诉讼的当事人，具有诉讼资格，另外分公司也具有独立的缔约能力。】
责任承担	以其自身财产独立承担民事责任，与母公司互不连带，除出资人（即子公司的各股东）出资不实或有抽逃资金，以及公司人格否认的情形下，债权人不得就未得清偿部分向出资人追偿。	业务开展过程中出现债务履行不能情形时，债权人可以要求设立公司（总公司）承担清偿义务，提起诉讼时，可以直接把设立公司列为共同被告要求承担责任。但是要特别【注意：这并不意味着两者之间为连带关系，应当是同一个人格，由总公司承担全部责任。】
设立方式	由一个股东（一人有限责任公司）或者两个以上股东按照公司法规定的公司设立条件和方式投资设立。	总公司在其住所地之外向当地工商部门申请设立，属于设立公司的分支机构，在公司授权范围内独立开展业务活动。
对母公司/总公司的投资限制	公司向其他有限责任公司、股份公司投资的，公司章程对投资或者担保的总额及单项投资或者担保的数额有限额规定的，不得超过规定的限额。	总公司对分公司的投入原则上不受限制。【注意：依照《商业银行法》第19条第二款，商业银行拨付其子公司运营资金的总和不得超过总行资本金总额的60%。】

（六）以公司的国籍为标准，可以把公司划分为本国公司和外国公司

所谓本国公司，是指具有本国国籍的公司；所谓外国公司，则是指具有外

国国籍的公司。我国《公司法》191条规定："本法所称外国公司是指依照外国法律在中国境外设立的公司。"由此可见，我国立法对公司国籍采用了法律根据及登记注册地二者结合确定公司国籍的做法。外商投资企业是根据中国法律在中国境内设立的企业，属于中国企业。

四、公司和相关企业的区别

（一）公司和个人独资企业的区别

	公司	个人独资企业
1. 法律地位不同	公司都具有独立的法人资格	个人独资企业没有法人资格
2. 财产所有权和经营权分离程度不同	公司特别是股份有限公司财产的所有权和经营权是完全分离的	个人独资企业的财产所有权和经营权都是由出资人所控制，是不分离的
3. 承担责任的方式不同	公司是法人，因此公司的投资人即股东以投资额为限，对公司承当的是有限责任	个人独资企业的投资人要对自己投资的独资企业承担无限责任
4. 出资人的人数不同	公司除一人公司和国有独资公司以外，出资人一般都是2人以上	个人独资企业的投资人只能是一个自然人

（二）公司和合伙企业的区别

公司和合伙企业的区别主要表现在以下方面：

1. 成立的法律基础不同。公司是以公司章程作为成立的基础，公司章程是公司组织和行为的基本准则，是公司的"宪法"，具有公开的对外效力；合伙企业是以合伙协议作为成立的基础，合伙协议是处理合伙人相互之间的权利和义务的内部法律文件，仅具有对内的效力。

2. 出资人之间的关系不同。公司，特别是股份有限公司，股东之间不需要有人身信任关系，彼此的关系并不密切，股东转让股份，法律一般不作干预。有限责任公司，股东之间有一定程度的人身信任关系，如公司法规定有限责任公司的股东向股东以外的人转让股权，应当经其他股东过半数同意。合伙企业的全体合伙人之间的具有极强的人身信任关系，全体合伙人要共同经营，共担风险，是一种荣辱与共的关系，也正因为此，所以《合伙企业法》就规定入伙必须要经过全体合伙人的一致同意。

3. 主体地位不同。如前所述，公司具有法人资格，能够以自己所拥有的资产独立的承担法律责任；合伙企业不具有法人资格，因此，合伙企业在经营期间的债务，当合伙企业的资产不足以清偿时，全体合伙人必须要对此承当无限连带责任。

4. 承担责任的方式不同。公司的股东对公司承担的是有限责任，而合伙企业的合伙人对自己投资的合伙企业要承担无限责任。

5. 出资的方式不同。合伙企业的出资方式比公司要灵活，公司的股东一般只能以现金、实物、知识产权和土地使用权等方式出资，而合伙人除了可以以上述四种方式出资外，还可以劳务、技术、管理经验甚至不作为的方式出资，只要其他合伙人同意即可。

6. 注册资本不同。由于公司是法人，需要自己独立的财产对外承当法律责任，所以公司法规定了任何公司成立时都必须要有符合法律规定的最低注册资本金。合伙企业不是法人，不独立地承当法律上的责任，因此法律根本没有必要规定其注册资本。

7. 经营的模式不同。公司的股东不一定都参与公司的经营管理，甚至可以不从事公司的任何营业行为；而合伙人必须要共同从事经营活动，如果其相互之间没有共同经营的目的和行为，纵使他们之间有某种利益上的关联，也绝不是合伙。

五、公司法概述

（一）公司法的概念和调整对象

1. 公司法的概念。公司法是规定公司的设立、组织机构、运营、变更、破产、解散、清算、股东权利、义务和公司内部、外部关系的法律规范的总称。

2. 公司法调整的对象。公司法的调整对象是在公司设立、组织、运营或解散过程中所发生的社会关系。具体有：

（1）公司的内部财产关系。如公司发起人之间、发起人与其他股东之间、股东相互之间、股东与公司之间，在设立、变更、破产或解散过程中所形成的带有经济内容的社会关系。

（2）公司的外部关系。主要是指公司从事与公司组织特征相关的营利性活动，与其他公司、企业或个人之间发生的财产关系。如发行公司债券或公司股票。

（3）公司内部组织管理与协作关系。主要指公司内部的组织机构，如股东会、董事会、监事会相互之间，公司同公司职员之间发生的管理或协作关系。

（4）公司外部组织管理关系。主要是指公司在设立、变更、经营活动和解散过程中与有关国家经济管理机关之间形成的纵向经济管理关系。如公司的设立审批、登记；股份、公司债券的发行审批、交易管理；公司财务会计的检查监督等。

（二）公司法的性质

1. 公司法是兼有公法性质的私法。公司法是商事法律的重要内容，属于私法范畴。所以，公司法要维护股东的意思自治和权利自由，如股东设立何种类型公司、选择何种行业投资、推举何人主持公司业务、股份如何转让等，都是建立在股东意思自治的基础之上的。但在现代经济条件下，为确保社会交易安全和公众利益，大多数国家的公司法都规定了许多具有行业管理性质的强制性规定，带有公法色彩的强制性规定越来越多地渗透到公司法领域。如公司法中有关法定事项的公示主义、公司登记、公司章程中的必要记载事项、法定公积金的强制提取、公司资本的最低限额、公司债券和股票的发行条件等规定，无不显现了国家公权对公司法中有关私权的限制和干预。这表明，公司是带有一定公法色彩的私法。

2. 公司法是兼具有程序法内容的实体法。我国公司法着重规定了有限责任公司和股份有限公司的权利、义务的实质内容和范围，这属于实体法范畴。如有关公司内部组织机构、法定代表人、股东、董事、经理、监事的权利、义务和责任的规定，确定了公司中各方当事人在实施公司行为时的实体权利和义务。同时，公司法为确保这些实体权利和义务的实现，还规定了取得、行使实体权利、义务时必须遵守的法律程序。公司法中实体法的内容是第一位的，程序法的内容是第二位的。

3. 公司法是含有商事行为法的商事组织法。一般而言，公司法首先是一种商事组织法，它通过对公司的法律地位、公司设立的条件和程序、公司意思机关和代表机关的确立、公司股东的权利和义务、公司合并、分离、解散的条件和程序等的规定，完善了公司的法人组织，使其具有独立于公司股东的人格，以便自主地进行经营活动。同时，公司法也规定了与公司组织具有之间关系的一些公司行为，如募集资本、发行公司股份、公司财务管理等。

实战训练

2017 年 7 月，恒通贸易公司等 11 家企业共同发起设立顺天服装有限公司，同年 8 月 25 日公司依法成立。服装公司成立后即对外开展业务。2018 年 3 月，服装公司与某丝绸厂签订了一份丝绸买卖合同，后丝绸厂依合同约定交货，但服装公司欠丝绸厂 240 万元货款一直未付。而此时服装公司的实际情况是，自公司成立以来，因经营不善等原因，长期处于亏损状态，因此服装公司向丝绸厂表示无力支付货款。丝绸厂考虑到服装公司的股东——包括贸易公司在内的 11 家企业大部分经营良好，于是将这 11 家企业诉至法院，要求法院判令这 11

家企业承担偿还 240 万元货款的责任。你认为丝绸厂的诉讼请求能否得到法院支持？为什么？

第二节 公司基市法律制度

学习单元一 公司的设立和登记

学习目标

掌握公司设立的条件和程序

任务驱动

如果让你创办一个公司，你该如何去做

案例导入

原告：B 公司 被告：A 有限责任公司

D、E、F 三人于 2010 年初设立了 A 有限责任公司，注册资本 10 万元，并依法进行了工商登记，领取了营业执照，经营榨油业务。其中，D 占 45% 的份额，E 占 40%，F 占 15%。半年下来，公司的运营业绩良好，公司资产达到 100 万元。为了进一步拓展公司业务，2010 年 10 月，D 和 E 在未经批准登记的情况下，将公司标牌改为 A 股份有限公司，并以便于经营为由分别以"股份公司"董事长和总经理名义印制名片，从事经营活动。2011 年 2 月，A 公司与 B 公司签订食用油买卖合同，A 公司收取 B 公司 10 万元定金。此时，由于当地连下暴雨，油菜大面积死亡，一时间，油菜籽价格暴涨，A 公司由此出现巨额亏损，未能按时交货。B 公司遂向法院提起诉讼，请求 A 公司继续履行合同并承担由此产生的违约责任。

法院在审理中发现，A 公司不具备股份有限公司的条件，并未进行工商登记，A 公司实际上仍然是有限责任公司。法院在判决 A 公司承担违约责任的同时，依法向工商机关提出司法建议。当地工商机关经调查，发现股东 D、E 系冒充股份有限公司的名称，遂依法作出责令其改正，罚款 1 万元的处罚决定。

法律提示

《公司法》

第6条 设立公司，应当依法向公司登记机关申请设立登记。符合本法规定的设立条件的，由公司登记机关分别登记为有限责任公司或者股份有限公司；不符合本法规定的设立条件的，不得登记为有限责任公司或者股份有限公司。

法律、行政法规规定设立公司必须报经批准的，应当在公司登记前依法办理批准手续。

公众可以向公司登记机关申请查询公司登记事项，公司登记机关应当提供查询服务。

相关提示

根据国务院2016年新修订的《中华人民共和国公司登记管理条例》相关规定

第2条 有限责任公司和股份有限公司（以下统称公司）设立、变更、终止，应当依照本条例办理公司登记。

申请办理公司登记，申请人应当对申请文件、材料的真实性负责。

第3条 公司经公司登记机关依法登记，领取《企业法人营业执照》，方取得企业法人资格。

自本条例施行之日起设立公司，未经公司登记机关登记的，不得以公司名义从事经营活动。

第74条 未依法登记为有限责任公司或者股份有限公司，而冒用有限责任公司或者股份有限公司名义的，或者未依法登记为有限责任公司或者股份有限公司的分公司，而冒用有限责任公司或者股份有限公司的分公司名义的，由公司登记机关责令改正或者予以取缔，可以并处10万元以下的罚款。

基本理论和知识

公司设立是指公司设立人依照法定的条件和程序，为组建公司并取得法人资格而必须采取和完成的法律行为。公司的设立不同于公司的设立登记，后者仅是公司设立的最后阶段。

公司设立也不同于公司成立，两者的主要区别如下：

1. 设立行为发生在公司成立之前，成立发生在公司被依法核准登记之时，成立是设立行为被法律认可后依法存在的一种法律后果。

2. 设立行为发生在发起人之间，是一种私法行为；而成立行为发生在发起人和工商管理机关之间，是一种行政行为，具有公法的性质。

3. 公司在被核准登记前被称为设立中的公司，此时的公司尚无法人资格，其内外关系一般被视为合伙。如公司最终未被核准登记，发起人为设立公司而产生的债权债务关系，类推适用合伙的有关法律规定；如果公司被核准登记，发起人为设立公司所实施的法律行为，其后果由公司承担。

相关链接

公司设立的立法体制

综观世界各国的公司发展史，公司设立的立法体制大致经历了从自由设立主义、特许主义到核准主义到准则主义、严格准则主义的过程。

（1）自由设立主义。即公司的设立完全凭当事人的意志，国家不加以任何干涉或限制。

（2）特许主义。其起源于13世纪至15世纪，盛行于17至18世纪的英国。即公司的设立需要王室或议会通过颁布专门法令予以特别的许可。

（3）核准主义。是指设立公司必须经政府主管部门进行审查批准。

（4）准则主义。即登记主义，是指法律规定公司设立的条件，如果发起人认为已经具备了法律规定的条件，就可以直接到公司登记机关申请设立登记，无须经任何部门的审批。

（5）严格准则主义。是指设立公司既必须具备法律规定的条件，又必须经过政府主管部门的审批。

我国公司法在2005年修改以前对设立有限责任公司基本上采取准则主义，对股份有限公司设立则采取核准主义。这是公司法于1993年制定时基于当时的背景采取的防止滥设公司的政策。但是我国的市场经济经过多年的发展，再采取这种公司的立法体制显然已经不合时宜，严格的准则主义和核准主义虽然可以预防少数违法者的行为，却为多数投资者设立公司带来不便，不利于鼓励交易，不利于社会经济的发展，也不符合市场经济要求的自由企业制度。因此，在2005年公司法修改后，以方便投资者设立公司的政策代替了防止滥设公司为主旨的立法政策，其最突出的体现就是对所有公司的设立均采取准则主义，取消了以前对股份有限公司的设立所采取的核准主义。不仅如此，公司法在公司设立的条件、方式、程序等方面的法律规定也充分体现了自由设立和方便设立公司的立法宗旨。例如公司法降低了公司设立时的注册资本的最低限额；减少了公司设立中不必要的限制内容，允许公司股东、发起人分期缴纳出资；允许设立一人公司等。

根据2013年12月28日第十二届全国人民代表大会常务委员会第六次会议

第三次修改、于 2014 年 3 月 1 日起实施的《公司法》，取消了公司设立时的注册资本的最低限额、分期缴纳出资等规定，进一步放宽公司设立的条件。

（一）公司设立的方式

公司设立的方式，基本上可以分为两种，即发起设立和募集设立。

1. 发起设立。又称同时设立、单纯设立等，是指公司的全部资本由发起人全部认购，不向发起人之外的任何人募集而设立公司。

有限责任公司只能采取发起设立的方式，由全体股东出资设立。有些股份有限公司也可以采取这样的设立方式设立公司。我国《公司法》第 77 条明确规定，股份有限公司既可以采取发起设立的方式，也可以采取募集设立的方式。发起设立在程序上比较简便。

2. 募集设立。又称为渐次设立、复杂设立，是指发起人不能认足公司的资本总额，其余的部分向外公开募足而设立公司。

我国《公司法》第 77 条第 3 款规定："募集设立，是指由发起人认购公司应发行股份的一部分，其余股份向社会公开募集或向特定对象募集而设立公司。"所以，募集设立即可以是通过向社会公开发行股票的方式设立，也可以是不发行股票而只向特定对象募集而设立。募集设立的方式只能是股份有限公司的设立方式之一，有限责任公司的设立根据公司法的有规定，只能采取发起设立的方式。由于募集设立的股份有限责任公司资本的规模较大，涉及众多投资者的利益，所以各国对采取募集设立方式设立公司的一般都会规定较为严格的设立条件和程序，如为了防止发起人完全凭借他人资本设立公司，损害一般投资者的利益，各国大多规定了发起人认购的股份在公司股本总数中应占的比例。如我国《公司法》第 84 条规定："以募集设立方式设立股份有限公司的，发起人认购的股份不得少于公司股份总数的百分之三十五；但是，法律、行政法规另有规定的，从其规定。"

（二）公司设立的条件

设立公司必须要具备一定的条件，依照法律的有关规定，设立公司必须具备的法定条件是发起人、资本和设立行为。

1. 发起人，也称创办人，是指订立创办公司协议，提出设立公司申请，向公司出资或认购公司股份，并对公司设立承担责任的人。设立任何公司，都必须要有发起人或创办人。由于发起人或创办人要向公司出资，因此，这些人再公司成立以后就成为公司的首批股东。

（1）发起人的资格限制。① 发起人的身份限制。一般来说，发起人可以是自然人，也可以是法人。自然人作为发起人，应完全具有完全行为能力的人；法人作为发起人，应当是法律上不受限制的人。②发起人住所的要求。我国

《公司法》第 78 条规定："设立股份有限公司，应当有 2 人以上 200 人以下为发起人，其中须有半数以上的发起人在中国境内有住所。"西方国家对发起人的住所一般没有限制性的规定。

（2）发起人人数的限制。由于公司是社团法人，是人的组合，因此世界上许多国家的公司都规定发起人应当是 2 人以上。我国公司法规定，有限责任公司的股东可以是 1 人，最多不超过 50 人；股份有限责任公司的发起人应当是 2 人以上，200 人以下。

2. 资本，也称股本，是指全体发起人或股东认缴的股金总额。公司资本是公司生产经营的物质基础，也是公司债务的总担保。因此，资本是公司设立不可缺少的条件之一。公司资本一般由有形资产（如现金、机器、产房等）和无形资产（如知识产权、土地使用权等）构成。另外，新修改的公司法取消了设立公司最低注册资本的限制，但法律另有规定的除外。

3. 设立行为，是指公司的创办人为设立公司而进行的一系列连续性的准备行为。这些行为一般包括：章程的制定、股东的确立、出资的履行、机关的确定和申请登记注册等行为。

（三）公司的设立登记

公司的设立登记是指公司设立人按法定的程序向公司登记机关申请，经公司登记机关审核并记录在案，以供公众查阅的行为。设立公司设立登记制度，旨在巩固公司的信誉并保障社会交易的安全。在我国，公司进行设立登记，应向各级工商行政管理机关提出申请，并遵守《公司登记管理条理》的有关规定。

1. 公司名称的预先核准。根据《公司登记管理条例》第 17 条的规定，设立公司应当向公司登记机关申请名称的预先核准。其中，法律、行政法规或者国务院决定规定设立公司必须报经批准，或者公司经营范围中属于法律、行政法规或者国务院决定规定在登记前必须经批准的项目的，应当在报送批准前办理公司名称预先核准，并以公司登记机关核准的公司名称报送批准。

设立有限责任公司，应当由全体股东指定的代表或者共同委托的代理人向公司登记机关申请名称的预先核准。设立股份有限公司应当由全体发起人指定的代表或共同委托的代理人向公司登记机关申请名称的预先核准。

申请名称的预先核准，应当提交下列文件：

（1）有限责任公司的全体股东或股份有限公司的全体发起人签署的公司名称预先核准申请书；

（2）全体股东或发起人指定代表或者共同委托代理人的证明；

（3）国家工商行政管理总局规定要求提交的其他文件。

预先核准的公司名称保留期为 6 个月，预先核准的公司名称在保留期内不得用于从事经营活动，不得转让。

公司名称一般由四个部分构成：

第一部分是公司的组织形式。公司名称中必须标明其组织的形式，不能只标明公司。《公司法》第 8 条的规定："依照本法设立的有限责任公司，必须在公司名称中标明有限责任公司或者有限公司字样。依照本法设立的股份有限公司，必须在公司名称中标明股份有限公司或者股份公司字样。"

第二部分是具体名称。对这一部分的内容也要依法确定，对于法律、行政法规禁止使用的名称，公司不得采用。比如，对国家、社会或公共利益有损害的名称、外国国家名称、国际组织的名称等，都不得作为公司的名称使用。

第三部分是公司的营业种类。法律对此没有强制性的规定，一般是要求公司名称应当与其营业规模和营业种类相适应。

第四部分是公司所在地的名称。

公司的合法名称受法律的保护。任何人不得擅自使用公司的名称。公司名称经过公司登记机关登记后，公司享有专用权。一个公司应当只有一个名称。

2. 公司设立登记程序。公司设立人首先应当向其所在地工商行政管理机关提出申请。设立有限责任公司应当由全体股东指定的代表或共同委托的代理人作为申请人；设立股份有限公司应当以董事会作为申请人。

申请设立有限责任公司应当向公司登记机关提交下列文件：

（1）公司法定代表人签署的设立登记申请书；

（2）全体股东指定代表或者共同委托代理人的证明；

（3）公司章程；

（4）法律、行政法规有规定的相关证明；

（5）股东首次出资是非货币财产的，应当在公司设立登记时提交已经办理其财产权转移手续的证明文件；

（6）股东主体的资格证明或者自然人身份证明；

（7）载明公司董事、监事、经理的姓名、住所的文件以及有关委派、选举或者聘用的证明；

（8）公司法定代表人任职文件和身份证明；

（9）企业名称预先核准通知书；

（10）公司住所证明；

（11）国家工商行政管理总局规定要求提交的其他文件。

申请设立股份有限公司，应当向公司登记机关提交下列文件：

（1）公司法定代表人签署的设立登记申请书；

（2）董事会指定代表或共同委托代理人的证明；

（3）公司的章程；

（4）发起人首次出自是非货币财产的，应当在公司设立时提交已经办理其财产权转移手续的证明文件；

（5）发起人主体资格证明或自然人身份证明；

（6）载明公司董事、监事、经理姓名、住所的文件以及有关委派、选举或聘用的证明；

（7）公司法定代表人任职文件和身份证明；

（8）公司名称的预先核准通知书；

（9）公司住所证明；

（10）国家规定要求提交的其他文件。

其中，以募集的方式设立股份有限公司的，还应当提交创立大会的会议记录；以募集方式设立股份有限公司公开发行股票的，还应当提交国务院证券监督管理机构的核准文件。法律、行政法规或者国务院决定规定设立股份有限公司必须报经批准的，还应当提交有关批准文件。对于公司申请登记的经营范围中属于法律、行政法规或者国务院决定规定在登记前必须要报经批准的项目的，应当在申请登记前报经国家有关部门的批准，并向公司登记机关提交有关批准文件。

3. 公司设立登记法律效力。《公司登记管理条例》第 25 条规定："依法设立的公司，由公司登记机关发给《企业法人营业执照》。营业执照签发的日期为公司成立的日期。公司可以凭公司登记机关核发的《企业法人营业执照》刻制印章，开立银行账户，申请纳税登记。"由此可见，公司经设立登记的法律效力就是使公司取得法人资格，进而取得从事经营活动的合法身份。

学习单元二　公司章程

学习目标

掌握公司章程的内容，明确公司章程是公司的内部"宪法"

任务驱动

学会制订公司章程

案例导入

合肥庐阳金属总公司的章程中规定："董事会是总公司最高权力机关的执行

机关，其下属分公司经理等高级管理人员的任免须经董事会讨论决定，由董事长签字才能生效。"2018年4月，金属总公司总经理秦某未经董事会讨论通过，擅自以总公司的名义，任命刘某为其下属海口分公司的经理。该分公司是2018年4月设立的，不具有独立的法人地位，但取得了工商行政管理部门签发的《营业执照》。2016年6月12日，刘某持某金属总公司海口分公司的营业执照，向中国银行某支行申请流动资金贷款120万元，期限为3个月。出于该分公司经营管理不善，到2018年9月贷款到期时，只能偿还贷款20万元，还有100万元无力偿还，银行找到合肥庐阳金属总公司，要求其承担下属分公司的贷款债务。总公司不认可刘某的借款是代表公司的行为，理由是总公司的章程规定，下属分公司经理的任免应由董事会决定，而刘某的任命不符合章程的规定，因而刘某无权代表该分公司。银行的要求遭拒绝后，遂以合肥庐阳金属总公司及其分公司为共同被告，向人民法院起诉。

人民法院经审理认为，合肥庐阳金属总公司应与其下属海口分公司承担连带偿还中国银行某支行贷款的责任。因为秦某任命刘某为分公司经理是否符合公司章程的规定，这是公司内部的事务，不能以公司内部事务对抗善意第三人。该分公司是合肥庐阳金属总公司的不具法人地位的分支机构，分支机构无力偿还债务时，法人应承担连带偿还责任。遂判决合肥庐阳金属总公司及其海口分公司负责偿还银行贷款本息及罚息，并承担全部诉讼费用。

法律提示

《公司法》

第11条　设立公司必须依法制定公司章程。公司章程对公司、股东、董事、监事、高级管理人员具有约束力。

相关提示

《公司法》

第23条　设立有限责任公司，应当具备下列条件：

（一）股东符合法定人数；

（二）有符合公司章程规定的全体股东认缴的出资额；

（三）股东共同制定公司章程；

（四）有公司名称，建立符合有限责任公司要求的组织机构；

（五）有公司住所。

第25条　有限责任公司章程应当载明下列事项：

（一）公司名称和住所；

（二）公司经营范围；

（三）公司注册资本；

（四）股东的姓名或者名称；

（五）股东的出资方式、出资额和出资时间；

（六）公司的机构及其产生办法、职权、议事规则；

（七）公司法定代表人；

（八）股东会会议认为需要规定的其他事项。

股东应当在公司章程上签名、盖章。

第43条 股东会的议事规则和表决程序，除本法有规定的外，由公司章程规定。

股东会会议作出修改公司章程、增加或者减少注册资本的决议，以及公司合并、分立、解散或者变更公司形式的决定，必须经代表 2/3 以上表决权的股东通过。

第60条 一人有限责任公司章程由股东制定。

第65条 国有独资公司章程由国有资产监督管理机构制定，或者由董事会制定报国有资产监督管理机构批准。

第76条 设立股份有限公司，应当具备下列条件：

（一）发起人符合法定人数；

（二）有符合公司章程规定的全体发起人认购的股本总额或者募集的实收股本总额；

（三）股份发行、筹办事项符合法律规定；

（四）发起人制订公司章程，采用募集方式设立的经创立大会通过；

（五）有公司名称，建立符合股份有限公司要求的组织机构；

（六）有公司住所。

第81条 股份有限公司章程应当载明下列事项：

（一）公司名称和住所；

（二）公司经营范围；

（三）公司设立方式；

（四）公司股份总数、每股金额和注册资本；

（五）发起人的姓名或者名称、认购的股份数、出资方式和出资时间；

（六）董事会的组成、职权和议事规则；

（七）公司法定代表人；

（八）监事会的组成、职权和议事规则；

（九）公司利润分配办法；

（十）公司的解散事由与清算办法；

（十一）公司的通知和公告办法；

（十二）股东大会会议认为需要规定的其他事项。

第103条　股东出席股东大会会议，所持每一股份有一表决权。但是，公司持有的本公司股份没有表决权。

股东大会作出决议，必须经出席会议的股东所持表决权过半数通过。但是，股东大会作出修改公司章程、增加或者减少注册资本的决议，以及公司合并、分立、解散或者变更公司形式的决议，必须经出席会议的股东所持表决权的2/3以上通过。

前述案例分析

本案涉及两方面的法律问题：一是分公司的法律地位以及分公司的债务由谁来承担；二是公司章程的法律意义，以及章程中有关公司组织机构和工作人员任免的约定是否对公司以外的人具有拘束力。

依据新《公司法》第11条规定，即"设立公司必须依法制定公司章程。公司章程对公司、股东、董事、监事、高级管理人员具有约束力。"《公司法》第14条第1款规定："公司可以设立分公司。设立分公司，应当向公司登记机关申请登记，领取营业执照。分公司不具有法人资格，其民事责任由公司承担。"某银行出于善意且无过失所为的民事法律行为理应受到保护，且该分公司不具有独立的法人地位，没有自己的独立名称和章程，没有自己的独立财产，只是附属于总公司而存在的法人的分支机构，分支机构无力偿还债务时，总公司应承担偿还责任。

在本案中，虽然合肥庐阳金属总公司经理秦某未按照公司章程的规定，未经董事会决定，擅自以总公司的名义任命刘某为海口分公司的经理，但刘某持有总公司海口分公司的营业执照和法人授权证明书，足以使第三人确信他的身份的合法性和他的代理权，具有公信力。至于法人章程如何规定，刘某的身份如何取得，这只是庐阳金属总公司的内部事务，第三人没有进行查证的义务。也就是说，公司章程并不约束公司外的第三人，所以合肥庐阳金属总公司的抗辩理由不成立。

基本理论和知识

（一）公司章程的概念和特征

公司章程是指公司所必备的，规定公司名称、宗旨、资本、组织机构等对内对外事务的基本法律文件。公司章程作为规范公司的组织和活动的基本规则，在公司存续期间具有重要意义。

公司章程具有以下法律特征：

1. 法定性。法定性是强调公司章程的法律地位、主要内容和修改的程序、效力等都由法律强制规定，任何公司都不得违反。公司章程是公司设立的必要条件之一，无论是设立有限责任公司还是设立股份有限公司，都必须由全体股东或发起人订立公司章程，并且在公司设立登记时提交公司登记机关进行登记。

2. 真实性。真实性主要强调公司章程记载的内容必须是客观存在的，与实际的事实相符。

3. 自治性。自治性主要体现在：其一，公司章程作为一种行为规范，不是由国家而是由公司依法自行制定的，是公司股东意思表示一致的结果；其二，公司章程是一种法律以外的行为规范，由公司自己来执行，无需国家强制力来保证执行；其三，公司章程作为公司的内部规范，其效力仅及于公司和相关当事人，而不具有普遍的约束力。

4. 公开性。主要对于股份有限公司而言。公司章程不仅对社会投资人公开，而且还要对包括债权人在内的一般社会公众公开。

（二）公司章程的制定

公司章程的制定通常有两种方式：一种是共同订立，是指由全体股东或发起人共同起草、协商订立公司章程，否则公司章程不生效；二是部分订立，是指由股东或发起人中的成员负责起草、制定公司章程，而后再经其他股东或发起人签字同意的制定方式。

公司章程必须采取书面形式，经全体股东同意并在章程上签名盖章，公司章程才能生效。需要注意的是：公司章程的制定或者变更并不是以工商登记为生效条件。

根据《公司法》第 23 条第 3 项规定，有限责任公司的公司章程由全体股东制定；《公司法》第 76 条第 4 项规定，股份有限公司的公司章程由发起人制订，采用募集方式设立的经创立大会通过。

（三）公司章程的内容

公司章程的内容是指公司章程所记载的事项。公司章程的具体内容可因公司的种类、公司经营的范围、公司经营方式的不同而有所区别，一般可以归为以下三类：

1. 绝对必要记载事项。公司章程中绝对必要记载事项，是指法律规定公司章程中必须记载的事项。对于绝对必要记载事项，公司有义务一一记载，没有权利作出自由选择。如果缺少其中任何一项或任何一项记载不合法，将会导致整个章程无效。

2. 相对必要记载事项。公司章程的相对必要记载事项，是指法律列举了某些事项，但这些事项是否记入了公司章程，全由章程制定者决定。相对记载事项，非经章程记载，不会产生法律效力。

3. 任意记载事项。公司章程的任意记载事项，是指法律并无明文规定，但公司章程的制定者认为需要协商记入公司章程，以便使公司能更好运转且不违反强行法的规定和公序良俗的事项。比如公司存续的期间，股东会的表决程序，变更公司的事由，董事、经理、监事、高级管理人员的报酬等。

（四）我国《公司法》对公司章程内容的规定

我国《公司法》第25条和第81条分别规定了有限责任公司和股份有限公司的章程应当载明的事项给予了规定。

1. 有限责任公司章程的绝对必要记载事项。有限责任公司的章程应当载明下列内容：①公司的名称和住所；②公司的经营范围；③公司的注册资本；④公司股东的姓名和名称；⑤股东的出资方式、出资额和出资的时间；⑥公司的机构产生的办法、职权、议事规则；⑦公司的法定代表人；⑧股东会会议认为需要规定的其他事项。

2. 股份有限公司的绝对必要记载事项。股份有限公司的章程必须载明下列事项：①公司的名称和住所；②公司的经营范围；③公司的设立方式；④公司股份的总数、每股金额和注册资本；⑤发起人的姓名或者名称、认购的股份数、出资的方式和出资的时间；⑥董事会的组成、职权、和议事的规则；⑦公司的法定代表人；⑧监事会的组成、职权和议事规则；⑨公司利润的分配办法；⑩公司的解散事由和清算的办法；⑪公司的通知和公告办法；⑫股东大会会议认为需要规定的其他事项。

（五）公司章程的效力

《公司法》第11条规定："设立公司必须依法制定公司章程。公司章程对公司、股东、董事、监事、高级管理人员具有约束力。"

1. 公司章程对公司的效力。公司章程对公司的效力表现在，公司自身的行为要受到公司章程的约束。具体来说表现在以下几个方面：一是公司应当依照公司章程规定的办法，产生权力机构、业务执行机构、经营意思决定机构、监督机构等公司的组织机构，并按照公司章程规定的权限范围行使职权。二是公司应当使用公司章程上规定的名称，而且在公司章程确定的经营范围内从事经营活动。三是公司依照公司章程的规定对公司股东负有义务，股东的权利如果受到公司侵犯时，可以依法对公司起诉。

2. 公司章程对股东的效力。公司章程是由公司股东制定的，并对股东具有约束力。这种约束力不仅限于起草、制定公司章程的股东，而且对后来加入公司的股东也同样具有约束力。公司章程对股东的效力主要表现在股东依照章程规定享有权利和承担义务。如股东有权出席股东会、行使表决权、转让出资、查阅有关公开资料、获取股息红利等；同时，股东也要承当应尽的义务，如缴纳所认缴的出资，并负有公司章程上所规定的其他义务。

3. 公司章程对董事、监事和高级管理人员的效力。公司章程对董事、监事、高级管理人员的效力表现在这些人员必须遵守公司章程，依照法律和公司章程的规定行使职权。如果董事、监事、高级管理人员的行为超出公司章程对其职权规定的范围，其应当就自己的行为对公司负责。

（六）公司章程的变更

公司章程的变更是指已经生效的公司章程的修改。原则上公司章程所记载的事项，只要是必要的，就可以变更。但公司章程的修改，必须遵循下列原则：其一，不损害股东原则；其二，不损害债权人利益；其三，不妨碍公司法人一致性原则，即不得因公司章程的变更，而使一个公司法人转变为另一公司法人。

就公司章程变更的程序而言，首先，由董事会提出修改公司章程的提议；其次，将修改公司章程的提议通知其他股东；最后，由股东会或股东大会表决通过。

我国《公司法》第 43 条第 2 款规定，有限责任公司修改公司章程的决议，必须经代表 2/3 以上表决权的股东通过；《公司法》第 103 条第 2 款规定，股份有限公司修改公司章程的决议，必须经出席股东大会的股东所持表决权的 2/3 以上通过。公司章程变更后，公司董事会应向工商行政管理机关申请变更登记。

学习单元三 公司资本

学习目标

明确公司资本的含义，掌握注册资本

任务驱动

公司在运营过程中的资本原则

案例导入

甲、乙、丙兄弟三人见广告业有利可图，便打算在芜湖市成立一家注册资本为 100 万元人民币的广告公司，但是资金不足。懂得一点法律的朋友丁告诉他们，成立一家有限责任公司最少需要注册资本 3 万元，可以分期缴纳，但首次出资额不能低于注册资本的 20%，他们打算成立的广告公司注册资本为 100 万元，所以首次出资就不能少于 20 万元。甲、乙、丙三人出资不够 20 万元正一筹莫展，后来找到在安徽警官职业学院就读法律事务专业的侄子丁咨询。丁详细地给伯、叔们讲解了新《公司法》的有关规定。甲、乙、丙三人恍然大悟，于是决定先去工商局进行名称预先核准登记，然后再去注册成立公司。

法律提示

新《公司法》第 26 条 有限责任公司的注册资本为在公司登记机关登记的全体股东认缴的出资额。

法律、行政法规以及国务院决定对有限责任公司注册资本实缴、注册资本最低限额另有规定的，从其规定。

原《公司法》第 26 条 有限责任公司的注册资本为在公司登记机关登记的全体股东认缴的出资额。公司全体股东的首次出资额不得低于注册资本的 20%，也不得低于法定的注册资本最低限额，其余部分由股东自公司成立之日起 2 年内缴足；其中，投资公司可以在 5 年内缴足。

有限责任公司注册资本的最低限额为人民币 3 万元。法律、行政法规对有限责任公司注册资本的最低限额有较高规定的，从其规定。

相关提示

1.《民法典》第 58 条、第 59 条、第 60 条、第 61 条和第 62 条

第 58 条法人应当依法成立。

法人应当有自己的名称、组织机构、住所、财产或者经费。法人成立的具体条件和程序，依照法律、行政法规的规定。

设立法人，法律、行政法规规定须经有关机关批准的，依照其规定。

第 59 条 法人的民事权利能力和民事行为能力，从法人成立时产生，到法人终止时消灭。

第 60 条 法人以其全部财产独立承担民事责任。

第 61 条 依照法律或者法人章程的规定，代表法人从事民事活动的负责人，为法人的法定代表人。

法定代表人以法人名义从事的民事活动，其法律后果由法人承受。

法人章程或法人权力机构对法定代表人代表权的限制，不得对抗善意相对人。

第 62 条 法定代表人因执行职务造成他人损害的，由法人承担民事责任。

法人承担民事责任后，依照法律或者法人章程的规定，可以向有过错的法

定代表人追偿。

2. 2016 年 3 月 1 日起施行的新《公司登记管理条例》

第 2 条　有限责任公司和股份有限公司（以下统称公司）设立、变更、终止，应当依照本条例办理公司登记。

第 3 条　公司经公司登记机关依法登记，领取《企业法人营业执照》，方取得企业法人资格。

自本条例实行之日起设立公司，未经公司登记机关登记的，不得以公司名义从事经营活动。

第 10 条　公司的登记事项应当符合法律、行政法规的规定。不符合法律、行政法规规定的，公司登记机关不予登记。

3. 2014 年新《公司注册资本登记管理规定》

第 2 条　有限责任公司的注册资本为在公司登记机关依法登记的全体股东认缴的出资额。

股份有限公司采取发起设立方式设立的，注册资本为在公司登记机关依法登记的全体发起人认购的股本总额。

股份有限公司采取募集设立方式设立的，注册资本为在公司登记机关依法登记的实收股本总额。

法律、行政法规以及国务院决定规定公司注册资本实行实缴的，注册资本为股东或者发起人实缴的出资额或者实收股本总额。

第 3 条　公司登记机关依据法律、行政法规和国家有关规定登记公司的注册资本，对符合规定的，予以登记；对不符合规定的，不予登记。

第 4 条　公司注册资本数额、股东或者发起人的出资时间及出资方式应当符合法律、行政法规的有关规定。

第 5 条　股东或者发起人可以用货币出资，也可以用实物、知识产权、土地使用权等可以用货币估价并可以依法转让的非货币财产作价出资。

股东或者发起人不得以劳务、信用、自然人姓名、商誉、特许经营权或者设定担保的财产等作价出资。

第 8 条　股东或者发起人应当以自己的名义出资。

第 9 条　公司的注册资本由公司章程规定，登记机关按照公司章程规定予以登记。

以募集方式设立的股份有限公司的注册资本应当经验资机构验资。

公司注册资本发生变化，应当修改公司章程并向公司登记机关依法申请办理变更登记。

前述案例分析

本案中，根据新修改前的公司法规定丁的说法是正确的。因为，根据原《公司法》第 26 条和《公司登记管理条例》第 10 条的规定，甲、乙、丙三人在申请公司登记中存在多处与法律规定相违背的地方，分别是：

（1）全体股东的首次出资额低于注册资本的 20%。根据原《公司法》第 26 条的规定，股东首次出资额不得低于注册资本的 20%。本案中，甲、乙、丙三人欲成立的广告公司注册资本为人民币 100 万元，即甲、乙、丙首次最少须出资 20 万元，但甲、乙、丙的首次出资额不够 20 万元，不符合要求。

（2）甲、乙、丙三人设立广告公司的程序违法。根据新《公司登记管理条例》第 17 条的规定，设立公司应当申请名称预先核准，甲、乙、丙三人并未申请名称预先登记，就直接到工商局申请设立登记，不符合法律的规定。

但是，根据 2013 年 12 月 28 日新修改于 2014 年 3 月 1 日实施的新《公司法》26 条的规定，取消了原《公司法》关于注册资本最低限额的规定，更没有首次出资额不得低于注册资本 20% 的限制，进一步放宽了设立公司的限制性规定。

基本理论和知识

（一）公司资本的涵义

公司资本也称公司股本，在公司法上的涵义是指由公司章程确认并载明的、全体股东的出资总额。公司资本的具体形态有以下几种：

1. 注册资本。即狭义上的公司资本，是指公司在设立时筹集的、由公司章程载明的、经公司登记机关登记注册的资本。《公司法》第 26 条规定，有限责任公司的注册资本为在公司登记机关登记的全体股东认缴的出资额。第 80 条规定，股份有限公司采取发起设立的方式设立的，注册资本为在公司登记机关登记的全体发起人认购的股本总额。股份有限公司采取募集设立方式设立的，注册资本为在公司登记机关的实收股本总额。

2. 发行资本。又称认缴资本，是指公司实际上已经向股东发行的股本总额。发行资本可能等于注册资本，也可能小于注册资本。实行法定资本制的国家公司章程所载明的资本应当一次全部认足，因此，发行资本一般等于注册资本。但股东在全部认足资本后，可以分期缴纳股款。实行授权资本制的国家一般不要求注册资本都能得到发行，所以它小于发行资本。

3. 认购资本。是指出资人同意缴付的出资总额。

4. 实缴资本。又称实收资本，是指公司在成立时实际收到的股东出资总额。

它是公司现实拥有的资本。由于股东认购股份后，可能一次全部缴清，也可能在一定的期限内分期缴纳。故而实缴资本可能等于或者小于注册资本。

我国新修订的公司法对于公司资本实行的是一定程度上的授权资本制，即允许公司成立时股东只实际缴付一部分资本，其余的认缴资本在公司成立后缴清即可。所以，公司法中的公司的注册资本等于公司成立时全体股东认缴的出资额，但公司成立时的实缴资本可能小于注册资本。

（二）公司资本原则

公司资本原则是指由公司法所确认的在公司设立、营运以及管理的整个过程中为了确保公司资本的真实、安全而必须遵循的法律准则。传统公司法所确认的三项资本原则最为重要，即资本确定原则、资本维持原则和资本不变原则。

1. 资本确定原则。资本确定原则是指公司设立时应在章程中载明的公司资本总额，并由发起人认足或者募足，否则公司不得成立。现在世界上很少有国家严守此项原则。如前所述，我国公司法修改以前是实行严格的资本确定原则，即要求公司资本于公司成立之时全部募足并全部缴足，并要经过法定的验资机构验资，但新修订的公司法已经对此作了修改。资本确定原则的具体实现方式，不同的国家规定了不同的制度。

（1）法定资本制。该项制度是指公司资本总额必须在章程中载明，而且公司在设立时必须要一次性全部缴清，否则，公司不能成立。法定资本制的优点在于可以保证公司资本的充实、可靠；缺点在于不能保证公司的及时设立，会造成财富的浪费。

（2）授权资本制。这是在英美法系国家广泛采用的一种资本确定原则的实现方式。这项制度规定，公司在设立时只需满足公司章程规定资本的一定比例，公司即可成立，其余部分则授权董事会在公司成立后根据业务的需要随时募集。这项制度的好处在于，可以使公司及时成立，公司设立后的资金运作也较为便捷，但是它不能保证公司资本的充实、可靠。在其他法律制度不健全的情况下，债权人的利益的可能得不到可靠的保证。

（3）折中资本制。法定资本制比较苛刻，授权资本制过于宽松，能否有取两者之长，避其之短的资本制度存在呢？这样折中资本制就产生了。折中资本制要求公司章程规定的资本总额只需达到一定的比例，公司即可成立，但是它规定了第一次最低要达到的比例数或资本总额数，其余部分在公司设立后由董事会根据需要随时筹集，同时规定最后一期资本筹集的最长时间，如果公司剩余资本在法定的时间内没有筹集完毕，公司可能面临解散。

2. 资本维持原则。资本维持原则又称为资本充实原则，是指公司在其存续期间，应当保持与其资本额相当的财产。

这一原则是针对公司资本的虚空而设立的，其目的就是为了最大限度地保护债权人的利益，同时也是为了保证公司能开展正常的经营活动。我国公司法贯彻了资本维持原则的要求，规定了若干强制性规范以确保公司拥有充足的财产。

（1）股东不得抽回出资。公司股东出资后，其对投资财产的所有权便让渡给公司，以换取股权。《公司法》第 35 条规定："公司成立后，股东不得抽回出资。"《公司法》第 91 条规定："发起人、认股人缴纳股款或者交付抵作股款的出资后，除未按期募足股份、发起人未按期召开创立大会或者创立大会不设立公司的情形外，不得抽回其股本。"第 200 条规定："公司的发起人、股东在公司成立后，抽逃出资的，由公司登记机关责令改正，处以抽逃出资 5% 以上 15% 以下的罚款。"

（2）先行弥补亏损。《公司法》第 166 条第 2 款规定："公司法定公积金不足以弥补以前年度亏损的，在依照前款规定提取法定公积之前，应当先用当年利润弥补亏损。"

（3）转投资的限制。《公司法》第 15 条规定："公司可以向其他企业投资；但是，除法律另有规定的以外，不得成为对所投资企业的债务承当连带责任的投资人。"

（4）有限责任的初始股东对现金以外的出资价值负有保证责任。《公司法》第 30 条规定："有限责任公司成立以后，发现作为设立公司出资的非货币财产的实际价值显著低于公司章程所定价额的，应当由交付该出资的股东补足其差额；公司设立时的其他股东承当连带责任。"

（5）提取法定公积金。《公司法》第 166 条第 1 款规定："公司分配当年税后利润时，应当提取利润的百分之十列入公司的法定公积金。公司法定公积金累计额为公司注册资本的百分之五十以上的，可以不再提取。"

（6）无利润不得分配股利。我国公司法允许分配的是税后利润，即要求无利润不得分配股利。

（7）股票发行的价格不得低于其票面的面值。《公司法》第 127 条规定："股票发行的价格可以按票面金额，也可以超过票面金额，但不能低于票面金额。"

（8）公司不得回购本公司的股份。根据 2018 年新修订的《公司法》第 142 条第 1 款规定："公司不得收购本公司的股份。但是，有下列情形之一的除外：①减少公司注册资本；②与持有本公司股份的其他公司合并；③将股份用于员工持股计划或者股权激励；④股东因对股东大会作出的公司合并、分立决议持异议，要求公司收购其股份；⑤将股份用于转换上市公司发行的可转换为股票的公司债券；⑥上市公司为维护公司价值及股东权益所必需。"

（9）公司不得接受本公司的股票质物。根据 2018 年新修订的《公司法》第 142 条第 5 款规定："公司不得接受本公司的股票作为质押权的标的。"

3. 公司资本不变原则。公司资本不变原则是指公司资本一旦确定，非经过法定程序，不得任意地改变。其目的是为了保证公司经营的生命力和发展前途以及维护债权人的利益，所以公司资本不论增加或者减少，法律都规定了严格的条件和程序，这一原则主要限制公司资本的随意减少。

我国公司法主要对公司资本的减少作出了严格的限制。这些表现有：须编制资产负债表和财产清单；须经过股东会或者股东大会作出决议；须于减资决议后的法定期限内向债权人发出通知并且公告；债权人有权在法定期限内要求公司清偿债务或者提供相应的担保；公司减少注册资本后数额不得低于法定的最低限额；须向公司的登记机关办理变更登记。

学习单元四　公司的股东

学习目标

掌握和了解股东的权利和义务

任务驱动

股东在公司设立和运营过程中享有的权利、必须履行的义务

案例导入

2007 年 6 月，中天农产品有限责任公司（以下简称中天公司）与远山粮油进出口公司（以下简称粮油公司）、新良储运贸易公司（以下简称新良公司）、九州轻工业有限公司（以下简称轻工公司）共同投资，成立了东方啤酒有限公司（以下简称东方公司）。公司章程约定：全体股东认缴出资总额为 660 万元（人民币，下同），由各股东分期缴纳。中天公司认缴 264 万元，占出资总额 40%……东方公司税后利润依照国家的规定留存法定公积金 10%、法定公益金 5%，剩余部分中天公司作为第一大股东可分得 45%，公司如若新增资本时，中天公司可以优先认购 50% 的新增资本。

2007 年 8 月至 2008 年 6 月，中天公司共出资 264 万元，东方公司先后向其出具了三张收据。2010 年 1 月 18 日，东方公司向中天公司出具一张盖有公章，并有四股东认可的东方公司 2009 年利润分配方案，确认中天公司可分利润 190

万元。2010 年 3 月 8 日，东方公司又向各股东出具了一份《关于公司 2009 年利润暂缓兑现的情况说明》，写明：因部分货主拖欠货款，使公司无法及时回笼资金，对 2009 年各股东利润等也无法及时兑现，一旦拖欠货款到位后，立即付清各股东的红利。

2010 年 5 月，年度啤酒节在东方公司所在城市举行，东方公司利用此机会，大打广告战，使得其生产的东方牌啤酒后来销量急速攀升，并一度出现脱销情况，各股东喜上眉梢。于是，2011 年初，公司董事会决定立即增资 300 万以引进生产设备，并新增一条生产线。但是，各位股东均想尽可能多地认购公司新增资本，当中天公司提出按章程约定优先认购 50% 的资本时，遭到粮油公司、新良公司、轻工公司的共同反对。中天公司又提出要求东方公司立即支付其应得的 2009 年利润 190 万元，也被东方公司以应当先弥补亏损为由拒绝。多次协商未果后，中天公司于 2011 年 12 月将东方公司诉至法院，请求：①被告立即支付其应得的 2009 年利润 190 万元；②确认中天公司可依章程约定优先认购 50% 的新增资本。

法律提示

《公司法》

第 34 条　股东按照实缴的出资比例分取红利；公司新增资本时，股东有权优先按照实缴的出资比例认缴出资。但是，全体股东约定不按照出资比例分取红利或者不按照出资比例优先认缴出资的除外。

第 166 条　公司分配当年税后利润时，应当提取利润的 10% 列入公司法定公积金。公司法定公积金累计额为公司注册资本的 50% 以上的，可以不再提取。

公司的法定公积金不足以弥补以前年度亏损的，在依照前款规定提取法定公积金之前，应当先用当年利润弥补亏损。

公司从税后利润中提取法定公积金后，经股东会或者股东大会决议，还可以从税后利润中提取任意公积金。

公司弥补亏损和提取公积金后所余税后利润，有限责任公司依照本法第 34 条的规定分配；股份有限公司按照股东持有的股份比例分配，但股份有限公司章程规定不按持股比例分配的除外。

股东会、股东大会或者董事会违反前款规定，在公司弥补亏损和提取法定公积金之前向股东分配利润的，股东必须将违反规定分配的利润退还公司。

公司持有的本公司股份不得分配利润。

前述案例分析

本案是由于东方啤酒公司拒不给股东分配红利而引发的一系列纠纷，我们依照《公司法》来加以分析。

首先，本案中，中天公司已足额缴纳了出资，即依法享有由股权产生的资产收益权。东方公司章程约定了中天公司可以分得45%的红利，而且，中天公司的可分利润190万元经过了股东会的批准，即变成了东方公司对其的债务。从理论上讲，这部分财产属东方公司"已分配利润"的范畴，只是由于公司的原因没有及时支付。而已分配利润已经不属于公司积极财产的范畴，当然不能用来弥补以后的亏损。新《公司法》第166条确实规定："公司分配当年税后利润时，应当提取利润的10%列入公司法定公积金。……公司的法定公积金不足以弥补以前年度公司亏损的，在依照前款规定提取法定公积金之前，应当先用当年的利润弥补亏损。"我们认为对此条的理解应该是：在年度利润分配之前，如果以前年份有亏损，而法定公积金又不足以弥补亏损时，应当在提取法定公积金和分配股东红利之前，首先弥补亏损。也就是说，弥补亏损必须是在该年利润分配之前，以往年份的已分配利润显然不是词中之意。因此，中天公司对这部分利润享有请求权，东方公司拒付股东中天公司利润的理由不成立。

其次，本案中，东方公司的章程已经明确约定，"公司如若新增资本时，中天公司可以优先认购50%的新增资本"。该约定为各股东的真实意思表示所达成的合意，合法有效，对公司的各股东均具有约束力。东方公司新增资本时，中天公司有权优先认购50%的新增资本。法院应当依法支持中天公司的诉讼请求。

基本理论和知识

（一）公司股东的权利

股东是指向公司出资、持有公司股份、享有公司股东权利和承担股东义务的人。股东可以是自然人，也可以是法人、非法人组织，甚至可以是国家。

1. 股东权具有下列特征：①股东权内容具有综合性。公司法理论将股东权分为自益权和共益权。自益权一般属于财产性的权利，如股息或红利分配请求权、新股优先认购权、剩余财产分配权、股份转让权等。共益权则是公司事务参与权，如表决权、公司文件的查阅权、召开临时股东会请求权、对董事及高级职员的监督权等。从公司的本质上来讲，公司对股东来说，只不过是其谋取利润的工具，因而自益权是目的性权利，而共益权是手段性权利。②股权是股东通过出资所形成的权利。出资者通过向公司出资，以丧失其出资财产所有权为代价，换取股权，成为公司股东。③股东权是一种社员权。股东出资创办作为社团法人的公司，成为该法人成员，因而取得社员权。

2. 股东权的内容。我国《公司法》第4条规定，公司股东依法享有资产收益、参与重大抉择和选择管理者等权利。除该条之外，公司法还在许多其他条文中都规定了股东的具体权利。股东的权利归纳起来可以分为以下几种：①发给股票或其他股权证明请求权；②股份转让权；③股息红利分配请求权；④股东会临时召集请求权或自行召集权；⑤出席股东会并行使表决权；⑥对公司财务的监督检查权和会计账簿的查阅权；⑦公司章程和股东会、股东大会会议记录、董事会会议决议、监事会会议决议的查阅权和复制权；⑧优先认购新股权；⑨公司剩余财产分配权；⑩权利损害救济权和股东代表诉讼权等。

（二）公司股东的义务

1. 全体股东的共同义务。作为公司股东，应当根据出资协议、公司章程和法律、行政法规的规定，履行相应的义务。这些义务主要有：①出资义务。这是股东最为重要的义务。股东应当根据出资协议和公司章程的规定，履行向公司出资的义务。出资协议或者公司章程约定出资须一次性缴纳的，股东应当一次性足额缴纳；约定公司成立以后分期缴纳的，股东应当按照约定的期限按时缴纳出资。对以实物特别是不动产、设备和知识产权等出资的，股东应当依照相关规定办理财产权转移手续，使公司取得出资物的合法权利并能有效行使该权利。股东逾期缴纳出资的，应当向已履行出资义务的股东承担违约责任。对于已经缴纳给公司的出资，股东不得抽回。②参加股东会会议的义务。参加股东会会议既是股东的权利，同时也是其义务。股东应当按照公司机构通知的时间、地点参加股东会，不能亲自参加时可以委托其他人参加股东会会议并行使表决权。③不干涉公司正常经营的义务。股东依照公司章程规定的有关股东会或股东大会的权限以及公司法规定的股东权利行使权利，不得干涉董事会、经理的正常经营管理活动，不得干涉监事会的正常工作。④特定情形下的表决权禁止义务。公司法第16条第2、3款规定，公司为公司股东或者实际控制人提供担保的，必须经过股东会或者股东大会决议，被提供担保的股东或者受被提供担保的实际控制人支配的股东，不得参加关于该事项的股东会或者股东大会决议的表决。⑤不得滥用股东权利的义务。

2. 控股股东的义务。控股股东是指其出资额占有限责任公司资本总额50%以上或者其持有的股份占股份有限公司股本总额50%以上的股东；出资额或者持有股份的比例虽然不足50%以上的股东，但其出资额或者持有的股份所享有的表决权已足以对股东会、股东大会的决议产生重大影响的股东。控股股东的义务主要表现在：①不得滥用控股股东的地位，损害公司和其他股东的权利。②不得利用其关联关系损害公司利益。关联关系是指公司的控股股东、实际控制人、董事、监事、高级管理人员与其直接或者间接控制的企业之间的关系，以及可能导致公司利益转移的其他关系。③滥用股东权利的赔偿义务。

南方公司是一家生产家具的公司，时代公司是其股东之一，持有南方公司股份55%。时代公司在汽车销售旺季的时候，觉得有利可图，就与华兴汽车公司签订了一份汽车买卖合同，购进了一批汽车，但好景不长，由于油价持续上涨，汽车销售的情况每日俱下。时代公司的汽车积压，其资金一时周转不开，业务开展都困难。时代公司就想从南方公司挪用一部分资金，但遭到其他中小股东的反对。后来，时代公司利用其控股股东地位的影响，向南方公司高价提供原材料，然后低价购得家具进行销售。时代公司从中赚取差价，这给南方公司造成了500万元的损失。

试问：时代公司的做法是否符合公司法规定？应承担什么样的责任？

法律提示

《公司法》

第21条 公司的控股股东、实际控制人、董事、监事、高级管理人员不得利用其关联关系损害公司利益。违反前款规定，给公司造成损失的，应当承担赔偿责任。

相关提示

《公司法》

第124条 上市公司董事与董事会会议决议事项所涉及的企业有关联关系的，不得对该项决议行使表决权，也不得代理其他董事行使表决权。该董事会会议由过半数的无关联关系董事出席即可举行，董事会会议所作决议须经无关联关系董事过半数通过。出席董事会的无关联关系董事人数不足3人的，应将该事项提交上市公司股东大会审议。

第148条 董事、高级管理人员不得有下列行为：

（一）挪用公司资金；

（二）将公司资金以其个人名义或者以其他个人名义开立账户存储；

（三）违反公司章程的规定，未经股东会、股东大会或者董事会同意，将公司资金借贷给他人或者以公司财产为他人提供担保；

（四）违反公司章程的规定或者未经股东会、股东大会同意，与本公司订立合同或者进行交易；

（五）未经股东会、股东大会同意，利用职务便利为自己或者他人谋取属于公司的商业机会，自营或者为他人经营与所任公司同类的业务。

第 216 条　本法下列用语的含义：

（一）高级管理人员，是指公司的经理、副经理、财务负责人，上市公司董事会秘书和公司章程规定的其他人员。

（二）控股股东，是指其出资额占有限责任公司资本总额 50% 以上或者其持有的股份占股份有限公司股本总额 50% 以上的股东；出资额或者持有股份的比例虽然不足 50%，但依其出资额或者持有的股份所享有的表决权已足以对股东会、股东大会的决议产生重大影响的股东。

（三）实际控制人，是指虽不是公司的股东，但通过投资关系、协议或者其他安排，能够实际支配公司行为的人。

（四）关联关系，是指公司控股股东、实际控制人、董事、监事、高级管理人员与其直接或者间接控制的企业之间的关系，以及可能导致公司利益转移的其他关系。但是，国家控股的企业之间不仅因为同受国家控股而具有关联关系。

（三）股东代表诉讼制度

1. 股东代表诉讼制度的概念。股东代表诉讼制度是指当公司的合法权益受到不法侵害而公司却怠于起诉时，公司的股东即可以自己的名义起诉，所获赔偿归于公司的一种制度。我国公司法第 149 条规定，董事、监事、高级管理人员执行公司职务时违反法律、行政法规或者公司章程的规定，给公司造成损失的，应当承担赔偿责任。在发生该条规定的情形时，公司法接着在第 151 条规定："董事、高级管理人员在本法第 149 条规定的情形的，有限责任公司的股东、股份有限公司连续 180 日以上单独或者合计持有公司 1% 以上股份的股东，可以书面请求监事会或者不设监事会的有限责任公司的监事向人民法院提起诉讼；监事有本法第 149 条规定的情形的，前述股东可以书面请求董事会或者不设董事会的有限责任公司的执行董事向人民法院提起诉讼。监事会、不设监事会的有限责任公司的监事，或者董事会、执行董事收到前款规定的股东书面请求后拒绝提起诉讼，或者自收到请求之日起 30 日内未提起诉讼，或者情况紧急、不立即提起诉讼将会使公司利益受到难以弥补的损害的，前款规定的股东有权为了公司的利益以自己的名义直接向人民法院提起诉讼。"除此之外，该条还规定，他人侵犯公司合法权益，给公司造成损失的，上述股东可以依照前述规定向人民法院提起诉讼。

2. 股东代表诉讼制度的特征。股东代表诉讼具有以下几个方面的特征：

（1）救济对象方面，股东代表诉讼所要救济的对象是被公司董事、经理、监事或者其他人侵害的公司权利和利益，而不是提起诉讼的股东个人。公司是直接的受害人，股东则是间接的受害人。这一点有别于股东的直接诉讼，在股东直接诉讼中，被侵害的利益是股东个人的权利和利益。

（2）诉因方面，股东代表诉讼的诉因并非是股东个人权利受到侵害或个人利益发生纠纷，而是公司利益受到侵害。真正实体意义上的诉权应当属于公司，原告股东只是以代表人的资格，代行公司的诉权。

（3）诉讼当事人方面，在股东代表诉讼中，股东是以自己的名义提起诉讼，即股东具有原告资格，被告是实施侵害公司利益的行为人。

（4）诉讼效果方面，股东代表诉讼的后果由公司承担，归于公司，而不是提起诉讼的股东。

实战训练

股东代表诉讼

【案情简介】

原告：A公司　　被告：B

A公司于2007年设立，B出任A公司董事长，A公司一直与C公司保持商业关系，向其购买某一货物。2008年，B指令A公司以高出C公司30%的价格向D公司购买该货物，D公司董事长一职系B姐夫担任。2008年，A公司股东E向法院起诉B某，认为B为谋取个人暴利，致使A公司损失巨大，请求法院判令被告赔偿A公司的损失。法院认为，本案原告提起的诉讼属于股东代表诉讼，根据我国《公司法》的相关规定，股东代表诉讼的提起应先履行前置程序。因本案原告并未履行相应的前置程序，故其起诉不当，应予驳回。

试问：法院的做法符合公司法的有关规定吗？

法律提示

《中华人民共和国公司法》第148条、第149条、第151条

学习单元五　公司债券

学习目标

学习和掌握公司债的发行、转让条件

任务驱动

具体公司运营过程中如何发行公司债券、筹集资金

案例导入

原告：刘新　　　　被告：宏大电器股份有限公司

原告刘新系宋有成邻居。宋有成年老多病，其子宋大成远在异地工作，每年难得回家一两趟，平常刘新对宋有成的生活起居多有照顾。2006 年 6 月，宋有成因病去世。宋在生病期间一直由刘新看护，宋有成也曾提出将其用多年积蓄买的宏大电器股份有限公司记名债券 10 万元赠送给刘，以报答刘多年来照顾之情。2007 年，该债券到期，刘将该债券携至宏大电器股份公司要求还本付息，但该电器公司认为，宋有成并未背书转让，也未到公司作变更登记，公司没有义务对刘付款。由于宋有成已去世，该款应由本公司所有。双方争执不下，诉至法院。

在外地工作的宋大成得知诉讼的消息后，要求继承这笔债券。法院对上述案件认识争议颇大。第一种意见认为，刘新并未取得债券所有权，因为该债券为记名债券，所有权转移应以背书转让的方式，原记名债券的所有人并未背书，所有权没有转移，故该债券应为宋有成所有，宋已去世，该债券为无主财产。第二种意见认为，刘新已取得债券所有权，因为刘新持有债券，而且其多年照顾宋有成也是事实，可以推定宋有成有转赠债券的意思，根据《民法通则》中的自愿原则和鼓励社会良好风尚，应认定刘新已取得债券所有权。第三种意见认为，宋有成既未在记名债券上背书，那其所有权仍未转移，宋有成去世后该债券所有权应由其在外地工作的儿子宋大成继承，该债券应为宋大成所有，刘新不能取得该部分债券的所有权。

试问：以上三种处理意见哪种意见是正确的呢？说明理由。

法律提示

《公司法》

第 159 条　公司债券可以转让，转让价格由转让人与受让人约定。

公司债券在证券交易所上市交易的，按照证券交易所的交易规则转让。

第 160 条　记名公司债券，由债券持有人以背书方式或者法律、行政法规规定的其他方式转让；转让后由公司将受让人的姓名或者名称及住所记载于公司债券存根簿。

无记名公司债券的转让，由债券持有人将该债券交付给受让人后即发生转让的效力。

相关提示

1.《证券法》

第35条 证券交易当事人依法买卖的证券，必须是依法发行并交付的证券。

非依法发行的证券，不得买卖。

第37条 依法公开发行的股票、公司债券以及其他证券，应当在依法设立的证券交易所上市交易或者在国务院批准的其他证券交易所转让。

第39条 证券交易当事人买卖的证券可以采取纸面形式或者国务院证券监督管理机构规定的其他形式。

2.《企业债券管理条例》

第22条 企业债券的转让，应当在经批准的可以进行债券交易的场所进行。

第23条 非证券经营机构和个人不得经营企业债券的承销和转让业务。

前述案例分析

此案涉及债券的转让方式问题。我们认为，第三种意见是正确的。

依据《公司法》第160条的规定，记名公司债券，由债券持有人以背书方式或法律、行政法规规定的其他方式转让；无记名公司债券，采用交付的方式转让。本案中所涉及的宏大电器股份有限公司发行的记名公司债券，不属于法律行政法规规定的"其他转让方式"之范畴，因而，背书转让是其转让的唯一有效方式和途径。记名债券的背书转让是受让人对抗转让人的要件，虽已完成背书而未在公司债券存根簿上作变更登记就不能对抗公司。

本案中，刘新虽持有债券，但由于宋有成未背书转让，故其转让是无效的。刘新既不能以持有债券对抗宋大成，也不能以此来对抗宏大公司，公司只须依照原来约定（债券上有关规定）履行义务。刘新没有请求公司还本付息的权利，因为其不享有债券的合法所有权。该债券的所有权仍应归宋有成所有，宋有成不幸去世，其财产权利应由其子继承，故该部分记名债券所有权归宋的儿子宋大成所有，宋大成享有要求公司还本付息的请求权，公司应履行其约定义务而不能将应给付的本息据为己有，否则构成不当得利。

至于刘新照顾宋有成多年，可以认定为无因管理，由宋大成给刘新适当补偿，如宋大成拒绝，法院可酌情于债券请求权所得本息中扣除一部分交付刘新，作为其对宋有成照顾和看护的补偿。

基本理论和知识

（一）公司债券的概念和种类

1. 公司债券的概念和特征。公司债券是指公司依照法定的条件和程序发行的，约定在一定期限内还本付息的有价证券。

从我国公司法的规定来看，公司债券具有下列特点：①公司债券是由股份有限公司和有限责任公司发行的债券。②公司债券是公司以借贷的方式向公众筹集资金，具有利率固定、风险较小、易于吸收投资者的优点。③公司债券是要式证券，其制作必须依照《公司法》第154条的规定，记载公司名称、债券票面金额、利率、偿还期限等事项，并由董事长签名，公司签章。④公司债券是一种有价证券。公司债券持有人是公司的债权人，享有按照约定期限取得利息、收回本金的权利；发行债券的公司作为向社会公众借债的债务人，负有按照约定期限向债券所有人还本付息的义务。公司债券作为一种有价证券，可以自由流通、抵押和转让。⑤公司债券持有人具有广泛性，可以向社会公众公开募集。

2. 公司债券的种类。

（1）根据是否在公司债券上记载债权人的姓名为标准，可将公司债券划分为记名公司债券和无记名公司债券。我国目前已经发行的公司债券，绝大多数是无记名公司债券。

（2）根据公司债券是否能转换成股权为标准，可将公司债券划分为可转换公司债券和非转换公司债券。可转换公司债券其实是给公司债权人一种选择权，当债券清偿期满时，债权人可以要求收回本金、取得固定利息，也可以选择要求以期享有的债权抵缴认股款而取得公司股份，从而成为公司股东。

根据我国公司法的规定，只有上市公司才可申请发行可转换公司债券。发行可转换公司债券，应当在债券上表明"可转换公司债券"字样，并在公司债券存根簿上载明可转换公司债券的数额。公司应当按照约定的转换办法向债券持有人换发股票，但公司债券持有人可以选择是否将公司债券转换为公司股票。

（3）根据公司发行债券时是否提供偿还本息的担保为标准，可将公司债券划分为有担保公司债券和无担保公司债券。

（二）公司债券的发行

1. 发行公司债券的条件。有限责任公司和股份有限公司都可以发行公司债券。我国证券法规定了公司发行债券的一系列的条件，公开发行公司债券筹集的资金，必须用于核准的用途，不得用于弥补亏损和非生产性支出。上市公司发行可转换为股票的公司债券，除应当符合证券法规定的条件以外，还应当满足证券法规定的有关股票公开发行的条件，并报国务院证券监督委员会核准。

2. 发行证券的程序。依照我国公司法和证券法的相关规定，公司发行证券应当依照下列程序进行：

（1）作出决议或决定。股份有限公司、有限责任公司发行公司债券，要由董事会制定发行公司债券的方案，提交股东会或者股东大会审议作出决议。国有独资公司发行公司债券，由国有资产监督管理部门作出决定。

（2）提出申请。公司应当向国务院证券监督管理部门提出发行公司债券的申请，并提交相关的文件。

（3）经主管部门的核准。国务院证券管理部门对公司提交发行公司债券的申请进行审查，对符合公司法规定的，予以核准；对不符合规定的不核准。

（4）与证券商签定承销协议。

（5）公告公司债券的募集办法。发行公司债券的申请得到核准后，应当公告公司债券募集办法。公司债券募集办法中应当载明下列主要事项：公司名称；债券募集资金的用途；债券总额和债券的票面金额；债券利率的确定方式；还本付息的期限和方式；债券担保的情况；债券的发行价格、发行的起止日期；公司的净资产额；已发行的尚未到期的公司债券总额；公司债券的承销机构。

（6）认购公司债券。社会公众认购公司债券的行为称为应募，应募的方式可以是先填写应募书，而后履行按期缴清价款的义务，也可以是当场以现金的方式购买。当认购人缴足价款时发行人负有交付公司债券的义务。

（三）公司债券的转让

按照公司法的规定，公司债券可以转让。其中，公司债券在证券交易所上市交易的，按照证券交易所的交易规则转让。

证券交易的价格由转让人与受让人协商约定。公司债券的转让因记名债券和无记名债券而有所不同。

1. 记名公司债券的转让。记名公司的债券由债券持有人以背书的方式或者法律、行政法规规定的其他方式转让。记名公司债券的转让要由公司将受让人的姓名或者名称及住所记载于公司债券存根簿。

2. 无记名公司债券的转让。无记名公司债券的转让，由债券的持有人将该债券交付给受让人后即发生转让的效力。

实战训练

龙田科技股份有限公司曾向社会发行 3000 万元为期三年的可转换为股票的公司债券。但是，由于发行债券后，公司连续巨额亏损，公司怕不能清偿到期债券，遂单方面决定将 3000 万元债券全部转为公司股份。原告王某、张某等 35

人得知后，明确表示不愿意将其名下的债券转为该公司的股份，但该公司认为，原本发行的就是可转换债券，公司完全有权利将其转为股份，王某等人的要求是没有道理的。双方争执不下，王某等将龙田科技股份有限公司诉至法院。

　　法院对此案有两种意见：一种认为，原来发行债券时就已经注明为可转换债券，为扩大公司规模，应该遵守原来约定。而且该公司向来信誉良好，赢利稳定，目前只是暂时资金周转不灵，从企业发展，维护经济稳定出发，应准允转股成立。另一种意见主张，该公司虽向来赢利稳定，而且发行债券时也是按可转换债券发行，但是《公司法》第162条明确规定，债转股应得到债券持有人同意，该公司未得王某等人允许，擅自将债券转为股份，损害了债权人利益，为法律所不允许，应支持原告要求公司还本付息的请求。

　　如果你作为法官如何判定此案？

法律提示

　　《公司法》

　　第161条　上市公司经股东大会决议可以发行可转换为股票的公司债券，并在公司债券募集办法中规定具体的转换办法。上市公司发行可转换为股票的公司债券，应当报国务院证券监督管理机构核准。

　　发行可转换为股票的公司债券，应当在债券上标明可转换公司债券字样，并在公司债券存根簿上载明可转换公司债券的数额。

　　第162条　发行可转换为股票的公司债券的，公司应当按照其转换办法向债券持有人换发股票，但债券持有人对转换股票或者不转换股票有选择权。

学习单元六　公司的财务、会计和利润分配

学习目标

　　掌握公司法规定的公司财务、会计制度和利润分配有关规定

任务驱动

　　公司运营过程中，如何建立健全符合法律法规要求公司财务、会计制度，合法合理分配公司利润

案例导入

　　武阳股份有限公司属于募集设立的股份有限公司，注册资本为人民币5000

万元。在设立过程中，经有关部门批准，以超过股票票面金额的价格发行，实际募集人民币 6000 万元。溢价款 1000 万元，当年被股东作为股利分配。两年后，武阳公司连续亏损，共计亏损人民币 1200 万元。为此，股东大会罢免了原董事长，重新选任了董事长。经过一年的经营，公司赢利人民币 600 万元，考虑到股东多年来经济利益一直受损，公司决定将该利润分配给股东，经过全体股东的一致同意，决定增加对向公司出资最多的前三名股东的利润分配。自此以后，公司业务蒸蒸日上，不仅弥补了公司多年的亏损，而且逐年提取了法定公积金，至 2009 年，所累计提取的法定公积金已占注册资本 55%。公司遂决定，法定公积金可以不再提取。为了进一步扩大规模，公司股东大会决定把全部法定公积金转为公司资本，按股东原持有股份的比例派送于股东。

试问：武阳股份公司的哪些做法不符合公司法规定？

法律提示

《公司法》

第 166 条　公司分配当年税后利润时，应当提取利润的 10% 列入公司法定公积金。公司法定公积金累计额为公司注册资本的 50% 以上的，可不再提取。

公司的法定公积金不足以弥补以前年度亏损的，在依照前款规定提取法定公积金之前，应当先用当年利润弥补亏损。

公司从税后利润中提取法定公积金后，经股东会或者股东大会决议，还可以从税后利润中提取任意公积金。

公司弥补亏损和提取公积金后所余税后利润，有限责任公司按照本法第 34 条规定分配，股份有限公司按照股东持有的股份比例分配，但股份有限公司章程规定不按持股比例分配的除外。

股东会、股东大会或者董事会违反前款规定，在公司弥补亏损和提取法定公积金之前向股东分配利润的，股东必须将违反规定分配的利润退还公司。

公司持有的本公司股份不得分配利润。

第 167 条　股份有限公司以超过股票票面金额的发行价格发行股份所得的溢价款以及国务院财政部门规定列入资本公积金的其他收入，应当列为公司资本公积金。

第 168 条　公司的公积金用于弥补公司的亏损，扩大公司生产经营或者转为增加公司资本。但是，资本公积金不得用于弥补公司的亏损。法定公积金转为资本时，所留存的该项公积金不得少于转增前公司注册资本的 25%。

第 203 条　公司不按照本法规定提取法定公积金的，由县级以上人民政府财政部门责令如数补足应当提取的金额，可以对公司处以 20 万元以下的罚款。

前述案例分析

（1）股份有限公司溢价发行股票所得的溢价款，属于法定资本公积金，不能作为股利分配给股东。所以武阳股份有限公司将 1000 万元溢价款作为股利予以分配是违法的。

（2）公司向股东分配股利时，必须坚持"无盈余不分配"原则和按法定顺序分配的规定。根据《公司法》第 166 条规定，分配的顺序是：①依法缴纳税费；②弥补亏损；③提取法定公积金；④提取任意公积金；⑤分配股利。武阳公司未弥补亏损就分配股利，显然违法，股东必须将所分配到的利润退还给公司。

（3）公积金是指依照法律、公司章程或股东会决议而从公司的营业利润或其他非经营性收入中提取的一种储备金，又称附加资本，可用于弥补亏损，扩大公司生产经营或转为增加公司资本。根据《公司法》第 166 条的规定，公司法定公积金累计额为公司注册资本的 50% 以上，可不再提取。2009 年武阳公司法定公积金占公司注册资本的 55%，可以不再提取。

（4）根据《公司法》第 168 条，股份有限公司经股东大会决议可将法定公积金转为增加资本，但法定公积金转为资本时，所留存的公积金不得少于转增前公司注册资本的 25%。本案中，武阳公司决定将全部法定公积金转为公司资本，显然违背了公司法的规定。

基本理论和知识

（一）公司财务会计概述

我国《公司法》第 163 条规定："公司应当依照法律、行政法规和国务院财政部门的规定建立本公司的财务、会计制度。"依照这一规定，公司均应当按照《公司法》《会计法》和经国务院批准财政部颁布的《企业财务通则》《企业会计准则》，建立本公司的财务、会计制度。公司财务、会计制度主要包括两个内容：一是财务会计报告制度，即公司应当依法编制财务会计报表和制作财务会计报告。二是收益分配制度，即公司的年度分配，应当依照法律规定及股东会决议，将公司利润用于缴纳税款、提取公积金和公益金以及进行红利分配。

（二）公司的财务会计报告

公司的财务会计报告是指公司业务执行机构在每一会计年度终了时制作的反映公司财务会计状况和经营效果的书面文件。

1. 公司财务会计报告的内容。

（1）资产负债表。这是反映公司在某一特定日期财务状况的报表。它是根据"资产＝负债+所有者（股东）权益"这一会计公式，根据资产、负债和所有者权益分项列示并编制而成的。资产负债表为人们提供公司一定时期的静态的财务状况，可以使人们了解公司在某一特定时点上的资本构成，公司的负债以及投资者拥有的权益。由此可以评价公司的变现能力和偿债能力，考核公司资本的保值增值情况，预测公司本来的财务状况变动趋势。

（2）损益表。损益表是反映公司在一定时期的收入、费用和净利，说明其经营成果的报表，是计算一定时期内损失和收益的动态会计报表。

损益表以收入、费用、利润三个会计要素为基础，向人们提供一定时期内公司营业是盈余还是亏损的实际情况。人们可以利用该表分析公司利润增减变化的原因，评价公司的经营成果和投资价值，因此在评价投资和信用的价值，估算管理的成功程度等经济决策中，损益表一般被认为是最重要的会计报表。

（3）财务状况变动表。财务状况变动表又称资金来源和运用表，也称资金表。它根据公司一定会计期间内各种资产、负债和所有者权益的增减变化，分析反映资金的取得来源和流出用途，说明财务状况情况的会计报表，是反映公司资金运动的动态报表。

财务状况变动表可以弥补资产负债表和损益表的不足，是联络资产负债表和损益表的桥梁，它可以向人们提供在一定会计期间内财务状况变动的全貌，说明资金变化的原因，使人们可以通过分析财务状况变动表，了解公司流动资金的流转情况，判断公司经营管理水平的高低。

（4）财务状况说明书。财务状况说明书是对财务会计报表所反映的公司财务状况，作进一步的说明和补充的文件。它主要说明：公司的营业情况、利润的实现和分配情况、资金增减和周转情况、税金缴纳情况；对本期或者下期财务状况发生重大影响的事项；资产负债表日后至报出财务报告前发生的对公司变动有重大影响的事项；以及其他需要说明的事项。

（5）利润分配表。利润分配表是反映公司利润分配和年末分配情况的报表，它是损益表的附属明细表。利润分配表通常按税后利润、可供分配利润、未分配利润分项列示。

2. 财务会计报告的提供。财务会计报告制作的主要目的是，向有关人员和部门提供财务会计信息，满足有关各方了解公司财务会计状况和经营成果的需要。因此，公司的财务会计报告应当及时报送有关人员和部门。有限责任公司应当按照公司章程规定的期限将财务会计报告送交各股东。股份有限公司的财务会计报告应当在召开股东大会年会的 20 天以前置备于本公司，供股东查阅。以募集设立方式成立的股份有限公司必须公告其财务会计报告。依照有关法律的规定，公司财务会计报告要报送有关国家行政部门，以接受其管理和监督。

（三）公司的收益分配制度

1. 公司收益分配顺序。依照我国公司法的相关规定，公司当年税后利润分配的法定顺序是：①弥补亏损，即在公司已有的法定公积金不足以弥补上一年的亏损时，先用当年利润弥补亏损。②提取法定公积金，即应当提取税后利润的10%列入公司的法定公积金。法定公积金累计额为公司注册资本的50%以上的，可以不再提取。③提取任意公积金，即经股东会或者股东大会的决议，提取任意公积金，任意公积金的提取比例由股东会或者股东大会决定。任意公积金不是必须提取的，是否提取以及提取的比例由股东会或股东大会决议决定。④支付股利，即在公司弥补亏损和提取公积金后，所余利润应当分配给股东。

2. 股东利润的分配。分配利润是公司股东最为重要的权利，也是股东投资公司的目的所在。股东从公司所分配的利润成为红利、股利或股息。公司只能在弥补亏损和提取法定公积金之后，才能将所余利润分配给股东。这表明，公司向股东分配股利，必须以有这种盈余为条件。

有限责任公司股东分配红利的原则是按照实缴的出资比例。但是如果全体股东通过出资协议、公司章程或者其他方式约定不按出资比例分配红利的，该约定具有法律效力，依照该约定分配红利，而不依照股东的出资比例。《公司法》第34条规定："股东按照实缴的出资比例分取红利；公司新增资本时，股东有权优先按照出资实缴的出资比例认缴出资。但是，全体股东约定不按出资比例分取红利或者不按照出资比例优先认缴出资的除外。"

股份有限公司的股东原则上依照其所持有的股份比例分配红利。但是股东可以通过章程规定不按持股比例分配红利。如果股份有限公司章程规定了红利分配办法，依照其规定进行分配。

公司如果在弥补亏损、提取法定公积金之前向股东分配红利，属于违反公司法的行为，股东应当把分得的利润退还给公司。

公司向股东分配红利的方式一般有以下两种，现金支付和股份分派，由股东会或者股东大会决定具体采用哪种方式。现金支付和股份分派可以同时使用，即股东的红利一部分以现金方式支付给股东，一部分分配红股。公司持有的本公司的利润不得分配利润。

3. 公积金。公积金又叫储备金，包括法定公积金和任意公积金，是指公司为了增强自身财产能力，扩大生产经营和预防意外损失，依法从利润中提取的一种款项。公积金主要用于：①弥补公司亏损；②扩大公司生产经营；③转增公司资本。但公积金中的资本公积金不得用于弥补公司亏损。当以法定公积金转增公司资本时，所留存的法定公积金不得少于转增之前的注册资本的25%。法定公积金的提取属于公司法的强制性规定，公司必须遵守。《公司法》第166

条第 1 款规定:"公司分配当年税后利润时,应当提取利润的 10%列入公司法定公积金。公司法定公积金累计额为公司注册资本 50%以上的,可以不再提取。"当然,公司经股东会或股东大会决议,也可以继续提取。

学习单元七 公司的变更、合并与分立

学习目标

掌握公司变更、合并和分立的相关规定

任务驱动

学会在公司运营过程中如何变更公司形式、解决公司合并和分立中的相关法律问题

案例导入

劳声琴行与蓝天有限责任公司(以下简称蓝天公司)于 2007 年 8 月签订了一份买卖古筝的合同。同年 9 月 6 日,劳声琴行向蓝天公司收取货款时,蓝天公司以"我公司正在内部整顿,暂无款可付"为由拒绝。10 月 1 日,劳声琴行再次向蓝天公司催款,蓝天公司又称其正在与爱多超市商谈合并一事,无暇付款。2008 年 4 月 26 日,劳声琴行又一次催款,却发现蓝天公司已于 2008 年 3 月 20 日被爱多超市兼并,蓝天公司也已办理了企业法人注销登记,并缴销了《企业法人营业执照》。劳声琴行于是找到爱多超市索要货款,爱多超市则称"我超市已经在作出合并决议的第二天以传真方式通知了公司的账面债权人张某、王某,后来于 2008 年 1 月 15 日与蓝天有限责任公司签订了合并协议,此事当时曾被当地电视台报道过,但是当时你们没有前来主张债权。如今已经过了 3 个月,我们不再偿还。"劳声琴行又与爱多超市多次协商未果,遂将爱多超市诉至当地人民法院。

法院经审理查明:蓝天有限责任公司在与爱多超市合并时,并没有在报纸上公告。爱多超市辩称:我超市是本地知名企业,是利税大户,兼并蓝天有限责任公司时,本地电视台曾经在 2008 年 1 月 6 日的《经济半小时》中报道过,因此,不需要再在报纸上公告。劳声琴行未及时主张权利,所以我们不需要再还货款。

法律提示

《公司法》

第 172 条　公司合并可以采取吸收合并或者新设合并。

一个公司吸收其他公司为吸收合并，被吸收的公司解散。两个以上公司合并设立一个新的公司为新设合并，合并各方解散。

第 173 条　公司合并，应当由合并各方签订合并协议，并编制资产负债表和财产清单。公司应当自作出合并决议之日起 10 日内通知债权人，并于 30 日内在报纸上公告。债权人自接到通知书之日起 30 日内，未接到通知的自公告之日起 45 日内，可以要求公司清偿债务或者提供相应的担保。

第 174 条　公司合并时，合并各方的债权、债务，应当由合并后存续的公司或新设的公司承继。

第 179 条　公司合并或者分立，登记事项发生变更的，应当依法向公司登记机关办理变更登记；公司解散的，应当依法办理注销登记；设立新公司的，应当依法办理公司设立登记。

公司增加或减少注册资本，应当依法向公司登记机关办理变更登记。

第 204 条　公司在合并、分立、减少注册资本或者进行清算时，不依照本法规定通知或者公告债权人的，由公司登记机关责令改正，对公司处以 1 万元以上 10 万元以下的罚款。

公司在进行清算时，隐匿财产，对资产负债表或者财产清单作虚假记载或者在未清偿债务前分配公司财产的，由公司登记机关责令改正，对公司处以隐匿财产或者未清偿债务前分配公司财产金额 5% 以上 10% 以下的罚款；对直接免责的主管人员和其他直接责任人员处以 1 万元以上 10 万元以下罚款。

相关提示

1.《民法典》第 64 条、第 65 条、第 66 条和第 67 条

第 64 条　法人存续期间登记事项发生变化的，应当依法向登记机关申请变更登记。

第 65 条　法人的实际情况与登记的事项不一致的，不得对抗善意相对人。

第 66 条　登记机关应当依法及时公示法人登记的有关信息。

第 67 条　法人合并的，其权利和义务由合并后的法人享有和承担。

法人分立的，其权利和义务由分立后的法人享有连带债权，承担连带债务，但是债权人和债务人另有约定的除外。

2.《中华人民共和国合同法》

第90条 当事人订立合同后合并的，由合并后的法人或者其他组织行使合同权利，履行合同义务。当事人订立合同后分立的，除债权人和债务人另有约定的以外，由分立的法人或者其他组织对合同的权利和义务享有连带债权，承担连带债务。

3.《公司登记管理条例》

第38条 因合并、分立而存续的公司，其登记事项发生变化的，应当申请变更登记；因合并、分立而解散的公司，应当申请注销登记；因合并、分立而新设立的公司，应当申请设立登记。

公司合并、分立的，应当自公告之日起45日后申请登记，提交合并协议和合并、分立决议或者决定以及公司在报纸上登载公司合并、分立公告的有关证明和债务清偿或者债务担保情况的说明。法律、行政法规或者国务院决定规定公司合并、分立必须报经批准的，还应当提交有关批准文件。

前述案例分析

本案涉及公司合并后的法律问题纠纷。公司合并有两种形式，即吸收合并和新设合并。依照《公司法》第173条规定，公司合并，应当由合并各方签订合并协议，并编制资产负债表及财产清单，还应在法定的时间内公告以通知债权人，债权人可在法定期限内行使异议权，即要求公司清偿债务或提供相应的担保。我国《民法通则》与《公司法》均规定，公司合并时，合并各方的债权债务，应当由合并后存续的公司或新设的公司承继。法律这样规定的目的，主要在于保护债权人利益，进而维护社会经济秩序的稳定。

本案中，蓝天有限责任公司和爱多超市的合并属于吸收合并。爱多超市在合并时，本应当通知其债权人，并在作出决议之日起30日在报纸上加以公告。但是，爱多超市以本地电视台的报道为由否定在报纸上公告的"法定要求"，显然没有道理，更不能以所谓过期来说什么债权失效。退一步讲，假设本案中爱多超市公告程序合法，劳声琴行丧失的也只是要求蓝天公司提供担保或清偿债务的权利，其债务本身并不会丧失，仍然有权要求爱多超市予以清偿。

综上所述，本案中，蓝天公司虽然被爱多超市兼并，使得蓝天公司法人资格丧失，但其原来所负债务并不因公司合并而丧失。按照《公司法》的规定，爱多超市应当偿还劳声琴行的这笔债务。

基本理论和知识

（一）公司的变更

公司的变更是指公司设立登记事项中某一项或某几项改变。公司变更的内容，主要包括公司名称、住所、法定代表人、注册资本、公司组织形式、经营范围、营业期限、有限责任公司股东或者股份有限公司发起人的姓名或名称的变更。

公司变更设立登记事项，应当向原公司登记机关即公司设立登记机关申请变更登记。但公司变更住所跨公司登记机关辖区的，应当在迁入新住所前向迁入地公司登记机关申请变更登记；迁入地登记机关受理的，由原公司登记机关将公司登记档案移送迁入地登记机关。未经核准变更登记，公司不得擅自改变登记事项。

公司申请变更登记，应当向公司登记机关提交下列文件：①公司法定代表人签署的变更登记申请书；②依照公司法作出变更决议或者决定；③国家工商行政管理总局规定要求提交的其他文件。公司变更登记事项涉及修改公司章程的，应当提交公司法定代表人签署的修改后的公司章程或者公司章程的修正案。变更登记事项依照法律、行政法规或者国务院决定规定在登记前须经批准的，还应当向公司登记机关提交有关批准文件。

依照《公司法》第22条规定，如果公司股东会、股东大会或者董事会的决议无效，或者被人民法院撤销的，而公司根据上述决议已经办理了变更登记的，则在人民法院宣告上述决议无效后或者撤销上述决议后，公司应当向公司登记机关申请撤销变更登记。公司申请撤销变更登记时应当提交下列文件：①公司法定代表人签署的申请书；②人民法院关于宣告决议无效或者撤销决议的判决文书。

（二）公司的合并

公司合并是指两个或者两个以上的公司，订立合并协议，依照公司法的规定，不经清算程序，直接结合为一个公司的法律行为。公司合并有两种形式：一是吸收合并，是指一个公司吸收其他公司后存续，被吸收的公司解散。二是新设合并，是指两个或者两个以上的公司合并设立一个新的公司，合并各方解散。《公司法》第172条规定："公司合并可以采取吸收合并或者新设合并。一个公司吸收其他公司为吸收合并，被吸收的公司解散。两个以上的公司合并设立一个新的公司为新设合并，合并各方解散。"

依照公司法的规定，公司合并的程序为：①作出决议或决定。有限责任公司由股东会就公司合并作出决议，作出决议应当经代表2/3以上表决权的股东通过；股份有限公司由股东大会作出决议。②签订合并协议。合并协议应当由合并各方共同签署，合并协议的内容应当包括下列主要内容：合并各方的名称、住所；合并后存续公司或新设公司的名称、住所；合并各方的资产状况和处理办法；合并各方债权债务独立办法等。③编制资产负债表和财产清单。④通知债权人。即公司应当自合并决议作出之日起10日内通知债权人，并于30日内在报纸上公告，债权人自接到通知书之日起30日内，未接到通知书的自第一次公告之日起45日内有权要求公司清偿债务或提供相应的担保。⑤办理合并登记手续。公司合并，应当自公告之日起45日后申请登记。

（三）公司的分立

公司分立是指一个通过依法签定分立协议，不经清算程序，分为两个或者两个以上公司的法律行为。公司分立有两种形式：一是派生分立，是指公司以其部分财产另设一个或数个新的公司，原公司存续。二是新设分立，是指公司全部资产分别划归两个或两个以上的新公司，原公司解散。

根据公司法的规定，公司分立时，应当编制资产负债表和财产清单。公司应当自作出分立决议之日起10日内通知债权人，并于30日内在报纸上公告。

公司分立前的债务由分立后的公司承担连带责任。但是，公司在分立前与债权人就债务清偿达成的书面协议另有约定的除外。公司分立时应当对其财产进行分割。公司分立的程序与公司合并的程序基本相同。

学习单元八　公司的解散和清算

学习目标

掌握公司解散和清算的原因、程序

任务驱动

公司解散和清算时产生的法律问题

案例导入

畑灿公司是一家以丝绸加工为主业的有限责任公司。2006年成立之初，其章程规定经营期限为10年。章程还规定："若出现天灾人祸使公司亏损难以为继，则解散公司。"2010年秋天公司的蚕桑基地出现病虫害，同时与其签有供蚕茧合同的农户也遭虫害。病虫害的蔓延致使蚕蛹大量死亡，无力交货。若继续经营，必然遭受巨额损失。股东会依章程规定决议于2011年1月10日宣布解散公司，但由于股东之间对如何清理和分配财产产生分歧，清算组迟至2月16日仍未组成。其间，部分股东将公司财产自行拿回家使用并挥霍。圆心公司等另外两家畑灿公司的债权人，发现畑灿公司的行为后，即阻止畑灿公司并要求其履行债务。畑灿公司置之不理，关门停业。圆心公司遂向法院提出申请，人民法院受理后于 3 月 5 日指定某会计师 1 名、圆心公司代表 1 名、法院 2 名审判员共同组成清算组。

根据案情分析：畑灿公司、圆心公司和法院的做法有无不妥之处？

法律提示

《公司法》

第 180 条　公司因下列原因解散：

（一）公司章程规定的营业期限届满或者公司章程规定的其他解散事由出现；

（二）股东会或者股东大会决议解散；

（三）因公司合并或者分立需要解散；

（四）依法被吊销营业执照、责令关闭或者被撤销；

（五）人民法院依照本法第 182 条的规定予以解散。

第 183 条　公司因本法第 180 条第（一）项、第（二）项、第（四）项、第（五）项规定而解散的，应当在解散事由出现之日起 15 日内成立清算组，开始清算。有限责任公司的清算组由股东组成，股份有限公司的清算组由董事或者股东大会确定的人员组成。逾期不成立清算组进行清算的，债权人可以申请人民法院指定有关人员组成清算组进行清算。人民法院应当受理该申请，并及时组织清算组进行清算。

相关提示

1.《公司法》

第 182 条　公司经营管理发生严重困难，继续存续会使股东利益受到重大损失，通过其他途径不能解决的，持有公司全部股份表决权 10% 以上的股东，可以请求人民法院解散公司。

2.《民法典》

第 70 条　法人解散的，除合并或者分立的情形外，清算义务人应当及时组成清算组进行清算。

法人的董事、理事等执行机构或者决策机构的成员为清算义务人。法律、行政法规另有规定的，依照其规定。

清算义务人未及时履行清算义务，造成损害的，应当承担民事责任；主管机关或者利害关系人可以申请人民法院指定有关人员组成清算组进行清算。

第 71 条　法人的清算程序和清算组职权，依照有关法律的规定；没有规定的，参照适用公司法律的有关规定。

第72条 清算期间法人存续，但是不得从事与清算无关的活动。

法人清算后的剩余财产，按照法人章程的规定或者法人权力机构的决议处理。法律另有规定的，依照其规定。

清算结束并完成法人注销登记时，法人终止；依法不需要办理法人登记的，清算结束时，法人终止。

第73条 法人被宣告破产的，依法进行破产清算并完成法人注销登记时，法人终止。

前述案例分析

公司解散分为自行解散和强制解散。在自行解散中，股东可在不违法的条件下自行约定公司解散的条件，条件成就时公司即应解散。依《公司法》第183条规定，公司应在宣布解散后依法组成清算组进行清算。为保护债权人利益不受损害，《公司法》还规定当公司逾期不组成清算组进行清算时，债权人可以申请人民法院指定有关人员组成清算组。此处，"有关人员"指政府有关部门、上级主管部门及专业人员，为保持其独立性及公正性，债权人及公司本身均不宜作为清算人员。

本案中，存有两方面的不合法之处，一是畑灿公司在自行解散时，逾期未组成清算组对公司进行清算；二是经债权人申请，人民法院在指定清算组成员时有不合法之处。

首先，畑灿公司股东会依章程规定，决议解散公司，但其并未对公司进行清算，因而，这种解散只能是其暂停经营、分散人员，还不是法律意义上的公司解散——公司人格的消失。根据《公司法》第183条的规定，公司解散时，成立清算组清理债权债务属强制性规定，不由当事人任意取舍。而且，当公司不成立清算组时，债权人可以申请人民法院指定有关人员组成清算组。

其次，人民法院经债权人申请，指定清算组成员，也必须符合《公司法》及其他相关法律、法规的规定。根据《公司法》第183条规定，公司依股东会决议解散时，"有限责任公司的清算组由股东组成。"法院在指定"有关人员"组成清算组成员时也应遵此规定。本案法院在指定清算组成员时，指定了某会计师1名、圆心公司代表1名、审判员2名共同组成清算组，没有指定股东作为成员，却错误地把法官和债权人指定为清算组组成人员。

基本理论和知识

（一）公司的解散

公司的解散是指已成立的公司基于一定的合法事由而使公司消灭的法律行

为。公司解散的原因有三大类：一类是一般解散的原因；一类是强制解散的原因；一类是股东请求解散的原因。

1. 一般解散的原因。一般解散的原因是指只要出现了解散公司的事由即可解散。我国公司法规定的一般解散的原因有：

（1）公司章程规定的营业期限届满或者公司章程规定的其他解散事由出现时。但在此种情形下，可以通过修改公司章程而使公司继续存在，并不意味着公司必然解散。如果有限责任公司经持有 2/3 以上表决权的股东通过或者股份有限公司经出席股东大会会议的股东所持表决权的 2/3 以上通过修改公司章程的决议，公司可以继续存在。

（2）股东会或者股东大会决议解散。

（3）因公司合并或者分立需要解散。

2. 强制解散的原因。强制解散的原因是指由于某种情况的出现，主管机关或人民法院命令解散公司。公司法规定强制解散公司的原因有：

（1）主管机关的决定。国有独资公司由国有资产监督管理机构作出解散的决定，该国有独资公司即被解散。其中重要的国有独资公司解散的，应当由国有资产监督管理部门审核后，报本级人民政府批准。

（2）责令关闭。公司违反法律、行政法规被主管机关责令关闭的，应当解散。

（3）被依法吊销营业执照。

3. 请求解散的原因。公司法规定，当公司经营管理出现重大困难，继续存在会使股东利益受到重大损失，通过其他途径不能解决的，持有公司全部股东表决权10%以上的股东可以请求人民法院解散公司。

（二）公司解散时的清算

清算是终结已解散公司的一切法律关系，处理公司剩余财产的程序。依照我国公司法的规定，公司除因合并或分立解散无须清算，以及因破产而解散的公司适用破产清算程序外，其他解散的公司，都应当按照公司法的规定进行清算。其程序为：

1. 成立清算组。解散的公司应当自解散之日起 15 天内成立清算组。清算组成员的组成，有限责任公司的清算组由股东组成，股份有限公司的清算组由股东大会确定的人员组成。解散的公司超过 15 天不成立清算组的，债权人可以申请人民法院指定有关人员组成清算组，人民法院应当受理该申请，并及时指定人员组成清算组。

2. 清算组的职责。清算组负责解散公司的财产的保管、清理、处理和分配工作。按照我国《公司法》第 184 条的规定，清算组在清算期间行使下列职权：

（1）清理公司财产，分别编制资产负债表和财产清单；

（2）通知和公告有关债权人；

（3）处理和清算有关的公司未了结的业务；

（4）缴清所欠税款以及清算过程中产生的税款；

（5）清理债权、债务；

（6）处理公司清偿债务后的剩余财产；

（7）代表公司参与民事诉讼活动。

清算组成员应当忠于职守，依法履行清算义务，不得利用职权收受贿赂或者其他非法收入，不得侵占公司财产。

3. 通知或者公告债权人申报债权。清算组应当自成立之日起 10 日内通知债权人，并于 60 日内在报纸上公告。债权人应当自接到通知书之日起 30 日内，未接到通知书的自第一次公告之日 45 日内，向清算组申报其债权。债权人申报其债权，应当说明债权的有关事项，并提供证明材料。清算组应当对债权进行登记。在债权申报期间，清算组不得对债权人进行清偿。

4. 清理财产，清偿债务。清算组对公司资产、债权、债务进行清理。在清算期间，公司不得开展新的经营活动。任何人未经清算组批准，不得处分公司财产。清算组在清理公司财产、编制资产负债表和财产清单后，应当制定清算方案，并报股东会、股东大会或人民法院确认。

清算组在清理公司资产、编制资产负债表和财产清单后，发现公司财产不足以清偿债务的，应当立即向人民法院申请破产宣告。公司经人民法院裁决宣告破产后，清算组应当将清算事务移交给人民法院。公司财产能够清偿公司债务的，清算组应当先拨付清算费用，然后按下列顺序进行清偿：①职工工资、社会保险费用和法定补偿金；②所欠税款；③公司债务。

5. 分配剩余财产。在分别支付清算费用、职工的工资、社会保险费用和法定补偿金，缴纳所欠税款，清偿公司债务后，清算组应将剩余的公司财产分配给股东。有限责任公司按照出资比例进行分配；股份有限公司按照持有的股份比例进行分配。公司财产在未清偿公司债务前，不得分配给股东。

6. 清算终结。公司清算结束后，清算组应当制作清算报告，报股东会、股东大会或人民法院确认；并报公司登记机关，申请注销登记，同时提交下列文件：①公司清算组负责人签署的注销登记申请书；②公司依照公司法作出的决议或者决定，或行政机关责令关闭的文件；③股东会、股东大会或人民法院确认的清算报告；④《企业法人营业执照》；⑤法律、行政法规规定应当提交的其他文件。

注销登记申请经公司登记机关核准注销登记，公司法人资格终止。

第三节　有限责任公司

学习单元一　有限责任公司的概念和特征

学习目标

学习和掌握什么是有限责任公司、其有哪些明显特征

任务驱动

搞清楚股东以其出资额为限对公司承担责任、公司以其全部资产对公司债务承担责任的真正含义、股东在何种情况下对公司的债务承担责任

案例导入

2017年2月，合肥万佳有限责任公司（以下简称万佳公司）和黑土有限责任公司（以下简称黑土公司）发起设立福康房地产有限公司（以下简称福康公司）。2018年3月初，福康公司与龙兴商贸有限责任公司（以下简称龙兴公司）签订了一份钢材买卖合同。双方约定：由龙兴公司于4月1日前供应200吨钢材（单价4000元/吨）运至福康公司指定的仓库，福康公司收到钢材并验收无误后须于5月1日前将80万元汇入龙兴公司指定账户。3月28日，龙兴公司将钢材如数运至福康公司仓库，但直至5月25日，仍未见福康公司将80万元货款汇入龙兴公司指定账户，经多次交涉未果。事后查实：福康公司自建立以来，一直处于亏损状态，已拖欠多笔大额货款，龙兴公司考虑到福康公司的股东万佳公司、黑土公司等均系合肥市大型企业，运营良好，重合同守信用，遂欲起诉福康、万佳、黑土等3家公司，要求他们偿还所欠的80万元货款。

试问：龙兴公司能否起诉万佳和黑土公司？本案中清偿货款的责任应当由谁来承担？

法律提示

《公司法》

第3条　公司是企业法人，有独立的法人财产，享有法人财产权。公司以其全部财产对公司的债务承担责任。

有限责任公司的股东以其认缴的出资额为限对公司承担责任；股份有限公

司的股东以其认购的股份为限对公司承担责任。

相关提示

1.《民法典》

第57条 法人是具有民事权利能力和民事行为能力，依法独立享有民事权利和承担民事义务的组织。

第59条 法人的民事权利能力和民事行为能力，从法人成立时产生，到法人终止时消灭。

2.《中华人民共和国合伙企业法》

第2条 本法所称合伙企业，是指自然人、法人和其他组织依照本法在中国境内设立的普通合伙企业和有限合伙企业。

普通合伙企业由普通合伙人组成，合伙人对合伙企业债务承担无限连带责任。本法对普通合伙人承担责任的形式有特别规定的，从其规定。

有限合伙企业由普通合伙人和有限合伙人组成，普通合伙人对合伙企业债务承担无限连带责任，有限合伙人以其认缴的出资额为限对合伙企业债务承担责任。

第39条 合伙企业不能清偿到期债务的，合伙人承担无限连带责任。

3.《中华人民共和国个人独资企业法》

第2条 本法所称个人独资企业，是指依照本法在中国境内设立，由一个自然人投资、财产为投资人个人所有、投资人以其个人财产对企业债务承担无限责任的经营实体。

第31条 个人独资企业财产不足以清偿债务的，投资人应当以其个人的其他财产予以清偿。

前述案例分析

本案是一起买卖合同纠纷：本案所涉及的法律问题是公司的法人财产权以及公司与股东的关系等问题。

本案中，福康公司是由万佳公司和黑土公司发起设立的，并已经登记成立，其设立行为符合法定的条件及程序，属依法设立，具有民事权利能力和民事行为能力。根据《公司法》第27、28、29、31条的规定，股东将其财产存入有限责任公司在银行开设的账户或办理财产权的转移手续后，即丧失对其出资财产的所有权，而取得股权。公司经注册登记成立后即摆脱了对出资人的依附而具有独立的法律人格和生命力，取得法人财产权，使公司得以以其独立财产承担民事责任。万佳和黑土2家公司的出资构成了福康公司的独立财产，福康公司即对其享有法人财产权，并以此对其债务独立承担责任，而福康公司的股东万佳和黑土公司并非钢材买卖合同的当事人，不应当承担清偿债务的责任。如果无视福康公司的法人财产权，仍把福康公司财产看作是属于股东所有，无疑是否认了福康公司的法律人格，把公司降格为合伙企业，股东的责任也从有限责任退回到无限责任。公司法坚持股东有限责任这一基本原则，只要股东不滥用其对公司的有限责任，股东的有限责任将受到法律的充分保护。

本案中，龙兴公司对公司与其股东间的关系认识不清，才会导致其欲错误地起诉万佳和黑土公司2家股东，因此，龙兴公司只能以福康公司为被告，要求福康公司承担债务清偿责任，而不能起诉万佳和黑土公司。

基本理论和知识

（一）有限责任公司的概念

有限责任公司是指由符合法定人数的股东出资设立的，股东以其出资额为限对公司承担责任，公司以其全部资产对公司债务承担责任的企业法人。

（二）有限责任公司的特点：

1. 股东人数的限制性。我国《公司法》第24条规定："有限责任公司由五十个以下股东出资设立。"从世界各国的公司法对有限责任公司股东人数的规定来看，限制股东人数的最高限是通例，而对股东人数的下限是否限制差别就很大。目前，越来越多的国家公司法放弃了对有限责任公司必须由两个投资人组成这一下限的限制，而承认一人公司的合法性。我国公司法现在也允许设立一人公司，改变了旧公司法关于有限责任公司股东必须有两人以上的规定。

2. 股东责任的有限性。有限责任公司的股东一旦完成对公司的出资，就仅以其出资额为限对公司承担有限责任，除此之外，股东对公司和公司债权人不负任何财产上的偿还义务和责任，公司债权人也不得直接向股东主张债权或请求清偿，而是由公司以全部资产对公司债务承担责任。

3. 设立手续和机构设置的简便性。主要表现在：有限责任公司的公司机关可以设立董事会，也可以不设立；可以设立监事会，也可以不设立。而股份有限公司的股东大会、董事会、监事会都是必须设立的。根据《公司法》第50条第1款规定："股东人数较少或者规模较小的有限责任公司，可以设一名执行董事，不设董事会。执行董事可以兼任公司经理。"第51条第1款规定："有限责任公司设监事会，其成员不得少于3人。股东人数较少或者规模较小的有限责任公司，可以设1至2名监事，不设监事会。"

4. 有限责任公司具有封闭性。其封闭性主要表现在：公司设立时的出资额全部由股东认购，不能向社会发行股份来募集资本；公司发给股东的出资证明书叫股单，股单不能在市场上流通转让；无需向社会公布其财务会计信息资料；无需向社会公开其经营状况。

5. 公司资本的非等额股份性。在我国，有限责任公司的股东出资采取单一出资制，也就是说，股东出资只能一份，但其数额可以不同。出资额可以分割，但不能共有，这种资本的非等额股份性，构成有限责任公司和股份有限公司的一大区别。

6. 有限责任公司具有人合性兼资合性。公司法规定了有限责任公司股东人数的限制性、公司资本的封闭性，股东转让出资又必须具有严格的条件，这一切都体现了有限责任公司的人合性；同时，公司法又规定了有限责任公司的设立其资本必须达到法定的最低资本限额，这体现了资合性。我国《公司法》第71条规定，有限责任公司的股东之间可以相互转让其全部或者部分股权。股东向股东以外的人转让股权，应当经其他股东过半数同意。股东应就其股权转让事项书面通知其他股东征求同意，其他股东自接到书面通知之日起满30日未答复的，视为同意转让。其他股东半数以上不同意转让的，不同意的股东应当购买该转让的股权；不购买的，视为同意转让。经股东同意转让的股权，在同等条件下，其他股东有优先购买权。两个以上股东主张行使优先购买权的，协商确定各自的购买比例；协商不成的，按照转让时各自的出资比例行使优先购买权。公司章程对股权转让另有规定的，从其规定。

学习单元二 有限责任公司设立的条件

学习目标

学习和掌握设立有限责任公司必须具备的法律规定条件

任务驱动

在具体法律实务中，学会如何创办一个有限责任公司，或者帮助他人解决有限责任公司设立过程中所遇到的法律问题

案例导入

紫罗兰公司与蝴蝶化妆品有限责任公司准备出资成立一家从事化妆品生产的有限责任公司。两家公司拟订了公司章程并共同出资。紫罗兰以机器设备、香料、资金、"美润"品牌及相关的专有技术作为出资，其中机器设备、香料经有关部门评估折价人民币800万元，"美润"品牌及相关专有技术经有关部门评

估定价为人民币 500 万元，现金出资 700 万元，共计 2000 万元；蝴蝶公司以土地使用权、厂房、原材料作为出资，经有关部门评估折价共计人民币 500 万元。蝴蝶公司以其所持有的某上市公司 5%的股权出资，折合人民币 500 万元。蝴蝶公司还将其拥有的未到期的 500 万元的债权作为其出资，债务人为某股份有限公司。其后，两个股东各指定一名代表向公司登记机关申请设立登记，但未获准登记。

紫罗兰公司与蝴蝶化妆品有限责任公司了解到公司没有获得批准成立后，又各自追加了 300 万元现金作为出资，遂再次向公司登记机关申请设立登记，公司登记机关经考察后认为符合公司设立的条件，故登记为有限责任公司。

法律提示

《公司法》

第 27 条　股东可以用货币出资，也可以用实物、知识产权、土地使用权等可以用货币估价并可以依法转让的非货币财产作价出资；但是，法律、行政法规规定不得作为出资的财产除外。

对作为出资的非货币财产应当评估作价，核实财产，不得高估或者低估作价。法律、行政法规对评估作价有规定的，从其规定。

第 82 条　发起人的出资方式，适用本法第 27 条的规定。

相关提示

《中华人民共和国公司登记管理条例》

第 13 条　公司的注册资本应当以人民币表示，法律、行政法规另有规定的除外。

前述案例分析

本案中紫罗兰公司以设备、香料出资，蝴蝶公司以厂房、原材料出资属于出资方式中的实物出资。紫罗兰以"美润"品牌及相关的专有技术出资属于出资方式中的知识产权出资。紫罗兰以资金（货币）出资以及蝴蝶公司以土地使用权、股权、未到期的债权出资。这些出资方式都在新《公司法》允许的范围之内。并且在这些出资方式中，机器设备、香料、"美润"品牌及相关专有技术、土地使用权、厂房、原材料、股权、债权均经过专门部门评估定价，明确了各股东出资在公司全部注册资本中所占的比例，符合法律规定。然而公司申请登记没有获得批准的原因是，该公司的注册资金总共为 3500 万元，其中货币出资的总额不过 700 万元，没有达到原《公司法》第 27 条所要求的全体股东的货币出资金额不得低于有限责任公司注册资本的 30% 的规定。

其后，由于股东的追加资本 600 万元，使总资本中有 1300 万元属于货币出资，超过了总出资 4100 万元的 30%，满足了公司设立登记的条件。故登记机关将其登记为有限责任公司，这均符合法定的程序及要件。

由于新《公司法》第 27 条取消了原《公司法》27 条第 3 款全体股东的货币出资金额不得低于有限责任公司注册资本的 30% 的规定，所以，如果按新《公司法》的规定股东就不再需要追加 600 万的资本。

基本理论和知识

（一）股东的人数和资格

我国公司法第 24 条规定："有限责任公司由 50 个以下的股东出资设立。"这表明，我国设立有限责任公司，股东最多不能超过 50 个。最少则可为 1 个，此种情况设立的公司为一人公司。

除国有独资公司以外，有限责任公司的股东可以是自然人，也可以是法人。

（二）公司的资本

1. 注册资本。根据《公司法》第 26 条的规定，有限责任公司的注册资本为在公司登记机关登记的全体股东认缴的出资额。法律、行政法规以及国务院决定对有限责任公司注册资本实缴、注册资本最低限额另有规定的，从其规定。

2. 出资方式。有限责任公司的股东的出资方式根据《公司法》第 27 条的规定，主要有以下几种：①货币；②实物；③知识产权；④土地使用权；⑤其他可以用货币估价并可以依法转让的非货币财产。

对于作为出资的实物、知识产权或土地使用权等非货币财产应当评估作价，核实财产，不得高估或低估作价。法律、行政法规对评估作价有规定的，从其规定。

3. 出资期限。有限责任公司的股东认缴的出资，可以在公司成立时一次缴清，也可以在公司成立以后分次缴清。

4. 出资的程序。

（1）股东以货币出资的，应当将货币足额存入有限责任公司在银行开设的账户。

（2）股东以非货币财产出资的，应当评估作价，核实财产，不得高估或低估作价。缴资时应当依法办理财产权的转移手续。

（3）股东不按公司章程规定缴纳所认缴的出资的，除应当向公司足额缴纳外，还应当向已足额缴纳出资的股东承担违约责任。

（4）公司成立以后，发现作为设立公司出资的非货币财产的实际价额显著低于公司章程所定价额的，应当由交付该出资的股东补足其差额；公司设立时的其他股东对此承担连带责任。

实战训练

某高校甲、国有企业乙和集体企业丙签订合同决定共同投资设立一家科技发展有限公司。其中，甲以高新技术成果出资，作价 15 万元；乙以厂房出资，作价 20 万元；丙以现金 17 万元出资。后来丙因为资金紧张实际出资 14 万元。

请问：该有有限责任公司是否能有效成立？丙应当承担什么样的法律责任？

（三）股东共同制定的公司章程

因为有限责任公司的股东数量是确定的，所以公司章程应当由全体股东共同制定。关于公司章程，本章第二节公司基本法律制度里已进行说明，这里不再赘述。

（四）公司设立的其他条件

设立有限责任公司除应具备上述三个条件外，还应当具备下列几个条件：

1. 有公司名称；
2. 有公司的组织机构；
3. 有必要的生产经营条件等。

学习单元三 有限责任公司的组织机构

学习目标

学习和掌握有限责任公司股东会、董事会和监事会的组成、职权、议事规则

任务驱动

学会处理公司组织机构股东会、董事会和监事会在运作过程中纷繁复杂的程序、规则

案例导入

某有限责任公司有股东 20 人，注册资本 170 万元，董事会由 5 人组成，张某任董事长。2007 年至 2009 年期间，公司连续亏损，但身为董事长的张某未按公司章程规定，召集股东会，不向股东会报告工作。2010 年 1 月，王某联合该公司 15 名股东（其出资共计 150 万元）要求召开临时股东会。在该次会议上，

通过了3项决议：①撤销张某所担任的公司董事、董事长职务；②推选王某为董事长；③撤销谢某（非股东）的监事任职。

会后，张某以公司临时股东会的召集及决议事项非法为由拒不执行，谢某也以其监事身份属职工推选为由，不愿离职。为此发生争执，诉至法院。

法院审理查明：张某任职董事长期间怠于履行职责，不主持召集股东会议；张某董事任期还有10个月届满；王某担任公司董事长符合公司章程规定；谢某系公司职工代表出任的监事，且任期未满。

法院认为：某有限责任公司临时股东会召集合法，但所作决议第3项不合法，因为谢某系公司职工代表监事，其不由股东会撤换。法院判决：某有限责任公司临时股东会召集合法，但所作决议之③违反了《公司法》的规定，不产生效力。

法律提示

《公司法》

第36条　有限责任公司股东会由全体股东组成。股东会是公司的权力机构，依据本法行使职权。

第37条　股东会行使下列职权：

（一）决定公司的经营方针和投资计划；

（二）选举和更换非由职工代表担任的董事、监事，决定有关董事、监事的报酬事项；

（三）审议批准董事会的报告；

（四）审议批准监事会或者监事的报告；

（五）审议批准公司的年度财务预算方案、决算方案；

（六）审议批准公司的利润分配方案和弥补亏损方案；

（七）对公司增加或者减少注册资本作出决议；

（八）对发行公司债券作出决议；

（九）对公司合并、分立、解散、清算或者变更公司形式作出决议；

（十）修改公司章程；

（十一）公司章程规定的其他职权。

对前款所列事项股东以书面形式一致表示同意的，可以不召开股东会会议，直接作出决定，并由全体股东在决定文件上签名、盖章。

相关提示

第38条　首次股东会会议由出资最多的股东召集和主持，依照本法规定行使职权。

第 39 条　股东会会议分为定期会议和临时会议。

定期会议应当依照公司章程的规定按时召开。代表 1/10 以上表决权的股东，1/3 以上的董事，监事会或者不设监事会的公司的监事提议召开临时会议的，应当召开临时会议。

第 45 条　董事任期由公司章程规定，但每届任期不得超过 3 年。董事任期届满，连选可以连任。

董事任期届满未及时改选，或者董事在任期内辞职导致董事会成员低于法定人数的，在改选出的董事就任前，原董事仍应当依照法律、行政法规和公司章程的规定，履行董事职务。

【案例分析】

本案涉及股东会的职权及临时股东会的召集问题。

（1）根据《公司法》第 37 条，公司股东会有权选举和更换非由职工代表担任的董事、监事，因此，抛开股东会议的召集合法与否不谈，单就股东会的权利而言，其无权撤换职工代表出任的监事。因此，法院判决某有限责任公司临时股东会决议第 3 项非法是正确的。

（2）根据《公司法》第 39 条，股东会会议分为定期会议和临时会议。定期会议应当按照公司章程的规定按时召开。代表 1/10 以上表决权的股东，1/3 以上董事，监事会或者不设监事会的公司的监事，可以提议召开临时会议。本案临时会议的召集，是由王某联名其他 15 名股东提议召开的，代表了 1/10 以上的表决权，因而，临时股东会的召集是合法的。

（3）根据《公司法》第 45 条的规定，董事任期由公司章程规定，但每届任期不得超过 3 年。由于股东与董事之间是委托关系，股东会应有权随时解除董事的职务。在本案中，张某怠于履行董事长职责，不召集股东会会议，使公司的股东权益甚至公司的利益受到损害，股东当然可以通过股东会撤换董事。

基本理论和知识

我国公司法对有限责任公司组织机构的设置作了多元化的规定：即一般的有限责任公司，其组织机构为股东会、董事会和监事会；股东人数较少和规模较小的有限责任公司，其组织机构为股东会、执行董事和监事；一人公司不设股东会，其组织机构为唯一股东、董事会和监事会。

（一）股东会

1. 股东会的性质和组成。股东会是有限责任公司的最高权力机关。除公司法有特别规定的以外，有限责任公司必须设立股东会。但股东会是非常设机关，是以会议的形式存在的。股东会由全体股东组成。股东是按其所认缴的出资额向有限责任公司缴纳出资的人。

2. 股东会的职权。根据《公司法》第 37 条规定，股东会行使下列职权：①决定公司的经营方针和投资计划；②选举和更换非由职工代表担任的董事、监事，决定有关董事、监事的报酬事项；③审议批准董事会的报告；④审议批准监事会或监事的报告；⑤审议批准公司的年度财务预算方案、决算方案；⑥审议批准公司的利润分配方案和弥补亏损方案；⑦对公司增加或减少注册资本作出决议；⑧对发行公司债券作出决议；⑨对公司合并、分立、解散、清算或者变更公司形式作出决议；⑩修改公司章程；⑪公司章程中规定的其他职权。

3. 股东会的召开。根据《公司法》第 38、39、40、41 条的规定，股东会应按下列规定召开：①股东会会议分为定期会议和临时会议。定期会议应当依照公司章程的规定按时召开。代表 1/10 以上表决权的股东，1/3 以上的董事，监事会或者不设监事会的公司的监事提议召开临时会议的，应当召开临时会议。②首次股东会会议由出资最多的股东召集和主持，依照本法规定行使职权。以后的股东会，凡设立董事会的，股东会会议由董事会召集，董事长主持；董事长不能履行职务或者不履行职务的，由副董事长主持；副董事长不能履行职务或者不履行职务的，由半数以上董事共同推举一名董事主持。有限责任公司不设董事会的，股东会会议由执行董事召集和主持。董事会或者执行董事不能履行或者不履行召集股东会会议职责的，由监事会或者不设监事会的公司的监事召集和主持；监事会或者监事不召集和主持的，代表 1/10 以上表决权的股东可以自行召集和主持。③召开股东会会议，应当于会议召开 15 日前通知全体股东；但是，公司章程另有规定或者全体股东另有约定的除外。④股东会应当对所议事项的决定作成会议记录，出席会议的股东应当在会议记录上签名。

4. 股东会决议。有限责任公司股东会可依职权对所议事项作出决议时，采取"资本多数决"的原则，即由股东按出资比例行使表决权。但公司章程可以对股东会决议作出方式另行予以规定，而不按出资比例行使表决权。

股东会的议事方式和表决程序，除公司法有规定的外，由公司章程规定，但下列事项必须经代表 2/3 以上表决权的股东通过：

（1）修改公司章程；

（2）公司增加或者减少注册资本；

（3）公司分立、合并、解散或者变更公司形式。

全体股东对股东会议决事项以书面形式一致表示同意的，可以不召开股东会会议，而可以直接作出决定并由全体股东在决定文件上签名、盖章。

相关链接

公司权力机关的表决规则

有限责任公司是人合兼资合公司，因此，在股东会的表决规则上有时实行"资本多数决"，即按照股东的出资额来计算每个股东所享有的表决权多少；有时按照股东人数来计算表决权，即所谓的一人一个表决权。我国公司法规定，股东向股东以外的人转让出资，就实行一人一权的原则。又如我国台湾地区的《公司法》第 102 条就规定：每一股东不问出自多寡，均有一表决权。但得以章程规定按出资多寡比例分配表决权。而股份有限公司是典型的资合公司，为了体现资本的功能，同时也是为了鼓励投资，股东会在表决时，奉行的是一股一权原则，即以出资多少为基础和标准，决定股东利益的分配和风险的分担。一股一权原则在这里具有公共秩序的性质，是公司中平等和民主的体现。

（二）董事会

1. 董事会的性质及其组成。董事会是有限责任公司的业务执行机关，享有业务执行权和日常经营的决策权。它是一般有限责任公司的必设机关和常设机关，股东人数较少或公司规模较小的有限责任公司，可以不设董事会。至于"股东人数较少"或"规模较小"的判断标准，公司法并未规定，故实践中有较大的意思自治的余地，由股东协商决定是否设立董事会，并记载于公司章程中。董事会对股东会负责。

董事会由董事组成，其成员为 3 至 13 人。董事的任期由公司章程规定，各个公司可有所不同，但每届任期不得超过 3 年。换言之，公司章程可以规定董事的任期少于 3 年，但不得超过 3 年。董事任期届满时，连选可以连任，并无任职届数的限制。董事在任期期满前，股东会不得无故解除其职务。

2. 董事会的职权。根据《公司法》第 46 条规定，董事会对股东会负责，行使下列职权：①召集股东会，并向股东会报告工作；②执行股东会的决议；③决定公司的经营计划和投资方案；④制定公司的年度财务预算方案；⑤制定公司利润的分配方案和弥补亏损方案；⑥制定公司增加或者减少注册资本以及发行公司债券的方案；⑦决定公司内部管理机构的设置；⑧决定聘任或者解聘公司经理及其报酬事项，并根据经理的提名，决定聘任或者解聘公司副经理、财务负责人及其报酬事项；⑨制定公司的基本管理制度；⑩公司章程规定的其他职权。

3. 董事会的召开。董事会会议由董事长召集和主持。董事长不能履行职务或者不履行职务的，由副董事长召集和主持；副董事长不能履行职务或者不履行职务的，由半数以上的董事共同推举一名董事召集和主持。

董事会应当对所议事项的决定做成会议记录，出席会议的董事应当在会议记录上签名。董事会会议的表决实行一人一票制。

4. 董事长和执行董事。有限责任公司的董事会设董事长一名，副董事长若干名。董事长、副董事长的产生办法由公司章程规定。一般而言，董事长的职权有：①主持董事会会议，召集和主持董事会会议；②检查董事会决议的实施情况；③对外代表公司；④设立分公司，向公司登记机关申请登记，领取营业执照；⑤公司章程规定的其他职权。董事长是公司的法定代表人。

根据我国公司法的规定，股东人数较少或者规模较小的有限责任公司，不设董事会，可以设一名执行董事。执行董事兼具了相当于一般有限责任公司董事会、董事长的身份，是公司的法定代表人。

（三）经理

有限责任公司的经理是负责公司日常经营管理工作的高级管理人员。我国公司法规定，有限责任公司可以设经理，由董事会聘任或解聘，经理对董事会负责。经理可以作为公司的法定代表人，行使下列职权：①主持公司的生产经营管理工作，组织实施董事会决议；②组织实施公司年度经营计划和投资方案；③拟定公司内部管理机构设置方案；④拟定公司的基本管理制度；⑤制定公司的具体规章；⑥提请聘任或解聘公司副经理、财务负责人；⑦决定聘任或解聘除应当由董事会决定聘任或解聘以外的其他负责管理人员；⑧董事会授予的其他职权。公司章程如果对经理的职权有其他规定的，依照其规定。

（四）监事会

1. 监事会的性质和组成。监事会为经营规模较大的有限责任公司的常设监督机构，专司监督职能，监事会对股东会负责，并向其负责和报告工作。监事会由股东代表和适当比例的公司职工代表组成，具体比例由公司章程规定。监事会中的股东代表，由股东会选举产生；监事会中的职工代表由职工民主选举产生；监事会应当在其组成成员中推选一名召集人。监事的任期是法定的，每届任期 3 年。监事任期届满，连选可以连任。

股东人数较少或者规模较小的有限责任公司，不设监事会，可以设 1 至 2 名监事，行使监事会的职权。同时，公司董事、高级管理人员不得兼任监事。

2. 监事会的职权。依照我国《公司法》第 53 条的规定，监事会行使下列职权：①检查公司财务；②对董事、高级管理人员执行公司职务时的行为进行监督，对违反法律、行政法规、公司章程或者股东会决议的董事、高级管理人员提出罢免的建议；③当董事、高级管理人员的行为损害公司利益时，要求董事、高级管理人员予以纠正；④向股东会会议提出提案；⑤提议召开临时股东会会议，在董事会不履行公司法规定的召集和主持股东会会议职责时，召集和主持股东会会议；⑥依照公司法第 151 条的规定对董事、高级管理人员提起诉讼；⑦公司章程规定的其他职权。

监事会、不设监事会的公司的监事行使职权所必须的费用由公司承担。

此外，为便于董事的监督，我国公司法还规定，监事有权列席董事会会议，并对董事会决议事项提出质疑或者建议。监事会或者监事发现公司经营情况异常，可以进行调查，必要时可以聘请会计事务所等协助其工作，费用由公司承担。

学习单元四 有限责任公司的股权转让

学习目标

学习和掌握有限责任公司股权对内对外转让、股东的股权收购请求权、自然人股东资格的继承的有关法律规定

任务驱动

学会处理股权转让、股权收购以及自然人股东资格的继承等一系列法律问题。

基本案情

甲、乙、丙、丁、戊 5 人于 2009 年 3 月出资注册了四通运输有限责任公司（以下简称四通公司），其中，甲占出资额的 30%，乙 21%，丙 15%，丁 24%，戊 10%，甲被推选为董事长。2011 年 1 月，甲远在德国的叔叔告知甲有一留学机会，询问其是否愿意前往。甲便决定将其在公司的全部股权转让以换取留学资金。因为公司章程并未就股权转让事宜作出约定，甲便于 2 月 1 日给乙、丙、丁、戊发了邮件，称欲将其全部股权以原出资的两倍价格转让，并征求意见。乙、丙、丁、戊接到通知后，纷纷在一周内表示不愿意购买。甲遂向其亲朋好友散发了欲转让股权的消息，并于 2 月 23 日将其欲向股东以外的人转让股权一事书面通知了其他四位股东。乙、丙、丁、戊四人于 2 月 25 日接到通知，但都犹豫不决，久未表态。甲又在 3 月 3 日和 3 月 20 日电话询问了四位股东，均未获明确答复。出境手续即将办好，甲甚是着急。4 月 1 日，同市奔马运输公司（以下简称奔马公司）向甲表示，愿以甲原出资的 1.6 倍购买甲的全部股权。甲出国心切，当即表示同意。这时，乙、丙、丁、戊四人也感到公司发展潜力巨大，眼见奔马公司要捷足先登，纷纷致电甲，表达购买的愿望，但乙苦于暂时

缺乏资金，而丁也因个人原因无法购买股权。于是，丙、戊向甲表示将以奔马公司的报价购买股权。奔马公司不愿再提高报价，认为无望购买甲的股权，遂退出。但是丙、戊就各自的购买比例争执不休，于是起诉到当地法院，均主张自己应购买甲的全部股权。

法律提示

1.《公司法》

第71条　有限责任公司的股东之间可以相互转让其全部或者部分股权。

股东向股东以外的人转让股权，应当经其他股东过半数同意。股东应就其股权转让事项书面通知其他股东征求同意，其他股东自接到书面通知之日起满30日未答复的，视为同意转让。其他股东半数以上不同意转让的，不同意的股东应当购买该转让的股权；不购买的，视为同意转让。

经股东同意转让的股权，在同等条件下，其他股东有优先购买权。两个以上股东主张行使优先购买权的，协商确定各自的购买比例；协商不成的，按照转让时各自的出资比例行使优先购买权。

公司章程对股权转让另有规定的，从其规定。

第72条　人民法院依照法律规定的强制执行程序转让股东的股权时，应当通知公司及全体股东，其他股东在同等条件下有优先购买权。其他股东自人民法院通知之日起满20日不行使优先购买权的，视为放弃优先购买权。

第73条　依照本法第71条、第72条转让股权后，公司应当注销原股东的出资证明书，向新股东签发出资证明书，并相应修改公司章程和股东名册中有关股东及其出资额的记载。对公司章程的该项修改不需再由股东会表决。

2.《公司登记管理条例》

第35条　有限责任公司股东转让股权的，应当自转让股权之日起30日内申请变更登记。

导入案例分析

本案是有限责任公司股东转让股权所引起的纠纷。涉及的法律问题有四个，分别是：①有限责任公司股东出资后能否转让股权；②有限责任公司的股东可以向哪些人转让股权及其程序；③有限公司股东向股东以外的人转让其股权时，其他股东有优先购买权；④有限责任公司股东转让股权时，如有二人以上欲购买时，如何处理。

1.《公司法》第71条第1款规定，有限责任公司的股东之间可以相互转让其全部或部分股权。本案中，甲可以向乙、丙、丁、戊四股东转让其全部或部分股权，另外根据《公司法》第71条第2款的规定，甲也可以向股东以外的人转让其全部或部分股权。

2.《公司法》第71条第2款规定，股东可以向股东以外的人转让股权，但是应首先书面通知其他股东，并获得过半数同意。本案中，甲于2006年2月23日已经将其欲将全部股权转让给他人一事书面通知了乙、丙、丁、戊四位股东后又两次电话催问，乙、丙、丁、戊四股东迟迟不表态，已超过了《公司法》第71条第2款规定的"30日"，法律推定乙、丙、丁、戊四股东已同意甲转让其全部股权，所以甲接受了奔马公司的报价，符合法律规定。

3. 本案中，乙、丙、丁、戊的沉默虽被法律推定为同意转让，但当奔马公司提出购价时，仍然是可以在同等条件下主张其优先购买权的，这是有限公司人合性的一个体现，也是《公司法》第71条第3款的规定。

4. 本案中，丙、戊同时主张优先购买权，而且互不相让，诉至法院。法院应当依照《公司法》第71条第3款的规定，即"……两个以上股东主张行使优先购买权的，协商确定各自的购买比例；协商不成的，按照转让时各自的出资比例行使优先购买权"予以裁判。

另外，还应注意的是，《公司法》第71条第4款规定："公司章程对转让股权另有规定的，从其规定。"本案中，四通公司的公司章程没有此项约定，但实践中法律赋予公司章程极大的灵活性，公司章程作为公司经商的"宪章"，是完全可以创设与《公司法》不同的股权转让规定的。

基本理论和知识

一、对内转让的规则

有限责任公司的股东相互之间可以自由转让股权。可以是转让部分股权，也可以是转让全部股权。在转让部分股权的情况下，转让方仍保留股东身份，只是转让方与受让方各自的股权比例发生变化而已。在全部转让的情况下，转让方退出公司。

由于公司法承认了一人有限公司的法律地位，所以如果因有限公司股东相互之间转让股权而导致公司只剩下一个股东时，公司仍可以继续存在，但此时公司应当符合公司法规定的关于一人有限责任公司的有关条件。

二、对外转让的规则

有限责任公司的股东可以将其持有的公司股权转让给股东以外的第三人，但需符合公司法规定的相关条件。

1. 其他股东的同意权及行使。股东向股东以外的第三人转让股权，无论是部分转让还是全部转让，应当经其他股东过半数的同意。程序上，欲对外转让股权的股东应当就股权转让事项书面通知其他股东，征求其他股东的同意。其他股东可以同意，也可以不同意，但应当给予转让方答复。如果其他股东在接到通知书之日起 30 天未给予答复的，则视为同意对外转让股权。其他股东半数以上不同意对外转让股权的，不同意对外转让股权的股东应当购买该股权；不购买的视为同意转让。

如果不同意对外转让股权的股东购买该转让的股权，股权转让的价格应当由购买方和转让方通过协商的方式确定。不能通过协商的方式确定的，可以聘请第三人对股权的价格进行评估，然后按评估的价格转让。

2. 其他股东的优先购买权。股东对外转让股权得到了其他股东的同意，则在同等条件下，其他股东享有优先购买权。所谓同等条件，主要是指股权转让的价格条件。除此之外，还包括支付方式、期限以及由转让提出的其他合理条件。所以，如果第三人愿意以更优惠或者对转让方更有利的条件购买股权，而其他股东不愿意以此条件购买，则其他股东丧失优先购买权。当然，其他股东也可以放弃优先购买权。

如果其他股东中有两个或两个以上的股东都愿意受让该转让的股权，应当通过协商确定各自受让的比例。如果协商不成，则按照转让时各自的出资比例行使优先购买权。

其他股东在同等条件下的优先购买权并非是法律上的强制性规定。如果公司章程对股东转让股权有不同或者相反规定时，则依照章程的规定处理。

3. 强制执行程序中的股东优先购买权。在因股权质押、担保等情形而导致人民法院依法采取强制执行措施而转让有限责任公司的股东在公司中股权的情形下，人民法院应当将此强制执行的有关情况通知股东所在的公司和其他股东。其他股东在同等的条件下享有优先购买权，但该优先购买权应当自接到人民法院的通知之日起 20 日内行使，逾期不行使的，视为放弃优先购买权，第三人可以通过强制执行措施受让该股权。对于该非通过协商而是通过强制执行程序购买股权的新股东，公司和其他股东不得否认其效力，公司应当注销原股东的出资证明书，并向新股东签发出资证明书，修改公司章程和股东名册中有关股东及其出资额的记载，此项对于公司章程的修改不需要再经股东会表决程序而直接发生效力。

三、股东的股权收购请求权

有限责任公司具有较强的人合性，股东相互之间的信任和合作对于公司的经营管理和发展非常重要。因此，当某些股东对继续作为公司股东失去信心或不愿意再与其他股东合作，又没有第三人愿意受让其股权，或者其不愿意对外转让股权的情况下，《公司法》第 74 条规定，有下列情况之一的，对股东会决议投反对票的股东可以请求公司按照合理的价格收购其股权：①公司连续 5 年不向股东分配红利，而该公司该 5 年连续盈利，并且符合公司法规定的分配利润条件的；②公司合并、分立、转让主要财产的；③公司章程规定的营业期满或者公司章程规定的其他解散事由出现，股东会通过决议修改公司章程使公司继续存在的。

要求公司收购其股权的股东，有权自股东会决议通过之日起 60 日内提出该请求，收购的价格由该股东和公司协商确定，如果双方不能就收购股权的价格达成一致，则股东可以自股东会决议之日起 90 日内向人民法院起诉，通过诉讼解决该决议。

四、自然人股东资格的继承

有限责任公司的自然人股东死亡或者被宣告死亡的，该股东有符合继承法规定的合法继承人的，可以继承该股东资格，但公司章程另有规定的除外。例如，公司章程规定，股东死亡时，其继承人不能自动取得该公司股东的资格，而是需要取得其他股东一定比例的同意，或者规定继承人在符合何种条件才能继承股东资格等。

如果公司章程没有相反规定，则当自然人股东死亡后，其合法继承人愿意取得股东资格的，其他股东应当同意。如果该继承人不愿意取得股东资格，则应通过协商或者评估确定该股东的股权价格。由其他股东受让该股权或者由公司收购该股权，继承人取得该股权转让款。

实务训练

李某、刘某和陆某同为甲有限责任公司的股东。在公司存续期间，李某与自己的妻子文某离婚。根据两人的离婚协议，李某把自己在甲公司 50% 的股权分割给文某。刘某在一次交通意外中死亡，刘某有一法定继承人——自己的妻子张某。一次公司召开股东会，李某、文某、陆某和张某均参加了股东会并在股东会上以自己的名义行使表决权。

请问：这四人的行为是否合法？说明理由。

学习单元五   公司的董事、监事、高级管理人员

学习目标

学习和掌握公司的董事、监事、高级管理人员任职资格的禁止性规定，以及他们的义务和责任

任务驱动

能够准确辨别不能担任公司的董事、监事和高级管理人员的情形，作为公司法务人员帮助公司把好关

基本案情

吕某因贪污罪于 2005 年被判有期徒刑，2008 年吕某刑满出狱。2011 年 1 月，江风有限责任公司聘任吕某为本公司总经理。2011 年 2 月，吕某代表江风公司与甲公司洽谈业务。甲公司业务员向吕某行贿，吕某收受了甲公司的贿赂 2 万元，于是同甲公司签订了一份买卖合同。乙公司与江风公司一直有业务关系，并且乙公司的产品比甲公司的同类产品质量更好，价格也低，但是吕某却未与乙公司订立合同，致使江风公司多支出货款 10 万元。陈某是江风公司的副总经理，对吕某任职总经理一直不服气。陈某得知了此事并将此事汇报给公司；陈某称公司对吕某的聘任行为是无效的，请求江风公司解除吕某的职务。不久，江风公司解除了吕某的职务，并主张与甲公司的合同无效。

法律提示

《公司法》

第 146 条　有下列情形之一的，不得担任公司的董事、监事、高级管理人员：

（一）无民事行为能力或者限制民事行为能力；

（二）因贪污、贿赂、侵占财产、挪用财产或者破坏社会主义市场经济秩序，被判处刑罚，执行期满未逾 5 年，或者因犯罪被剥夺政治权利，执行期满未逾 5 年；

（三）担任破产清算的公司、企业的董事或者厂长、经理，对该公司、企业的破产负有个人责任的，自该公司、企业破产清算完结之日起未逾 3 年；

（四）担任因违法被吊销营业执照、责令关闭的公司、企业的法定代表人，并负有个人责任的，自该公司、企业被吊销营业执照之日起未逾 3 年；

（五）个人所负数额较大的债务到期未清偿。

公司违反前款规定选举、委派董事、监事或者聘任高级管理人员的，该选举、委派或者聘任无效。

董事、监事、高级管理人员在任职期间出现本条第 1 款所列情形的，公司应当解除其职务。

第 147 条　董事、监事、高级管理人员应当遵守法律、行政法规和公司章

程，对公司负有忠实义务和勤勉义务。

董事、监事、高级管理人员不得利用职权收受贿赂或者其他非法收入，不得侵占公司的财产。

第148条 董事、高级管理人员不得有下列行为：

（一）挪用公司资金；

（二）将公司资金以其个人名义或者以其他个人名义开立账户存储；

（三）违反公司章程的规定，未经股东会、股东大会或者董事会同意，将公司资金借贷给他人或者以公司财产为他人提供担保；

（四）违反公司章程的规定或者未经股东会、股东大会同意，与本公司订立合同或者进行交易；

（五）未经股东会或者股东大会同意，利用职务便利为自己或者他人谋取属于公司的商业机会，自营或者为他人经营与所任职公司同类的业务；

（六）接受他人与公司交易的佣金归为己有；

（七）擅自披露公司秘密；

（八）违反对公司忠实义务的其他行为。

董事、高级管理人员违反前款规定所得的收入应当归公司所有。

第149条 董事、监事、高级管理人员执行公司职务时违反法律、行政法规或者公司章程的规定，给公司造成损失的，应当承担赔偿责任。

第150条 股东会或者股东大会要求董事、监事、高级管理人员列席会议的，董事、监事、高级管理人员应当列席并接受股东的质询。

董事、高级管理人员应当如实向监事会或者不设监事会的有限责任公司的监事提供有关情况和资料，不得妨碍监事会或者监事行使职权。

第151条 董事、高级管理人员有本法第149条规定的情形的，有限责任公司的股东、股份有限公司连续180日以上单独或者合计持有公司1%以上股份的股东，可以书面请求监事会或者不设监事会的有限责任公司的监事向人民法院提起诉讼；监事有本法第149条规定的情形的，前述股东可以书面请求董事会或者不设董事会的有限责任公司的执行董事向人民法院提起诉讼。

监事会、不设监事会的有限责任公司的监事，或者董事会、执行董事收到前款规定的股东书面请求后拒绝提起诉讼，或者自收到请求之日起30日内未提起诉讼，或者情况紧急、不立即提起诉讼将会使公司利益受到难以弥补的损害的，前款规定的股东有权为了公司的利益以自己的名义直接向人民法院提起诉讼。

他人侵犯公司合法权益，给公司造成损失的，本条第1款规定的股东可以依照前两款的规定向人民法院提起诉讼。

第 152 条　董事、高级管理人员违反法律、行政法规或者公司章程的规定，损害股东利益的，股东可以向人民法院提起诉讼。

导入案例分析

1. 根据《公司法》第 146 条的规定，因贪污、贿赂、侵占财产、挪用财产或者破坏社会主义市场经济秩序，被判处刑罚，执行期满未逾 5 年的，不得担任公司高级管理人员，违反规定的聘任行为无效。在本案中，吕某 2008 年刑满出狱，2011 年 1 月被江风公司聘为总经理，这是违法的。所以陈某称江风公司聘任吕某的行为无效，这是正确的，江风公司应当解除吕某的职务。

2. 吕某履行公司职务时，收受贿赂，与甲公司订立合同，而未与产品质量更好、价格更低的乙公司签订合同，吕某未尽忠实、勤勉的义务，致使公司利益遭受了损失，根据公司法的规定，吕某应该对公司承担赔偿责任。

3. 江风公司与甲公司签订的合同是否有效呢？一种观点认为吕某担任总经理是无效的，合同的主体不合格，所以其不能代表江风公司与甲公司签订合同；而且甲公司向吕某行贿，甲公司是恶意的行为，所以合同无效。笔者认为，虽然甲公司向吕某行贿在法律上是恶意行为，但是对吕某担任江风公司的总经理是无效的这一情况，甲公司并不知晓，吕某代表江风公司与甲公司洽谈业务的行为构成了表见代理，所以这一情况并不能对抗甲公司，因此江风公司与甲公司签订购合同是有效的。

基本理论和知识

一、不得担任董事、监事、高级管理人员的情形

根据规定，具有下列情形之一的人，不得担任公司的董事、监事、高级管理人员：

1. 无民事行为能力或者限制行为能力的人；

2. 因犯有贪污、贿赂、侵占财产、挪用财产罪或者破坏社会主义经济秩序罪，被判处刑罚，执行期满未逾 5 年，或者因犯罪被剥夺政治权利，执行期满未逾 5 年；

3. 担任破产清算的公司、企业的董事或者厂长、经理，并对该公司、企业的破产负有个人责任的，自该公司、企业破产清算完结之日未逾 3 年；

4. 担任因违法被吊销营业执照、责令关闭的公司、企业的法定代表人，并负有个人责任的，自该公司、企业被吊销营业执照之日起未逾 3 年；

5. 个人负有数额较大的债务到期未清偿。

上述各项规定，适用于有限责任公司和股份有限公司的董事、监事和高级

管理人员。

实务训练

根据既往履历，请你判断下列哪些人不具备在公司中担任董事职务的资格？

1. 乙原为国家机关干部，现在下岗分流；
2. 丙原为某厂厂长兼党委书记，两年前因对该厂破产负有个人责任被免职；
3. 丁为商业博士，但因父亲生病住院负债 15 万元；
4. 戊原为个体户，曾因偷税被判刑，1 年前已刑满释放。

二、董事、监事、高级管理人员的义务和责任

1. 董事、监事、高级管理人员的共同义务。包括：①遵守法律、行政法规，遵守公司章程，忠实履行职务，维护公司利益；②不得利用公司的地位和职权为自己谋取私利；③不得利用职权收受贿赂或者其他非法利益；④不得侵占公司的财产；⑤不得泄露公司秘密。股东会或者股东大会要求董事、监事、高级管理人员列席会议的，董事、监事、高级管理人员应当列席，并接受股东的质询。

2. 董事、高级管理人员的特定义务。包括：①不得挪用公司资金；②不得将公司资金以其个人名义或者其他个人名义开立账户存储；③不得违法公司章程的规定，未经股东会、股东大会或者董事会同意，将公司资金借贷给他人或者以公司的资产为他人提供担保；④不得违反公司章程的规定或者未经股东会、股东大会同意，与本公司订立合同或者进行交易；⑤不得未经股东会或者股东大会的同意，利用职务上的便利为自己或者他人谋取属于公司的商业机会，自营或为他人经营与所任职的公司同类的业务；⑥不得接受他人与公司交易的佣金归自己所有；⑦不得擅自披露公司秘密；⑧不得为违反对公司忠实义务的其他行为。公司董事、高级管理人员违反上述规定所得的收入归公司所有。

实务训练

王某在 2016 年 10 月召开的某制药有限公司董事会上被选为董事长。次年，王某代表公司参加一个药材展销会。在展销会上，王某认识了某药材公司经理宋某。宋告诉王，药材公司现有一批天然牛黄销售，价格上可以优惠。于是，双方就牛黄的数量、质量、价格等条件达成协议，并约定了 3 个月后王某派人去药材公司取货，同时交付 50 万元人民币的银行汇票。

王某回到公司后，考虑其弟弟也在经营一个药材商店，近来经营状况不佳，自己应当对其进行帮助。天然牛黄在本地非常抢手，如果把从药材公司买来的牛黄在本市出售，至少可以赚 10 万元；如果把牛黄给公司，自己则什么也得不

到。随后，王某就与其弟商量了购买牛黄的事。3个月后，王某给其弟开具了制药公司的介绍信，并以制药公司的名义开了一张50万元的银行汇票。药材公司经理宋某看到了介绍信，认定王某的弟弟就是制药公司派来取货的人，收下汇票后，把牛黄给了王某的弟弟。王某的弟弟运回牛黄后卖出，赚了12万元，从中拿出2万元给王某作为酬金。后来，一个偶然的机会，制药公司的经理李某了解到这一情况，向董事会作了反映，但董事会成员碍于情面，没有对此事进行追查。李某又向公司监事会反映了这一情况。监事会召开临时会议，要求王某出席并向监事会提供有关情况和资料，但王某并未出席和提供资料。最后监事会讨论认为，王某作为公司董事长，没有履行其职责，给公司造成了损害，应赔偿公司损失12万元，但王某对监事会的决议置之不理。鉴于王某拒不改正错误，监事会遂向人民法院起诉，要求王某赔偿公司12万元损失并把其非法所得2万元收归公司所有。

王某在答辩中提出，自己只是为其弟牵线搭桥，自己并没有从事营业，也算不上为他人进行经营。自己为其弟提供一些信息，进行适当帮助是基于兄弟之情，不应当受到任何指责。即使违反了公司法，也只能把其所得2万元交给公司，对公司的其他损失则不予赔偿。

法院审理后认为，王某作为公司的董事长，理应遵守公司法关于董事义务的规定。王某没有遵守这些规定，把本来应由公司得到的商业机会给了其弟，致使公司遭受损害。根据《公司法》第148条、第149条的规定，董事、经理违反竞业禁止义务，不但要将其收入归公司所有，而且要对公司损害给予赔偿。遂判决：

①王某将2万元所得交还公司；

②王某赔偿公司12万元损失。

王某对一审判决不服，提出上诉。二审法院经审理认为，损失赔偿应以实际损失为准。经查，公司因此造成的损失约7万元人民币，遂改判王某除退还2万元所得外，尚需赔偿公司损失5万元。

试问：二审法院的改判是否正确？说明理由。

学习单元六 一人有限责任公司

学习目标

学习和掌握一人有限责任公司的特别规定

任务驱动

学会处理一人有限责任公司在运作过程中可能出现的法律问题

基本案情

赵某干个体经营服装多年，但总觉得"个体"低人一头，梦想办个公司，当个公司董事长兼总经理。可自己的实力不济，又担心上当受骗，不敢贸然与他人合作开公司。《公司法》修改后，他听说有限责任公司注册资本最低限额只要3万元，注册资本还可以分期缴纳，一个人也可以开办公司。赵某觉得这种规定对自己再适合不过，于是便想成立一人有限责任公司形式的服装公司。赵某为此找到其朋友王某咨询。朋友王某告诉他，一人公司实际上是有限责任公司的特殊形式或者说是例外，设立一人公司有利有弊。设立一人有限责任公司注册资本的最低限额为10万元，而且不能分期缴纳，要一次足额缴清。一人有限责任公司还应当在每一会计年度终了时编制财务会计报告，并经会计师事务所审计。

赵某最终选择并设立了自己的一人公司。公司成立后，生意一直很好。后来赵某又发现投资餐饮业也有较高的回报，所以决定再成立一家从事餐饮业的一人有限责任公司。在赵某来到公司登记机关办理手续时，公司登记机关的工作人员却告诉他，他不能再设立一人有限责任公司。如果要设，赵某只能和其他人设立一般有限责任公司或采用个人独资企业的形式。经过考虑后，赵某放弃了再设公司的念头。

法律提示

《公司法》

第57条　一人有限责任公司的设立和组织机构，适用本节规定；本节没有规定的，适用本章第一节、第二节的规定。

本法所称一人有限责任公司，是指只有一个自然人股东或者一个法人股东的有限责任公司。

第58条　一个自然人只能投资设立一个一人有限责任公司。该一人有限责任公司不能投资设立新的一人有限责任公司。

第59条　一人有限责任公司应当在公司登记中注明自然人独资或者法人独资，并在公司营业执照中载明。

第60条　一人有限责任公司章程由股东制定。

第61条　一人有限责任公司不设股东会。股东作出本法第37条第1款所列决定时，应当采用书面形式，并由股东签名后置备于公司。

第 62 条　一人有限责任公司应当在每一会计年度终了时编制财务会计报告，并经会计师事务所审计。

第 63 条　一人有限责任公司的股东不能证明公司财产独立于股东自己的财产的，应当对公司债务承担连带责任。

导入案例分析

本案涉及一人有限责任公司的一般问题及设立一人有限责任公司的一些特别注意事项。现实生活中，一人公司大量存在，需要法律进行规范。因此公司法确认了一人有限责任公司形式，并专节加以规定。本案中，对于赵某设立一人有限责任公司有一些特别的规定需要注意。

1. 赵某认为出资 3 万元就可设立一人公司是不正确的。新修订的《公司法》对一人公司的注册资本同样没有做出最低限额的规定，而是由设立一人公司的投资者自行决定。

2. 赵某的朋友王某的回答是错误的。原公司法规定一人有限责任公司注册资本最低限额为人民币 10 万元，而且应当一次足额缴纳。新修订的《公司法》已经取消了设立一人有限责任公司注册资本最低限额为人民币 10 万元的规定。

3. 赵某已有一家服装一人公司，其不能再新设一家餐饮一人公司。为避免投资者滥用股东有限责任，恶意逃避法律责任，公司法规定一个自然人只能新设一个一人有限责任公司，而该一人有限责任公司不能再投资设立新的一人有限责任公司。对于一个自然人投资多个一人有限责任公司则没有禁止。所以本案中赵某只能采取一人有限责任公司或个人独资企业的形式。

4. 赵某必须接受会计师事务所对财务会计报告的审计。由于一人公司只有一个股东，很容易造成公司财产与个人财产的混同。为对一人公司的财产进行监督，公司法规定一人有限责任公司应当在每一会计年度终了时编制财务会计报告，并经会计师事务所审计。所以赵某要按照新公司法的要求对财务进行管理。

基本理论和知识

一、一人有限责任公司的概念和特征

1. 概念。一人有限责任公司是指只有一个自然人股东或一个法人股东的有限责任公司。简称一人公司或独资公司或独股公司等。一人公司在经营的过程中虽有其弊端，但在我国目前的市场经济中还是有其存在的价值。首先，一人公司符合自由市场经济的原则，体现了对投资者自由选择投资方式的尊重。其

次，一人公司可使唯一投资者最大限度地利用有限责任原则规避风险，实现经济效益的最大化。再次，一人公司可以提高公司的决策效率等。

2. 一人有限责任公司的特征。

（1）股东为一人。一人公司的出资人只有一个人，股东可以是自然人，也可以是法人。通常情况下有限责任的公司股东一般是两个以上。而个人独资企业的投资人只能是自然人。

（2）股东对公司的债务承担有限责任。一人公司在本质上仍然是公司的组织形态，即公司以其资产独立地对公司的债权人承担责任，股东以其出资额为限对公司承担有限责任，当公司资产不足以清偿期债务时，股东不承担连带责任。

（3）组织机构比较简化。一人公司的股东只有一人，所以不设股东会，公司法关于股东会行使的职权，由该股东一人行使。一人公司可以根据公司章程的规定设立董事会或监事会。

二、我国《公司法》关于一人有限责任公司的特别规定

1. 注册资本没有特别规定。

2. 注册资本缴付没有特别规定。

3. 再投资的规定。这一限制体现两个方面：一方面，一个自然人只能投资设立一个一人有限责任公司，不能投资设立第二个一人有限责任公司；另一方面，由一个自然人投资设立的一人有限责任公司不能作为股东投资设立一人有限责任公司。

4. 财务制度上的要求。一人有限责任公司应当在每一个会计年度终了时编制财务会计报告，并经会计师事务所的审计。

5. 人格混同时的股东连带责任。依照公司法的规定，如果一人公司的股东不能证明公司的财产独立于股东个人财产，即发生了公司人格和股东个人人格的混同，此时适用公司法人人格否认制度，股东必须对公司的债务承担连带责任，公司债权人可以将公司和公司股东作为共同债务人进行追偿，要求两者承担连带责任。

实务训练

胡某设立一家一人装潢有限责任公司，该装潢公司一直以来业务量很大，收入很丰厚。但该公司一直拖欠写字楼房租14万元，拖欠装饰公司材料费16万元。这两家公司在多次追讨无效的情况下，诉至法院。在诉讼中发现该装潢公司账面只有6000元资产，远远无法偿付所欠债务。在对该装潢公司的账目进行了认真调查和分析后，发现公司的大量支出是用于胡某及其家人的生活费用，比如公司支出单据中有支付胡某家水电煤气的账单,有胡某为自己购买汽车的发票。最后该两家公司向法院提出该一人公司财产和胡某自己的财产混同,该公司法人人格应被否认,胡某应对该一人公司的债务承担连带责任。

试问:如果你是法官,将如何处理此案?

学习单元七 国有独资公司

学习目标

学习和掌握国有独资公司的有关法律规定

任务驱动

学会处理国有独资公司运作过程中出现的法律问题

基本案情

枣阳工业公司是国有独资公司,有监事9人。公司章程规定职工代表监事的比例为1/3,这样监事会中职工代表有3人。枣阳工业公司为了减少管理人员,决定由董事长匡某兼任总经理,并经过了国有资产管理机构的同意。监事闫某收到一封落款为"不得不说的小会计"的匿名举报信,反映了匡某利用职务便利,通过拿回扣、多报账等手段侵占公司财产的事实。作为职工代表监事的闫某于是向监事会提议,要求检查公司的财务账簿、财务报表等会计资料,并在监事会议上提出罢免匡某的建议。匡某知道后,在没有经过国有资产监督管理机构同意的情况下,在一次公司大会上宣布撤销闫某在公司的一切职务,停岗待业,会后公司即发了正式文件,解除了闫某的监事职务,停止了闫某的工作,待岗期间工资停发。闫某不服,找公司其他领导"申冤",可公司内董事长兼任总经理的匡某一手遮天,其他人爱莫能助。

董事长匡某和监事闫某的做法是否符合法律规定?

法律提示

《公司法》

第71条 国有独资公司监事会成员不得少于5人,其中职工代表的比例不得低于1/3,具体比例由公司章程规定。

监事会成员由国有资产监督管理机构委派;但是,监事会成员中的职工代表由公司职工代表大会选举产生。监事会主席由国有资产监督管理机构从监事会成员中指定。

监事会行使本法第 53 条第 1~3 项规定的职权和国务院规定的其他职权。

第 53 条　监事会、不设监事会的公司的监事行使下列职权：

（一）检查公司财务；

（二）对董事、高级管理人员执行公司职务的行为进行监督，对违反法律、行政法规、公司章程或者股东会决议的董事、高级管理人员提出罢免的建议；

（三）当董事、高级管理人员的行为损害公司的利益时，要求董事、高级管理人员予以纠正；

（四）提议召开临时股东会会议，在董事会不履行本法规定的召集和主持股东会会议职责时召集和主持股东会会议；

（五）向股东会会议提出提案；

（六）依照本法第 151 条的规定，对董事、高级管理人员提起诉讼；

（七）公司章程规定的其他职权。

第 68 条　国有独资公司设经理，由董事会聘任或者解聘。经理依照本法第 50 条规定行使职权。

经国有资产监督管理机构同意，董事会成员可以兼任经理。

导入案例分析

在本案中，职工监事依法行使职权，却遭到了打击和报复。在公司内部得不到救济的情况下，应当想到公司的国有性质，拿起法律的武器，运用公司法的规定，向国有资产监督管理机构反映，维护自己的利益。

1. 监事会有检查公司财务的权利和监督权。闫某作为工业公司的监事，提议监事会检查公司各种财务账簿、财务报表等会计资料是依法行使职权的行为，应当受到支持。

2. 根据《公司法》第 70 条的规定，监事会成员由国有资产监督管理机构委派。国有独资公司就不得随意罢免监事会成员的监事职务。工业公司在没有征得国有资产监督管理机构同意的情况下，就罢免闫某监事职务的行为是不妥的。国有资产监督管理机构应该督促国有独资公司监事会职权的落实。

3. 在解除了闫某的监事职务后，枣阳工业公司监事会成员中，职工代表变成了两人，而法律规定不得低于 1/3，从这个角度讲，也是违法的。

基本理论和知识

一、国有独资公司的概念和特征

1. 国有独资公司的概念。国有独资公司是指由国家单独出资，由国务院或者地方人民政府授权本级人民政府的国有资产监督管理部门履行出资人职责的有限责任公司。

2. 国有独资公司的特征有：①国有独资公司为有限责任公司，适用公司法的特别规定；②国有独资公司股东具有唯一性，即国家。③国有独资公司的董事会或监事会产生的方式与一般的有限责任公司不同。

二、国有独资公司的组织机构

1. 国有独资公司的权力机关。国有独资公司不设股东会，由国有资产监督管理部门以唯一的股东身份行使部分股东会的职权。主要有：①委派或更换董事会成员，从董事会中指定董事长、副董事长；②授权董事会行使部分股东会的职权；③依照法律、行政法规的规定，对国有资产实施监督管理；④对公司资产的转让，依照法律、行政法规的规定，办理审批和财产权转移手续；⑤决定公司的合并、分立、解散、增减资本和发行公司债券。

2. 国有独资公司的董事会和经理。国有独资公司设董事会，是公司的执行机关。董事会的成员来源有两个方面：一是国有资产监督管理部门的委派；二是公司职工，由职工代表大会民主选举产生。国有独资公司的董事会职权比一般的有限责任公司董事会的职权范围要大，一般有两个部分：一是法定职权，即《公司法》第46条规定的一般有限责任公司董事会的职权；二是因为经授权而行使部分股东会的职权。根据公司法的规定，国有独资公司的董事会有权决定公司的重大事项，但是下列事项必须经过国有资产监督管理部门的决定：①公司的合并和分立；②公司的解散；③公司增加或减少公司资本；④发行公司债券。

国有独资公司设经理，履行公司法规定的经理的职责。经理由董事会聘任或解聘。经国有资产监督管理部门同意，董事会成员可以兼任经理。

国有独资公司的董事长、副董事长、董事和高级管理人员，未经国有资产监督管理部门的同意，不得在其他有限责任公司、股份有限公司或者其他经济组织中兼职。

3. 监事会。国有独资公司设监事会，作为公司的监督机构。监事会主要由国务院或者国务院授权的机构、部门委派的人员组成，并有公司职工代表参加。监事会的成员不得少于5人，其中职工代表的比例不得少于1/3。监事列席董事会会议。董事、高级管理人员及财务负责人不得兼任监事。

第四节 股份有限公司

学习单元一 股份有限公司的设立

学习目标

学习和掌握股份公司的含义、设立条件、设立方式和发起人的责任

任务驱动

学会处理股份公司在设立过程中所产生的复杂的法律关系，解决实际问题

基本案情

安徽新安江有限公司与福兴投资公司协商达成协议，双方作为发起人、主投资人，筹办设立安徽卓求股份有限公司。双方订立了发起人协议，拟订了《安徽卓求股份有限公司章程》，并成立了一个筹委会。章程载明，公司注册资本为人民币 2 亿元，其中，安徽新安江有限公司认购 35%，福兴投资公司认购 30%，其余的 35% 向社会公众认购。随后，筹委会具体办理设立安徽卓求股份有限公司的有关事宜。

2011 年 6 月 10 日中国证监会批准了募股申请和设立申请，同意由安徽新安江有限公司与福兴投资公司作为发起人，向社会公开发行面额为壹元人民币的 A 股 6000 万股，以募集设立方式设立安徽卓求股份有限公司。经东南证券公司承销，至 2011 年 10 月 9 日，安徽卓求股份有限公司募足了股款，发行成功。2011 年 11 月 15 日召开了创立大会，通过了公司章程和其他设立事宜。2011 年 11 月 23 日，经安徽省工商行政管理局核准登记，颁发了《企业法人营业执照》，安徽卓求股份有限公司成立。

法律提示

《公司法》

第 11 条 设立公司必须依法制定公司章程。公司章程对公司、股东、董事、监事、高级管理人员具有约束力。

第 76 条 设立股份有限责任公司，应当具备下列条件：

（一）发起人符合法定人数；

（二）有符合公司章程规定的全体发起人认购的股本总额或者募集的实收股本总额；

（三）股份发行、筹办事项符合法律规定；

（四）发起人制定公司章程，采用募集方式设立的经创立大会通过；

（五）有公司名称，建立符合股份有限公司要求的组织机构；

（六）有公司住所。

第77条　股份有限公司的设立，可以采取发起设立或者募集设立的方式。

发起设立，是指由发起人认购公司应发行的全部股份而设立公司。

募集设立，是指由发起人认购公司应发行股份的一部分，其余股份向社会公开募集或者向特定对象募集而设立公司。

第78条　设立股份有限公司，应当有2人以上200人以下为发起人，其中须有半数以上的发起人在中国境内有住所。

第79条　股份有限公司发起人承担公司筹办事务。

发起人应当签订发起人协议，明确各自在公司设立过程中的权利和义务。

第80条　股份有限公司采取发起设立方式设立的，注册资本为在公司登记机关登记的全体发起人认购的股本总额。在发起人认购的股份缴足前，不得向他人募集股份。

股份有限公司采取募集方式设立的，注册资本为在公司登记机关登记的实收股本总额。

法律、行政法规以及国务院决定对股份有限公司注册资本实缴、注册资本最低额另有规定的，从其规定。

第82条　发起人的出资方式，适用本法第27条的规定。

第83条　以发起设立方式设立股份有限公司的，发起人应当书面认足公司章程规定其认购的股份，并按照公司章程规定缴纳出资。以非货币财产出资的，应当依法办理其财产权的转移手续。

发起人不依照前款规定缴纳出资的，应当按照发起人协议承担违约责任。

发起人认足公司章程规定的出资后，应当选举董事会和监事会，由董事会向公司登记机关报送公司章程以及法律、行政法规规定的其他文件，申请设立登记。

第84条　以募集设立方式设立股份有限公司的，发起人认购的股份不得少于公司股份总数的35%；但是，法律、行政法规另有规定的，从其规定。

导入案例分析

本案主要涉及股份有限公司的设立条件问题，为保障投资者和债权人的合法权益，维护交易安全，公司法通过强制性规范规定了设立股份有限公司的条件。

1. 安徽卓求股份有限公司的发起人为安徽新安江有限公司和福兴投资公司，发起人为 2 人，符合股份有限公司发起人的法定人数的规定。

2. 安徽卓求股份有限公司的注册资本为人民币 2 亿元，达到了股份有限公司注册资本的最低限额 500 万元的规定（注意：新法取消了注册资本的最低限额 500 万元的限制）。同时，安徽卓求股份有限公司采用募集方式设立，发起人认购的股份达到了公司股份总额的 35%。

3. 安徽卓求股份有限公司的募股申请得到了中国证监会的批准，股份发行、筹办事项符合法律规定，并且其募集设立经创立大会通过。

基本理论和知识

一、股份有限公司的概念和特征

股份有限公司简称股份公司，是指其全部资本分为等额的股份，股东以其所持股份为限对公司承担责任，公司以其全部资产对公司债务承担责任的企业法人。它具有以下几个特征：

1. 发起人要符合法定的人数。根据《公司法》第 78 条的规定，设立股份有限公司，应当有 2 人以上 200 人以下为发起人，其中须有半数以上的发起人在中国境内有住所。

2. 股东对公司承担有限责任。与有限责任公司一样，有限责任公司的股东以其出资额为限对公司承担有限责任，公司以其全部财产对外承担有限责任。

3. 公司运营具有开放性。股份有限公司是典型的资合公司，它通过发行股票的方式筹集公司资本。任何人只要愿意购买公司股票、支付股金，就可以成为公司的股东。自然人、法人都可以成为公司的股东。同时，股份有限公司的股份一般情况下可以在证券市场上自由流通转让。此外，股份有限公司的财务信息必须公开，让股东及时了解公司的营运状况。

4. 公司资本被划分为等额股份。股份有限公司全部资本被划分为等额股份，每股金额相等，由发起人或股东认购并持有。股份作为公司资本的基本单位，这是股份有限公司最为重要的特征。

二、股份有限公司的设立

（一）设立条件

根据我国《公司法》的规定，设立股份有限公司应当具有以下几个条件：

1. 发起人符合法定的人数。《公司法》第 78 条规定，设立股份有限公司，应当有 2 人以上 200 人以下为发起人，其中须有半数以上的发起人在中国有住所。股份有限公司的股东最少为 2 人。发起人可以是自然人，也可以是法人或其他经济组织。

2. 有符合公司章程规定的全体发起人认购的股本总额或者募集的实收股本总额。

3. 股份发行、筹办事项符合法律规定。

4. 发起人制订公司章程，并经创立大会通过。股份有限公司的章程，是股份有限公司成立的基本文件。股份有限公司的章程是发起人拟订的，用于规范公司的组织机构和对内对外行为。股份由公司的章程必须经过创立大会通过才能生效。

5. 有公司名称和符合股份有限公司要求的组织机构。

6. 有固定的生产经营场所和必要的生产经营条件。

（二）设立方式

股份有限公司有两种设立的方式：一是发起设立；二是募集设立。

1. 发起设立。发起设立是指发起人认购公司的全部股份，不向发起人之外的任何人募集股本而设立公司。发起设立的程序包括以下几个方面：

（1）发起人认购公司股份。发起人应当书面认足公司章程中规定的应由其认购的股份。认购采用书面形式，载明认购人的姓名或名称、住所、认股数、应缴股款金额、出资方式等，由认股人填写、签章。认购书一经填写并签署，即具有法律上的约束力。

（2）发起人缴清股款。发起人在认购股份后，如公司章程规定一次性缴清股款的，应立即缴清全部出资；分期缴纳的，应立即缴清首次出资。发起人以实物、知识产权或土地使用权出资的，应当依法评估，并办理财产权转移手续。

（3）选举董事会和监事会。

（4）申请设立登记。董事会应当向公司登记机关申请设立登记。申请时应当递交公司章程、验资机构的验资报告以及其他证明文件。公司登记机关在接到申请之日起 20 日内作出是否给予登记的答复。对符合法律规定条件的，给予登记，发给公司营业执照。公司以营业执照签发的日期作为成立的日期。公司成立后，应当进行公告。

2. 募集设立。募集设立是指由发起人认购公司应发行股份的一部分，其余部分向社会公开募集。募集设立的程序如下：

（1）发起人认购股份。以募集设立方式设立股份有限公司的，发起人认购的公司股份不得少于公司应发行股份总数的 35%。法律、行政法规对此另有规定的，从其规定。

（2）公告招股说明书，制作认股书。招股说明书应当附有发起人制定的公司章程，并载明下列事项：发起人认购的股份数；每股的票面金额和发行价格；无记名股票的发行总数；募集资金的用途；认股人的权利和义务；本次募股的起止期限及逾期未募足时认股人可以撤回所认股份的说明。

（3）签订承销协议和代收股款协议。发起人就股份承销的方式、数量、起止时间、承销费用的计算与支付等具体事项，与证券公司签订承销协议；发起人就代收和保存股款的具体事项，与银行签订代收股款协议。

（4）召开创立大会。发起人应当在发行股份的股款缴足后30日内主持召开创立大会。创立大会由发起人、认股人组成。创立大会通常被认为是股份有限公司募集设立过程中的决议机构。创立大会的职权一般有：审议发起人关于公司筹办情况的报告；通过公司章程；选举董事会成员；选举监事会成员；对公司设立的费用进行审核；对发起人用于抵作股款的财产的作价进行审核；发生不可抗力或者经营条件发生重大变化直接影响公司设立的，可以作出不设立公司的决定。创立大会对前款所列事项作出决议应当经过出席会议的认股人所持表决权过半数通过。

（5）设立登记并公告。以募集设立方式设立的公司应当在创立大会结束后的30日内，由董事会向公司登记机关即工商行政管理机关申请设立登记，并按照公司登记管理条例的规定，提交有关文件。

（三）公司设立中发起人的责任

发起人是指筹办公司设立事务、认购公司的股份、进行公司设立行为的人。发起人在进行公司设立行为的过程中，应当签订发起人协议，明确各自在公司设立过程中的权利和义务。发起人在公司设立过程中的相互关系属于合伙性质，其权利、义务、责任可以适用合伙的有关规定。

在公司设立的过程中，发起人应当承担下列责任：①公司不能成立时，对设立行为所产生的债务和费用承担连带责任；②公司不能成立时，对认股人已缴纳的股款，负返还股款并加付同期银行存款利息的义务；③在公司设立过程中，因自己的过失使公司利益受到损害时，应当对公司承担赔偿责任；④发起人虚假出资，如未支付货币、实物或者为转移财产权，欺骗债权人或社会公众的，责令改正，处以虚假出资金额5%以上15%以下的罚款；⑤发起人在公司成立后抽逃出资的，责令其改正，处以所抽逃出资金额5%以上15%以下的罚款。

学习单元二　股份有限公司的组织机构

学习目标

学习和掌握股东大会、董事会、监事会的组成、职权、议事规则

学会处理股份公司运作过程中复杂的组织关系、出现的各种问题和纠纷以及掌握累积投票制的运用

某股份有限公司注册资本为 1000 万元，其总股份数也为 1000 万股。股东共 10 人，其中排名第一的大股东 A 公司共持有 510 万股，即拥有公司 51% 股份；其他 9 名股东共计持有 490 万股，合计拥有公司 49% 的股份。成立后，公司要选举出 5 名董事组成董事会。按照公司法的相关规定，公司决定采取直接投票的方式由股东选举董事组成董事会。由于每一股有一个表决权，其控股股东 A 公司持有 51% 的表决权。结果召开股东会选举董事时，因为其他股东持股比例都未超过半数，董事会当中的 5 名董事全部由 A 公司所推荐的人员担任，其他股东推荐的人员在选举时无法得到持股 51% 的 A 公司的支持，自然无法进入董事会任职。这一状况直接导致其他股东毫无话语权，引起了其他 9 名股东的不满。

为了平息其他 9 名股东的不满，公司事后决定将股东会选举董事的制度修改为累积投票制。修改为累积投票制后，公司总的股份数为 1000 万股，其表决权总数变成为 $1000 \times 5 = 5000$ 万票。控股股东 A 公司总计拥有 $510 \times 5 = 2550$ 万票，而其他 9 名股东则合计共拥有投票权 $490 \times 5 = 2450$ 万票。根据累积投票制的原理，任意的股东可以集中投票给一个或几个董事候选人，并按所得同意票数多少的排序确定当选董事。最终，虽然控股股东 A 公司的持股比例超过半数，但是其最终在董事会中只取得了 3 个席位，而其他的 9 位股东使他们所推荐的 2 名董事当选，进入董事会。

1. 《公司法》

第 105 条 股东大会选举董事、监事，可以依照公司章程的规定或者股东大会的决议，实行累积投票制。

本法所称累积投票制，是指股东大会选举董事或者监事时，每一股份拥有与应选董事或者监事人数相同的表决权，股东拥有的表决权可以集中使用。

2. 《上市公司治理准则》

第 17 条 在董事的选举过程中，应充分反映中小股东的意见。

股东大会在董事会选举中应积极推行累积投票制。控股股东控股比例在

30%以上的上市公司，应当采用累积投票制。采用累积投票制度的上市公司应在公司章程里规定该制度的实施细则。

基本理论和知识

一、股东大会

1. 股东大会的性质和组成。股东大会为股份有限公司的必设机关，是股份有限公司的最高权力机关。股东大会由全体股东组成。

2. 股东大会的职权。《公司法》第99条规定："本法第37条第1款关于有限责任公司股东会职权的规定，适用于股份有限公司的股东大会。"

3. 股东大会的召开。股东大会分为年会和临时会议两种。年会每年召开一次，通常是在每个会计年度终了后6个月内召开。临时股东大会则应在有下列情况之一时，在2个月以内召开：①董事人数不足公司法规定的人数或者公司章程规定的人数的2/3时；②公司未弥补的亏损达到实收股本总额的1/3时；③单独或合计持有公司股份10%以上的股东请求时；④董事会认为必要时；⑤监事会提议召开时。股东会会议由董事会负责召集，董事长主持会议，董事长不能履行职务或不履行职务时，由副董事长履行职务；副董事长不能履行职务或不履行职务时，由半数以上的董事共同推举1名董事主持。

召开股东大会，应当在会议召开前的20日前通知股东，通知中应当写明股东大会将要审议的事项，股东大会召开的日期和地点等。临时股东大会不得对通知中未列明的事项作出决议。股份有限公司发行无记名股票的，应于股东大会召开的30日前进行公告。无记名股票的股东要出席股东大会的，必须于会议召开5日以前至股东大会闭会时，将股票交存于公司，否则，不得出席会议。

4. 股东大会的决议。股东出席股东大会会议，所持每一股为一个表决权。但公司持有的本公司的股份没有表决权。

股东大会实行股份多数决的原则，即指股东大会依照持有多数股份的股东意志作出决议。股东大会实行股份多数决原则，必须具备两个条件：一是有代表股份多数的股东出席；二是有出席会议的股东所持表决权的多数通过。股东大会作出决议，必须经出席会议的股东所持表决权过半数通过，但是股东大会作出修改公司章程、增加或减少注册资本以及公司合并、分立、解散或者变更公司形式的决议，必须经过出席会议的股东所持表决权的2/3通过。公司转让、受让重大资产或者对外提供担保等事项必须经股东大会作出决议的，董事会应当及时召集股东大会，由股东大会就上述事项进行表决。

股东大会对所议事项的决定应当做成会议记录，由出席会议的董事签名。会议记录应当与出席股东的签名册和代理出席的委托书一并保存，供股东查阅。

相关链接

累积投票制

为了限制大股东或控股股东对董事、监事选举过程的操纵和控制，维护中小股东的合法权益，我国公司法还规定了股东大会在选举董事、监事时，可以实行累积投票制。累积投票制是指股东大会在选举董事、监事时，每一股份拥有与应选董事或者监事人数相同的表决权，股东拥有的表决权可以集中行使。

二、董事会

1. 董事会的性质及其组成。董事会是股份有限公司必设的业务执行和经营意思决定机关，它对股东大会负责。董事会由全体董事组成。董事会的成员为5~19人。董事会的产生分为两种情况：在公司设立时，采取发起设立方式设立公司的，董事会由发起人选举产生；采取募集设立方式设立公司的，董事会由创立大会选举产生。公司成立后，董事会由股东大会选举产生。

董事会设董事长1人，可以设副董事长。董事长和副董事长由董事会会议全体董事过半数选举产生。董事长为公司法定代表人。董事长主持股份有限公司股东大会会议和董事会会议。

董事的任期由公司章程规定，但每届任期不得超过3年。董事任期届满，可以连选连任。董事在任期届满之前，股东大会不得无故解除其职务。

2. 董事会的职权。股份有限公司董事会的职权适用《公司法》第46条关于有限责任公司董事会职权的规定。

3. 董事会会议的召开。股份有限公司的董事会分为定期会议和临时会议。董事会定期会议，每年至少召开2次，每次会议应于会议召开前10日通知全体董事和监事；董事会召开临时会议，其会议的通知方式和通知时限，可以由公司章程作出规定。董事会会议由董事长召集。董事长不能履行职务或不履行职务的，由副董事长履行职务；副董事长不能履行职务或不履行职务时，由半数以上的董事共同推举1名董事履行职务。

4. 董事会会议的出席。股份有限公司董事会会议必须由半数以上的董事出席方可举行。董事会作出决议，必须经全体董事的过半数通过。

董事会会议，应由董事本人出席；董事因故不能出席，可以书面委托其他董事代为出席，委托书中应载明授权范围。

董事会应当对会议所议事项的决定做成会议记录，由出席会议的董事在会议记录上签名。

董事会会议的决议违反法律、行政法规或者公司章程，致使公司遭受严重损失的，参与决议的董事对公司负赔偿责任。但经证明在表决时曾表明异议并记载于会议记录的，该董事可以免除责任。

三、经理

经理是对股份有限公司日常经营管理负有全责的高级管理人员，由董事会聘任和解聘，对董事会负责。《公司法》第49条关于有限责任公司经理职权的规定适用于股份有限公司的经理。

四、监事会

1. 监事会的性质及其组成。监事会是股份有限公司必设的监督机构，对公司的财务及业务执行情况进行监督。监事会由监事组成，其成员不得少于3人。监事的人选由股东代表和公司职工代表构成，其中职工代表的比例不得低于1/3。股东代表由股东大会选举产生。监事会设主席1人，可以设副主席。监事会主席、副主席每届3年，监事任期届满，可以连选连任。

2. 监事会的职权。《公司法》第54条、第55条关于有限责任公司监事会职权的规定，适用于股份有限公司的监事会。

学习单元三　股份有限公司的股份发行与转让

学习目标

学习和掌握股份公司股份发行和转让的相关法律规定

任务驱动

学会运用法律知识处理股份发行和转让中出现的各种法律关系，帮助当事人解决纠纷、提供法律帮助

基本案情

昌达股份有限公司成立于2008年2月，张荣担任昌达股份公司总经理，持有昌达股份公司股票20万股。陶逍遥担任董事，持有公司股份12万股。2010年3月，由于急需用钱，陶逍遥将其持有的昌达股份6万股秘密转让。2010年7月昌达股份有限公司的股票在上海证券交易所上市挂牌交易。由于公司的业绩较差，公司股票价格持续下跌。于是，公司酝酿重组，引入战略投资者。重组的消息一出，加之有券商坐庄，股票马上节节上升。终于等到了期望的价格，张荣、陶逍遥将各自持有的昌达公司股票卖出。昌达公司监事会认为张荣和陶逍遥转让其持有本公司的股票的行为是违法的，要求他们"收回"已出卖的股票。张荣、陶逍遥当然不同意在高位买回所售股票，表示宁愿辞职。随后两人

向公司递交了辞呈，离开了公司。

试分析：张荣和陶逍遥的行为是否符合公司法的规定？

法律提示

《公司法》

第125条 股份有限公司的资本划分为股份，每一股的金额相等。

公司的股份采取股票的形式。股票是公司签发的证明股东所持股份的凭证。

第126条 股份的发行，实行公平、公正的原则，同种类的每一股份应当具有同等权利。

同次发行的同种类股票，每股的发行条件和价格应当相同；任何单位或者个人所认购的股份，每股应当支付相同价额。

第127条 股票发行价格可以按票面金额，也可以超过票面金额，但不得低于票面金额。

第128条 股票采用纸面形式或者国务院证券监督管理机构规定的其他形式。

股票应当载明下列主要事项：

（一）公司名称；

（二）公司成立日期；

（三）股票种类、票面金额及代表的股份数；

（四）股票的编号。

股票由法定代表人签名，公司盖章。

发起人的股票，应当标明发起人股票字样。

第129条 公司发行的股票，可以为记名股票，也可以为无记名股票。

公司向发起人、法人发行的股票，应当为记名股票，并应当记载该发起人、法人的名称或者姓名，不得另立户名或者以代表人姓名记名。

第130条 公司发行记名股票的，应当置备股东名册，记载下列事项：

（一）股东的姓名或者名称及住所；

（二）各股东所持股份数；

（三）各股东所持股票的编号；

（四）各股东取得股份的日期。

发行无记名股票的，公司应当记载其股票数量、编号及发行日期。

第131条 国务院可以对公司发行本法规定以外的其他种类的股份，另行作出规定。

第132条 股份有限公司成立后，即向股东正式交付股票。公司成立前不得向股东交付股票。

第 133 条 公司发行新股，股东大会应当对下列事项作出决议：

（一）新股种类及数额；

（二）新股发行价格；

（三）新股发行的起止日期；

（四）向原有股东发行新股的种类及数额。

第 134 条 公司经国务院证券监督管理机构核准公开发行新股时，必须公告新股招股说明书和财务会计报告，并制作认股书。

本法第 87 条、第 88 条的规定适用于公司公开发行新股。

第 135 条 公司发行新股，可以根据公司经营情况和财务状况，确定其作价方案。

第 136 条 公司发行新股募足股款后，必须向公司登记机关办理变更登记，并公告。

第 137 条 股东持有的股份可以依法转让。

第 138 条 股东转让其股份，应当在依法设立的证券交易场所进行或者按照国务院规定的其他方式进行。

第 139 条 记名股票，由股东以背书方式或者法律、行政法规规定的其他方式转让；转让后由公司将受让人的姓名或者名称及住所记载于股东名册。

股东大会召开前 20 日内或者公司决定分配股利的基准日前 5 日内，不得进行前款规定的股东名册的变更登记。但是，法律对上市公司股东名册变更登记另有规定的，从其规定。

第 140 条 无记名股票的转让，由股东将该股票交付给受让人后即发生转让的效力。

第 141 条 发起人持有的本公司股份，自公司成立之日起 1 年内不得转让。公司公开发行股份前已发行的股份，自公司股票在证券交易所上市交易之日起 1 年内不得转让。

公司董事、监事、高级管理人员应当向公司申报所持有的本公司的股份及其变动情况，在任职期间每年转让的股份不得超过其所持有本公司股份总数的 25%；所持本公司股份自公司股票上市交易之日起 1 年内不得转让。上述人员离职后半年内，不得转让其所持有的本公司股份。公司章程可以对公司董事、监事、高级管理人员转让其所持有的本公司股份作出其他限制性规定。

第 142 条^[1]公司不得收购本公司股份。但是，有下列情形之一的除外：

（一）减少公司注册资本；

（二）与持有本公司股份的其他公司合并；

（三）将股份用于员工持股计划或者股权激励；

（四）股东因对股东大会作出的公司合并、分立决议持异议，要求公司收购其股份；

（五）将股份用于转换上市公司发行的可转换为股票的公司债券；

（六）上市公司为维护公司价值及股东权益所必需。

公司因前款第（一）项、第（二）项规定的情形收购本公司股份的，应当经股东大会决议；公司因前款第（三）项、第（五）项、第（六）项规定的情形收购本公司股份的，可以依照公司章程的规定或者股东大会的授权，经三分之二以上董事出席的董事会会议决议。

公司依照本条第一款规定收购本公司股份后，属于第（一）项情形的，应当自收购之日起十日内注销；属于第（二）项、第（四）项情形的，应当在六个月内转让或者注销；属于第（三）项、第（五）项、第（六）项情形的，公司合计持有的本公司股份数不得超过本公司已发行股份总额的百分之十，并应当在三年内转让或者注销。

上市公司收购本公司股份的，应当依照《中华人民共和国证券法》的规定履行信息披露义务。上市公司因本条第一款第（三）项、第（五）项、第（六）项规定的情形收购本公司股份的，应当通过公开的集中交易方式进行。

公司不得接受本公司的股票作为质押权的标的。

第 143 条 记名股票被盗、遗失或者灭失，股东可以依照《中华人民共和国民事诉讼法》规定的公示催告程序，请求人民法院宣告该股票失效。人民法院宣告该股票失效后，股东可以向公司申请补发股票。

导入案例分析

本案中，张荣和陶逍遥作为昌达股份有限公司的总经理、董事，在任职期间出售所持本公司股票的行为，违背了《公司法》第 141 条的规定。

1.《公司法》规定，公司董事、监事、高级管理人员在任职期间每年转让的股份不得超过其所持有本公司股份总数的 25%。陶逍遥作为公司董事，在任职期内于 2010 年 3 月转让了所持有的昌达公司股份 6 万股，超过了其所持的本

---

〔1〕 2018 年 10 月 26 日，全国人大常委会审议通过了修改《公司法》的决定，对公司法第一百四十二条有关公司股份回购制度的规定进行了专项修改，自公布之日起施行。

公司股份总数的 50%，违反了公司法的规定。

2. 《公司法》规定，公司董事、监事、高级管理人员所持本公司股份自公司股票上市交易之日起 1 年内不得转让。昌达公司股票于 2010 年 7 月上市交易，当公司股票价格上升后，张荣、陶逍遥即将各自持有的昌达公司股票卖出，显然是违反法律规定的。

3. 《公司法》还规定，公司董事、监事、高级管理人员离职后半年内，不得转让其所持有的本公司股份。即使张荣和陶逍遥辞职，就算他们卖出股票的行为发生在辞职后，只要不是在半年后卖出股票都是违法的。

基本理论和知识

一、股份与股票

1. 股份的概念和分类。股份是股份有限公司特有的概念，它是股份有限公司资本最基本的构成单位。股份具有以下几个特征：①每一股份所代表的金额相等；②股份表示股东享有权益的范围；③股份通过股票的形式表现出来。

2. 股份的分类。股份有限公司的股份依据不同的标准，可以划分为不同的种类：

（1）普通股和优先股。根据股东享有权利的内容不同，股份可以分为普通股和优先股。普通股的股东有权在公司提取完毕公积金、公益金以及支付了优先股股利后，参与公司的盈余分配，其股利不固定。公司终止清算时，普通股股东在优先股股东之后取得公司剩余财产。普通股股东有出席或委托代理人出席股东大会并行使表决权的权利。优先股的股东在公司盈余或剩余财产的分配上享有比普通股股东优先的权利。但优先股股东无表决权。

（2）记名股和无记名股。这是以在股票上是否记录股东的姓名和名称作为划分标准的。凡是在股票票面上记载股东姓名和名称的就是记名股，反之，就是无记名股。记名股要在公司建立股东名册，其在转让时必须以背书或法律规定的其他发式进行，同时要变更股东名册；无记名股的转让交付股票即发生法律效力。

（3）额面股和无额面股。这是以股票票面是否有具体的金额表示作为划分标准的。额面股是指在股票票面上注明一定金额的股份。同种类的额面股金额必须一律相同，发行价格、发行条件也应当相同。无额面股是指股票票面不标明一定的金额，而只表明每股占公司资本的比例。根据我国公司法的规定，在我国只允许发行额面股，禁止发行无额面股。

（4）表决权股和无表决权股。这是按照股东在股东大会上是否有表决权为标准划分的。表决权股是指持有该股的股东享有表决权。表决权股又可以进一步划分为普通表决权股、多数表决权股和特别表决权股。无表决权股是指持有该种股票的股东在股东大会上不享有表决权。

（5）国家股、法人股、个人股和外资股。这是我国目前特有的股份种类之一。国家股是指由国有资产监督管理部门以国有资产向公司投资形成的股份。法人股是指由具有法人资格的组织以其可支配的财产向公司投资形成的股份。根据投资法人的不同，法人股又可以分为企业法人股、事业法人股和社会团体法人股三种。个人股是指以个人合法取得的财产向公司投资所形成的股份。外资股是指外国和中国港、澳、台地区的投资者以购买人民币特种股票的形式向公司投资形成的股份。其又可以进一步划分为法人外资股和个人外资股。

（6）A股、B股、H股、N股、S股。A股是向中国大陆的投资者发行的股份；B股是面对外国投资、港、澳、台地区投资者、海外华侨发行的以外币购买的人民币特种股票；H股是在香港发行的；N股是在纽约证券市场发行的；S股是在新加坡证券市场发行的。

3. 股票的概念和特征。股票是股份有限公司证券化的形式，是股份有限公司签发的证明股东所持股份的凭证。股票具有以下几个特征：

（1）股票是一种有价证券。所谓有价证券，是指证券代表的权利是一种财产性的权利，而且行使这种权利必须以持有证券作为条件。股票作为一种有价证券，所表示的是股东的财产权。由此，股票持有者可享有分配股息的权利；公司终止清算时，有取得公司剩余财产的权利等。同时股东权的存在要以股票的持有为条件。也就是说，股票的合法持有者就是股权的持有者。

（2）股票是一种证权证券，而非设权证券。所谓证权证券，是指证券所代表的权利已经存在，证券只起到一种权利证书的作用。股票是证明股东与公司之间股权关系的一种法律凭证。它仅仅具有一种权利证书的效力，并不创设股东权。

（3）股票是一种要式证券。股票的制作和记载必须依照法定的方式进行。我国《公司法》规定，股票必须载明的主要事项有：公司名称；公司登记成立的时间；股票种类、票面金额及代表的股份数；股票的编号；股票由董事长签名，公司盖章。发起人的股票，应当标明发起人字样。

（4）股票是一种流通证券。股票可以在市场上流通，是一种典型的流通证券。股票流通的方式有两种：一是上市交易，也就是在证券交易所挂牌交易；二是柜台交易。

（5）股票是一种风险证券。任何投资都有风险，但是股票这种投资方式是风险较大的一种。股东购买了股票后，就不得要求公司返还本金，股东可以将股票转让给第三者收回投资。股东的投资收益与公司的经营状况密切相关。公司经营业绩好，利润多，股利就多，股票价格较高，股东就可以实现投资目的。反之，公司经营业绩差，盈利就少，股票的价格就会下跌，股东进行投资购买股票的目的就不会实现。

二、股份的发行

1. 股份发行的原则。我国《公司法》第126条规定，股份的发行应当坚持公平、公正、公开的原则，必须同股同权，同股同利。具体而言，股份有限公司发行股份应当做到：①当公司公开向社会募集股份时，应就有关股份发行的信息依法公开披露；②同次发行的股份，每股发行的价格和条件应当相同；③发行的同种股份，股东所享有的权利和利益应当是相等的。

2. 股票发行的价格。我国《公司法》第127条规定，股票发行价格可以按票面金额，也可以超过票面金额的价格即溢价发行，但不能低于票面金额发行股票。以超过票面金额发行股票所得的溢价款，应列入公司资本公积金。

实务训练

A股份有限公司是一家上市公司，拟以增发股票的方式从市场融资。公司董事会在讨论发行价格时出现了不同的意见：甲董事认为现在股市行情低迷，应以低于票面金额的发行价格发行，便于快速募集资金；乙董事认为公司股票的市场价格为8元，可以高于票面金额低于8元之间的价格定价，投资者易于接受；丙董事认为超过票面金额发行股票须经证监会批准，成本较高，应平价发行为宜；丁董事认为以高于票面金额发行股票可以增加公司的资本公积金，故应争取溢价发行。

请根据《公司法》的有关规定判断上述观点是否符合法律的规定。

三、股份的转让

股份发行实行自由转让的原则。每个股东都有权依照公司法的规定自由转让自己的股份。但是，为了保护公司、股东及债权人的利益，我国公司法对股份的转让作了必要的限制，主要有：

1. 对股份转让场所的限制。我国《公司法》第138条规定，股东转让其股份，必须在依法设立的证券交易所进行，或者按照国务院规定的其他方式进行。

2. 对发起人持有本公司股份转让的限制。发起人持有的本公司的股份，自公司成立之日起1年内不得转让；公司公开发行股份前已经发行的股份，自公司股票在证券交易所上市之日起1年内不得转让。

3. 对董事、经理、高级管理人员持有本公司股份转让的限制。董事、经理、高级管理人员应当向公司申报所持有的本公司的股份及其变动情况，在任职期间内每次转让的股份不得超过其所持有本公司股份总数的25%。所持本公司股份自公司股票上市交易之日起 1 年内不得转让。上述人员在离职后半年内，不得转让其所持有的本公司的股票。

四、股份和公司债券的区别

公司债券和股份都是公司筹集资本的手段，也都是投资者进行投资的方式，两者的区别有：

1. 持券人的法律地位不同。公司债券的债权人只是作为民法上的一般债权人享有的权利，而股份所有人则是作为公司的组成成员，即股东，享有公司法规定的股东权利并承担股东义务。因此，股东有权参与公司的重大经营管理决策，而公司债券的持有者没有参与公司决策及经营的权利。

2. 收益多少不同。债券所得到的收益通常是事先预定的，股票所得到的收益通常是根据公司的经营业绩而定的。

3. 利益分配的方式不一样。公司债券的债权人，不管公司的是否盈利或盈利多少，债券到期，都有权要求公司还本付息。而股东只能在公司充分盈利时，才能要求公司分配红利。

4. 权利获得的对价方式不同。认购公司债券只能是货币，而认购股份除可以用货币外，还可以用实物、知识产权或土地使用权来抵缴。

5. 风险责任不同。公司债券是一般的民事债权债务关系，投资者购买公司债券，当债券到期，公司必须要还本付息，承担的风险较小；而认购公司股份，投资者即股东是否能够获得收益与公司的生产经营情况密切相关，风险较大。

学习单元四 上市公司

学习目标

学习和掌握上市公司有关法律制度

任务驱动

了解上市公司资产负债发生重大变化时应经股东大会作出决议的制度以及独立董事制度

基本案情

三友上市公司于 2010 年 11 月注册，注册资本为人民币 1.5 亿元。海无涯为该公司的董事长。由于国家宏观调控，信贷难度增大，公司经营出现困难。2011 年 4 月，公司急需 5000 万元周转金拿下一个项目，四处借贷无果后，海无涯在与其他董事沟通后，决定以秘密变卖公司暂时不能开工的一条花费6000万元进口的生产线来换取现金。桥东公司正好需要进口这种生产线，两家一拍即合。2011年4月5日，桥东公司以5500万元的价格买得该生产线，三友公司如愿得到了急需的资金，拿下了那个项目；过了半年，三友公司的监事严某得知公司卖掉了一条进口生产线，质询董事长海无涯，董事长海无涯如实回答，也罗列了变卖后给公司带来的好处。可严某认为，自己作为监事，不能容忍海无涯瞒着大家处置公司财产，更不能眼看着董事长违法而坐视不管。于是，其代表公司向桥东公司主张2006年4月5日双方买卖三友公司生产线的合同无效，原因是，该项处置公司重大资产的行为没有经董事会决议，也没有经股东大会表决。

如何评价严某的行为？

法律提示

《公司法》

第120条　本法所称上市公司，是指其股票在证券交易所上市交易的股份有限公司。

第121条　上市公司在1年内购买、出售重大资产或者担保金额超过公司资产总额30%的，应当由股东大会作出决议，并经出席会议的股东所持表决权的2/3以上通过。

第122条　上市公司设立独立董事，具体办法由国务院规定。

第123条　上市公司设董事会秘书，负责公司股东大会和董事会会议的筹备、文件保管以及公司股东资料的管理，办理信息披露事务等事宜。

第124条　上市公司董事与董事会会议决议事项所涉及的企业有关联关系的，不得对该项决议行使表决权，也不得代理其他董事行使表决权。该董事会会议由过半数的无关联关系董事出席即可举行，董事会会议所作决议须经无关联关系董事过半数通过。出席董事会的无关联关系董事人数不足3人的，应将该事项提交上市公司股东大会审议。

导入案例分析

本案中，公司董事长海无涯仅凭与其他董事沟通即出售该上市公司价值6000万元的生产线的行为应认定为无效行为。根据《公司法》第121条的规定，上市公司在1年内出售重大资产超过公司资产总额30%的，必须由上市公司的股东大会作出决议。

1. 本案中的上市公司注册时间为2010年11月，处置重大资产的行为发生在 2011 年 4 月，公司注册未满 1 年。

2. 三友上市公司的注册资本为人民币 1.5 亿元，本次变卖的公司资产价值 6000 万元（实际变卖价 5500 万元），已经超过注册资本 1.5 亿元的 1/3，应当认定为重大资产。

3. 海无涯做事的程序违法。即使公司急需资金，除了变卖资产别无选择时，也应遵守《公司法》的规定，必须经过股东大会的决议，并且要求在股东大会上经过出席会议的股东所持表决权的 2/3 以上通过。

所以，监事严某指出了董事长海无涯的错误，代表公司主张该买卖无效的行为是正确履行监事职责的行为。

基本理论和知识

一、上市公司的概念

上市公司是指所发行的股票经国务院或者国务院授权的证券监督管理部门批准在证券交易所上市交易的股份有限公司。上市公司的股票依照法律、行政法规及证券交易所的交易规则上市交易。

上市公司只能是股份有限公司而不能是其他种类的公司，并不是所有的股份有限公司都是上市公司，只有那些具备法定上市条件的股份有限公司才能成为上市公司。

二、上市公司的条件

根据《中华人民共和国证券法》（以下简称《证券法》）第 50 条的规定，股份有限公司申请股票上市，应当符合下列条件：

1. 股票经国务院证券监督管理机构核准已公开发行；

2. 公司股本总额不少于人民币 3000 万元；

3. 公开发行的股份达到公司股份总数的 25% 以上；公司股本总额超过人民币 4 亿元的，公开发行股份的比例为 10% 以上；

4. 公司最近 3 年无重大违法行为，财务会计报告无虚假记载。

证券交易所可以规定高于上述规定的上市条件，并报国务院证券监督管理机构批准。

三、上市公司股票上市的暂停与终止

股份有限公司的股票上市后，可因法定原因的出现而暂停或者终止上市。

1. 上市公司股票上市的暂停。我国《证券法》第 55 条规定，上市公司有下列情形之一的，由证券交易所决定暂停其股票上市交易：

（1）公司股本总额、股权分布等发生变化不再具备上市条件；

（2）公司不按照规定公开其财务状况，或者对财务会计报告作虚假记载，

可能误导投资者；

（3）公司有重大违法行为；

（4）公司最近 3 年连续亏损；

（5）证券交易所上市规则规定的其他情形。

2. 上市公司股票上市的终止。我国《证券法》第 56 条规定，上市公司有下列情形之一的，由证券交易所决定终止其股票上市交易：

（1）公司股本总额、股权分布等发生变化不再具备上市条件，在证券交易所规定的期限内仍不能达到上市条件；

（2）公司不按照规定公开其财务状况，或者对财务会计报告作虚假记载，且拒绝纠正；

（3）公司最近 3 年连续亏损，在其后 1 个年度内未能恢复盈利；

（4）公司解散或者被宣告破产；

（5）证券交易所上市规则规定的其他情形。

需要特别指出的是，上市公司股票上市的终止与上市公司法人资格的终止是既有区别又有联系的两个概念。上市公司股票上市的终止并不必然导致上市公司法人资格的终止。股票被终止上市的原上市公司仍然可以作为一个非上市公司而继续存在和经营。相反，如果某上市公司的法人资格被终止了，则必然导致其股票终止上市。

四、对上市公司组织机构的规定

1. 买售重大资产或重大担保由股东大会决议。上市公司在一年内购买、出售重大资产或者担保金额超过公司资产总额 30% 的，应当由股东大会作出决议，并经股东大会所持表决权的 2/3 以上通过。

2. 上市公司设立了独立董事制度。

相关链接

上市公司的独立董事制度

中国证监会于 2001 年颁布了《关于上市公司建立独立董事制度的指导意见》，根据该规定，上市公司应当建立独立董事制度。上市公司独立董事是指不在公司担任除董事以外的其他职务，并与其所受聘的上市公司及其主要股东不存在可能妨碍其进行独立客观判断的关系的董事。独立董事应当按照有关法律法规、本指导意见和公司章程的要求，认真履行职责，维护公司整体利益，尤其是要关注中小股东的合法利益不受侵害。

3. 上市公司设董事会秘书，负责公司股东大会或董事会会议的筹备、文件的保管以及公司股东资料的管理等。

4. 上市公司董事与董事会会议决议事项所涉及的企业有关联关系的，不得对该项决议行使表决权，也不得代理其他董事行使表决权。该董事会会议由过半数的无关联关系董事出席即可举行，董事会会议所作出的决议需经无关联关系董事过半数通过。

有关上市公司的条件和股票上市的程序，我国证券法和其他有关法律给出了一系列的规定。

第五节　外国公司分支机构

学习目标

掌握外国公司、外国公司分支机构、外国公司依照我国法律规定投资设立的子公司的界限，分清它们的不同责任。

任务驱动

学会处理外国公司的分支机构在经营过程中所产生的法律问题和纠纷。

基本案情

印度尼西亚商人哈达尼在印度尼西亚注册了"比丘私人有限公司"，后又到北京设立分支机构，登记名称为"印度尼西亚比丘公司北京联络处"。哈达尼的大部分业务都在广州，于是在广州设立了正德有限责任公司。比丘公司从国外购买的一批体育保健用品，由南北两家机构代理销售。该体育保健品属新开发产品，消费者使用后产生不良影响，消费者依法要求两家机构进行赔偿。请求赔偿数额大于注册资产及分支机构掌管支配的财产。在能否要求印度尼西亚比丘公司进行赔偿的问题上，出现了争议。

试分析本案将如何解决？

法律提示

《公司法》

第191条　本法所称外国公司是指依照外国法律在中国境外设立的公司。

第192条　外国公司在中国境内设立分支机构，必须向中国主管机关提出申请，并提交其公司章程、所属国的公司登记证书等有关文件，经批准后，向公司登记机关依法办理登记，领取营业执照。

外国公司分支机构的审批办法由国务院另行规定。

第 193 条　外国公司在中国境内设立分支机构，必须在中国境内指定负责该分支机构的代表人或者代理人，并向该分支机构拨付与其所从事的经营活动相适应的资金。

对外国公司分支机构的经营资金需要规定最低限额的，由国务院另行规定。

第 194 条　外国公司的分支机构应当在其名称中标明该外国公司的国籍及责任形式。

外国公司的分支机构应当在本机构中置备该外国公司章程。

第 195 条　外国公司在中国境内设立的分支机构不具有中国法人资格。

外国公司对其分支机构在中国境内进行经营活动承担民事责任。

第 196 条　经批准设立的外国公司分支机构，在中国境内从事业务活动，必须遵守中国的法律，不得损害中国的社会公共利益，其合法权益受中国法律保护。

第 197 条　外国公司撤销其在中国境内的分支机构时，必须依法清偿债务，依照本法有关公司清算程序的规定进行清算。未清偿债务之前，不得将其分支机构的财产移至中国境外。

导入案例分析

本案中，印度尼西亚比丘公司北京联络处是印度尼西亚比丘私人公司在中国境内设立的分支机构，依《公司法》的规定不具有法人资格，当其支配的财产不足清偿债务时，债权人有权请求外国公司（印度尼西亚比丘私人公司）承担责任；广州正德有限公司是印度尼西亚比丘私人公司在中国设立的子公司，是具有法人资格的企业，能对外独立承担责任，对其所负债务，债权人不能请求投资人印度尼西亚比丘私人公司承担责任。

基本理论和知识

一、外国公司分支机构的概念和特征

（一）外国公司分支机构的概念

外国公司的分支机构是指外国公司依照我国公司法在我国境内设立的从事生产经营活动的分支机构。所谓外国公司是指依照外国法律在中国境外登记设立的公司。外国公司不是我国公司法的主体，公司法规定的是外国公司在中国设立的分支机构。

外国公司的分支机构和子公司并不相同：

1. 从国籍看，外国公司的子公司如在中国境内设立则属于中国的公司；外国公司的分支机构的国籍隶属于外国公司。

2. 从其独立性看，子公司是独立的法人，而分支机构则不具有独立性，它在财产、名称和责任诸方面均依附于总公司。法人以自己的财产独立承担责任，法人的分支机构的责任则由法人承担。

（二）外国公司分支机构的特征

1. 隶属于外国公司。外国公司的分支机构必须由外国公司设立，并隶属于外国公司。

2. 依照我国的公司法设立。外国公司依照外国法律设立，但是其分支机构必须依照所在国的法律设立。在我国的公司法中，规定了外国公司的分支机构的设立程序、设立条件等。

3. 在我国境内设立。外国公司的分支机构必须在我国境内设立，才具有我国公司法上规定的外国公司分支机构的资格，依照我国公司法受到应有的保护。

所谓在我国境内设立，是指该外国公司分支机构必须在我国境内有确定的住所，有确定的代表人或代理人，有相应的经营活动资金，并开展连续的经营活动。

4. 从事生产经营活动。外国公司分支机构的设立，其目的是为了扩展公司的生产经营活动的范围，在国外开展经营活动。

5. 不具有独立的法人资格。外国公司的分支机构并非是独立法人，而仅仅是法人的组成部分。外国公司分支机构在中国境内进行生产经营活动所产生的民事责任，应当依法由设立该分支机构的外国公司承担。

二、外国分支机构的设立

（一）外国公司分支机构设立的条件

1. 外国公司的证明文件。外国公司在中国境内设立分支机构，必须提交包括公司章程、所属国的公司登记证书等足以反映该公司真实情况和合法资格的证明文件。其公司章程必须置备于该分支机构，供随时查阅。

2. 分支机构的名称。外国公司分支机构的名称中，必须标明该外国公司的国籍及责任形式。

3. 分支机构的代表人和代理人。外国公司必须在中国境内指定负责其分支机构的代表人和代理人。

4. 分支机构的经营管理资金。外国公司必须向其在中国境内的分支机构拨付与其所从事的经营活动相适应的资金。必要时，国务院可以规定外国公司分支机构经营资金的最低限额。

（二）外国公司分支机构设立的程序

对外国公司在中国境内设立分支机构，我国公司法采取的是审批主义，即需要批准才能成立。外国公司在中国境内设立分支机构，必须向中国的主管机关提出申请。申请时应当提交下列文件：①该外国公司的公司章程、所属国的公司登记证书等有关文件；②该外国公司在中国境内指定的代表人或者代理人的姓名、住所及其有关身份证明文件；③该外国公司向其分支机构拨付经营资金的证明。

外国公司在中国境内设立分支机构的申请获得中国主管机关的批准之后，申请人凭批准文件，并提交公司登记所需的有关文件，向公司登记机关办理登记，领取营业执照。

三、外国公司的解散和清算

外国公司分支机构的解散原因一般分为自愿解散和强制解散。

自愿解散分为三种情况：①外国公司作出撤回其在中国的分支机构的决定；②外国公司分支机构本身要求撤销；③外国公司分支机构的经营期限届满。

强制解散的原因一般有：①外国公司发生合并、分立、破产、自动歇业等事件致使该外国公司不复存在；②该分支机构违反了中国的法律或者损害了我国社会公共利益，被有关部门查封或责令关闭；③该分支机构因不能偿还债务，其财产被强制执行，不能继续经营；④该分支机构在设立时有虚假陈述或者提交虚假文件等违法行为，被依法吊销营业执照。

外国分支机构解散的，应当依法进行清算。在自愿解散的情况下，清算人可由外国公司分支机构的负责人或者公司指定的其他人担任；在强制解散的情况下，应由有关主管机关指定人员担任。清算人的主要职责是清理财产、了结业务、清偿债务。在清偿债务以后，如有剩余财产，移交该外国公司。在清算结束前，分支机构的财产不得移往中国境外。

第三章

合伙企业法

第一节 合伙制度概述

学习目标

了解合伙企业的概念和种类。

任务驱动

通过学习，掌握关于设立不同类型的合伙企业的法律规定。

典型案例一

甲、乙、丙、丁、戊、己打算设立一个合伙企业，就下面几个问题向工商登记机关咨询是否符合法律要求：

（1）拟设立合伙企业的名称为长安市科安运输公司；

（2）甲是长安市的国有独资公司；丙是乙的儿子，15 岁，某高中二年级学生；戊是丁的哥哥，是长安市交通运输管理局的副局长；

（3）己是持 A1 驾驶执照的司机，以劳务出资，但不愿意承担无限责任；

（4）合伙人准备在登记前以合伙企业名义与某公司签订一个长期运输协议。

典型案例二

甲、乙、丙、丁四人准备合伙兴办一家饮食店。他们共同拟订了一份合伙协议，但是不知道是否符合法律规定，于是去请教某律师。该律师看后指出合伙协议中以下内容存在一些问题。合伙协议的部分内容如下：

合伙企业的注册资本为 10 万元，其中甲出资 4 万元；乙出资 3 万元；丙以一批桌椅出资，作价 1.8 万元；丁以劳务出资，作价 1.2 万元。甲、乙、丙实际缴付各自出资的 70% 以上即可。未缴付部分何时缴付视情况而定。合伙人对合伙企业债务以下列约定份额承担责任，并以合伙企业财产为限。合伙企业的利润分配按照甲 45%，乙 35%，丙 20% 进行；合伙企业的亏损分担按照甲 35%，乙 25%，丙 15%，丁 25% 的比例进行。

甲和丁为合伙企业事务的执行人，对外代表合伙企业，其权限为：①负责企业的日常管理；②对外交易、订立合同；③改变合伙企业的名称；④必要时，聘任合伙人以外的人担任合伙企业的经营管理人员。乙和丙不参与合伙企业的日常经营管理，但有权了解经营状况，监督甲和丁对合伙企业事务的执行情况。

合伙人依照本协议之规定退伙的，对退伙前合伙企业的债务在退伙后两年内，须继续承担连带责任；两年后，则不再承担连带责任。（其余内容略）

但在工商登记时该合伙协议被认定不符合规定。四人非常不解，他们认为，协议应该是合伙人自由意志的体现，只要他们自己同意，还会有什么问题？法律何必管得太多呢。

有三种观点，请予评析。

（1）四人的观点是正确的。合伙协议只要合伙人各方均同意（即承诺），协议就发生法律效力。

（2）四人的观点是错误的，合伙协议是由法律强制性规定的，一切内容必须以法律规定的为准，合伙人不能自由约定。

（3）合伙协议是一种特殊的合同。它既有一般合同的特点，又有不同于一般合同的一面。法律有强制性规定的必须依法进行，法律无强制性规定的，可以由合伙人自行约定。

典型案例三

2008 年 3 月，某市公民王志清欲创建自己的企业（商业零售），于是找到朋友李玉、张帆和赵春明。王志清现拥有资金 12 万元，李玉拥有一处街面房（房产市价 20 万，若出租开店月租金为 2000 元左右），张帆有资金 8 万元，赵春明拥有经营管理能力。王志清设计了几种投资方案，让其余三人选择。

第一种方案，四人均以上述各自拥有的资产出资成立合伙企业，其中赵春明的经营管理能力由全体协商一致进行评估。

第二种方案，四人均以上述各自拥有的资产出资成立有限责任公司，其中赵春明的经营管理能力由全体协商一致进行评估。

第三种方案，由王志清和张帆以各自拥有的资金成立合伙企业。再由企业向李玉租赁其街面房作为营业场所，按月支付租金；聘任赵春明为经营管理人员。

第四种方案，由王志清出资建立独资企业，向李玉租赁其街面房作为营业场所，按月支付房租；向张帆借 8 万元；聘用赵春明为企业经营管理人员。

李玉的街面房因城市建设而处于商业中心地段，市价很可能会往上升。他不愿意承担过多的责任和风险。王志清、李玉和张帆对赵春明的经营管理能力不是很确信，希望尽可能地制约其行为。

四人商量了许久，仍无法拿定主意，主要是对各自不同的资本投入将对企业债务承担怎样的责任搞不清。

主要有三种观点，请予评析。

（1）李玉将街面房租赁给企业承担的风险小，收益固定。王志清和张帆出资办合伙企业，他们均承担无限责任。不管赵春明是否作为合伙人，他承担的责任都是一样的。

（2）四人共同出资办合伙企业，每个人均承担无限连带责任，风险大，收益也大。四人共同出资举办有限责任公司，则承担的责任最小。

（3）无所谓选择哪种资本投入方式，经营总是有风险的，要做好亏或者盈的准备；不同投资方式下，各人承担的责任差不多。

法律提示

《中华人民共和国合伙企业法》

第二条 本法所称合伙企业，是指自然人、法人和其他组织依照本法在中国境内设立的普通合伙企业和有限合伙企业。

普通合伙企业由普通合伙人组成，合伙人对合伙企业债务承担无限连带责任。本法对普通合伙人承担责任的形式有特别规定的，从其规定。

有限合伙企业由普通合伙人和有限合伙人组成，普通合伙人对合伙企业债务承担无限连带责任，有限合伙人以其认缴的出资额为限对合伙企业债务承担责任。

第三条 国有独资公司、国有企业、上市公司以及公益性的事业单位、社会团体不得成为普通合伙人。

第四条 合伙协议依法由全体合伙人协商一致、以书面形式订立。

第五条 订立合伙协议、设立合伙企业，应当遵循自愿、平等、公平、诚实信用原则。

第七条 合伙企业及其合伙人必须遵守法律、行政法规，遵守社会公德、商业道德，承担社会责任

第九条 申请设立合伙企业，应当向企业登记机关提交登记申请书、合伙协议书、合伙人身份证明等文件。

合伙企业的经营范围中有属于法律、行政法规规定在登记前须经批准的项目的，该项经营业务应当依法经过批准，并在登记时提交批准文件。

第十条 申请人提交的登记申请材料齐全、符合法定形式，企业登记机关能够当场登记的，应予当场登记，发给营业执照。

除前款规定情形外，企业登记机关应当自受理申请之日起二十日内，作出是否登记的决定。予以登记的，发给营业执照；不予登记的，应当给予书面答复，并说明理由。

第十一条 合伙企业的营业执照签发日期，为合伙企业成立日期。

合伙企业领取营业执照前，合伙人不得以合伙企业名义从事合伙业务。

第十四条 设立合伙企业，应当具备下列条件：

（一）有二个以上合伙人。合伙人为自然人的，应当具有完全民事行为能力；

（二）有书面合伙协议；

（三）有合伙人认缴或者实际缴付的出资；

（四）有合伙企业的名称和生产经营场所；

（五）法律、行政法规规定的其他条件。

第十五条 合伙企业名称中应当标明"普通合伙"字样。

第十六条 合伙人可以用货币、实物、知识产权、土地使用权或者其他财产权利出资，也可以用劳务出资。

合伙人以实物、知识产权、土地使用权或者其他财产权利出资，需要评估作价的，可以由全体合伙人协商确定，也可以由全体合伙人委托法定评估机构评估。

合伙人以劳务出资的，其评估办法由全体合伙人协商确定，并在合伙协议中载明。

第三十三条 合伙企业的利润分配、亏损分担，按照合伙协议的约定办理；合伙协议未约定或者约定不明确的，由合伙人协商决定；协商不成的，由合伙人按照实缴出资比例分配、分担；无法确定出资比例的，由合伙人平均分配、分担。

合伙协议不得约定将全部利润分配给部分合伙人或者由部分合伙人承担全部亏损。

第六十二条 有限合伙企业名称中应当标明"有限合伙"字样。

第六十四条 有限合伙人可以用货币、实物、知识产权、土地使用权或者其他财产权利作价出资。

有限合伙人不得以劳务出资。

相关提示

《中华人民共和国公司法》

第二条　本法所称公司是指依照本法在中国境内设立的有限责任公司和股份有限公司。

第三条　公司是企业法人，有独立的法人财产，享有法人财产权，公司以其全部财产对公司的债务承担责任。

有限责任公司的股东以其认缴的出资额为限对公司承担责任；股份有限公司的股东以其认购的股份为限对公司承担责任。

《中华人民共和国个人独资企业法》

第二条　本法所称个人独资企业，是指依照本法在中国境内设立，由一个自然人投资，财产为投资人个人所有，投资人以其个人财产对企业债务承担无限责任的经营实体。

《中华人民共和国公务员法》

第五十九条　公务员应当遵纪守法，不得有下列行为：

（一）散布有损宪法权威、中国共产党和国家声誉的言论，组织或者参加旨在反对宪法、中国共产党领导和国家的集会、游行、示威等活动；

（二）组织或者参加非法组织，组织或者参加罢工；

（三）挑拨、破坏民族关系，参加民族分裂活动或者组织、利用家教活动破坏民族团结和社会稳定；

（四）不担当，不作为，玩忽职守，贻误工作；

（五）拒绝执行上级依法作出的决定和命令；

（六）对批评、申诉、控告、检举进行压制或者打击报复；

（七）弄虚作假，误导、欺骗领导和公众；

（八）贪污贿赂，利用职务之便为自己或者他人谋取私利；

（九）违反财经纪律，浪费国家资财；

（十）滥用职权，侵害公民、法人或者其他组织的合法权益；

（十一）泄露国家秘密或者工作秘密；

（十二）在对外交往中损害国家荣誉和利益；

（十三）参与或者支持色情、吸毒、赌博、迷信等活动；

（十四）违反职业道德、社会公德和家庭美德；

（十五）违反有关规定参与禁止的网络传播行为或者网络活动；

（十六）违反有关规定从事或者参与营利性活动，在企业或者其他营利性组织中兼任职务；

（十七）旷工或者因公外出、请假期满无正当理由逾期不归；

（十八）违法违纪的其他行为。

基本理论和知识

一、合伙企业的概念

合伙是一种古老的商业组织形态。欧洲中世纪，随着商品经济的发展，合伙经营日益普遍，合伙形式也得到了新的突破，合伙的团体性质得到了增强。到了近现代，虽有公司这一法人组织出现，但合伙并未因此退出历史舞台，作为独立的联合经营形式，它在各大陆法系国家民法典中以合伙契约的形式被确立为一种基本民事制度；与此同时，在英美法系国家，合伙的性质得到了进一步的加强，如美国统一合伙法，一方面将合伙作为一种个人联合体，另一方面又使它具有法人的各种基本特征。在现代市场经济条件下，合伙以其聚散灵活的经营形式和较强的应变能力，受到各国法律的普遍重视，已成为现代联合经营所不可缺少的形式之一。

根据我国《合伙企业法》的规定："合伙企业，是指自然人、法人和其他组织依照本法在中国境内设立的普通合伙企业和有限合伙企业。普通合伙企业由普通合伙人组成，合伙人对合伙企业债务承担无限连带责任。有限合伙企业由普通合伙人和有限合伙人组成，普通合伙人对合伙企业债务承担无限连带责任，有限合伙人以其认缴的出资额为限对合伙企业债务承担责任。"在理解掌握我国现行立法上的合伙企业的概念时，需要注意以下几个问题：

第一，合伙企业作为企业组织体有别于不具备企业组织形态的契约型合伙。二者的主要区别在于：①合伙企业必须以营利为目的，而契约型合伙不一定具有营利目的（例如，合伙租房）；②合伙企业的营业具有长期性和稳定性，而契约型合伙的营业往往是临时性的；③合伙企业必须有自己的名称（即商号），而名称对于契约型合伙并不是必要的；④设立合伙企业必须向企业登记机关申请登记，领取营业执照，而契约型合伙只需订立合伙合同即为成立。因此，《合伙企业法》只适用于合伙企业，至于契约型合伙则适用《民法通则》和《合同法》的有关规定。

第二，《合伙企业法》于1997年2月23日第八届全国人民代表大会常务委员会第二十四次会议通过，2006年8月27日第十届全国人民代表大会常务委员会第二十三次会议对其作了重大修订。采用合伙制的律师事务所、会计师事务所、医生诊所、建筑设计师事务所等组织，作为特殊的普通合伙企业，也属于《合伙企业法》的调整范围。

第三，修订后的《合伙企业法》不再限于以自然人为合伙人，自然人、法人和其他组织均可依法在中国境内设立合伙企业。

第四，修订后的《合伙企业法》规定了两种类型的合伙企业：普通合伙企业和有限合伙企业。普通合伙企业由普通合伙人组成，合伙人对合伙企业债务承担无限连带责任。有限合伙企业由普通合伙人和有限合伙人组成，普通合伙人对合伙企业债务承担无限连带责任，有限合伙人以其认缴的出资额为限对合伙企业债务承担责任。立法上对有限合伙人作出了不同于普通合伙人的许多特殊规定，如出资、合伙事务执行、法律责任等方面。

二、合伙企业的特征

合伙企业具有以下特征：

（一）合伙协议是合伙得以成立的法律基础

合伙企业从法律上讲属于人合性质的企业。也就是说合伙企业本质上是人的结合而不是资本的结合。合伙企业的信用基础是全体合伙人而不是合伙财产。因此，合伙企业的建立，必须由全体合伙人协商一致，订立合同（即合伙协议）。合伙协议是调整合伙人关系，规范合伙人相互间的权利义务，处理合伙纠纷的基本法律依据，也是合伙企业得以成立的法律基础。换句话说，没有合伙协议，就不可能成立合伙企业。

（二）合伙须由全体合伙人共同出资、共同经营

1. 出资是合伙人的基本义务，也是其取得合伙人资格的前提。《合伙企业法》所规定的出资形式丰富多样，合伙人除了可以以现金、实物、土地使用权和知识产权等四种方式出资以外，还可以劳务、技术、管理经验、商誉甚至不作为的方式出资，只要其他合伙人同意即可。

2. 合伙人共同经营。合伙人必须共同从事经营活动，以合伙为职业和谋生之本。如果没有特别约定，那么任何一个合伙人都是合伙企业的当然经营者。合伙的一些具体制度如竞业禁止等即是基于此而产生的。

3. 合伙所从事的行为是以营利为目的的经营行为。若无营利的目的，则不是合伙企业而是不具备企业形态的契约型合伙。

（三）合伙人共负盈亏，共担风险，依法对外承担法律责任。

合伙协议是合伙企业得以建立的法律基础。合伙人按照合伙协议的约定共同享受利润，共同承担风险。按照《合伙企业法》的规定，合伙企业的利润和亏损，由合伙人依照合伙协议约定的比例分配和分担；合伙协议未约定利润分配和亏损分担比例的，由各合伙人平均分配和分担。

普通合伙人对合伙企业的债务承担无限连带责任。合伙企业的团体人格与合伙人的个人人格紧密联系，合伙企业的债务，归根结底是合伙人的债务。所以，当合伙企业的财产不足以清偿其债务时，普通合伙人应当以自己的个人财产承担不足部分的清偿责任，即承担无限责任。不仅如此，任何一个普通合伙人都有义务清偿全部合伙债务（不管其出资比例如何），即承担连带责任。但是有限合伙人以其认缴的出资额为限对合伙企业债务承担责任。

案例点拨一

①设立合伙企业依法有两种类型：普通合伙企业和有限合伙企业，在合伙企业名称中应当标明"普通合伙"或"有限合伙"字样，不得使用"公司"。本案中拟设立合伙企业的名称为长安市科安运输公司，不符合法律规定。②《合伙企业法》第3条规定：国有独资公司、国有企业、上市公司以及公益性的事业单位、社会团体不得成为普通合伙人。因此本案中甲不能成为普通合伙人，但可以成为有限合伙人。《合伙企业法》第14条规定：合伙人为自然人的，应当具有完全民事行为能力。本案中丙是乙的儿子，15岁，不具有完全民事行为能力，不能成为合伙人。根据《公务员法》第59条的规定：公务员必须遵守纪律，不得从事或者参与营利性活动，在企业或者其他营利性组织中兼任职务。本案中戊是丁的哥哥，是长安市交通运输管理局的副局长，系公务员，因此不能成为合伙人。③《合伙企业法》第64条第2款规定：有限合伙人不得以劳务出资。本案中己是持A1驾驶执照的司机，以劳务出资，只能作为普通合伙人，不能成为有限合伙人。④《合伙企业法》第11条第2款规定：合伙企业领取营业执照前，合伙人不得以合伙企业名义从事合伙业务。本案中合伙人准备在登记前以合伙企业名义与某公司签订一个长期运输协议，是不合法的。

案例点拨二

首先，合伙协议具有合同的基本特征。合同的当事人地位平等，订立合同应遵循自愿、诚实信用等原则；订立合伙协议，即使各合伙人出资不等也不允许违反自愿、平等、诚实信用、公平等原则，任何人不能将自己的意志强加于他人。合同的订立过程由要约和承诺两个阶段构成；合伙协议的订立同样要经历这些过程，当所有的合伙人对合伙协议的各项条款均无异议时合伙协议即告成立。合同订立后经当事人协商同意可以进行修改、补充；合伙协议经全体合伙人一致同意也可以进行修改或者补充。合同成立生效后，各当事人应当按照合同约定的内容履行；合伙协议经合伙人签名、盖章后生效，合伙人依照合伙协议享有权利、承担风险。

其次，尽管合伙协议与一般合同有着许多相同之处，但是它们也存在着重大的差异。订立合伙协议的目的在于建立一个有利于各合伙人的营利联盟，各合伙人追求的利益是共同的，各自的权利和义务往往是一致的。而一般的合同中双方签定合同的目的各异，一方想要得到的利益需要对方当事人的付出，即权利和义务具有相对性。另一方面，合伙协议是设立合伙企业的前提条件和必要条件，合伙企业是订立合伙协议的结果。合伙协议使各合伙人成为债权人或者债务人，并使各个独立的主体成为一个团体（合伙企业）的成员，各自的利益捆绑在一起。正是由于合伙协议的重要性和不同于一般合同的目的，所以法律对它的规定比一般合同要多。除了合伙人可以自由约定的任意性事项外，有些关系到合伙人的责任、合伙企业前途的事项法律作出了限制性甚至禁止性的规定。

再次，合伙协议是共同行为，一般合同中的抗辩权不适用于合伙协议，合伙人对出资、承担债务等方面按照法律规定须承担连带责任；但合伙人之间并不存在相互清偿。各合伙人在合伙企业中既享有权利又都承担义务。合伙协议是诺成合同、要式合同。一般的合同可以要式或者不要式，而合伙协议必须采用书面形式，法律规定了合伙协议必须载明的事项。

最后，在本案中，四人订立的合伙协议中存在以下违法之处：①合伙企业的出资必须是各合伙人实际缴付的出资，该合伙协议中对出资的规定违反了法律的强制性规定，无效；②每个合伙人对合伙企业的债务须承担无限连带责任，合伙人不能以合伙协议排除这一责任，否则约定无效；③合伙协议不得约定将全部利润分配给部分合伙人或者由部分合伙人承担全部亏损，而且分配利润承担亏损的比例应当相同，这样规定是为了体现公平原则和权利义务的一致性；④法律规定，某些事项必须由全体合伙人同意，如改变企业的名称、聘用合伙人以外的人担任企业的经营管理人员，因此合伙企业的部分合伙人不能自行决定这些事项；⑤按照法律规定，退伙人对其退伙前发生的合伙企业的债务，与其他合伙人承担连带责任，合伙协议不能减轻合伙人的负担，而使企业的债权人蒙受损失、增加风险。

案例点拨三

第一，不同的资本投入方式，给投资者带来的收益和风险是有很大差别的。选择怎样的方案好，要由投资者对从企业获得收益的期待以及对企业债务愿意承担多少责任而定。在独资企业和合伙企业中，投资人和合伙人对企业的债务承担无限责任和无限连带责任。若建立有限责任公司，则投资人（股东）承担有限责任。按照我国目前法律的规定，独资企业、合伙企业均不能获得法人资格，有限责任公司则是企业法人。

第二，在第一种方案中，四人分别以资金、房产、劳务作为出资成立合伙企业，他们对企业的债务都承担无限连带责任。这些出资投入企业后，成为合伙企业的财产（合伙财产还包括以合伙企业名义获得的收益），由全体合伙人共同管理和使用；在企业存续期间，除非有合伙人退伙等法定事由，合伙人不得请求分割合伙企业的财产。对合伙财产的占有、使用、收益、处分，依全体合伙人共同意志进行，即合伙财产由合伙人共同共有。当企业对外负债时，先用合伙财产进行清偿。合伙财产不足清偿到期债务的，各合伙人应当承担无限连带责任，以各自的个人财产来清偿，包括提供劳务的赵春明；在这种情况下，李玉的街面房可能被拍卖、折价去偿还企业债务，其风险是很大的。

第三，在第二种方案中，赵春明不能成为股东，因为有限责任公司股东的出资方式不包括劳务，当然，他可以受聘于该公司。其他三人以各自的出资额为限对公司债务承担责任，若不足以清偿，也不追究个人财产。公司以全部财产对外承担责任，不足以清偿的，则面临破产。可见，公司（法人）制度体现了所有者和经营者的分离。本方案中，尽管投资者承担有限责任，但若李玉以房产投资，则他不再享有该房产的所有权，该房产作为公司的资产；而该房产会升值，所以以此投资，对李玉而言不是很有利。

第四，在第三种方案中，王志清和张帆作为合伙人对企业债务承担无限连带责任。李玉则是合伙企业的债权人，与合伙企业形成房屋租赁关系，房屋的产权仍由李玉享有。合伙企业若出现债务，该房产不会被拍卖抵债，因为它不是合伙企业的财产，也不是合伙人的个人财产，不会被追究。所以李玉既可以获得稳定的租金收入，又可以避免承担较重的责任。赵春明与合伙企业形成雇佣关系，取得稳定的工资收入，无须对企业债务承担无限连带责任。王志清和张帆能够较容易地控制赵春明。当然，也有不利之处，即不利于发挥赵春明的积极性和潜能；而如果吸收赵春明为合伙人，则他的利益会和企业更紧密地联系在一起，促使其与其他合伙人共同努力，获得更多的利益。

第五，在第四种方案中，王志清对企业的债务承担无限连带责任，风险很大。李玉、赵春明和企业的关系分别是房屋租赁关系和雇佣关系，利弊同第三种方案。张帆与王志清之间形成借贷法律关系，是企业的债权人，对企业的债务不承担任何有限、无限责任，他不是企业的投资人。

通过以上的分析，各人可以根据自己的期望选择相应的投资或者参与方式，欲获得高收益且能承担高风险的可以选择成为投资人（合伙人），欲获得稳定收入且只能承担较小风险的可以选择成为企业的债权人或者雇员。

实战训练一

甲公司是经营批发业务的有限责任公司，甲公司的主要债务人是乙公司和丙企业。乙公司是以零售业为主的有限责任公司，由 A 和 B 出资设立；丙企业是由 C、D 和 E 共同出资设立的有限合伙企业，C 是有限合伙人，D、E 是普通合伙人。甲公司一直向乙和丙企业催缴债务未成。乙公司和丙企业账面上确实没有资金。于是，甲公司向 A、B、C、D、E 追偿。但 A、B 认为自己只是股东，没有义务承担出资以外的债务；C 认为自己是有限合伙人，不应对企业债务承担责任；D、E 认为，自己应当仅就出资额为限承担责任。

问：（1）A、B 的说法正确吗？

（2）C 的说法是否正确？

（3）D、E 的说法是否正确？

（4）甲公司的债权如何实现？

实战训练二

2004 年 2 月 9 日，万案县李某（农民）与刘某、郭某、曾某（三人均系国家公务员）签订一份书面《合伙协议书》，约定四人共同开办一合伙企业毛竹拉丝厂，每人各占四分之一的股份。企业开办试生产后不久，由于政府发文清理整顿木竹加工企业，停止发放《木竹加工许可证》，无法取得工商行政管理机关的《企业法人营业执照》等原因，导致企业不能继续生产经营。李某遂以刘某、郭某、曾某属国家公务员，依法不能经商办企业为由，向人民法院提起要求退伙的民事诉讼，同时要求刘某、郭某、曾某赔偿其全部投资损失。

请问：（1）该合伙协议是否有效？

（2）李某能否要求刘某、郭某、曾某赔偿其全部投资损失？

第二节　普通合伙企业

学习目标

了解普通合伙企业的设立、合伙事务的执行、普通合伙企业的入伙与退伙、普通合伙的法律责任以及特殊的普通合伙企业。

任务驱动

通过学习，解决现实中合伙人的民事责任问题、处理合伙的具体事务。

典型案例一

甲、乙、丙、丁四人决定投资设立一普通合伙企业，并签订了书面合伙协议。合伙协议的主要内容如下：①甲以货币出资 10 万元，乙以实物折价出资 8

万元，经其他三人同意丙以劳务作价出资 6 万元，丁以货币出资 4 万元；②四人约定按 2：2：1：1 比例分配利润和承担风险；③由甲执行合伙企业事务，对外代表合伙企业，其他三人均不再执行合伙企业事务，但对外签订 2 万元以上的合同应经其他合伙人同意。合伙协议中未约定合伙企业的经营期限。

合伙企业在存续期间，发生下列事实：

（1）甲擅自以合伙企业的名义与善意第三人 A 公司签订了 3 万元的代销合同，乙合伙人获知后，认为该合同不符合合伙企业利益，经与丙、丁商议后，即向 A 公司表示对该合同不予承认，因为甲合伙人无单独与第三人签订代销合同的权利。

（2）合伙人丁撤资退伙，其退伙并不给合伙企业造成任何不利影响。合伙企业又接纳戊入伙，并修改了合伙协议。

（3）合伙企业的债权人 A 公司就合伙人丁退伙前发生的债务要求合伙企业的现合伙人甲、乙、丙、戊及退伙人丁共同承担连带清偿责任。甲表示只按照合伙协议约定的比例清偿相应数额。丙则表示自己是以劳务出资的，只领取固定的工资收入，不负责偿还企业债务。丁以自己已经退伙为由，拒绝承担清偿责任。戊以自己新入伙为由，拒绝对其入伙前的债务承担清偿责任。

（4）执行合伙事务的合伙人甲为了改善企业经营管理，独自决定聘任合伙人以外的张某担任该合伙企业的经营管理人员，并以合伙企业名义为 B 公司提供担保。

（5）合伙人乙在其个人与 C 公司的买卖合同中，无法清偿 C 公司的到期债务 8 万元，C 公司要求代位行使乙在合伙企业中的权利用于清偿债务。

问：（1）甲以合伙企业名义与 A 公司所签的代销合同是否有效？为什么？

（2）丁拒绝承担责任的主张是否成立？为什么？如果丁向 A 公司偿还了全部债务，丁可以向哪些当事人追偿？

（3）戊拒绝承担责任的主张是否成立？为什么？

（4）甲聘任张某担任合伙企业的经营管理人员及为 B 公司提供担保的行为是否合法？为什么？

（5）C 公司的要求是否符合法律规定？为什么？

（6）甲拒绝承担连带责任的主张是否成立？为什么？

（7）丙拒绝承担连带责任的主张是否成立？为什么？

（8）合伙人乙被人民法院强制执行其在合伙企业中的全部财产份额后，合伙企业决定对乙进行除名，合伙企业的做法是否符合法律规定？为什么？

（9）合伙人丁的退伙属于何种情况？其退伙应符合哪些条件？

典型案例二

甲、乙、丙、丁四人共同投资设立 A 普通合伙企业。合伙协议的部分内容如下：由甲、乙执行合伙企业事务，丙、丁不得过问企业事务；利润和损失由甲、乙、丙、丁平均分配和分担。在执行合伙企业事务过程中，为提高管理水平，甲自行决定聘请王某担任合伙企业经营管理人员。因合伙企业发展良好，乙打算让其朋友郑某入伙。在征得甲的同意后，乙即安排郑某参与合伙事务。

要求根据上述情况和合伙企业法律制度的相关规定，回答下列问题：

（1）合伙协议中关于合伙企业事务执行的约定是否符合法律规定？简要说明理由。

（2）甲聘请王某担任经营管理人员是否符合法律规定？简要说明理由。

（3）郑某是否已经成为 A 合伙企业的合伙人？简要说明理由。

典型案例三

2008 年 10 月，张某、李某、黄某和胡某四人共同出资成立一普通合伙企业，主要从事挂面生产、销售，菜籽油生产和销售。四人共同决定张某为合伙企业的对外事务执行人，其他三人负责企业的内部生产和管理事务。2009 年 12 月，黄某未经其他合伙人同意擅自与一个体商户吴某签订了一份菜籽油购销合同，约定一个月内向对方提供 600 公斤菜籽油。后来情势发生变化，无法履行合同。吴某要求赔偿损失。

关于黄某签订的该项购销合同是否有效，合伙企业是否要赔偿吴某的损失，有两种意见，请予评析：

第一种意见认为，全体合伙人一致决定或委托一人为合伙事务执行人后，其他合伙人应不得执行对外合伙事务，因此黄某擅自签订的购销合同无法律效力，吴某的损失由黄某个人赔偿。

第二种意见认为，虽然黄某无对外合伙事务执行资格，但合伙企业关于合伙事务执行人的决定不得对抗善意第三人，因此，黄某与吴某签订的合同有效，损失应由合伙企业赔偿，之后可以向黄某追偿。

典型案例四

注册会计师甲、乙、丙投资设立 A 会计师事务所，该会计师事务所的形式为特殊的普通合伙企业，提供审计鉴证业务和验资业务。在 2008 年的审计业务中，发生了下列事项：

（1）甲在对 B 上市公司的年度会计报告进行审计过程中，因重大过失遗漏了一笔销售收入，经人民法院判决由该事务所向 B 上市公司的相关股东承担赔偿责任，甲认为自己并非故意造成的损失，该赔偿责任应该由全体合伙人共同承担连带责任。

（2）乙在对 C 公司设立过程的验资服务中，因疏忽大意而出具了证明不实的验资报告，该报告直接给 C 公司的债权人造成了一定的经济损失，经人民法院认定，乙的疏忽大意并不属于重大过失。

根据以上资料，回答下列问题：

（1）甲的说法是否正确？并说明理由。

（2）对于乙造成的损失，合伙企业的合伙人应该按照何种方式来承担责任？并说明理由。

法律提示

《中华人民共和国合伙企业法》

第二章　普通合伙企业

第一节　合伙企业设立

第十四条　设立合伙企业，应当具备下列条件：

（一）有二个以上合伙人。合伙人为自然人的，应当具有完全民事行为能力；

（二）有书面合伙协议；

（三）有合伙人认缴或者实际缴付的出资；

（四）有合伙企业的名称和生产经营场所；

（五）法律、行政法规规定的其他条件。

第十五条　合伙企业名称中应当标明"普通合伙"字样。

第十六条　合伙人可以用货币、实物、知识产权、土地使用权或者其他财产权利出资，也可以用劳务出资。

合伙人以实物、知识产权、土地使用权或者其他财产权利出资，需要评估作价的，可以由全体合伙人协商确定，也可以由全体合伙人委托法定评估机构评估。

合伙人以劳务出资的，其评估办法由全体合伙人协商确定，并在合伙协议中载明。

第十七条　合伙人应当按照合伙协议约定的出资方式、数额和缴付期限，履行出资义务。

以非货币财产出资的，依照法律、行政法规的规定，需要办理财产权转移手续的，应当依法办理。

第十八条　合伙协议应当载明下列事项：

（一）合伙企业的名称和主要经营场所的地点；

（二）合伙目的和合伙经营范围；

（三）合伙人的姓名或者名称、住所；

（四）合伙人的出资方式、数额和缴付期限；

（五）利润分配、亏损分担方式；

（六）合伙事务的执行；

（七）入伙与退伙；

（八）争议解决办法；

（九）合伙企业的解散与清算；

（十）违约责任。

第十九条　合伙协议经全体合伙人签名、盖章后生效。合伙人按照合伙协议享有权利，履行义务。

修改或者补充合伙协议，应当经全体合伙人一致同意；但是，合伙协议另有约定的除外。

合伙协议未约定或者约定不明确的事项，由合伙人协商决定；协商不成的，依照本法和其他有关法律、行政法规的规定处理。

第二节　合伙企业财产

第二十条　合伙人的出资、以合伙企业名义取得的收益和依法取得的其他财产，均为合伙企业的财产。

第二十一条　合伙人在合伙企业清算前，不得请求分割合伙企业的财产；但是，本法另有规定的除外。

合伙人在合伙企业清算前私自转移或者处分合伙企业财产的，合伙企业不得以此对抗善意第三人。

第二十二条　除合伙协议另有约定外，合伙人向合伙人以外的人转让其在合伙企业中的全部或者部分财产份额时，须经其他合伙人一致同意。

合伙人之间转让在合伙企业中的全部或者部分财产份额时，应当通知其他合伙人。

第二十三条　合伙人向合伙人以外的人转让其在合伙企业中的财产份额的，在同等条件下，其他合伙人有优先购买权；但是，合伙协议另有约定的除外。

第二十四条　合伙人以外的人依法受让合伙人在合伙企业中的财产份额的，经修改合伙协议即成为合伙企业的合伙人，依照本法和修改后的合伙协议享有权利，履行义务。

第二十五条　合伙人以其在合伙企业中的财产份额出质的，须经其他合伙人一致同意；未经其他合伙人一致同意，其行为无效，由此给善意第三人造成损失的，由行为人依法承担赔偿责任。

第三节 合伙事务执行

第二十六条 合伙人对执行合伙事务享有同等的权利。

按照合伙协议的约定或者经全体合伙人决定，可以委托一个或者数个合伙人对外代表合伙企业，执行合伙事务。

作为合伙人的法人、其他组织执行合伙事务的，由其委派的代表执行。

第二十七条 依照本法第二十六条第二款规定委托一个或者数个合伙人执行合伙事务的，其他合伙人不再执行合伙事务。

不执行合伙事务的合伙人有权监督执行事务合伙人执行合伙事务的情况。

第二十八条 由一个或者数个合伙人执行合伙事务的，执行事务合伙人应当定期向其他合伙人报告事务执行情况以及合伙企业的经营和财务状况，其执行合伙事务所产生的收益归合伙企业，所产生的费用和亏损由合伙企业承担。

合伙人为了解合伙企业的经营状况和财务状况，有权查阅合伙企业会计账簿等财务资料。

第二十九条 合伙人分别执行合伙事务的，执行事务合伙人可以对其他合伙人执行的事务提出异议。提出异议时，应当暂停该项事务的执行。如果发生争议，依照本法第三十条规定作出决定。

受委托执行合伙事务的合伙人不按照合伙协议或者全体合伙人的决定执行事务的，其他合伙人可以决定撤销该委托。

第三十条 合伙人对合伙企业有关事项作出决议，按照合伙协议约定的表决办法办理。合伙协议未约定或者约定不明确的，实行合伙人一人一票并经全体合伙人过半数通过的表决办法。

本法对合伙企业的表决办法另有规定的，从其规定。

第三十一条 除合伙协议另有约定外，合伙企业的下列事项应当经全体合伙人一致同意：

（一）改变合伙企业的名称；

（二）改变合伙企业的经营范围、主要经营场所的地点；

（三）处分合伙企业的不动产；

（四）转让或者处分合伙企业的知识产权和其他财产权利；

（五）以合伙企业名义为他人提供担保；

（六）聘任合伙人以外的人担任合伙企业的经营管理人员。

第三十二条 合伙人不得自营或者同他人合作经营与本合伙企业相竞争的业务。

除合伙协议另有约定或者经全体合伙人一致同意外，合伙人不得同本合伙企业进行交易。

合伙人不得从事损害本合伙企业利益的活动。

第三十三条　合伙企业的利润分配、亏损分担，按照合伙协议的约定办理；合伙协议未约定或者约定不明确的，由合伙人协商决定；协商不成的，由合伙人按照实缴出资比例分配、分担；无法确定出资比例的，由合伙人平均分配、分担。

合伙协议不得约定将全部利润分配给部分合伙人或者由部分合伙人承担全部亏损。

第三十四条　合伙人按照合伙协议的约定或者经全体合伙人决定，可以增加或者减少对合伙企业的出资。

第三十五条　被聘任的合伙企业的经营管理人员应当在合伙企业授权范围内履行职务。

被聘任的合伙企业的经营管理人员，超越合伙企业授权范围履行职务，或者在履行职务过程中因故意或者重大过失给合伙企业造成损失的，依法承担赔偿责任。

第三十六条　合伙企业应当依照法律、行政法规的规定建立企业财务、会计制度。

第四节　合伙企业与第三人关系

第三十七条　合伙企业对合伙人执行合伙事务以及对外代表合伙企业权利的限制，不得对抗善意第三人。

第三十八条　合伙企业对其债务，应先以其全部财产进行清偿。

第三十九条　合伙企业不能清偿到期债务的，合伙人承担无限连带责任。

第四十条　合伙人由于承担无限连带责任，清偿数额超过本法第三十三条第一款规定的其亏损分担比例的，有权向其他合伙人追偿。

第四十一条　合伙人发生与合伙企业无关的债务，相关债权人不得以其债权抵销其对合伙企业的债务；也不得代位行使合伙人在合伙企业中的权利。

第四十二条　合伙人的自有财产不足清偿其与合伙企业无关的债务的，该合伙人可以以其从合伙企业中分取的收益用于清偿；债权人也可以依法请求人民法院强制执行该合伙人在合伙企业中的财产份额用于清偿。

人民法院强制执行合伙人的财产份额时，应当通知全体合伙人，其他合伙人有优先购买权；其他合伙人未购买，又不同意将该财产份额转让给他人的，依照本法第五十一条的规定为该合伙人办理退伙结算，或者办理削减该合伙人相应财产份额的结算。

第五节　入伙、退伙

第四十三条　新合伙人入伙，除合伙协议另有约定外，应当经全体合伙人一致同意，并依法订立书面入伙协议。

订立入伙协议时，原合伙人应当向新合伙人如实告知原合伙企业的经营状况和财务状况。

第四十四条　入伙的新合伙人与原合伙人享有同等权利，承担同等责任。入伙协议另有约定的，从其约定。

新合伙人对入伙前合伙企业的债务承担无限连带责任。

第四十五条　合伙协议约定合伙期限的，在合伙企业存续期间，有下列情形之一的，合伙人可以退伙：

（一）合伙协议约定的退伙事由出现；

（二）经全体合伙人一致同意；

（三）发生合伙人难以继续参加合伙的事由；

（四）其他合伙人严重违反合伙协议约定的义务。

第四十六条　合伙协议未约定合伙期限的，合伙人在不给合伙企业事务执行造成不利影响的情况下，可以退伙，但应当提前三十日通知其他合伙人。

第四十七条　合伙人违反本法第四十五条、第四十六条的规定退伙的，应当赔偿由此给合伙企业造成的损失。

第四十八条　合伙人有下列情形之一的，当然退伙：

（一）作为合伙人的自然人死亡或者被依法宣告死亡；

（二）个人丧失偿债能力；

（三）作为合伙人的法人或者其他组织依法被吊销营业执照、责令关闭、撤销，或者被宣告破产；

（四）法律规定或者合伙协议约定合伙人必须具有相关资格而丧失该资格；

（五）合伙人在合伙企业中的全部财产份额被人民法院强制执行。

合伙人被依法认定为无民事行为能力人或者限制民事行为能力人的，经其他合伙人一致同意，可以依法转为有限合伙人，普通合伙企业依法转为有限合伙企业。其他合伙人未能一致同意的，该无民事行为能力或者限制民事行为能力的合伙人退伙。

退伙事由实际发生之日为退伙生效日。

第四十九条　合伙人有下列情形之一的，经其他合伙人一致同意，可以决议将其除名：

（一）未履行出资义务；

（二）因故意或者重大过失给合伙企业造成损失；

（三）执行合伙事务时有不正当行为；

（四）发生合伙协议约定的事由。

对合伙人的除名决议应当书面通知被除名人。被除名人接到除名通知之日，除名生效，被除名人退伙。

被除名人对除名决议有异议的，可以自接到除名通知之日起三十日内，向人民法院起诉。

第五十条 合伙人死亡或者被依法宣告死亡的，对该合伙人在合伙企业中的财产份额享有合法继承权的继承人，按照合伙协议的约定或者经全体合伙人一致同意，从继承开始之日起，取得该合伙企业的合伙人资格。

有下列情形之一的，合伙企业应当向合伙人的继承人退还被继承合伙人的财产份额：

（一）继承人不愿意成为合伙人；

（二）法律规定或者合伙协议约定合伙人必须具有相关资格，而该继承人未取得该资格；

（三）合伙协议约定不能成为合伙人的其他情形。

合伙人的继承人为无民事行为能力人或者限制民事行为能力人的，经全体合伙人一致同意，可以依法成为有限合伙人，普通合伙企业依法转为有限合伙企业。全体合伙人未能一致同意的，合伙企业应当将被继承合伙人的财产份额退还该继承人。

第五十一条 合伙人退伙，其他合伙人应当与该退伙人按照退伙时的合伙企业财产状况进行结算，退还退伙人的财产份额。退伙人对给合伙企业造成的损失负有赔偿责任的，相应扣减其应当赔偿的数额。

退伙时有未了结的合伙企业事务的，待该事务了结后进行结算。

第五十二条 退伙人在合伙企业中财产份额的退还办法，由合伙协议约定或者由全体合伙人决定，可以退还货币，也可以退还实物。

第五十三条 退伙人对基于其退伙前的原因发生的合伙企业债务，承担无限连带责任。

第五十四条 合伙人退伙时，合伙企业财产少于合伙企业债务的，退伙人应当依照本法第三十三条第一款的规定分担亏损。

第六节 特殊的普通合伙企业

第五十五条 以专业知识和专门技能为客户提供有偿服务的专业服务机构，可以设立为特殊的普通合伙企业。

特殊的普通合伙企业是指合伙人依照本法第五十七条的规定承担责任的普通合伙企业。

特殊的普通合伙企业适用本节规定；本节未作规定的，适用本章第一节至第五节的规定。

第五十六条　特殊的普通合伙企业名称中应当标明"特殊普通合伙"字样。

第五十七条　一个合伙人或者数个合伙人在执业活动中因故意或者重大过失造成合伙企业债务的，应当承担无限责任或者无限连带责任，其他合伙人以其在合伙企业中的财产份额为限承担责任。

合伙人在执业活动中非因故意或者重大过失造成的合伙企业债务以及合伙企业的其他债务，由全体合伙人承担无限连带责任。

第五十八条　合伙人执业活动中因故意或者重大过失造成的合伙企业债务，以合伙企业财产对外承担责任后，该合伙人应当按照合伙协议的约定对给合伙企业造成的损失承担赔偿责任。

第五十九条　特殊的普通合伙企业应当建立执业风险基金、办理职业保险。

执业风险基金用于偿付合伙人执业活动造成的债务。执业风险基金应当单独立户管理。具体管理办法由国务院规定。

基本理论和知识

一、合伙企业的设立

合伙企业的设立包括设立的条件与设立的程序两个方面的问题。

（一）合伙企业的设立条件

《合伙企业法》第14条规定：设立合伙企业，应当具备下列条件：①有二个以上合伙人。合伙人为自然人的，应当具有完全民事行为能力；②有书面合伙协议；③有合伙人认缴或者实际缴付的出资；④有合伙企业的名称和生产经营场所；⑤法律、行政法规规定的其他条件。

法律规定的这五项条件是设立合伙企业的必要条件，也是合伙企业赖以存在和发展的基础。下面，我们对这五项条件加以说明。

1. 有符合要求的合伙人。设立合伙企业必须有合格的合伙人，合伙人人数应不少于2人。我国《合伙企业法》并未规定合伙企业的人数的上限，也就是说合伙企业人数没有上限限制，这是大陆法系合伙企业立法的普遍做法。当然，鉴于合伙企业的人合性质，合伙人相互之间的信任尤为重要，所以实践中合伙人人数一般不会太多。

根据修改后的《合伙企业法》第2条第1款的规定，合伙人可以为自然人、法人或其他组织。《合伙企业法》第3条规定：国有独资公司、国有企业、上市公司以及公益性的事业单位、社会团体不得成为普通合伙人。

根据《合伙企业法》第14条第1项的规定："合伙人为自然人的，应当具有完全民事行为能力。"首先，限制民事行为能力人和无民事行为能力人当然不得作为合伙企业设立时的合伙人，只有年满18周岁和已满16周岁未满18周岁但以自己的劳动收入作为主要生活来源并且心智健康的人才有可能成为合伙人。

但需要注意的是：

（1）根据我国《合伙企业法》第48条第2款的规定：合伙人被依法认定为无民事行为能力人或者限制民事行为能力人的，经其他合伙人一致同意，可以依法转为有限合伙人，普通合伙企业依法转为有限合伙企业。其他合伙人未能一致同意的，该无民事行为能力或者限制民事行为能力的合伙人退伙。

（2）根据我国《合伙企业法》第50条第1、2款的规定：合伙人死亡或者被依法宣告死亡的，对该合伙人在合伙企业中的财产份额享有合法继承权的继承人，按照合伙协议的约定或者经全体合伙人一致同意，从继承开始之日起，取得该合伙企业的合伙人资格。但有下列情形之一的，合伙企业应当向合伙人的继承人退还被继承合伙人的财产份额：①继承人不愿意成为合伙人；②法律规定或者合伙协议约定合伙人必须具有相关资格，而该继承人未取得该资格；③合伙协议约定不能成为合伙人的其他情形。

（3）根据我国《合伙企业法》第50条第3款的规定：合伙人的继承人为无民事行为能力人或者限制民事行为能力人的，经全体合伙人一致同意，可以依法成为有限合伙人，普通合伙企业依法转为有限合伙企业。全体合伙人未能一致同意的，合伙企业应当将被继承合伙人的财产份额退还该继承人。

（4）并非所有的完全民事行为能力人都能成为合伙人，法律、行政法规禁止从事营利性活动的人，不得成为合伙企业的合伙人，包括：国家公务员、法官、检察官。

2. 有书面合伙协议。合伙协议是指合伙人之间关于设立合伙企业和明确相互间权利义务关系而签订的书面合同。合伙协议是合伙企业设立的基础。根据《合伙企业法》第4条的规定，合伙协议应当由全体合伙人协商一致，以书面形式订立。《合伙企业法》第5条规定，订立合伙协议、设立合伙企业，应当遵循自愿、平等、公平、诚实信用原则。

《合伙企业法》第十八条规定合伙协议应当载明下列事项：①合伙企业的名称和主要经营场所的地点；②合伙目的和合伙经营范围；③合伙人的姓名或者名称、住所；④合伙人的出资方式、数额和缴付期限；⑤利润分配、亏损分担方式；⑥合伙事务的执行；⑦入伙与退伙；⑧争议解决办法；⑨合伙企业的解散与清算；⑩违约责任。

以上为合伙协议的必要记载事项，即不可缺少的事项。但是，如果合伙协议中欠缺以上事项的一项或数项或者其中的一项或数项规定不明确的，如果能够通过其他方式（如签定补充协议）加以弥补，并不一定导致合伙协议的无效。

此外，《合伙企业法》第18条规定，合伙协议应当载明合伙的经营范围和合伙人争议的解决办法。

合伙协议是合伙人为自己订立的契约，仅对合伙人具有约束力，合伙人对于合伙企业的设立与合伙人之间的权利义务关系的设定具有较大的自由。只要不违反《合伙企业法》的强制性义务规范，合伙人均可协商达成共识。

合伙协议经全体合伙人签名、盖章后生效。这是因为合伙协议属于诺成合同，一经订立 就在当事人之间产生法律约束力。但是合伙企业的设立，应从合伙企业登记时开始。在合伙协议成立至合伙企业完成登记这段时间，合伙人之间的关系属于单纯的合同关系而非企业组织关系。在此期间，合伙人依据合伙协议实施的行为，由全体合伙人承担连带责任。

3. 有合伙人认缴或者实际缴付的出资。合伙人的出资是合伙企业得以成立的物的要素。合伙企业的设立过程中，合伙人的基本义务之一就是履行出资义务。《合伙企业法》第17条规定，合伙人应当按照合伙协议约定的出资方式、数额和缴付出资的期限，履行出资义务。如果合伙人违反了这一义务，即构成违约，其他合伙人可追究其违约责任。合伙人只能以其实际向合伙缴付的出资作为其出资份额，并据此享有权利和承担义务。

合伙人必须向合伙企业出资，合伙人出资的形式可以是货币、实物、土地使用权、知识产权或者其他财产权利。经全体合伙人协商一致，合伙人也可以用劳务、技术等出资。合伙人以货币以外的形式出资，一般应进行评估作价，即折价入伙。评估作价由合伙人协商确定，也可以由全体合伙人委托法定评估机构进行评估，评估报告作为折价的依据。若以劳务出资，则只能由合伙人协商确定出资的价值。

与公司不同，合伙人要对合伙企业的债务承担无限连带责任，因而《合伙企业法》没有规定合伙企业的最低注册资本，也就是说合伙企业不存在法定最低注册资本的问题。

4. 有合伙企业的名称。拥有合伙企业的名称是设立合伙企业的必备条件。合伙企业只有拥有自己的名称，才能以自己的名义参与民事法律关系，享有民事权利，承担民事义务并参与诉讼，成为诉讼当事人。根据《民法通则》的规定，合伙享有名称权，即合伙对其登记的名称享有专有使用的权利，其他人未经许可，不得使用合伙企业的名称，否则构成民事侵权行为，合伙企业有权要求行为人停止侵害，消除影响，赔礼道歉，并可以要求赔偿损失。

根据《合伙企业法》第2条和《企业名称登记管理规定》的有关规定，在确定合伙企业的名称时，应当注意以下几点：

（1）合伙企业的名称应当在企业申请登记时，由企业名称登记主管机关即各级工商行政管理部门加以核定。

（2）企业只准使用一个名称，在登记主管机关辖区内不得与已登记的同行业其他企业的名称相同或者近似。

（3）企业名称应当由以下部分依次组成：①企业所在地行政区划名称；②字号；③行业或者经营特点、组织形式。

（4）合伙企业的名称中不得含有下列内容和文字：①"有限"或者"有限责任"的字样；②可能对公众造成欺骗或者误解的；③外国国家名称、国际组织名称、政党名称、党政军机关名称、群众组织名称、社会团体名称及部队番号等。

（5）企业应当根据其主管业务，依照国家行业分类标准划分的类别，在企业名称中标明所属行业或者经营特点。

5. 有经营场所和从事合伙经营的必要条件。经营场所是指合伙企业从事生产经营活动的所在地，合伙企业一般只有一个经营场所，即在企业登记机关登记的营业地点。经营场所的法律意义在于确定债务履行地、诉讼管辖、法律文书送达等。从事经营活动的必要条件是指根据合伙企业的业务性质、规模等因素而需具备的设施、设备、人员等方面的条件。

（二）合伙企业的设立程序

1. 申请人与登记机关。设立合伙企业，应由全体合伙人指定的代表或者共同委托的代理人向企业登记机关申请设立登记。登记机关为工商行政管理部门。

2. 申请时应提交的材料。申请设立合伙企业，应向企业登记机关提交下列文件：①全体合伙人签署的设立登记申请书；②全体合伙人的身份证明；③全体合伙人指定的代表或者共同委托的代理人的委托书；④合伙协议；⑤出资权属证明；⑥经营场所证明；⑦其他证明材料，如依法应提交的有关行政审批文件。

3. 登记发照。申请人提交的登记申请材料齐全、符合法定形式，企业登记机关能够当场登记的，应予当场登记，发给营业执照。

除前述情形外，企业登记机关应当自受理申请之日起20日内，作出是否登记的决定。予以登记的，发给营业执照；不予登记的，应当给予书面答复，并说明理由。

合伙企业的营业执照签发日期，为合伙企业成立之日。

二、合伙企业的财产

（一）合伙企业财产的概念与范围

《合伙企业法》第20条规定：合伙人的出资、以合伙企业名义取得的收益和依法取得的其他财产，均为合伙企业的财产。也就是说合伙企业的财产主要由两部分组成，即合伙人出资的财产和合伙经营创造和积累的财产。合伙人对合伙企业的出资是指各合伙人按照合伙协议实际缴付的出资；合伙企业经营创造和积累的财产是指合伙企业成立后解散前，以合伙企业名义取得的全部收益。

（二）合伙企业财产的性质

根据《合伙企业法》第 20 条的规定，合伙人的出资和所有以合伙企业名义取得的收益均为合伙企业的财产。这一规定既没有明确合伙财产的法律性质，也没有区分合伙人的出资财产和合伙积累的财产。事实上，在实践中应当区分合伙人的出资财产和合伙积累的财产，并对二者作不同的处理。

1. 合伙人出资财产部分的性质。合伙人的出资形式多样，不同的出资所反映的财产性质并不完全一样。

（1）以现金或明确以财产所有权出资的，意味着所有权的转移，出资人个人不再享有出资财产的所有权，而由全体合伙人共有。例如，合伙人甲以其所拥有的机器设备出资后，该合伙人出资的机器设备的所有权转移而形成全体合伙人对该设备的共有权。该设备应由全体合伙人共同管理和使用，在合伙企业存续期间，除非有法定事由，合伙人不得要求分割该设备。

（2）以土地使用权、房屋使用权、商标使用权、专利使用权等权利出资的，出资人并不会因为出资行为而丧失土地使用权、房屋所有权、商标权、专利权等权利，这些出资财产的所有权或使用权仍属于出资人，合伙企业只享有使用和管理权。

（3）合伙人用以出资的劳务，只能属于出资人个人所有。

2. 合伙企业积累财产的性质。依据《民法典》第 969 条的规定，合伙经营积累的财产属于合伙财产。《民法典》第 969 条第二款规定："合伙合同终止前，合伙人不得请求分割合伙财产。"合伙财产归全体合伙人共有。这种共有应理解为按份共有，即按照各合伙人对合伙企业的出资份额和比例，享有权利。但这种份额表现为一种潜在的份额，也就是说，在合伙企业存续期间合伙人不得以份额比例要求分割财产，也不得以份额大小来决定合伙人对合伙财产的使用和管理方面的权利以及合伙事务执行方面的权利，只有在分配合伙企业利润、退伙以及合伙企业解散时，份额比例才具有实际意义，作为各合伙人分配利润和分割财产的依据。

（三）合伙企业财产的管理与使用

合伙企业财产依法由全体合伙人共同管理和使用。具体表现为：

1. 在合伙企业存续期间，合伙人向合伙人以外的人转让其在合伙企业中的全部或部分财产份额时，必须经其他合伙人一致同意，所谓"一致同意"即其他合伙人拥有一票否决权，有一个合伙人不同意即不能转让，并且在同等条件下其他合伙人有优先受让的权利。如果经其他合伙人一致同意有新的受让人受让了原合伙人的财产份额，即发生入伙的法律后果，因此要修改合伙协议。新的合伙人依照修改后的合伙协议享有权利，承担责任。

2. 在合伙企业存续期间，合伙人之间可以转让在合伙企业中的全部或者部分财产份额，但应通知其他合伙人。值得注意的是因财产份额的转让而只剩下一个合伙人，就会导致合伙企业因不具备法定人数而解散。

3. 在合伙企业存续期间，合伙人以其在合伙企业中的财产份额出质的，须经其他合伙人一致同意。否则，出质行为无效或者作为退伙处理。因此给其他合伙人造成损失的，还应依法承担赔偿责任。

4. 在合伙企业存续期间，除依法退伙等法律有特别规定的外，合伙人不得请求分割合伙企业财产，也不得私自转移或者处分合伙企业财产。但是，为了保护第三人的利益，如果合伙人私自转移或者处分合伙企业财产的，合伙企业不得以此对抗不知情的善意第三人。

（四）合伙企业的利润分配和亏损的承担

《合伙企业法》第33条规定：合伙企业的利润分配、亏损分担，按照合伙协议的约定办理；合伙协议未约定或者约定不明确的，由合伙人协商决定；协商不成的，由合伙人按照实缴出资比例分配、分担；无法确定出资比例的，由合伙人平均分配、分担。合伙协议不得约定将全部利润分配给部分合伙人或者由部分合伙人承担全部亏损。简而言之，对合伙企业利润分配和亏损的分担是有约定依约定，无约定就平均。

三、合伙企业事务的执行

（一）合伙企业事务的执行方式

"共同经营"是合伙关系的一项基本准则。因此，合伙企业的全体合伙人，不管其出资份额多寡都享有同等的管理参与权。原则上，合伙企业的一切事务，应由全体合伙人共同决定。但事实上，事无巨细都要经过全体合伙人通过是很难做到的。实践中，合伙企业事务的执行通常采取更为灵活的方式，只要全体合伙人同意即可。具体方式包括四种：

1. 由全体合伙人共同执行。这种方式适合于合伙人人数较少的合伙。

2. 由各合伙人分别单独执行合伙企业的事务。

3. 由一名合伙人执行合伙企业的事务，即全体合伙人共同委托一名合伙人执行合伙企业的事务。这种方式适合于人数较多的合伙企业。

4. 由数名合伙人共同执行合伙事务，即由全体合伙人委托数名合伙人执行合伙事务。这种方式同样适合于人数较多的合伙企业。每一合伙人有权将其对合伙事务的执行权委托其他合伙人代理，而自己不参与合伙事务的执行。

委托一名或者数名合伙人执行合伙企业事务的，其他合伙人不再执行合伙企业事务但有权了解企业的经营状况和财务状况并查阅账目。执行合伙企业事务的合伙人对外代表合伙企业，并对其他合伙人有报告的义务，其执行事务所产生的法律后果由合伙企业承担。

（二）合伙企业事务执行后果的承担

执行合伙事务的合伙人，对外代表合伙企业，其执行合伙事务所产生的收益归全体合伙人所共有，所产生的亏损或者民事责任，由全体合伙人承担。

（三）合伙企业事务的决定

合伙企业事务的决定与合伙企业事务的执行是不同的，先有决定后有执行；合伙企业的事务依法可由一名或数名合伙人代表全体合伙人执行，也可由全体合伙人执行，而合伙企业事务的决定只能由合伙人依法作出，不得委托其他合伙人或合伙人以外的人作出。

1. 必须经全体合伙人同意的合伙事务。根据《合伙企业法》第 31 条的规定，除合伙协议另有约定外，合伙企业的下列事项应当经全体合伙人一致同意：①改变合伙企业的名称；②改变合伙企业的经营范围、主要经营场所的地点；③处分合伙企业的不动产；④转让或者处分合伙企业的知识产权和其他财产权利⑤以合伙企业名义为他人提供担保；⑥聘任合伙人以外的人担任合伙企业的经营管理人员。

2. 其他的合伙事务的决定或者由全体合伙人决定，或者依合伙协议约定决定。

（四）竞业禁止

竞业禁止是每个合伙人的法定义务，它是指在合伙企业存续期间，合伙人不得自营或者与他人合作经营与本合伙企业相竞争的业务；未经全体合伙人同意或合伙协议约定，不得与其所在的合伙企业进行交易。合伙人不得从事损害本合伙企业利益的活动。

合伙人，无论是一般合伙人还是合伙企业事务的执行人，均应对本合伙企业尽职尽责，不得以各种方式损害合伙企业的利益。这不仅是对社会敬业精神的提倡，也是维护合伙企业全体合伙人共同利益的必要举措。合伙人如有违反，其所获得的利益应归全体合伙人所有，其对合伙企业造成损害时，其他合伙人有权要求其赔偿。

四、合伙企业与第三人的关系

（一）合伙企业与善意第三人的关系

合伙人设立合伙企业的目的是通过合伙经营活动而盈利，而合伙的经营活动不是封闭的，必须通过市场与第三人进行相应的民事活动，达到经营目的。合伙人或聘用的经营管理人只要在正常的业务范围内，按通常方式处理属于该合伙企业业务范围的事务，其对外实施的法律行为，就对合伙企业具有约束力。当然，法律并不禁止合伙企业通过内部协议对合伙人对外执行事务和代表合伙企业的行为加以限制。但这种内部的限制若要对合伙企业以外的第三人发生效力，必须以第三人知道这一条件为要件；如果第三人不知情，则该内部限制不对第三人发生抗辩力。也就是说合伙企业的内部限制不得对抗不知情的善意第三人（善意第三人是指与合伙善意进行民事行为的人，包括善意取得合伙财产和善意与合伙企业设定其他法律关系的人）。如根据《合伙企业法》的规定，转让合伙企业的不动产必须经全体合伙人决定，但若作为合伙企业事务执行人甲以合伙企业的名义将合伙企业的不动产转让给第三人，而甲的这一行为并没有事先征得全体合伙人的同意，作为受让方第三人不知道或不可能知道甲的行为超出了限制范围，则合伙企业不能以甲的行为超越了限制范围为理由而对抗善意第三人，即合伙企业仍需承担甲的行为后果。

"善意"与否应当如何认定？一般来说，个别合伙人实施合伙企业日常经营业务范围内的处分财产的行为和债务承担的行为，被认为存在着全体合伙人的默示授权。例如，属于合伙企业经营范围内的产品销售行为，其买受人一般被认定为善意，除非合伙企业能够证明，该买受人明知合伙企业内部对事务执行人的权限的限制。反之，如果合伙人实施的行为超出了合伙企业日常经营范围，特别是合伙人实施的行为是法律规定必须经全体合伙人一致同意的行为时，相对人应当在得知合伙人有正当授权的情况下，才能与之从事民事行为；否则，应被认定为存在恶意。

（二）合伙企业与其债权人的关系

1. 合伙债务的性质。《民法通则》第 35 条规定："合伙的债务，由合伙人按照出资比例或者协议的约定，以各自的财产承担清偿责任。合伙人对合伙的债务承担连带责任，法律另有规定的除外。偿还合伙债务超过自己应当承担数额的合伙人，有权向其他合伙人追偿。"《合伙企业法》第 38、39 条规定："合伙企业对其债务，应先以其全部财产进行清偿。合伙企业财产不能清偿到期债务的，合伙人承担无限连带责任。"根据上述规定，合伙人对于合伙债务的清偿责任的性质属于补充性责任，即只有当合伙企业财产不足以清偿合伙债务时方由合伙人承担责任，也就是说，合伙债务的债权人应当先向合伙企业求偿；只有该合伙企业的财产不足清偿时，才应向各合伙人求偿。

2. 合伙人对合伙债务承担无限责任。合伙人不以其出资到合伙企业中的财产份额为限承担合伙企业的债务，而应以其向合伙企业出资之外的其他个人的全部财产来对合伙企业的债务承担偿还责任，如果合伙人是以其家庭财产对合伙企业出资的，则应以其家庭的全部财产来偿还。

3. 合伙人对合伙债务承担连带责任。连带责任意味着，其一，每一个合伙人均须对全部合伙企业财产不能清偿的合伙债务负责，债权人可以选择，请求全体、部分或者个别合伙人清偿债务，被请求的合伙人即须清偿全部的合伙债务，不得以自己承担的份额为由拒绝；其二，每一个合伙人对合伙债务的清偿，均对其他合伙人发生清偿的效力；其三，合伙人由于承担连带责任所清偿债务数额超过其应当承担的数额时，有权向其他合伙人追偿。

（三）合伙企业与合伙人的个人债务人的关系

《合伙企业法》第 41 条规定："合伙人发生与合伙企业无关的债务，相关债权人不得以其债权抵销其对合伙企业的债务；也不得代位行使合伙人在合伙企业中的权利。"

《合伙企业法》第 42 条规定："合伙人的自有财产不足清偿其与合伙企业无关的债务的，该合伙人可以以其从合伙企业中分取的收益用于清偿；债权人也可以依法请求人民法院强制执行该合伙人在合伙企业中的财产份额用于清偿。

人民法院强制执行合伙人的财产份额时，应当通知全体合伙人，其他合伙人有优先购买权；其他合伙人未购买，又不同意将该财产份额转让给他人的，依照本法第 51 条的规定为该合伙人办理退伙结算，或者办理削减该合伙人相应财产份额的结算。"

五、入伙与退伙

（一）入伙

入伙是指在合伙企业存续期间，合伙人以外的第三人加入合伙企业并取得合伙人资格的法律行为。

1. 入伙的条件与程序。入伙是一种民事法律行为。根据《合伙企业法》第 43 条的规定，新合伙人入伙时，除合伙协议另有约定外，应当经全体合伙人同意，并依法订立书面入伙协议。订立入伙协议时，原合伙人应当向新合伙人告之原合伙企业的经营状况和财务状况。因此，依据法律规定入伙应具备的条件为：

（1）新合伙人入伙，须经全体合伙人一致同意。未获得一致同意的，不得入伙。

合伙企业是典型的人合企业，人与人之间的信任关系是合伙企业得以存续和发展的基础。入伙使得入伙人取得合伙人的资格，与其他合伙人共同成为合伙组织的成员，这对合伙企业而言是一件非常严肃的事情，因此须经其他合伙人的一致同意。

（2）入伙人与原合伙人订立书面入伙协议。入伙协议的签订表明原合伙人对入伙人的接受，也表明了入伙人的入伙意愿。入伙协议应当以原合伙协议为基础，明确新合伙人的出资义务，新合伙人入伙后有关事务执行、利润分配、亏损分担等事项的相应变更等。

（3）合伙人与入伙人签订入伙协议时，应履行其告知的义务，即告知入伙人原合伙企业的经营状况和财务状况。因为入伙人入伙以后，对入伙前的合伙企业债务要与原合伙人一起承担连带责任。原合伙人履行告知义务，有利于第三人决定其是否入伙，入伙协议中关于入伙人债权债务承担的约定不得对抗善意第三人，但对内具有效力。

2. 入伙的后果。入伙的后果是入伙人取得合伙人的资格；入伙人对入伙前合伙企业的债务与其他合伙人一同承担连带责任；除入伙协议另有约定外，入伙人与合伙人享有同等权利，承担同等责任。特别值得注意的是，无论原合伙人与新合伙人如何约定，该约定都不得对抗善意第三人。

（二）退伙

退伙是在合伙企业存续期间，合伙人退出合伙企业并使其合伙人资格归于消灭的法律行为。

1. 退伙的形式。合伙人退伙可以分为两种情况：一是声明退伙，即合伙人通过向其他合伙人作出退伙的正式表示而退伙；二是法定退伙，即合伙人基于法律规定的事由而退伙。

（1）声明退伙。声明退伙又称自愿退伙，是指合伙人基于自愿的意思表示而退伙。声明退伙又可分为协议退伙和通知退伙。

关于协议退伙，《合伙企业法》第45条规定，合伙协议约定合伙企业的经营期限的，有下列情形之一时，合伙人可以退伙：①合伙协议约定的退伙事由出现；②经全体合伙人同意退伙；③发生合伙人难以继续参加合伙企业的事由；④其他合伙人严重违反合伙协议约定的义务 。当合伙协议约定了合伙期限，合伙人想退伙必须经其他合伙人一致同意，不得单方通知退伙。协议退伙自退伙事由出现或达成协议之日起生效。

关于通知退伙，《合伙企业法》第46条规定，合伙协议未约定合伙期限的，在不给合伙事务执行造成不利影响的前提下，合伙人可以不经其他合伙人同意而退伙，但应当提前30日通知其他合伙人。由此可见，法律对合伙人通知退伙有一定的限制，必须同时具备三个条件：合伙协议未约定合伙企业的经营期限；②该合伙人的退伙不会给合伙企业的事务执行造成不利影响；③必须提前30天通知其他合伙人。

《合伙企业法》第47条规定，合伙人违反前述两条的规定，擅自退伙，应当赔偿由此给合伙企业造成的损失。

（2）法定退伙，指直接根据法律的规定而退伙。根据法律规定的事由不同，法定退伙又可分为当然退伙和除名退伙。

当然退伙是指发生了某种客观情况而导致的退伙，《合伙企业法》第48条规定了这些客观情况，合伙人有下列情形之一的，当然退伙：①作为合伙人的自然人死亡或者被依法宣告死亡；②个人丧失偿债能力；③作为合伙人的法人或者其他组织依法被吊销营业执照、责令关闭、撤销，或者被宣告破产；④法律规定或者合伙协议约定合伙人必须具有相关资格而丧失该资格；⑤合伙人在合伙企业中的全部财产份额被人民法院强制执行。合伙人被依法认定为无民事行为能力人或者限制民事行为能力人的，经其他合伙人一致同意，可以依法转为有限合伙人，普通合伙企业依法转为有限合伙企业。其他合伙人未能一致同意的，该无民事行为能力或者限制民事行为能力的合伙人退伙。退伙事由实际发生之日为退伙生效日。

除名退伙也称开除退伙，是指在合伙人出现法定事由的情形下，由其他合伙人决议将该合伙人除名。《合伙企业法》第49条规定了开除退伙的事由：①未履行出资义务；②因故意或者重大过失给合伙企业造成损失；③执行合伙企业事务时有不正当行为；④合伙协议约定的其他事项。被除名人自接到除名通知之日起，除名生效，被除名人退伙。被除名人对除名决议有异议的，可以在接到除名通知之日起30日内，向人民法院起诉。

2. 退伙的效力。就退伙的效力而言，声明退伙与法定退伙基本是一致的，具体表现为：

（1）退伙人丧失合伙人身份，脱离原合伙协议约定的权利义务关系。

（2）导致合伙财产的清理与结算。合伙人退伙，应依法对合伙企业的财产进行清算，如有未了结的事务，则等到了结后清算。清算结束，退还合伙人财产，可以退还货币，也可以退还实物。退伙人以使用权出资的财产需返还给退伙人。另外，无论退伙人退伙时是否承担了其应承担的合伙企业债务份额，退伙后退伙人对其退伙前合伙企业的债务仍承担无限连带责任。

（3）退伙并不必然导致合伙的解散，但退伙导致合伙企业只剩下一名合伙人时，则导致合伙企业的解散。

（4）合伙人死亡或者依法宣告死亡，合伙人的合法继承人依合伙协议约定或经全体合伙人同意可以继承该合伙人在合伙企业中的身份（当然，继承人也可以根据自己的意愿只继承财产不继承身份）。继承人为未成年人的，经全体合伙人一致同意，可以在其未成年时由其监护人代行其权利。

（三）合伙人出资份额的转让

合伙人出资份额的转让可以分为内部转让和对外转让两种。内部转让，是指转让给其他的合伙人；对外转让，则是以合伙人以外的第三人为受让人的转让。

在对外转让的情况下，受让人加入合伙企业相当于新合伙人入伙，适用合伙人入伙的相关规定，必须经过其他合伙人的一致同意，而且，其他合伙人在同等条件下享有优先受让权，新合伙人在充分知情的情况下签定入伙协议，依照入伙协议享受权利承担义务。

合伙人将自己的出资份额全部转让于他人，则相当于退伙，适用退伙的相关规定。

此外，由于合伙人财产份额出质可能导致该财产份额依照担保法的规定发生权利转移，因此，《合伙企业法》第25条规定，合伙人以其在合伙企业中的财产份额出质的，须经其他合伙人一致同意；未经其他合伙人一致同意，其行为无效，由此给善意第三人造成损失的，由行为人依法承担赔偿责任。

六、特殊的普通合伙企业

以专业知识和专门技能为客户提供有偿服务的专业服务机构，可以设立为特殊的普通合伙企业。一个合伙人或者数个合伙人在执业活动中因故意或者重大过失造成合伙企业债务的，应当承担无限责任或者无限连带责任，其他合伙人以其在合伙企业中的财产份额为限承担责任。合伙人在执业活动中非因故意或者重大过失造成的合伙企业债务以及合伙企业的其他债务，由全体合伙人承担无限连带责任。

特殊的普通合伙企业是指合伙人以上述方式承担责任的普通合伙企业。特殊的普通合伙企业名称中应当标明"特殊普通合伙"字样。合伙人执业活动中因故意或者重大过失造成的合伙企业债务，以合伙企业财产对外承担责任后，该合伙人应当按照合伙协议的约定对给合伙企业造成的损失承担赔偿责任。

特殊的普通合伙企业应当建立执业风险基金、办理职业保险。执业风险基金用于偿付合伙人执业活动造成的债务。执业风险基金应当单独立户管理。具体管理办法由国务院规定。

案例点拨一

（1）甲以合伙企业名义与A公司所签的代销合同有效。根据《合伙企业法》第37条的规定，合伙企业对合伙人执行合伙事务以及对外代表合伙企业权利的限制，不得对抗善意第三人。本案中，尽管合伙人甲超越了合伙企业的内部限制，但A公司为善意第三人，因此甲以合伙企业名义与A公司所签的代销合同有效。

（2）丁的主张不成立。根据《合伙企业法》第53条的规定，退伙人对基于其退伙前的原因发生的合伙企业债务，承担无限连带责任。如果丁向 A 公司偿还了全部债务，丁可以向合伙人甲、乙、丙、戊进行追偿。

（3）戊的主张不成立。根据《合伙企业法》第44条第2款的规定，新合伙人对入伙前合伙企业的债务承担无限连带责任。

（4）甲聘任张某担任合伙企业的经营管理人员及为 B 公司提供担保的行为不符合规定。根据《合伙企业法》第31条的规定，合伙企业委托一名或数名合伙人执行合伙企业事务时，除合伙协议另有约定外，以下事项必须经全体合伙人一致同意：①改变合伙企业的名称；②改变合伙企业的经营范围、主要经营场所的地点；③处分合伙企业的不动产；④转让或者处分合伙企业的知识产权和其他财产权利；⑤以合伙企业名义为他人提供担保；⑥聘任合伙人以外的人担任合伙企业的经营管理人员。

（5）C 公司的要求不符合法律规定。根据《合伙企业法》第41、42条的规定，合伙人发生与合伙企业无关的债务，相关债权人不得以其债权抵销其对合伙企业的债务；也不得代位行使合伙人在合伙企业中的权利。C 公司可以用乙从合伙企业中分取的收益用于清偿；也可以依法请求人民法院强制执行乙在合伙企业中的财产份额用于清偿。

（6）甲的主张不能成立。根据《合伙企业法》的规定，合伙人之间的分担比例对债权人没有约束力，债权人可以根据自己的清偿利益，请求全体合伙人中的一人或者数人承担全部清偿责任，也可以按照自己确定的比例向各合伙人分别追索。

（7）丙的主张不能成立。丙虽是以劳务出资，但是合伙人，根据《合伙企业法》的规定，丙应承担合伙人的法律责任。

（8）合伙企业的做法不符合法律规定。根据《合伙企业法》的规定，合伙人被人民法院强制执行其在合伙企业中的全部财产份额的，属于当然退伙，当然退伙以法定事由实际发生之日为退伙生效日。

（9）合伙人丁属于通知退伙。根据《合伙企业法》的规定，合伙人通知退伙应满足以下条件：①合伙协议未约定合伙企业的经营期限；②合伙人退伙不会给合伙企业事务执行造成不利影响；③应当提前30日通知其他合伙人。

案例点拨二

（1）丙、丁不得过问企业事务的约定不符合法律规定。根据《合伙企业法》第27条第2款的规定，不执行合伙事务的合伙人有权监督执行事务合伙人执行合伙事务的情况。

（2）甲聘请王某担任经营管理人员不符合法律规定。根据《合伙企业法》

第 31 条的规定，聘任合伙人以外的人担任合伙企业的经营管理人员，须经全体合伙人一致同意。

（3）郑某尚不是合伙人。根据《合伙企业法》第 43 条的规定，新合伙人入伙时，除合伙协议另有约定外，应当经全体合伙人同意（并依法订立书面入伙协议）。

案例点拨三

本案主要涉及两个主要问题：一是购销合同是否有效；二是合伙企业是否要赔偿吴某的损失。

根据《合伙企业法》第 27 条的规定，依照该法第 26 条第 2 款的规定委托一个或者数个合伙人执行合伙事务的，其他合伙人不再执行合伙事务。可见，当企业委托了对外合伙事务执行人后，其他合伙人不得再对外执行合伙事务，但并不能由此否定其他合伙人对外执行合伙事务的法律效力。

从本案看，吴某同黄某签订菜籽油购销合同是基于黄某作为企业合伙人的身份，其有理由相信黄某具有对外合伙事务执行权力，并同其签订合同。《合伙企业法》第 37 条规定：合伙企业对合伙人执行合伙事务以及对外代表合伙企业权利的限制，不得对抗善意第三人。因此，黄某与吴某签订的购销合同应认定为有效。

《合伙企业法》第 38 条规定：合伙企业对其债务，应先以其全部财产进行清偿。既然黄某与吴某的购销合同有效，则因此产生的债务应认定为企业债务，吴某可以向合伙企业请求赔偿。当然，根据《合伙企业法》第 98 条的规定，不具有事务执行权的合伙人擅自执行合伙事务，给合伙企业或者其他合伙人造成损失的，依法承担赔偿责任。合伙企业在赔偿吴某损失后，可以向黄某追偿。

案例点拨四

（1）甲的说法不正确。根据《合伙企业法》第 57 条第 1 款的规定，一个合伙人或者数个合伙人在执业活动中因故意或者重大过失造成合伙企业债务的，应当承担无限责任或者无限连带责任，其他合伙人以其在合伙企业中的财产份额为限承担责任。甲在对 B 上市公司的年度会计报告进行审计过程中，因重大过失遗漏了一笔销售收入，经人民法院判决由该事务所向 B 上市公司的相关股东承担赔偿责任，甲应当承担无限责任或者无限连带责任，其他合伙人以其在合伙企业中的财产份额为限承担责任。根据《合伙企业法》第 58 条的规定，以合伙企业财产对外承担责任后，甲应当按照合伙协议的约定对给合伙企业造成的损失承担赔偿责任。

（2）对于乙造成的损失，合伙企业的合伙人应该承担无限连带责任。根据《合伙企业法》第57条第2款的规定，合伙人在执业活动中非因故意或者重大过失造成的合伙企业债务以及合伙企业的其他债务，由全体合伙人承担无限连带责任。

实战训练一

王某、周某和李某决定合伙做生意，于是登记成立大鹏汽车修理部这一普通合伙企业。王某出资10万元，周某用店面出资折算为5万元，李某则负责经营，其劳务折算出资5万元。请问：

（1）李某以劳务出资是否合法？应经过什么程序？

（2）若李某以自己的修车技术出资是否合法？

（3）若李某以自己注册的"大鹏"商标出资是否合法？如何操作？

（4）三人约定，若有盈利，则大家平分，若有亏损，则与李某无关，其余二人平摊，是否合法？为什么？

（5）在合伙成立当年，王某因为生病欠下巨债，要求分割合伙企业财产，其要求是否合法？为什么？

（6）若王某未与周某和李某商量，将大鹏商标私自转让给姚某，后被周某和李某发现并主张无效。在何种情况下该商标转让有效，何种情况下无效？

（7）王某以该合伙企业名义对外活动获得利润，王某说这都是自己劳动所得，周某和李某没有投入，应由其独得。如何处理？若王某以合伙名义进行该项商业行为亏损，周某和李某认为是王某未经其同意独自活动，不愿承担损失，应如何处理？

（8）王某见生意不错，和另一个朋友范某在不远处又合伙开了一个汽车修理部，是否合法？如何处理？

（9）未经王某和周某同意，李某将自己的千斤顶以市场价卖给了本合伙企业，效力如何？在怎样的条件下，李某本人可与合伙企业进行交易？

（10）合伙企业因经营不善面临亏损，王某和李某想退出合伙，若没有新的合伙人加入，应该如何处理？若只有王某想退出，而又有唐某想接替王某的份额，李某也想以同样价格接替王某的份额，该如何处理？若唐某出的价格比李某高，又该如何处理？

（11）唐某入伙后，发现他入伙之前的原合伙企业资不抵债，债权人孟某向法院起诉，哪些人可以成为合格被告，为什么？

（12）若唐某入伙以后，合伙企业新欠张某债务，已退伙的王某应否对此负责？

（13）唐某个人欠张某 10 万元，无力偿还，张某主张代位行使唐某在合伙中的利润分配权，如何处理？若唐某从合伙分得 10 万元利润，张某向唐某主张用利润偿还，应否支持？唐某个人资产无力偿还债务，张某向法院主张强制执行唐某的合伙份额，应否支持？若李某愿意以同样的价格承受唐某的份额，该份额应归李某还是归张某承受？

（14）唐某个人欠张某 10 万元，张某又欠合伙企业 10 万元，张某主张抵销，效力如何？

（15）若合伙企业解散时，合伙人有李某和周某，债权人为孟某，合伙企业有 20 万元资产，欠债 30 万元，李某有个人资产 100 万元，周某只有个人资产 5 万元。孟某主张李某直接向其偿还 30 万元债务，李某主张应先用合伙企业的 20 万元偿还，然后才能向他和周某主张剩余的债权，李某的主张是否合法？若李某向孟某偿还了 10 万元后，合伙企业债务全部清结，因李某和周某没有亏损的分担比例，周某以李某未经其同意独自对外偿还债务为由只愿意承担 2 万元的债务，周某应如何处理？

（16）若该合伙企业解散五年以后，郑某向李某和周某主张该合伙企业曾欠其 15 万元，经查属实，应如何处理？

实战训练二

王某、张某、李某与范某开办的独资企业甲共同签订了一份合伙协议，拟共同生产经营一种新式取暖设备，王某、甲各出资 30 万元，张某以其取暖设备专利作价出资 50 万元，李某则以其劳务作价出资 20 万元，对以上出资四合伙人经协商确定，不再委托法定评估机构进行评估。四人约定按出资比例共享收益，分担风险，对企业债务承担无限连带责任。同时向企业登记机关申请设立登记，企业名称定为"光明"有限合伙厂，在申请登记期间，恰有一厂家急需取暖设备，于是四合伙人便以光明有限合伙厂的名义与该厂家签订了一份购销合同。

问上述内容哪些不符合《合伙企业法》的规定？为什么？

实战训练三

王海、李平、俞颖三人于 1998 年 9 月 15 日书面订立了一份合伙协议。协议约定，三人共同出资 10 万元开设一家综合商店，其中王海出资 4 万元，李平出资 3 万元，俞颖出资 3 万元；三人按出资比例分享收益或者分摊亏损。同年 10 月 10 日，三人缴清了全部出资，并经登记管理机关核准登记领取了营业执照。1999 年 2 月 18 日，为解决资金周转困难，三人向该市城市银行贷款 7 万元，期限为 1 年。1999 年 6 月 2 日，李平向王海和俞颖提出，准备将自己在综合商店的全部财产份额以 3 万元的价格转让给舒立欣后退出综合商店，王海、俞颖商量后表示同意。1999 年 7 月 1 日，李平办妥了退伙手续，舒立欣向李平交付了 3 万元。王海和俞颖向舒立欣介绍了有关综合商店的经营和财务状况，并修订了合伙协议，向原登记管理机关办理了变更登记手续。1999 年年终结算时，该综合商店发生严重亏损。

2000 年 1 月 22 日，王海、俞颖和舒立欣三人商定解散综合商店，并将综合商店现有财产 5 万元予以分配，但对银行贷款如何清偿未作处理。2000 年 2 月 18 日，银行贷款到期，银行要求李平偿还全部贷款，李平说自己已经退出综合商店，对合伙债务不负责，由舒立欣承担。银行找到舒立欣要求其偿还全部贷款，舒立欣说这笔贷款是在其入伙前由王海、李平、俞颖三人借的，自己不负责。银行又找到王海、俞颖要求偿还全部贷款，王海、俞颖均表示只按合伙协议约定的比例偿还应由其偿还的份额。

有三种观点，请予评析。

（1）应该由王海、李平、俞颖三人来还，因为是他们向银行借的钱，与舒立欣无关。三人按照原合伙协议约定的比例承担清偿责任。

（2）应该由王海、李平、俞颖和舒立欣四人共同来承担，因为他们先后均是该综合商店的合伙人，且要承担无限连带责任。

（3）应该由王海、俞颖、舒立欣三人来还，因为合伙企业解散时的合伙人是他们三人，且承担无限连带责任。

实战训练四

王某、黄某、李某三人于 2006 年 10 月达成协议，集资 80 万元共同开设一家超市，其中王某出资 20 万元，黄某出资 20.5 万元，李某出资 30.5 万元，三人约定按出资比例分享盈利、分摊亏损。三方在当月缴清全部投资并经核准登记领取营业执照。由于经营得当，年终结算，盈利 5 万元，三人按协议进行了分配。2007 年 2 月开始，三人发生分歧。王某在 2007 年 9 月用个人贷款买了一辆汽车从事鲜活商品贩卖，因所运海鲜腐烂，损失严重，高达 40 万元，王某变卖了他的这辆车清偿，还清了贷款，但仍欠渔场 20 万元。2007 年 11 月，王某私自与常某商量把自己在超市中的 20 万元财产份额转让给常某，但黄某、李某不同意。在黄某、李某不同意的情况下，王某私自取走了自己的出资 20 万元。同年年终结算，该合伙超市共亏损 60 万元。这时，李某也要求退伙，合伙难以维持。黄某、李某商定按进货价格计算分别得价值 10.5 万元和 20 万元的商品，但对合伙债务未作处理。黄某、李某要求王某分摊超市的亏损，王某以自己已退伙，应由常某分摊为由拒绝分摊。

2008 年初与该超市有业务往来的债权人海洋公司获悉超市散伙的消息后，便找王某，要求王某清偿合伙企业 2006 年所欠货款 60 万元。王某说自己早已退出合伙超市，合伙债务应由常某负责，自己不负责。海洋公司找到李某，李某认为按照协议只承担债务的 44%。海洋公司又找黄某，黄某认为还债三人都有份，他不还，我也不还，要还只以超市折价清偿。为此，海洋公司向人民法院起诉。同时，由于王某欠某渔场 20 万元债务久欠不还，渔场也诉诸法院，要求王某偿还债务。

关于本案，第一种观点认为，王某、黄某、李某三人开设的超市为合伙企业，所欠债务为合伙债务，三人应予偿还，并负连带责任。王某所欠渔场的债务，为其个人债务，应由其偿还。

第二种观点认为，王某、黄某、李某三人合伙开设超市，但王某中途转让退出，不予偿还债务。王某所欠渔场的债务，在超市经营期间，应由三人偿还，负连带责任。

请结合《合伙企业法》相关规定予以评析。

实战训练五

2008 年 11 月 28 日，被告牟某、王某夫妇向原告彭某借到现金 82 000 元，并出具借条。同日，牟某、王某夫妇还向彭某出具借款保证书一份，担保人为某砖瓦厂。2008 年 12 月 18 日，上述砖瓦厂的合伙组织执行人黄某根据彭某要求，再向其出具承诺书一份。借款 5 个月到期后，彭某向牟某、王某夫妇催要借款本金及利息未果。

案发后查明，担保人砖瓦厂为合伙型企业。根据工商登记，该企业原合伙人为本案被告牟某、王某夫妇，自 2008 年 11 月 20 日起合伙人变更为黄某、陈某、李某三人，黄某为企业执行人。案发后，并无证据表明陈某、李某同意黄某以企业名义为牟某夫妇借款提供担保。

2009 年 5 月，彭某一纸诉状将主债务人牟某、王某夫妇及砖瓦厂、黄某、陈某、李某一并告上法庭。经审理查明，砖瓦厂合伙组织执行人黄某在未经全体合伙人同意的情况下，为二原告借款提供担保。

请问：法院该如何作出判决，各当事人的法律责任是什么？

第三节 有限合伙企业

学习目标

了解有限合伙企业的概念、有限合伙人的出资、有限合伙企业的事务、有限合伙人的特别规定以及有限合伙人的入伙、退伙与合伙人身份转变等制度。

任务驱动

通过学习，解决现实中出现的有限合伙人出资、入伙、退伙等具体事务。

典型案例一

甲、乙、丙、丁四人合伙成立了一个有限合伙企业，经营汽车修理。合伙协议约定：①甲、乙以现金出资，丙以房屋使用权作价出资，丁以劳务作价入伙。②甲、乙、丙对企业债务以出资为限承担有限责任，丁对企业债务承担无限连带责任。③在企业成立后第一年，全部利润由甲、乙、丙三人分配，丁不参加利润分配，自第二年起，全体合伙人平均分配盈余或平均承担债务。④合伙企业由丁作为事务执行人，其他合伙人不参与合伙企业事务。在合伙企业存续期间，发生下列事项：①为便于联系业务，乙决定将一辆自有的汽车作价卖给合伙企业。对此，甲认为乙同本有限合伙企业进行交易，属于不合法行为。②乙得知丙另外还拥有一家个人独资企业，也经营汽车修理。乙认为丙经营与本有限合伙企业相竞争的业务，属于不合法行为。③丙发现甲一直没有按合伙协议的约定缴纳全部出资，丙认为甲应对其他合伙人承担违约责任。④甲在一次外出途中，因车祸受伤，经鉴定，甲已成为限制民事行为能力人。丁认为甲的情形属于当然退伙。

问题：（1）丁以劳务作价入伙是否符合法律规定？说明理由。

（2）合伙协议约定企业成立后第一年，丁不参加利润分配是否符合法律规定？说明理由。

（3）合伙协议约定由丁作为事务执行人，其他合伙人不参与合伙企业事务是否符合法律规定？说明理由。

（4）就合伙企业存续期间发生的事项，甲、乙、丙、丁四人的主张是否符合法律规定？分别说明理由。

典型案例二

甲、乙、丙、丁四人出资设立A有限合伙企业，其中甲、乙为普通合伙人，丙、丁为有限合伙人。合伙企业存续期间，发生以下事项：① 6 月，合伙人丙同 A 合伙企业进行了 120 万元的交易，合伙人甲认为，由于合伙协议对此没有约定，因此，有限合伙人丙不得同本合伙企业进行交易。② 6 月，合伙人丁自营同 A 合伙企业相竞争的业务，获利 150 万元。合伙人乙认为，由于合伙协议对此没有约定，因此，丁不得自营同本合伙企业相竞争的业务，其获利 150 万元应当归 A 合伙企业所有。③ 7 月，A 合伙企业向 B 银行贷款 100 万元。④ 8 月，经全体合伙人一致同意，普通合伙人乙转变为有限合伙人，有限合伙人丙转变为普通合伙人。⑤ 9 月，甲、丁提出退伙。经结算，甲从合伙企业分回 10 万元，丁从合伙企业分回 20 万元。⑥ 10 月，戊、庚新入伙，戊为有限合伙人，庚为普通合伙人。其中，戊、庚的出资均为 30 万元。⑦ 12 月，B 银行 100 万元的贷款到期，A 合伙企业的全部财产只有 40 万元。

要求根据《合伙企业法》的规定，分别回答以下问题：

（1）根据本题要点①所提示的内容，指出甲的主张是否符合法律规定？并说明理由。

（2）根据本题要点②所提示的内容，指出乙的主张是否符合法律规定？并说明理由。

（3）对于不足的 60 万元，债权人 B 银行能否要求合伙人甲清偿全部的 60 万元？并说明理由。

（4）对于不足的 60 万元，债权人 B 银行能否要求合伙人乙清偿全部的 60 万元？并说明理由。

（5）对于不足的 60 万元，债权人 B 银行能否要求合伙人丙清偿全部的 60 万元？并说明理由。

（6）对于不足的 60 万元，债权人 B 银行能否要求退伙人丁清偿全部的 60 万元？并说明理由。

（7）对于不足的 60 万元，债权人 B 银行能否要求合伙人戊清偿全部的 60 万元？并说明理由。

（8）对于不足的 60 万元，债权人 B 银行能否要求合伙人庚清偿全部的 60 万元？并说明理由。

法律提示

《中华人民共和国合伙企业法》

第三章　有限合伙企业

第六十条　有限合伙企业及其合伙人适用本章规定；本章未作规定的，适用本法第二章第一节至第五节关于普通合伙企业及其合伙人的规定。

第六十一条　有限合伙企业由二个以上五十个以下合伙人设立；但是，法律另有规定的除外。

有限合伙企业至少应当有一个普通合伙人。

第六十二条　有限合伙企业名称中应当标明"有限合伙"字样。

第六十三条　合伙协议除符合本法第十八条的规定外，还应当载明下列事项：

（一）普通合伙人和有限合伙人的姓名或者名称、住所；

（二）执行事务合伙人应具备的条件和选择程序；

（三）执行事务合伙人权限与违约处理办法；

（四）执行事务合伙人的除名条件和更换程序；

（五）有限合伙人入伙、退伙的条件、程序以及相关责任；

（六）有限合伙人和普通合伙人相互转变程序。

第六十四条　有限合伙人可以用货币、实物、知识产权、土地使用权或者其他财产权利作价出资。

有限合伙人不得以劳务出资。

第六十五条　有限合伙人应当按照合伙协议的约定按期足额缴纳出资；未按期足额缴纳的，应当承担补缴义务，并对其他合伙人承担违约责任。

第六十六条　有限合伙企业登记事项中应当载明有限合伙人的姓名或者名称及认缴的出资数额。

第六十七条　有限合伙企业由普通合伙人执行合伙事务。执行事务合伙人可以要求在合伙协议中确定执行事务的报酬及报酬提取方式。

第六十八条　有限合伙人不执行合伙事务，不得对外代表有限合伙企业。

有限合伙人的下列行为，不视为执行合伙事务：

（一）参与决定普通合伙人入伙、退伙；

（二）对企业的经营管理提出建议；

（三）参与选择承办有限合伙企业审计业务的会计师事务所；

（四）获取经审计的有限合伙企业财务会计报告；

（五）对涉及自身利益的情况，查阅有限合伙企业财务会计账簿等财务资料；

（六）在有限合伙企业中的利益受到侵害时，向有责任的合伙人主张权利或者提起诉讼；

（七）执行事务合伙人怠于行使权利时，督促其行使权利或者为了本企业的利益以自己的名义提起诉讼；

（八）依法为本企业提供担保。

第六十九条 有限合伙企业不得将全部利润分配给部分合伙人；但是，合伙协议另有约定的除外。

第七十条 有限合伙人可以同本有限合伙企业进行交易；但是，合伙协议另有约定的除外。

第七十一条 有限合伙人可以自营或者同他人合作经营与本有限合伙企业相竞争的业务；但是，合伙协议另有约定的除外。

第七十二条 有限合伙人可以将其在有限合伙企业中的财产份额出质；但是，合伙协议另有约定的除外。

第七十三条 有限合伙人可以按照合伙协议的约定向合伙人以外的人转让其在有限合伙企业中的财产份额，但应当提前三十日通知其他合伙人。

第七十四条 有限合伙人的自有财产不足清偿其与合伙企业无关的债务的，该合伙人可以以其从有限合伙企业中分取的收益用于清偿；债权人也可以依法请求人民法院强制执行该合伙人在有限合伙企业中的财产份额用于清偿。

人民法院强制执行有限合伙人的财产份额时，应当通知全体合伙人。在同等条件下，其他合伙人有优先购买权。

第七十五条 有限合伙企业仅剩有限合伙人的，应当解散；有限合伙企业仅剩普通合伙人的，转为普通合伙企业。

第七十六条 第三人有理由相信有限合伙人为普通合伙人并与其交易的，该有限合伙人对该笔交易承担与普通合伙人同样的责任。

有限合伙人未经授权以有限合伙企业名义与他人进行交易，给有限合伙企业或者其他合伙人造成损失的，该有限合伙人应当承担赔偿责任。

第七十七条 新入伙的有限合伙人对入伙前有限合伙企业的债务，以其认缴的出资额为限承担责任。

第七十八条 有限合伙人有本法第四十八条第一款第一项、第三项至第五项所列情形之一的，当然退伙。

第七十九条 作为有限合伙人的自然人在有限合伙企业存续期间丧失民事行为能力的，其他合伙人不得因此要求其退伙。

第八十条 作为有限合伙人的自然人死亡、被依法宣告死亡或者作为有限合伙人的法人及其他组织终止时，其继承人或者权利承受人可以依法取得该有限合伙人在有限合伙企业中的资格。

第八十一条 有限合伙人退伙后，对基于其退伙前的原因发生的有限合伙企业债务，以其退伙时从有限合伙企业中取回的财产承担责任。

第八十二条 除合伙协议另有约定外，普通合伙人转变为有限合伙人，或者有限合伙人转变为普通合伙人，应当经全体合伙人一致同意。

第八十三条　有限合伙人转变为普通合伙人的，对其作为有限合伙人期间有限合伙企业发生的债务承担无限连带责任。

第八十四条　普通合伙人转变为有限合伙人的，对其作为普通合伙人期间合伙企业发生的债务承担无限连带责任。

基本理论和知识

一、有限合伙企业的概念

有限合伙企业由普通合伙人和有限合伙人组成，普通合伙人对合伙企业债务承担无限连带责任，有限合伙人以其认缴的出资额为限对合伙企业债务承担责任。

表 3-1　有限责任公司与有限合伙企业的比较

	有限责任公司	有限合伙企业
投资人的数量	2~50 人（一人公司除外）	2~50 人
投资人的类型		至少 1 个普通合伙人 至少 1 个有限合伙人
投资人的限制		国有独资公司、国有企业、上市公司以及公益性的事业单位、社会团体不得成为普通合伙人
注册资本	3 万元/10 万元	×
能否分期出资	√/一人公司例外	√
股东能否以劳务出资	×	普通合伙人：√ 有限合伙人：×
出资的对外转让	经其他股东过半数同意	普通合伙人：一致同意（未约定） 有限合伙人：通知
出质	质权自工商部门办理出质登记时设立	普通合伙人：一致同意 有限合伙人：√（未约定）

续表

	有限责任公司	有限合伙企业
交易	×（除非公司章程另有约定或者经股东会同意）	普通合伙人：×（除非合伙协议另有约定或者经其他合伙人一致同意） 有限合伙人：√（未约定）
竞争	×（除非经股东会同意）	普通合伙人：× 有限合伙人：√（未约定）
修改公司章程/合伙协议的决议通过方式	代表全部表决权 2/3 以上的股东通过	合伙协议未约定的，全体合伙人一致同意
法人资格	√	×
投资人的责任承担	一般情况只承担有限责任，股东滥用公司法人独立地位和股东有限责任，逃避债务，严重损害公司债权人利益的，股东应当对公司债务承担"连带责任"	普通合伙人：无限责任 有限合伙人：有限责任
解散清算时	10 日（通知）/60 日（公告） 30 日/45 日（债权申报）	10 日（通知）/60 日（公告） 30 日/45 日（债权申报）
破产清算后	不能清偿的债务依法免除	不能清偿的债务，普通合伙人仍应承担清偿责任

二、有限合伙企业的设立

（一）合伙人

有限合伙企业由 2 个以上 50 个以下合伙人设立；但是，法律另有规定的除外。有限合伙企业至少应当有一个普通合伙人。

（二）有限合伙企业名称

有限合伙企业名称中应当标明"有限合伙"字样。

（三）合伙协议

合伙协议除符《合伙企业法》第 18 条的规定外，还应当载明下列事项：

（1）普通合伙人和有限合伙人的姓名或者名称、住所；

（2）执行事务合伙人应具备的条件和选择程序；

（3）执行事务合伙人权限与违约处理办法；

（4）执行事务合伙人的除名条件和更换程序；

（5）有限合伙人入伙、退伙的条件、程序以及相关责任；

（6）有限合伙人和普通合伙人相互转变程序。

（四）有限合伙人的出资

有限合伙人可以用货币、实物、知识产权、土地使用权或者其他财产权利作价出资。有限合伙人不得以劳务出资。

有限合伙人应当按照合伙协议的约定按期足额缴纳出资；未按期足额缴纳的，应当承担补缴义务，并对其他合伙人承担违约责任。有限合伙企业登记事项中应当载明有限合伙人的姓名或者名称及认缴的出资数额。

（五）对有限合伙人执行合伙事务的限制

有限合伙企业由普通合伙人执行合伙事务。执行事务合伙人可以要求在合伙协议中确定执行事务的报酬及报酬提取方式。

有限合伙人不执行合伙事务，不得对外代表有限合伙企业。

有限合伙人的下列行为，不视为执行合伙事务：

（1）参与决定普通合伙人入伙、退伙；

（2）对企业的经营管理提出建议；

（3）参与选择承办有限合伙企业审计业务的会计师事务所；

（4）获取经审计的有限合伙企业财务会计报告；

（5）对涉及自身利益的情况，查阅有限合伙企业财务会计账簿等财务资料；

（6）在有限合伙企业中的利益受到侵害时，向有责任的合伙人主张权利或者提起诉讼；

（7）执行事务合伙人怠于行使权利时，督促其行使权利或者为了本企业的利益以自己的名义提起诉讼；

（8）依法为本企业提供担保。

（七）有限合伙人的特殊规定

有限合伙人相比于普通合伙人，没有竞业禁止义务和禁止自我交易义务。

1. 有限合伙人可以同本有限合伙企业进行交易；但是，合伙协议另有约定的除外。

2. 有限合伙人可以自营或者同他人合作经营与本有限合伙企业相竞争的业务；但是，合伙协议另有约定的除外。

3. 有限合伙人可以将其在有限合伙企业中的财产份额出质；但是，合伙协议另有约定的除外。

4. 有限合伙人可以按照合伙协议的约定向合伙人以外的人转让其在有限合

伙企业中的财产份额，但应当提前 30 日通知其他合伙人。

表 3-2 普通合伙人与有限合伙人的比较

	普通合伙人	有限合伙人
能否以劳务出资	不能	能
国有独资公司、国有企业、上市公司以及公益性的事业单位、社会团体	不能担任	可以担任
对外转让出资	除合伙协议另有约定外，须经其他合伙人一致同意	可以按照合伙协议的约定对外转让出资，但应当提前 30 日通知其他合伙人
出质	普通合伙人以其在合伙企业中的财产份额出质的，须经其他合伙人一致同意；未经其他合伙人一致同意，其行为无效，由此给善意第三人造成损失的，由行为人依法承担赔偿责任	有限合伙人可以将其在有限合伙企业中的财产份额出质，但是，合伙协议另有约定的除外
事务执行	1. 由普通合伙人执行合伙事务 2. 合伙企业对合伙人执行合伙事务以及对外代表合伙企业权利的限制，不得对抗善意第三人	1. 有限合伙人不执行合伙事务，不得对外代表有限合伙企业 2. 第三人有理由相信有限合伙人为普通合伙人并与其交易的，该有限合伙人对该笔交易承担与普通合伙人同样的责任
交易	除合伙协议另有约定或者经全体合伙人一致同意外，普通合伙人不得同本合伙企业进行交易	有限合伙人可以同本有限合伙企业进行交易，但是，合伙协议另有约定的除外

	普通合伙人	有限合伙人
竞争	普通合伙人不得自营或者同他人合作经营与本合伙企业相竞争的业务	有限合伙人可以自营或者同他人合作经营与本有限合伙企业相竞争的业务，但是，合伙协议另有约定的除外
合伙协议是否可以将全部利润分配给"部分合伙人"	不可以	合伙企业不得将全部利润分配给部分合伙人，但是，合伙协议另有约定的除外
丧失偿债能力	当然退伙	无须退伙
丧失民事行为能力	经其他合伙人一致同意，可以依法转为有限合伙人，普通合伙企业依法转为有限合伙企业。其他合伙人未能一致同意的，该无民事行为能力或者限制民事行为能力的合伙人只能退伙	无须退伙
继承	1. 继承人具备完全民事行为能力的，按照合伙协议的约定或者经全体合伙人一致同意，从继承开始之日起，取得普通合伙人资格 2. 继承人为无民事行为能力人或者限制民事行为能力人的，经全体合伙人一致同意，可以依法成为有限合伙人，普通合伙企业依法转为有限合伙企业。全体合伙人未能一致同意的，合伙企业应当将被继承合伙人的财产份额退还该继承人	无论其继承人是否具备完全民事行为能力，都可以依法取得有限合伙人的资格
新入伙	新入伙的普通合伙人对入伙前、入伙后合伙企业的债务承担无限连带责任	新入伙的有限合伙人对入伙前有限合伙企业的债务，以其认缴的出资额为限承担责任

续表

	普通合伙人	有限合伙人
退伙	退伙的普通合伙人对基于其退伙前的原因发生的合伙企业债务，承担无限连带责任	有限合伙人退伙后，对基于其退伙前的原因发生的有限合伙企业债务，以其退伙时从有限合伙企业中取回的财产承担责任
合伙人的性质转变	普通合伙人转变为有限合伙人的，对其作为普通合伙人期间合伙企业发生的债务承担无限连带责任	有限合伙人转变为普通合伙人的，对其作为有限合伙人期间有限合伙企业发生的债务承担无限连带责任
合伙人人数不足法定要求	普通合伙企业合伙人仅剩 1 人的，应当解散	1. 有限合伙企业仅剩普通合伙人的，应当转为普通合伙企业 2. 有限合伙企业仅剩有限合伙人的，应当解散

（八）有限合伙人与第三人的关系

有限合伙人的自有财产不足清偿其与合伙企业无关的债务的，该合伙人可以以其从有限合伙企业中分取的收益用于清偿；债权人也可以依法请求人民法院强制执行该合伙人在有限合伙企业中的财产份额用于清偿。

人民法院强制执行有限合伙人的财产份额时，应当通知全体合伙人。在同等条件下，其他合伙人有优先购买权。

第三人有理由相信有限合伙人为普通合伙人并与其交易的，该有限合伙人对该笔交易承担与普通合伙人同样的责任。有限合伙人未经授权以有限合伙企业名义与他人进行交易，给有限合伙企业或者其他合伙人造成损失的，该有限合伙人应当承担赔偿责任。

（九）有限合伙人的入伙、退伙

新入伙的有限合伙人对入伙前有限合伙企业的债务，以其认缴的出资额为限承担责任。

有限合伙人有《合伙企业法》第48条第1款第1项、第3项至第5项所列情形之一的，当然退伙。上述情形包括：①作为合伙人的自然人死亡或者被依法宣告死亡；②作为合伙人的法人或者其他组织依法被吊销营业执照、责令关闭、撤销，或者被宣告破产；③合伙人在合伙企业中的全部财产份额被人民法院强制执行。

作为有限合伙人的自然人在有限合伙企业存续期间丧失民事行为能力的，其他合伙人不得因此要求其退伙。作为有限合伙人的自然人死亡、被依法宣告死亡或者作为有限合伙人的法人及其他组织终止时，其继承人或者权利承受人可以依法取得该有限合伙人在有限合伙企业中的资格。

有限合伙人退伙后，对基于其退伙前的原因发生的有限合伙企业债务，以其退伙时从有限合伙企业中取回的财产承担责任。

有限合伙企业仅剩有限合伙人的，应当解散；有限合伙企业仅剩普通合伙人的，转为普通合伙企业。

（十）有限合伙人与普通合伙人转化的法律责任

除合伙协议另有约定外，普通合伙人转变为有限合伙人，或者有限合伙人转变为普通合伙人，应当经全体合伙人一致同意。

有限合伙人转变为普通合伙人的，对其作为有限合伙人期间有限合伙企业发生的债务承担无限连带责任。

普通合伙人转变为有限合伙人的，对其作为普通合伙人期间合伙企业发生的债务承担无限连带责任。

案例点拨一

（1）丁以劳务作价入伙符合法律规定。根据规定，有限合伙人不得以劳务出资，丁对企业债务承担无限连带责任，属于有限合伙企业中的普通合伙人，允许以劳务作价入伙。

（2）合伙协议约定企业成立后第1年，丁不参加利润分配符合法律规定。根据规定，有限合伙企业不得将全部利润分配给部分合伙人；但是，合伙协议另有约定的除外。

（3）合伙协议约定由丁作为事务执行人，其他合伙人不参与合伙企业事务符合法律规定。根据规定，有限合伙企业由普通合伙人执行合伙事务。有限合伙人不执行合伙事务，不得对外代表有限合伙企业。

（4）①甲的主张不符合法律规定。根据规定，有限合伙人可以同本有限合伙企业进行交易；但是，合伙协议另有约定的除外。②乙的主张不符合法律规定。根据规定，有限合伙人可以自营或者同他人合作经营与本有限合伙企业相竞争的业务；但是，合伙协议另有约定的除外。③丙的主张符合法律规定。根据规定，有限合伙人应当按照合伙协议的约定按期足额缴纳出资；未按期足额缴纳的，应当承担补缴义务，并对其他合伙人承担违约责任。④丁的主张不符合法律规定。根据规定，作为有限合伙人的自然人在有限合伙企业存续期间丧失民事行为能力的，其他合伙人不得因此要求其退伙。

案例点拨二

（1）甲的主张不符合规定。根据《合伙企业法》第70条的规定，有限合伙人可以同本有限合伙企业进行交易；但是，合伙协议另有约定的除外。

（2）乙的主张不符合规定。根据《合伙企业法》第71条的规定，有限合伙人可以自营或者同他人合作经营与本有限合伙企业相竞争的业务；但是，合伙协议另有约定的除外。

（3）债权人B银行可以要求甲清偿全部的60万元。根据《合伙企业法》第53条的规定，普通退伙人对基于其退伙前的原因发生的合伙企业债务，承担无限连带责任。

（4）债权人B银行可以要求乙清偿全部的60万元。根据《合伙企业法》第84条的规定，普通合伙人转变为有限合伙人的，对其作为普通合伙人期间合伙企业发生的债务承担无限连带责任。本案中，乙应当对其作为普通合伙人期间合伙企业发生的债务承担无限连带责任。

（5）债权人B银行可以要求丙清偿全部的60万元。根据《合伙企业法》第83条的规定，有限合伙人转变为普通合伙人的，对其作为有限合伙人期间有限合伙企业发生的债务承担无限连带责任。

（6）债权人B银行不能要求丁清偿全部的60万元。根据《合伙企业法》第81条的规定，有限合伙人退伙后，对基于其退伙前的原因发生的有限合伙企业债务，以其退伙时从有限合伙企业中取回的财产承担责任。本案中，由于有限合伙人丁在退伙时，从合伙企业分回20万元，因此，债权人B银行只能要求丁清偿20万元。

（7）债权人B银行不能要求戊清偿全部的60万元。根据《合伙企业法》第77条的规定，新入伙的有限合伙人对入伙前有限合伙企业的债务，以其认缴的出资额为限承担责任。

（8）债权人B银行可以要求庚清偿全部的60万元。根据《合伙企业法》第44条第2款的规定，新入伙的"普通合伙人"对入伙前合伙企业的债务承担无限连带责任。

实战训练

2008年3月，甲、乙、丙、丁按照《中华人民共和国合伙企业法》的规定，共同投资设立一从事商品流通的有限合伙企业。合伙协议约定了以下事项：

（1）甲以现金 5 万元出资，乙以房屋作价 8 万元出资，丙以劳务作价 4 万元出资，另外以商标权作价 5 万元出资，丁以现金 10 万元出资；

（2）丁为普通合伙人，甲、乙、丙均为有限合伙人；

（3）各合伙人按相同比例分配盈利、分担亏损；

（4）合伙企业的事务由丙和丁执行，甲和乙不执行合伙企业事务，也不对外代表合伙企业；

（5）普通合伙人向合伙人以外的人转让财产份额的，不需要经过其他合伙人同意；

（6）合伙企业名称为"诚信物流合伙企业"。

要求根据以上事实，回答下列问题，并分别说明理由：

（1）合伙人丙以劳务作价出资的做法是否符合规定？

（2）合伙企业事务执行方式是否符合规定？

（3）关于合伙人转让出资的约定是否符合法律规定？

（4）合伙企业名称是否符合规定？

（5）各合伙人按照相同比例分配盈利、分担亏损的约定是否符合规定？

第四节　合伙企业的解散与清算

学习目标

了解合伙企业的解散、清算的法律规定。

任务驱动

通过学习，解决实际中合伙企业解散、清算的具体事务。

典型案例

2000 年 1 月，甲、乙、丙三人合伙开办了合伙企业，甲出资 3 万元、乙出资 2 万元，丙以劳务出资，合伙协议订立得比较简单，未约定利润分配和亏损分担比例，只约定三人共同管理企业。2000 年 6 月，甲想把自己的一部分财产份额转让给丁，乙同意但丙不同意，因多数合伙人同意丁入伙成为新的合伙人，丙便提出退伙，甲、乙表示同意丙退伙，丁入伙。此时，该合伙企业欠长城公司货款 3 万元一直未还。2000 年 10 月，甲私自以合伙企业的名义为其朋友的 4 万元贷款提供担保，银行对甲的私自行为并不知情。2001 年 4 月，由于经营不善，该合伙企业宣告解散，企业有负债 9 万元无法清偿。

根据案情，请回答下列问题：

（1）丁认为长城公司的欠款是其入伙之前发生的，与自己无关，自己不应该对该笔债务承担责任，丁的看法是否正确？

（2）丙认为其早已于2000年6月退伙，该合伙企业的债务与其无关，丙的看法是否正确？

（3）若甲的朋友到期不能清偿贷款，银行是否有权要求合伙企业承担担保责任？

（4）若其他合伙人在得知甲私自以合伙企业的财产提供担保后一致同意将其除名，该决议是否有效？

（5）在合伙企业清算后，长城公司、贷款银行和该合伙企业的债权人认为乙个人资金雄厚，要求其做全部的清偿，这些债权人的要求是否可以得到支持？

（6）乙满足了合伙企业债权人的要求后，甲的朋友向乙支付了4万元，乙应如何向其他合伙人进行追偿？

法律提示

第四章　合伙企业解散、清算

第八十五条　合伙企业有下列情形之一的，应当解散：

（一）合伙期限届满，合伙人决定不再经营；

（二）合伙协议约定的解散事由出现；

（三）全体合伙人决定解散；

（四）合伙人已不具备法定人数满三十天；

（五）合伙协议约定的合伙目的已经实现或者无法实现；

（六）依法被吊销营业执照、责令关闭或者被撤销；

（七）法律、行政法规规定的其他原因。

第八十六条　合伙企业解散，应当由清算人进行清算。

清算人由全体合伙人担任；经全体合伙人过半数同意，可以自合伙企业解散事由出现后十五日内指定一个或者数个合伙人，或者委托第三人，担任清算人。

自合伙企业解散事由出现之日起十五日内未确定清算人的，合伙人或者其他利害关系人可以申请人民法院指定清算人。

第八十七条　清算人在清算期间执行下列事务：

（一）清理合伙企业财产，分别编制资产负债表和财产清单；

（二）处理与清算有关的合伙企业未了结事务；

（三）清缴所欠税款；

（四）清理债权、债务；

（五）处理合伙企业清偿债务后的剩余财产；

（六）代表合伙企业参加诉讼或者仲裁活动。

第八十八条　清算人自被确定之日起十日内将合伙企业解散事项通知债权人，并于六十日内在报纸上公告。债权人应当自接到通知书之日起三十日内，未接到通知书的自公告之日起四十五日内，向清算人申报债权。

债权人申报债权，应当说明债权的有关事项，并提供证明材料。清算人应当对债权进行登记。

清算期间，合伙企业存续，但不得开展与清算无关的经营活动。

第八十九条　合伙企业财产在支付清算费用和职工工资、社会保险费用、法定补偿金以及缴纳所欠税款、清偿债务后的剩余财产，依照本法第三十三条第一款的规定进行分配。

第九十条　清算结束，清算人应当编制清算报告，经全体合伙人签名、盖章后，在十五日内向企业登记机关报送清算报告，申请办理合伙企业注销登记。

第九十一条　合伙企业注销后，原普通合伙人对合伙企业存续期间的债务仍应承担无限连带责任。

第九十二条　合伙企业不能清偿到期债务的，债权人可以依法向人民法院提出破产清算申请，也可以要求普通合伙人清偿。

合伙企业依法被宣告破产的，普通合伙人对合伙企业债务仍应承担无限连带责任。

基本理论和知识

一、合伙企业的解散

合伙企业的解散是指合伙企业因某些法律事实的发生而归于消灭的法律行为。根据《合伙企业法》的规定，合伙解散的事由包括：

1. 合伙协议约定的经营期限届满，合伙人不愿再继续经营的。合伙协议约定有经营期限，期限届满时合伙人不愿意继续经营，合伙当然终止。也就是说合伙协议约定的经营期限届满并不必然引起合伙企业的解散，只有在与合伙人不愿继续经营的条件同时具备时，才会引起合伙企业解散的后果。如果合伙协议约定的经营期限届满，合伙人对继续经营合伙企业均无异议，则可认为合伙人一致同意延长合伙经营期限，延长后的期限则为不定期限。但此时应在原约定的经营期限届满之日起 15 日内向原登记机关办理有关变更登记手续。

2. 合伙协议约定的解散事由出现。合伙协议如约定当某一事由出现时合伙便解散，则设立合伙的行为实为附解除条件的法律行为，条件成就时协议解除，合伙解散。

3. 全体合伙人决定解散。合伙企业可基于合伙人的合意而设立，自然也可基于合伙人的合意而解散。无论合伙协议是否约定有合伙经营期限，合伙人均可通过合意终止合伙协议，解散合伙企业。如果一部分合伙人同意解散合伙企业，而一部分合伙人不同意，则合伙企业不解散，由同意解散的合伙人退伙，合伙企业继续存在。当然，在不同意解散合伙的合伙人只有 1 人时，合伙关系自当消灭，合伙企业解散。

4. 合伙人已不具备法定人数满 30 天。根据《民法典》和《合伙企业法》的规定，合伙企业的合伙人必须是 2 人以上，这是法律规定的下限。若合伙企业成立后不断发生退伙而致只剩下 1 人时，便出现了合伙人不足法定人数的现象，合伙企业解散。

5. 合伙协议约定的合伙目的已经实现或者无法实现。

6. 被依法吊销营业执照。

7. 出现法律、行政法规规定的合伙企业解散的其他原因。

上述事由只要具备其一，合伙企业即应解散。

二、合伙企业的清算

合伙企业的清算是指合伙企业解散后，对其债权债务及未了结的事务进行清理、核算、偿还债务、退还出资的法律行为。合伙企业的清算应包括如下事项：

1. 清算人的确定。合伙企业解散，应确定清算人，由清算人依法进行清算工作。清算人应由全体合伙人担任；如果未能由全体合伙人担任清算人的，经全体合伙人过半数同意，可以自合伙企业解散后 15 日内指定一名或者数名合伙人，或者委托第三人担任清算人；15 日内未确定清算人的，合伙人或者其他利害关系人可以申请人民法院指定清算人。

2. 清算人的职责。清算人在清算期间执行的事务包括：清算合伙企业财产，分别编制资产负债表和财产清单；处理与清算有关的合伙企业未了结的事务；清缴所欠税款；清理债权、债务；处理合伙企业清偿债务后的剩余财产；代表合伙企业参与民事诉讼活动。

清算期间，合伙企业存续，但不得开展与清算无关的经营活动。

3. 债权申报。清算人自被确定之日起 10 日内将合伙企业解散事项通知债权人，并于 60 日内在报纸上公告。债权人应当自接到通知书之日起 30 日内，未接到通知书的自公告之日起 45 日内，向清算人申报债权。

债权人申报债权，应当说明债权的有关事项，并提供证明材料。清算人应当对债权进行登记。

4. 清偿的顺序。合伙企业财产在支付清算费用后，应按下列顺序清偿：①合伙企业所欠职工工资和劳动保险费；②合伙企业所欠税款；③合伙企业的债务；④退还合伙人的出资。合伙企业财产按上述顺序清偿后仍有剩余的，则按约定或法定的比例在原合伙人间进行分配。

如果合伙企业的财产不足清偿其债务的，由原合伙人承担无限连带责任。

5. 破产程序的选择。合伙企业不能清偿到期债务的，债权人可以依法向人民法院提出破产清算申请，也可以要求普通合伙人清偿。

合伙企业依法被宣告破产的，普通合伙人对合伙企业债务仍应承担无限连带责任。

6. 注销登记。清算结束，清算人应当编制清算报告，经全体合伙人签名、盖章后，在 15 日内向企业登记机关报送清算报告，申请办理合伙企业注销登记。

合伙企业注销后，原普通合伙人对合伙企业存续期间的债务仍应承担无限连带责任。

案例点拨

（1）丁的看法不正确。尽管合伙企业对长城公司的欠款是在丁入伙之前发生的，但《合伙企业法》规定，入伙的新合伙人对入伙前合伙企业的债务承担连带责任，因此，丁需要对该笔债务承担连带责任。

（2）丙的看法并不完全正确。尽管丙早已于 2000 年 6 月退伙，但退伙人对其退伙前已发生的合伙企业债务，与其他合伙人承担连带责任，因此，该合伙企业的债务并不是与丙一点关系都没有，丙对于 2000 年 6 月前的企业债务如长城公司的欠款就要与其他的合伙人一起承担连带责任。

（3）若甲的朋友到期不能清偿 4 万元贷款，银行有权要求合伙企业承担担保责任。尽管以合伙企业名义为他人提供担保需要经过全体合伙人同意，但由于该合伙企业是全体合伙人共同执行合伙企业事务的，全体合伙人都有权对外代表合伙企业，而甲私自提供了担保的行为银行并不知情，合伙企业对合伙人执行合伙企业事务以及对外代表合伙企业权利的限制，不得对抗不知情的善意第三人，因此，合伙企业应向银行承担担保责任。

（4）若其他合伙人在得知甲私自以合伙企业的财产提供担保后一致同意将其除名，该决议是有效的。因为合伙人因故意或者重大过失给合伙企业造成损失，或者执行合伙企业事务时有不正当行为的，经其他合伙人一致同意，可以决议将其除名。

（5）在合伙企业清算后，长城公司、贷款银行和该合伙企业的债权人认为乙个人资金雄厚，要求其做全部的清偿，这些债权人的要求可以得到支持。因为以合伙企业财产清偿合伙企业债务时，其不足的部分由各合伙人按照合伙企业分担亏损的比例，用其在合伙企业出资以外的财产承担清偿责任。但合伙人之间的分担比例对债权人没有约束力，债权人可以根据自己的清偿利益，请求全体合伙人中的一人或数人承担全部清偿责任，也可以按照自己确定的比例向各合伙人分别追索。承担了清偿责任的合伙人有权向其他合伙人进行追偿。

（6）由于乙承担了合伙企业的全部清偿责任，而其实际支付的清偿数额超过了依照既定比例所应承担的数额，因此，其将就超过的部分，向未支付或者未足额支付应承担数额的合伙人追偿。丙退伙前合伙企业的债务是欠长城公司货款3万元，承担清偿责任的是甲、乙、丙三个原合伙人和新入伙的合伙人丁。由于该企业的合伙协议未约定亏损承担的比例，所以，应由各合伙人平均分担，即甲、乙、丙、丁各承担7500元。由于甲的朋友已向乙支付了4万元，因此，丙退伙后合伙企业的债务是9万元，同样，合伙人要平均分担，即甲、乙、丁各承担3万元。所以，乙有权向甲追偿37 500元，向丙追偿7500元，向丁追偿37 500元。

实战训练一

江某和周某共同出资开了一家美容店，两人合资买了一辆汽车用于日常经营使用。后因缺乏经验，生意亏损，而且汽车也经常出毛病，修车费花了几万元。半年后，美容店关门，两人散伙。一个月后，江某去了外地。其走后不久，修理厂的老板拿着经江某签字的修车费的欠条找到周某，要求周某支付尚未付清的修车费15 000多元。周某认为欠条是江某写的，现在他与江某已经不存在合伙关系了，而且散伙时，那辆车已经卖了，所以修理厂老板应该去找江某要钱，自己不能支付这笔修理费。

请问：这笔修理费由谁承担，如何追究相关当事人的责任？

实战训练二

一、多项选择题

根据合伙企业法律制度的规定，下列各项中，属于合伙企业应当解散的情形有（　　　）。

A. 合伙人因决策失误给合伙企业造成重大损失

B. 合伙企业被依法吊销营业执照

C. 合伙企业的合伙人已有2个月低于法定人数

D. 合伙协议约定的合伙目的无法实现

二、不定项选择题

1. 合伙人对合伙企业有关事项作出决议，应当按照合伙协议约定的表决办法办理。如果合伙协议未约定或者约定不明确的，下列各项中，其表决办法符合《合伙企业法》规定的表决办法是（ ）。

A. 实行合伙人一人一票

B. 实行合伙人一人一票并经全体合伙人过半数通过

C. 实行合伙人一人一票并经全体合伙人 2/3 以上通过

D. 实行合伙人一人一票并经全体合伙人一致通过

2. 甲、乙、丙经营一家普通合伙企业，约定由甲代表合伙企业执行合伙企业事务，后来乙擅自代表合伙企业与丁企业签订了一份合同，如无其他违法情节，则对该合同的处理应当是（ ）。

A. 如果丁企业不知道乙没有对外代表权，则合同有效，合伙企业应履行该合同，乙应赔偿由此给合伙企业造成的损失

B. 如果丁企业知道乙没有对外代表权，则合同有效，合伙企业向丁企业承担合同责任

C. 无论丁企业是否知道乙没有对外代表权，合同都有效，合伙企业履行合同，甲应赔偿由此给合伙企业造成的损失

D. 无论丁企业是否知道乙没有对外代表权，合同都无效，乙向丁企业负合同无效责任

3. 合伙人甲在某普通合伙企业中有财产份额 15 万元，该合伙企业每年可以向甲分取利润。现甲无力偿还其对合伙企业以外的乙的债务 20 万元，乙要求强制执行甲在合伙企业中的财产。对此，下列说法正确的是（ ）。

A. 乙仅可就该 15 万元份额请求强制执行

B. 乙仅可就合伙企业向甲分配的利润请求清偿

C. 乙可以就该 15 万元财产份额或者每年分配的利润请求清偿

D. 乙仅可以就该 15 万元财产份额请求人民法院强制执行

4. 某普通合伙企业有甲、乙、丙三个合伙人，甲因欠丁的借款无力偿还，丁请求人民法院强制执行甲在该合伙企业中的全部财产份额用于清偿。对此，乙和丙不愿意购买甲的财产份额，又不同意将该财产份额转让给丁。对此下列说法正确的是（ ）。

A. 该合伙企业应当解散　　　B. 应当为甲办理退伙结算

C. 应当削减甲的财产份额　　D. 乙和丙不同意对外转让，就应当购买

5. 根据《合伙企业法》的规定，下列选项中，属于普通合伙人当然退伙的情形是（ ）。

A. 未履行出资义务　　　　　B. 个人丧失偿债能力

C. 合伙协议约定的退伙事由出现　D. 执行合伙企业事务时有不正当行为

6. 注册会计师甲、乙、丙投资设立 A 会计师事务所，该会计师事务所的形式为特殊的普通合伙企业。后甲在对 B 上市公司的年度会计报告进行审计过程中，因接受 B 上市公司的贿赂出具了虚假的审计报告，经人民法院判决由 A 会计师事务所承担赔偿责任。根据《合伙企业法》的规定，下列对该债务责任承担表述中正确的是（　　）。

A. 甲承担无限责任，其他合伙人以其在合伙企业中的财产份额为限承担责任

B. 甲以其在合伙企业中的财产份额为限承担责任，其他合伙人承担无限连带责任

C. 全体合伙人以其在合伙企业中的财产份额为限承担责任

D. 全体合伙人承担无限连带责任

7. 甲、乙、丙、丁成立一家有限合伙企业，甲是普通合伙人，负责合伙事务执行。乙、丙、丁均为有限合伙人，在合伙协议没有约定的情况下，下列行为不符合法律规定的是（　　）。

A. 甲以合伙企业的名义向 A 公司购买一辆二手车

B. 乙代表合伙企业与 B 公司签订了一份代销合同

C. 丙将自有房屋租给合伙企业使用

D. 丁设立的一人有限公司经营与合伙企业相同的业务

8. 2008 年 9 月甲以一辆卡车作价 6 万元与乙、丙成立了有限合伙企业，甲为有限合伙人，合伙协议中未约定合伙继承、损益分担和财产份额退还办法。2009 年 10 月甲死亡，其 14 岁的儿子丁成为其唯一继承人。甲死亡时，合伙企业债务为 3 万元。根据合伙企业法律制度规定，下列各项中，说法正确的是（　　）。

A. 甲自死亡时当然退伙，丁因继承成为有限合伙人

B. 甲自死亡时当然退伙，必须经乙、丙一致同意，丁才可以成为有限合伙人

C. 甲自死亡时当然退伙，丁因继承关系当然成为合伙人，但丁只能成为普通合伙人

D. 甲自死亡时当然退伙，经乙、丙同意，丁只能成为普通合伙人

9. 甲、乙、丙三人成立有限合伙企业，其中甲为普通合伙人，乙和丙均为有限合伙人，经营一段时间后，按照合伙协议的约定，乙和丙相继转换为普通合伙人，对于这种情况，下列说法正确的是（　　）。

A. 该合伙企业应当解散

B. 该合伙企业应当转变为普通合伙企业

C. 该合伙企业应当转变为特殊的有限合伙企业

D. 乙和丙不得全部转变为普通合伙人

10. 合伙企业清算人向企业登记机关报送清算报告隐瞒重要事实，由企业登记机关责令改正。应当承担由此产生的费用的是（　）。

A. 全体合伙人　　　　　B. 普通合伙人

C. 有限合伙人　　　　　D. 清算人

第四章

个人独资企业法

第一节　个人独资企业概述

学习目标

了解个人独资企业的概念、特征。

任务驱动

通过学习，解决现实中关于个人独资企业法律责任的具体事务。

典型案例

A市江南餐饮服务有限责任公司发展状况良好，有多家连锁酒店。该公司为了拓展市场，前往B市打算设立一个个人独资企业，请问：该公司能否设立个人独资企业？如何实现其市场发展目标？

法律提示

《中华人民共和国个人独资企业法》

第二条　本法所称个人独资企业，是指依照本法在中国境内设立，由一个自然人投资，财产为投资人个人所有，投资人以其个人财产对企业债务承担无限责任的经营实体。

第三条　个人独资企业以其主要办事机构所在地为住所。

第四条　个人独资企业从事经营活动必须遵守法律、行政法规，遵守诚实信用原则，不得损害社会公共利益。

个人独资企业应当依法履行纳税义务。

第五条　国家依法保护个人独资企业的财产和其他合法权益。

相关提示

《中华人民共和国公司法》

第十四条 公司可以设立分公司。设立分公司，应当向公司登记机关申请登记，领取营业执照。分公司不具有法人资格，其民事责任由公司承担。

公司可以设立子公司，子公司具有法人资格，依法独立承担民事责任。

第五十七条第二款 本法所称一人有限责任公司，是指只有一个自然人股东或者一个法人股东的有限责任公司。

《民法通则》

第二十六条 公民在法律允许的范围内，依法经核准登记，从事工商业经营的，为个体工商户。个体工商户可以起字号。

《最高人民法院关于贯彻执行〈中华人民共和国民法通则〉若干问题的意见（试行）》（1988 年 4 月 2 日法（办）发〔1988〕6 号）

41. 起字号的个体工商户，在民事诉讼中，应以营业执照登记的户主（业主）为诉讼当事人，在诉讼文书中注明系某字号的户主。

《民法总则》

第五十六条 个体工商户的债务，个人经营的，以个人财产承担；家庭经营的，以家庭财产承担；无法区分的，以家庭财产承担。

农村承包经营户的债务，以从事农村土地承包经营的农户财产承担；事实上由农户部分成员经营的，以该部分成员的财产承担。

《个体工商户条例》

第二条 有经营能力的公民，依照本条例规定经工商行政管理部门登记，从事工商业经营的，为个体工商户。

个体工商户可以个人经营，也可以家庭经营。

第八条 申请登记为个体工商户，应当向经营场所所在地登记机关申请注册登记。申请人应当提交登记申请书、身份证明和经营场所证明。

个体工商户登记事项包括经营者姓名和住所、组成形式、经营范围、经营场所。个体工商户使用名称的，名称作为登记事项。

第十条 个体工商户登记事项变更的，应当向登记机关申请办理变更登记。

个体工商户变更经营者的，应当在办理注销登记后，由新的经营者重新申请办理注册登记。家庭经营的个体工商户在家庭成员间变更经营者的，依照前款规定办理变更手续。

基本理论和知识

一、个人独资企业的概念与特征

个人独资企业，是指依照《个人独资企业法》在中国境内设立，由一个自然人投资，财产为投资人个人所有，投资人以其个人财产对企业债务承担无限责任的经营实体。独资企业是企业形式中最简单并且最古老的一种企业形式，这一简单的商品生产和商业服务的形态经久不衰，在商业文明极度发展的今天仍然繁荣昌盛，其典型特征是个人出资，个人经营，个人自负盈亏和自担风险。

个人独资企业适用的法律是 1999 年 8 月 30 日由第九届全国人大常委会第十一次会议通过并公布的《个人独资企业法》，该法自 2000 年 1 月 1 日起施行。该法共 6 章 48 条。在这里需要指出的是，《个人独资企业法》只适用于个人独资企业，不适用于具有独资特点的全民所有制企业，不适用于国有独资公司和外商独资企业。

个人独资企业具有以下特征：

1. 个人独资企业的投资者仅为一个自然人。这是独资企业在投资主体上与合伙企业和公司的区别所在。个人独资企业的投资人只有一个，而合伙企业和公司的投资者必须在二人以上；个人独资企业的投资人必须是自然人，而公司的投资者既可以是自然人也可以是法人。

2. 企业财产为投资人个人所有。投资人（也称业主）是企业财产（包括企业成立时投入的初始出资财产以及企业存续期间积累的财产）的唯一所有者。基于此，投资人对企业的经营与管理事物享有绝对的控制与支配权，不受任何其他人的干预。

3. 投资人以其个人财产对企业债务承担无限责任。这是个人独资企业在责任形态方面与公司（包括一人公司，如我国公司法上的国有独资公司）的本质区别。所谓投资人以其个人财产对企业债务承担无限责任，包括三层意思：一是个人独资企业的债务全部由投资人承担；二是投资人承担企业债务的责任范围不限于出资，其责任财产包括独资企业中的全部财产和投资人的其他个人财产；三是投资人对企业的债权人直接负责。换言之，无论是企业经营期间还是企业因各种原因而解散时，对经营中所产生的债务如不能以企业财产清偿，则投资人须以其个人所有的其他财产清偿。也就是说，个人独资企业债权人债权的实现在很大程度上依赖于投资人个人的信用和偿债能力。

4. 个人独资企业不具有法人资格。个人独资企业是自然人从事商业经营的一种组织形式，但这种组织本身却未成为完全独立的法律主体。尽管个人独资企业有自己的名称或商号，并以企业名义从事经营行为和参加诉讼活动，但它不具有独立的法人地位。这一特点与合伙企业相同而区别于公司。

二、个人独资企业和相关经济组织的区别

个人独资企业在出资形式上和个体工商户、一人公司、国有企业有相类似的地方，在责任承担上与合伙企业有相类似的地方，但相互之间的区别是明显的：

（一）个人独资企业和个体工商户的区别

个人独资企业和个体工商户都是由自然人出资的，这是它们的相同之处。两者的区别是：

1. 对出资人的要求不同。个人独资企业只能由个人出资设立；而个体工商户则可以由一个自然人出资设立，也可以由家庭出资设立。

2. 承担债务的财产范围不同。个人独资企业，投资人以其个人财产对企业债务承担无限责任；仅在企业设立登记时明确以其家庭共有财产作为个人出资的，才依法以家庭共有财产对企业债务承担无限责任。而根据《民法总则》第56条的规定，个体工商户的债务，个人经营的，以个人财产承担；家庭经营的，以家庭财产承担；无法区分的，以家庭财产承担。

3. 法律依据不同。个人独资企业依照《个人独资企业法》设立，个体工商户依照《个体工商户条例》设立。

4. 性质不同。个人独资企业是经营实体，是一种企业组织形态，个体工商户则不采用企业形式，属于个体经营。《个人独资企业法》颁布之前，我国曾以雇工人数作为区别个人独资企业与个体工商户的标准，雇工8人以上者为个人独资企业，雇工不足8人者为个体工商户。显然，这种区分标准缺乏科学性，《个人独资企业法》颁布后不再采用这一标准，也就是说雇工人数不足8人的，也可设立独资企业，关键看是否进行了独资企业登记，领取独资企业营业执照。反之，雇工人数超过8人的，只要没有进行企业登记，同样被认定为个体工商户。

5. 对于经营持续性要求不同。从事临时经营、季节性经营、流动经营和没有固定门面的摆摊经营，不得登记为个人独资企业，但可以登记为个体工商户。个人独资企业须要连续经营，个人独资企业成立后无正当理由超过6个月未开业的，或者开业后自行停业连续6个月以上的，吊销营业执照。

6. 委托或者聘用管理者不同。个体工商户，经营规模比较小，由投资人作为经营者自行管理，从事工商业经营活动。个人独资企业投资人可以自行管理企业事务，也可以委托或者聘用其他具有民事行为能力的人负责企业的事务管理。

7. 是否可以设立分支机构不同。个体工商户是不能设立分支机构的。个人

独资企业可以设立分支机构。①个人独资企业设立的分支机构可以与个人独资企业在同一登记机关辖区内，也可以与个人独资企业不在同一登记机关辖区内。②个人独资企业设立分支机构，应当由投资人或者其委托的代理人向分支机构所在地的登记机关申请登记，领取营业执照。③分支机构经核准登记后，应将登记情况报该分支机构隶属的个人独资企业的登记机关备案。

8. 投资人姓名变更不同。个体工商户变更经营者的，应当在办理注销登记后，由新的经营者重新申请办理注册登记。家庭经营的个体工商户，在家庭成员间变更经营者的（必须是家庭成员之间），应当向登记机关申请办理变更登记。个人独资企业可以变更投资人姓名，个人独资企业存续期间登记事项（包括投资人姓名）发生变更的，应当在作出变更决定之日起的 15 日内依法向登记机关申请办理变更登记。

（二）个人独资企业和一人公司的区别

一人公司是指只有一个股东的有限责任公司，即公司的投资人只有一人，由投资人独资经营，但作为公司的一种特殊形式，投资人对公司债务负有限责任。我国《公司法》并未规定一人公司，但其中关于国有独资公司的规定与一人公司近似。个人独资企业和一人公司都是一人出资建立的企业，两者的区别在于：

1. 法律性质不同。个人独资企业不是企业法人；而一人公司的投资人虽然只有一人，但一人公司毕竟是公司，是企业法人。

2. 责任性质不同。个人独资企业的投资人对企业的债务承担无限责任；而一人公司的投资人（股东）仅以出资额为限对公司承担责任，即一人公司的投资人对公司债务负有限责任。

3. 法律依据不同。个人独资企业依照《个人独资企业法》设立；一人公司则须依照《公司法》设立。

（三）个人独资企业与全资国有企业的区别

传统的国有企业即全资的国有企业，也是一种独资企业。两者的共同之处是独资形式，但两者的不同之处是明显的：

1. 法律性质不同。个人独资企业不具有企业法人资格；全资国有企业则是依法成立的企业法人。

2. 投资人不同。个人独资企业的投资人是自然人；全资的国有企业的投资人是国有出资人。

3. 责任性质不同。个人独资企业的投资人对企业的债务承担无限责任；国有出资人仅以出资额为限对国有企业负责。

4. 法律依据不同。个人独资企业法依照《个人独资企业法》设立；全资的国有工业企业则依照《全民所有制工业企业法》设立，其他的全资国有企业也需依照《全民所有制工业企业法》规定的原则设立。

（四）个人独资企业与外商独资企业的区别

我国的外商投资企业包括中外合资经营企业、中外合作经营企业和外商独资企业三种类型，其中的外商独资企业与个人独资企业有相类似之处，即投资人仅为一人，二者的区别在于：

1. 资本的来源不同。外商独资企业的资本来自中华人民共和国境外，个人独资企业的资本来自中华人民共和国境内。

2. 出资者不同。外商独资企业的出资者可以是单个自然人，也可以是单个法人。而个人独资企业的出资人只能是单个的自然人。

3 设立依据不同。外商独资企业依照《外资企业法》设立，个人独资企业依照《个人独资企业法》设立。

4. 责任性质不同。外商独资企业（采取有限责任公司形式的）的投资者以出资为限承担责任，即承担有限责任（当然外商独资企业的投资者也可以不选择有限责任公司的组织形式而选择其他的企业组织形式，并承担相应的责任）。个人独资企业的投资者承担无限责任。

（五）个人独资企业与合伙企业的区别

个人独资企业和合伙企业的出资人均为自然人，对企业债务都承担无限责任，这是二者的相同之处。二者区别在于：

1. 投资人人数不同。个人独资企业的出资人仅为一人，合伙企业为二人以上。

2. 财产归属不同。个人独资企业的财产归出资人一人所有，合伙企业的财产由全体合伙人共有。

3. 责任性质有所不同。个人独资企业仅由出资人一人承担无限责任，合伙企业则由全体合伙人承担无限连带责任。

案例点拨

根据《中华人民共和国个人独资企业法》第 2 条的规定，个人独资企业，是指依照本法在中国境内设立，由一个自然人投资，财产为投资人个人所有，投资人以其个人财产对企业债务承担无限责任的经营实体。个人独资企业只能由一个自然人投资设立。A 市江南餐饮服务有限责任公司作为法人，不能成为个人独资企业的投资人。为实现其商业目标，A 市江南餐饮服务有限责任公司可以在 B 市设立一人有限责任公司的子公司，也可以在 B 市设立分支机构。

实战训练

甲投资设立 A 个人独资企业，A 企业以自己的名义与 B 企业签订货物买卖合同，B 向 A 发货，货款 8 万。经营过程中，A 企业发生亏损，A 企业的资金不够支付到期货款，全部财产只有 4 万元。请问：B 企业如何实现债权？

第二节　个人独资企业的设立

学习目标

了解个人独资企业设立的条件和程序。

任务驱动

通过学习，解决现实中设立个人独资企业的具体事务。

典型案例

刘某是高校的在职研究生，经济上独立于其家庭。2000 年 8 月在工商行政管理机关注册成立了一家主营信息咨询的个人独资企业，取名为"远大信息咨询有限公司"，注册资本为人民币 1 元。该企业成立后营业形势看好，收益甚丰。于是后来黄某与刘某协议参加该个人独资企业的投资经营，并注入投资 5 万元人民币。经营过程中先后共聘用工作人员 10 名，对此刘某认为自己开办的是私人企业，并不需要为职工办理社会保险，因此没有给职工缴纳社会保险费也没有与职工签订劳动合同。后来该独资企业经营不善导致负债 10 万元。刘某决定于 2001 年 10 月自行解散企业，但因为企业财产不足清偿而被债权人、企业职工诉诸人民法院。法院审理后认为刘某与黄某形成事实上的合伙关系，判决责令刘、黄补充办理职工的社会保险并缴纳保险费，由刘某与黄某对该企业的债务承担无限连带责任。

问：（1）该企业的设立是否合法？

（2）刘某允许他人参加投资、共同经营的行为是否合法？

（3）刘某不为职工缴纳社会保险费的理由是否成立？

（4）该企业债权人的要求是否成立？

（5）刘某是否有权解散企业？

（6）黄某是否应承担责任？

法律提示

《中华人民共和国个人独资企业法》

第二章 个人独资企业的设立

第八条 设立个人独资企业应当具备下列条件：

（一）投资人为一个自然人；

（二）有合法的企业名称；

（三）有投资人申报的出资；

（四）有固定的生产经营场所和必要的生产经营条件；

（五）有必要的从业人员。

第九条 申请设立个人独资企业，应当由投资人或者其委托的代理人向个人独资企业所在地的登记机关提交设立申请书、投资人身份证明、生产经营场所使用证明等文件。委托代理人申请设立登记时，应当出具投资人的委托书和代理人的合法证明。

个人独资企业不得从事法律、行政法规禁止经营的业务；从事法律、行政法规规定须报经有关部门审批的业务，应当在申请设立登记时提交有关部门的批准文件。

第十条 个人独资企业设立申请书应当载明下列事项：

（一）企业的名称和住所；

（二）投资人的姓名和居所；

（三）投资人的出资额和出资方式；

（四）经营范围。

第十一条 个人独资企业的名称应当与其责任形式及从事的营业相符合。

第十二条 登记机关应当在收到设立申请文件之日起十五日内，对符合本法规定条件的，予以登记，发给营业执照；对不符合本法规定条件的，不予登记，并应当给予书面答复，说明理由。

第十三条 个人独资企业的营业执照的签发日期，为个人独资企业成立日期。

在领取个人独资企业营业执照前，投资人不得以个人独资企业名义从事经营活动。

第十四条 个人独资企业设立分支机构，应当由投资人或者其委托的代理人向分支机构所在地的登记机关申请登记，领取营业执照。

分支机构经核准登记后，应将登记情况报该分支机构隶属的个人独资企业的登记机关备案。

分支机构的民事责任由设立该分支机构的个人独资企业承担。

基本理论和知识

一、个人独资企业的设立条件

根据《个人独资企业法》第 8 条的规定：设立个人独资企业应当具备下列条件："①投资人为一个自然人；②有合法的企业名称；③有投资人申报的出资；④有固定的生产经营场所和必要的生产经营条件；⑤有必要的从业人员。"

下面对这五个方面的条件分别加以说明：

（一）投资人为一个自然人

个人独资企业中的"人"只能是自然人，并且此处所称的自然人只能是具有中华人民共和国国籍的自然人，不包括外国的自然人。因此，个人独资企业属于自然人企业，与合伙企业有相似之处。同时，这一条件也表明，自然人之外的法人、其他组织不能投资设立个人独资企业。当然，投资设立个人独资企业的自然人应当是完全民事行为能力人。

（二）有合法的企业名称

个人独资企业享有名称权和商号权。作为企业的一个区别性的标志，个人独资企业的名称应当与其责任形式及从事的营业相符合。也就是说，个人独资企业的名称应当区别于公司和合伙企业，也应当区别于其他的个人独资企业。企业的名称应遵守《企业名称登记管理规定》。企业只准使用一个名称，在登记主管机关辖区内不得与已登记注册的同行业企业名称相同或者近似。独资企业的名称中不得使用"有限""有限责任"字样。

（三）有投资人申报的出资

一定的资本是任何企业得以存在的物质基础，个人独资企业也不例外。由于个人独资企业的投资人以其个人财产对企业债务承担无限责任，而无限责任的形式本身就是对交易安全的一种保障，债权人可以通过追究投资人个人的财产责任来保障自己的债权实现。所以，《个人独资企业法》并没有对个人独资企业规定最低资本数额的要求，只是要求投资人根据拟设立的个人独资企业的经营需要来申报出资。不仅如此，在《个人独资企业法》中也没有对投资人实际缴付出资的要求。这些规定便于个人独资企业的设立，有利于个人独资企业的发展。

（四）有固定的生产经营场所和必要的生产经营条件

无论何种类型的企业，固定的生产经营场所和必要的生产经营条件都是企业开展经营活动的物质基础。个人独资企业同样不例外。

（五）有必要的从业人员

从业人员是企业从事经营活动必不可少的人的要素和条件，关于从业人员的条件，法律并没有作具体规定，由企业视经营情况而定。

二、个人独资企业的设立程序

个人独资企业的设立，应当符合法律所规定的条件和程序。就其所设立的程序而言，比合伙企业和公司企业更容易和宽松。个人独资企业的设立采取直接登记制，即设立个人独资企业无须经过任何部门的审批，由投资人根据设立标准直接到工商行政管理部门申请登记。

（一）个人独资企业设立申请

设立个人独资企业的申请人是个人独资企业的投资人。当然投资人也可以委托其代理人向个人独资企业所在地的登记机关申请设立登记。投资人申请设立个人独资企业，应当向登记机关提交下列文件：

1. 设立申请书。设立申请书应包括下列事项：①企业的名称和住所（个人独资企业以其主要办事机构所在地为住所）；②投资人的姓名和居所；③投资人的出资额和出资方式；④经营范围。

2. 投资人身份证明。

3. 生产经营场所使用证明等文件。

由委托代理人申请设立登记的，应当出具投资人的委托书和代理人的合法证明。

个人独资企业不得从事法律、行政法规禁止经营的业务；从事法律、行政法规规定须报经有关部门审批的业务，应当在申请设立登记时提交有关部门的批准文件。

（二）登记机关核准登记与企业成立

个人独资企业实行准则设立的原则，也就是说个人独资企业依《个人独资企业法》规定的条件设立。登记机关应当在收到设立申请文件之日起15日内，对符合《个人独资企业法》规定条件者，予以登记，发给营业执照；对不符合《个人独资企业法》规定条件的，不予登记，并给予书面答复，说明理由。

个人独资企业营业执照的签发日期，为个人独资企业的成立日期。在领取个人独资企业的营业执照前，投资人不得以个人独资企业名义从事经营活动。

三、个人独资企业分支机构的设立

个人独资企业的分支机构是指个人独资企业在其住所地以外设立的从事业务活动的办事机构。个人独资企业的分支机构的设立与登记程序与个人独资企业的设立程序大体相同。

1. 设立申请与登记。根据《个人独资企业法》第14条的规定，个人独资企业设立分支机构，应当由投资人或者其委托的代理人向分支机构所在地的登记机关申请登记，领取营业执照。

2. 登记备案。个人独资企业分支机构经核准登记后，应将登记情况报该分支机构隶属的个人独资企业的原登记机关备案。

3. 个人独资企业分支机构民事责任的承担。企业的分支机构是企业的一部分，其产生的民事责任理应由企业承担。由于个人独资企业的债务实际上是由投资者承担的。所以，个人独资企业分支机构的民事责任实际上还是应由投资人承担。

四、个人独资企业的变更

个人独资企业的变更是指在个人独资企业存续期间登记事项发生的变更。如企业名称、住所、经营范围、经营期限等方面发生的改变。根据《个人独资企业法》第 15 条的规定，个人独资企业应当在作出变更决定之日起的 15 日内依法向登记机关申请办理变更登记。

《个人独资企业法》第 37 条规定，个人独资企业登记事项发生变更时，未按《个人独资企业法》规定办理有关变更登记的，责令限期办理变更登记；逾期不办理的，处以 2000 元以下的罚款。

案例点拨

（1）该企业的设立不合法。根据我国《个人独资企业法》第 2 条、第 10 条的规定，自然人可以单独投资设立个人独资企业，设立时法律仅要求投资人申报出资额和出资方式但并不要求须缴纳最低注册资本金。因此刘某单独以一元人民币经法定工商登记程序投资设立个人独资企业的做法，符合法律规定。但根据第 11 条的规定，"个人独资企业的名称应与其责任形式相符合"，而个人独资企业为投资人个人负无限责任，因此刘某将其取名为"远大信息咨询有限公司"违反法律规定，应予与纠正。

（2）刘某允许他人参加投资、共同经营的行为不合法。根据《个人独资企业法》第 2 条、第 8 条、第 15 条的规定，个人独资企业须为一个自然人单独投资设立，企业存续期间登记事项发生变更时应当在作出变更决定之日起 15 日内申请办理变更登记。因此，刘某如允许他人参加投资经营，必须依法办理变更登记，并改变为其他性质的企业，因为此时已经不符合个人独资企业的法定条件了。

（3）该企业应当与职工签订劳动合同并为其办理社会保险。根据我国的社会保障方面的立法规定、《劳动法》的相关规定，该企业不与职工签订劳动合同不为职工办理社会保险的做法违反法律的强制性规定。《个人独资企业法》第 22 条、第 23 条对此也作出了规定："个人独资企业招用职工的，应当依法与职工签订劳动合同"，并"按照国家规定参加社会保险，为职工缴纳社会保险费"。

因此刘某的理由不成立。

（4）该企业的债权人在刘某不能清偿债务时不能向刘某的家庭求偿。根据《个人独资企业法》第2条、第18条的规定，刘某经济上独立于其家庭，且法律规定只有投资人在申请设立个人独资企业进行登记时明确以其家庭共有财产作为个人出资的，才可以依法由家庭共有财产对企业债务承担无限责任，因此债权人不能向刘某的家庭求偿，而应当是由刘某个人负无限责任。

（5）刘某决定自行解散企业的做法合法。根据《个人独资企业法》第26条的规定，刘某作为该企业的投资人，有权自行决定解散个人独资企业，因此刘某的做法并不违法。

（6）由于黄某后来加入投资经营，因此该个人独资企业事实上已转变为公民之间的合伙关系，由此，法律责任也应当由合伙人刘某、黄某承担。人民法院的判决是正确的。

实战训练

多项选择题

1. 根据个人独资企业法律制度的规定，下列各项中，可以作为个人独资企业出资的有（　　　）。

A. 投资人的知识产权　　　　　B. 投资人的劳务

C. 投资人的土地使用权　　　　D. 投资人家庭共有的房屋

2. 甲为下岗工人，决定成立个人独资企业，在筹备企业设立事宜中作出以下规划，其中哪些违反法律规定（　　　）

A. 如自己财力不足让邻居乙也加入成为企业主

B. 企业的名称为自立公司

C. 向企业出资10万元，企业负债后不再以自己的其他财产清偿

D. 如企业成立后经营不善，则尽快解散企业并不再对企业存续期间的债务承担责任。

第三节　个人独资企业的投资人及事务管理

学习目标

了解个人独资企业的投资人、事务管理。

任务驱动

通过学习，解决实务中个人独资企业投资与事务管理的具体事务。

典型案例

被告徐州水泵厂系个人独资企业，在 2000 年至 2002 年间多次向原告购买配件。2002 年 6 月，双方结欠货款 57 259 元，在支付 2 万元后，被告投资人李某某以水泵厂名义和原告于 2002 年 8 月达成还款计划，约定余款于 2003 年 5 月前还清。

2002 年 11 月 8 日，李某某（甲方）与王某某（乙方）达成转让协议，甲方决定将徐州水泵厂转让给乙方，协议约定：①至转让之后所发生的债权债务由乙方承担。②乙方自签字之日方能有自由经营权。③本协议自签字之日起生效。协议签定的当日，徐州水泵厂即在工商部门办理了企业投资人变更登记。

后原告依还款计划要求被告徐州水泵厂偿还到期债务 18 629.50 元，但被告以投资人变更为由拒绝偿还。原告诉至沛县人民法院，要求徐州水泵厂承担到期债务的清偿责任，在审理期间，又依原告申请追加李某某为被告。被告徐州水泵厂辩称，徐州水泵厂为个人独资企业，原厂负责人是李某某，2002 年 11 月 6 日变更为王某某，并办理了工商变更登记，依据协议的约定，转让前的债务应由李某某承担，请求驳回原告对徐州水泵厂的诉讼请求。被告李某某辩称徐州水泵厂负责人的变更不能影响债务的承担方式，故应由企业承担清偿责任。

请问：法院该如何判决？各当事人之间的法律关系是什么？

法律提示

《中华人民共和国个人独资企业法》

第三章　个人独资企业的投资人及事务管理

第十六条　法律、行政法规禁止从事营利性活动的人，不得作为投资人申请设立个人独资企业。

第十七条　个人独资企业投资人对本企业的财产依法享有所有权，其有关权利可以依法进行转让或继承。

第十八条　个人独资企业投资人在申请企业设立登记时明确以其家庭共有财产作为个人出资的，应当依法以家庭共有财产对企业债务承担无限责任。

第十九条　个人独资企业投资人可以自行管理企业事务，也可以委托或者聘用其他具有民事行为能力的人负责企业的事务管理。

投资人委托或者聘用他人管理个人独资企业事务，应当与受托人或者被聘用的人签订书面合同，明确委托的具体内容和授予的权利范围。

受托人或者被聘用的人员应当履行诚信、勤勉义务，按照与投资人签订的合同负责个人独资企业的事务管理。

投资人对受托人或者被聘用的人员职权的限制，不得对抗善意第三人。

第二十条　投资人委托或者聘用的管理个人独资企业事务的人员不得有下列行为：

（一）利用职务上的便利，索取或者收受贿赂；

（二）利用职务或者工作上的便利侵占企业财产；

（三）挪用企业的资金归个人使用或者借贷给他人；

（四）擅自将企业资金以个人名义或者以他人名义开立账户储存；

（五）擅自以企业财产提供担保；

（六）未经投资人同意，从事与本企业相竞争的业务；

（七）未经投资人同意，同本企业订立合同或者进行交易；

（八）未经投资人同意，擅自将企业商标或者其他知识产权转让给他人使用；

（九）泄露本企业的商业秘密；

（十）法律、行政法规禁止的其他行为。

第二十一条　个人独资企业应当依法设置会计账簿，进行会计核算。

第二十二条　个人独资企业招用职工的，应当依法与职工签订劳动合同，保障职工的劳动安全，按时、足额发放职工工资。

第二十三条　个人独资企业应当按照国家规定参加社会保险，为职工缴纳社会保险费。

第二十四条　个人独资企业可以依法申请贷款、取得土地使用权，并享有法律、行政法规规定的其他权利。

基本理论和知识

一、个人独资企业的投资人

（一）个人独资企业投资人的条件

由于个人独资企业的投资人只有一个，具有投资主体的单一性、经营管理的直接性等特点，与公司截然不同，所以《个人独资企业法》对企业的组织机构并没有作出具体规定，而是集中规定了投资人的条件以及个人独资企业的事务管理。

《个人独资企业法》并未规定作为个人独资企业投资人的积极条件，而只规定了其消极条件，即不得成为独资企业投资人的条件。根据《个人独资企业法》《民法通则》及其他相关法律的规定，个人独资企业的投资人须是享有完全民事行为能力且从事经营性活动不受限制的自然人。下列人员不得举办个人独资企业：

1. 法律、行政法规禁止从事营利性活动的人。就我国现行法律、行政法规而言，禁止从事营利性活动的人包括：①法官，即取得法官任职资格、依法行使国家审判权的审判人员；②检察官，即取得检察官任职资格、依法行使国家检察权的检察人员；③人民警察；④国家公务员。

2. 无民事行为能力或限制民事行为能力的人。他们缺乏必要的认识能力和控制能力，不能独立承担法律责任。

（二）个人独资企业投资人的权利

1. 个人独资企业投资人对企业财产（包括个人独资企业成立时的出资和经营过程中积累的财产）享有所有权，可以依法占有、使用、受益、处分。

2. 个人独资企业的投资人对个人独资企业的生产经营活动享有完全的决策权、指挥权、管理权。

3. 个人独资企业的投资人的有关权利可以依法进行转让或继承。由于独资企业投资人的人格与企业的人格密不可分，企业财产所有权均归投资人，所以投资人对于企业财产享有充分和完整的支配与处置权，他可以将企业财产的某一部分转让给他人，也可以将整个企业转让给他人。同时，当投资人死亡或被宣告死亡时，其继承人可以依《继承法》的规定对独资企业行使继承权。

（三）个人独资企业投资人的责任

个人独资企业投资人对企业债务承担无限责任。依照《个人独资企业法》第18条的规定，个人独资企业投资人在申请企业设立登记时明确以其家庭共有财产作为个人出资的，应当依法以家庭共有财产对企业债务承担无限责任。也就是说，以投资人个人财产出资设立的，由投资人的个人财产承担无限责任；以投资人的家庭财产出资设立的，由投资人的家庭财产承担无限责任。由于我国目前尚未建立完善的财产登记制度，个人财产与家庭财产往往难以区分，实践中主要根据个人独资企业设立登记时在工商行政管理机关的投资登记来确定投资人是以其个人财产还是家庭财产来对企业债务承担责任。

二、个人独资企业的事务管理

（一）个人独资企业事务管理的方式

1. 《个人独资企业法》第19条规定，个人独资企业投资人可以自行管理企业事务，也可以委托或者聘用其他具有民事行为能力的人负责企业的事务管理。由此可见，个人独资企业事务管理的方式主要有三种：①自行管理，即由个人独资企业投资人本人对个人独资企业的经营事务直接进行管理。②委托管理，即由个人独资企业的投资人委托其他具有民事行为能力的人管理企业的事务。③聘任管理，即个人独资企业的投资人聘用其他具有民事行为能力的人负责企业的事务管理。

2. 投资人委托或聘用他人管理个人独资企业事务，应当与受托人或者被聘用的人签订书面合同，明确委托的具体内容和授予的权利范围。《个人独资企业法》第38条规定，投资人委托或者聘用的人员管理个人独资企业事务时违反双方订立的合同，给投资人造成损害的，应承担民事赔偿责任。

3. 投资人对受托人或者被聘用的人员职权的限制，不得对抗善意第三人。

（二）受托人或者被聘用的管理人的义务

《个人独资企业法》第19条规定，受托人或者被聘用人应当履行诚信、勤勉义务，按照与投资人签订的合同负责个人独资企业的事务管理。

《个人独资企业法》第20条的规定，投资人委托或者聘用的管理个人独资企业事务的人员不得有下列行为：①利用职务上的便利，索取或者收受贿赂；②利用职务或者工作上的便利侵占企业财产；③挪用企业的资金归个人使用或者借贷给他人；④擅自将企业资金以个人名义或者以他人名义开立账户储存；⑤擅自以企业财产提供担保；⑥未经投资人同意，从事与本企业相竞争的业务；⑦未经投资人同意，同本企业订立合同或者进行交易；⑧未经投资人同意，擅自将企业商标或者其他知识产权转让给他人使用；⑨泄露本企业的商业秘密；⑩法律、行政法规禁止的其他行为。

《个人独资企业法》第40条规定，投资人委托或者聘用的人员违反上述规定，侵犯个人独资企业财产权益的，责令其退还侵占的财产；给企业造成损失的，依法承担赔偿责任；有违法所得的，没收违法所得；构成犯罪的，依法追究刑事责任。

案例点拨

江苏省沛县人民法院经审理认为：原告东光公司与被告徐州宏达水泵厂买卖合同成立并合法有效，本案的争议焦点为二被告应由谁履行还款义务。徐州宏达水泵厂工商登记为个人独资企业。而个人独资企业因其有自己的名称，且必须以企业的名义活动的特性，使个人独资企业在法律人格上具有相对独立性，因此对企业债务的承担亦应具有相对独立性。因此应先以个人独资企业独立的自身财产承担责任，而不是既可由企业承担。亦可由投资人承担。本案中徐州宏达水泵厂所负债务应首先以企业财产偿还，在其财产不足偿还的情况下原告有权请求现在的投资人以个人所有的其他财产偿还，若由此而致现投资人利益受损，现投资人可依其与李某某签订的企业转让协议向李某某追偿。原告不能依投资人应对个人独资企业的债务承担无限责任的特性向徐州宏达水泵厂的原投资人李某某追偿。

综上，依照《中华人民共和国合同法》第60条第1款，第161条的规定，江苏省沛县人民法院于 2003 年 12 月 18 日作出判决：①被告徐州宏达水泵厂在本判决生效后 10 日内向原告支付货款 18 629.50 元。②驳回原告对李某某的诉讼请求。

实战训练

单项选择题

1. 个人独资企业投资人甲聘用乙管理企业事务，同时对乙的职权予以限制，凡是乙对外签订标的额超过 1 万元的合同，必须经甲同意。某日，乙未经甲同意与善意第三人丙签订了一份标的额为 2 万元的买卖合同。根据我国《个人独资企业法》的规定，下列关于该合同效力的表述中，正确的是（　　）。

A. 该合同为有效合同，但如果给甲造成损害，由乙承担民事赔偿责任
B. 该合同为无效合同，但如果给甲造成损害，由乙承担民事赔偿责任
C. 该合同为可撤销合同，甲可请求人民法院予以撤销
D. 该合同为效力待定合同，经甲追认后有效

2. 甲投资设立乙个人独资企业，委托丙管理企业事务，授权丙可以决定 10 万元以下的交易。丙以乙企业的名义向丁购买 15 万元的商品。丁不知甲对丙的授权限制，依约供货。乙企业未按期付款，由此发生争议。下列表述中，符合法律规定的是（　　）。

A. 乙企业向丁购买商品的行为有效，应履行付款义务
B. 丙仅对 10 万元以下的交易有决定权，乙企业向丁购买商品的行为无效
C. 甲向丁出示给丙的授权委托书后，可不履行付款义务
D. 甲向丁出示给丙的授权委托书后，付款 10 万元，其余款项丁只能要求丙支付

第四节　个人独资企业的解散与清算

学习目标

了解个人独资企业的解散、清算的相关法律规定。

任务驱动

通过学习，解决现实中个人独资企业的解散、清算的具体事务。

典型案例

多项选择题

以个人财产出资设立的个人独资企业解散后，其财产不足以清偿所负债务，对尚未清偿的债务，下列处理方式中，不符合《中华人民共和国个人独资企业法》规定的有（　　）。

A. 不再清偿

B. 以投资人家庭共有财产承担无限责任

C. 以投资人个人的其他财产予以清偿，仍不足清偿的，如果债权人在 2 年内未提出偿债请求的，则不再清偿

D. 以投资人个人的其他财产予以清偿，仍不足清偿的，如果债权人在 5 年内未提出偿债请求的，则不再清偿

法律提示

《中华人民共和国个人独资企业法》

第四章　个人独资企业的解散和清算

第二十六条　个人独资企业有下列情形之一时，应当解散：

（一）投资人决定解散；

（二）投资人死亡或者被宣告死亡，无继承人或者继承人决定放弃继承；

（三）被依法吊销营业执照；

（四）法律、行政法规规定的其他情形。

第二十七条　个人独资企业解散，由投资人自行清算或者由债权人申请人民法院指定清算人进行清算。

投资人自行清算的，应当在清算前十五日内书面通知债权人，无法通知的，应当予以公告。债权人应当在接到通知之日起三十日内，未接到通知的应当在公告之日起六十日内，向投资人申报其债权。

第二十八条　个人独资企业解散后，原投资人对个人独资企业存续期间的债务仍应承担偿还责任，但债权人在五年内未向债务人提出偿债请求的，该责任消灭。

第二十九条　个人独资企业解散的，财产应当按照下列顺序清偿：

（一）所欠职工工资和社会保险费用；

（二）所欠税款；

（三）其他债务。

第三十条　清算期间，个人独资企业不得开展与清算目的无关的经营活动。

在按前条规定清偿债务前，投资人不得转移、隐匿财产。

第三十一条　个人独资企业财产不足以清偿债务的，投资人应当以其个人的其他财产予以清偿。

基本理论和知识

一、个人独资企业的解散

个人独资企业的解散是指个人独资企业因出现某些法律事由而导致其民事主体资格消灭的行为。《个人独资企业法》第 26 条规定，个人独资企业有下列情形之一时，应当解散：

1. 投资人决定解散。个人独资企业的财产归投资人个人所有，投资人完全有权利处分个人独资企业的财产，当然也有权利决定企业是否经营下去。只要不违反法律规定，投资人有权决定在任何时候解散独资企业。

2. 投资人死亡或者被宣告死亡，无继承人或者继承人放弃继承。在投资人死亡或宣告死亡的情况下，如果其继承人继承了个人独资企业，则企业可以继续存在，只需办理投资人的变更登记，但若出现无继承人或全部继承人均决定放弃继承的情形，个人独资企业失去继续经营的必备条件，故应当解散。

3. 被依法吊销营业执照。这是个人独资企业解散的强制原因。被处以吊销营业执照的行政处罚的原因很多，包括：①个人独资企业提交虚假文件以欺骗手段取得登记，情节严重；②涂改、出租、转让营业执照，情节严重；③企业成立后无正当理由超过 6 个月未开业或开业后自行停业连续 6 个月以上等。

4. 法律、行政法规规定的其他解散情形。

二、个人独资企业的清算

解散仅仅是个人独资企业消灭的原因，企业并非因解散的事实发生而立即消灭。个人独资企业的清算即是处理解散企业未了结的法律关系的程序。建立清算制度的目的就是为了规范企业清算行为，保护债权人、投资人和其他利害关系人的合法权益。清算结束，进行注销登记，个人独资企业才最后消灭。

（一）清算人的产生

《个人独资企业法》第 27 条规定，个人独资企业解散，由投资人自行清算或者由债权人申请人民法院指定清算人进行清算。因此，个人独资企业的清算原则上以投资人为其清算人。但经债权人申请，人民法院得指定投资人以外的人为清算人。

（二）通知与公告程序

投资人自行清算的，应当在清算前 15 日内书面通知债权人，无法通知的，应当予以公告。债权人应当在接到通知之日起 30 日内，未接到通知的应当在公告之日起 60 日内，向投资人申报其债权。

（三）清产偿债程序

清算人应在债权人申报债权后清理企业的债权、债务。

《个人独资企业法》第 30 条规定，清算期间，个人独资企业不得开展与清算目的无关的经营活动。在清偿债务前，投资人不得转移、隐匿财产。

《个人独资企业法》第 42 条规定，个人独资企业及其投资人在清算前或清算期间隐匿或转移财产，逃避债务的，依法追回其财产，并按照有关规定予以处罚；构成犯罪的，追究刑事责任。

（四）财产清偿的顺序

《个人独资企业法》第 29 条规定，个人独资企业解散的，财产应当按照下列顺序清偿：①所欠职工工资和社会保险费用；②所欠税款；③其他债务。

个人独资企业财产不足以清偿债务的，投资人应当以其个人的其他财产予以清偿。

（五）责任消灭制度

《个人独资企业法》第 28 条规定，个人独资企业解散后，原投资人对个人独资企业存续期间的债务仍应承担偿还责任，但债权人自独资企业解散后 5 年内未向债务人提出偿债请求的，该责任消灭。

（六）注销登记程序

《个人独资企业法》第 32 条规定，个人独资企业清算结束后，投资人或者人民法院指定的清算人应当编制清算报告，并于 15 日内到登记机关办理注销登记。注销登记一旦完成，个人独资企业即告消灭。

案例点拨

【答案】ABC

【解析】根据《个人独资企业法》第 28 条的规定，个人独资企业解散后，原投资人对个人独资企业存续期间的债务仍应承担偿还责任，但债权人在 5 年内未向债务人提出偿债请求的，该责任消灭。根据《个人独资企业法》第 31 条的规定，个人独资企业财产不足以清偿债务的，投资人应当以其个人的其他财产予以清偿。

实战训练一

甲设立了个人独资企业"A 企业"，登记时明确以其个人财产 5 万元作为投资人甲的出资。甲聘请乙管理企业事务，同时规定，凡乙对外签订标的额超过一万元以上的合同，必须经甲同意。2 月 10 日，乙未经甲同意，以 A 企业的名义向善意第三人丙购入价值 2 万元的货物。2005 年 7 月 4 日，A 企业亏损，不能支付到期债务，甲决定解散该企业，进行清算。经查，A 企业和甲的资产及债权债务情况如下：①A 企业欠交税款 3000 元，欠乙工资 5000 元，欠丁 10 万元；②A 企业的银行存款 1 万元，实物折价 8 万元；③甲个人其他可执行的财产价值 2 万元；④甲仍与父母生活在一起，其父母有存款 10 万。

问：（1）乙于 2 月 10 日以 A 企业名义向丙购买价值 2 万元货物的行为是否有效？

（2）2005 年 5 月，该企业急需设备。乙自行做主将自己的一套二手设备以 1 万元的价格卖给该企业。使用不到 2 个月，该设备报废，致使 A 企业不能履行对王某的合同，并承担了违约金 5000 元。如何处理？

（3）如何满足丁的债权请求？甲是否因清算完成而免责？丁是否可以要求甲的父母偿还债务？

实战训练二

个人独资企业 A 系甲于 2004 年 4 月以个人财产出资设立的，2005 年 8 月甲因婚姻变故到异地成家，遂将该企业转让给好友乙。丙事后得知此事，因个人独资企业 A 在甲经营期间尚欠其货款 10 万元，当时约定于 2005 年 10 月归还该笔贷款，于是丙向甲追要货款，甲推脱该企业已转让给乙，可直接向乙追要。丙向乙追要，乙说这是你与甲之间的事，与我无关。此案应当如何处理？

实战训练三

多项选择题：张先生在谈论《个人独资企业法》的有关规定时讲到以下内容，正确的有（　　）。

A. 设立个人独资企业时，投资人可以个人财产出资，也可以家庭其他成员的财产作为个人出资

B. 个人独资企业可以设立分支机构

C. 个人独资企业解散时，可由投资人自行清算，也可由债权人申请人民法院指定清算人进行清算

D. 个人独资企业解散清偿债务时，所欠职工工资和社会保险费用应作为第一顺序清偿

第五章

票据法

第一节　票据法概述

学习目标

了解票据的概念及其特征、种类、功能、票据法的概念及其特征、票据关系的基本当事人和非基本当事人、涉外票据的法律适用，了解《票据法》和《票据管理实施办法》、《支付结算办法》的相关规定。

任务驱动

通过学习，能分析现实生活中发生的与票据基本概念及特征、票据关系及其当事人有关的票据纠纷，处理相关的票据事务。

典型案例

2006年7月27日，A建筑公司与B钢厂签订了一份234万元的钢材买卖合同。A建筑公司向B钢厂签发了一张银行承兑汇票，承兑人为建设银行南山分行，票面金额234万元。该汇票的记载事项完全符合《票据法》的要求。8月7日，B钢厂因资金周转困难，将该汇票贴现给了工商银行罗湖公行。工商银行罗湖公行在规定期限内向承兑行提示付款时，遭到建设银行南山分行拒绝付款。拒付的理由是，B钢厂所供钢材在规格型号上有瑕疵，A建筑公司已来函告知该汇票不能解付。工商银行罗湖分行认为，本行因贴现已成为该汇票善意持票人，A建筑公司与B钢厂之间的买卖合同纠纷不能影响自己的票据权利，故向人民法院起诉，向B钢厂追索权利。

本案中，工商银行罗湖分行并不知道B钢厂违约供货的事实，通过贴现善意取得了汇票，而该汇票是完全具备《票据法》规定记载事项的有效票据，建设银行南山分行在审查背书连续以及持票人合法身份证明后就应该予以付款，而无权以 A 建筑公司与 B 钢厂之间的买卖合同存在纠纷而拒绝付款。

法律提示

《票据法》第 13 条规定："票据债务人不得以自己与出票人或者与持票人的前手之间的抗辩事由，对抗持票人。但是，持票人明知存在抗辩事由而取得票据的除外。……本法所称抗辩，是指票据债务人根据本法规定对票据债权人拒绝履行义务的行为。"

相关提示

1. 《票据法》第 44 条规定："付款人承兑汇票后，应当承担到期付款的责任。"

2. 《票据法》第 57 条规定："付款人及其代理人付款时，应当审查汇票背书的连续性，并审查提示付款人的合法身份证明或者有效证件……"

3. 《票据法》第 61 条规定："汇票到期被拒绝付款的，持票人可以对背书人、出票人以及汇票的其他债务人行使追索权……"

4. 《票据法》第 68 条规定："汇票的出票人、背书人、承兑人和保证人对持票人承担连带责任。持票人可以不按照汇票债务人的先后顺序，对其中任何一人、数人或者全体行使追索权……"

基本理论和知识

一、票据概述

（一）票据的概念

《中华人民共和国票据法》（以下简称《票据法》）第 2 条第 2 款规定："本法所称票据，是指汇票、本票、支票。"在第 19 条、第 73 条、第 81 条，对汇票、本票和支票分别作了如下定义：

汇票是出票人签发的，委托付款人在见票时或者在指定日期无条件支付确定的金额给收款人或者持票人的票据。

本票是出票人签发的，承诺自己在见票时无条件支付确定的金额给收款人或者持票人的票据。

支票是出票人签发的，委托办理支票存款业务的银行或者其他金融机构在见票时无条件支付确定的金额给收款人或者持票人的票据。

由此可见，《票据法》所称票据，是由出票人依照票据法的规定签发的，约定自己或者委托他人在见票时或者指定日期无条件支付确定的金额给收款人或者持票人的有价证券。

对于票据的一般性定义，可以从以下几个方面理解：

1. 票据是一种有价证券。有价证券是设定、证明一定财产权利并且能够流通、转让的凭证。票据记载的内容为一定数额的金钱在一定期日的无条件给付，表明票据是一种金钱财产权利。《票据法》第 27 条、第 80 条、第 93 条分别规定了汇票、本票和支票的转让。所以，票据属于有价证券。

2. 票据是出票人依照票据法签发的。出票人签发的票据只能是汇票、本票或支票，出票人如果不严格按照票据法规定的方式在票面上记载应当记载的事项将会导致票据无效。

3. 票据是出票人或其委托付款人向收款人或者持票人无条件支付票载金额的有价证券。票据的付款人可能是出票人本人，也可能是出票人委托的其他人。无条件支付是指，票据一旦签发，出票人或其委托的付款人就必须在见票时或者指定日期支付一定金额；而且，这一支付不得要求对价利益，更不得附加任何条件或附带任何限制，以确保票据流通的效率。

（二）票据的特征

票据的特征，是指汇票、本票和支票共有的，区别于其他有价证券的基本属性。主要有以下几点：

1. 票据是完全证券。票据权利不能脱离票据而独立存在，票据权利的产生始于票据的作成；票据权利的行使以提示票据为必要；票据权利的转让以占有票据为必要；票据权利的实现以交回票据为必要；票据丧失后，权利人不能直接向票据义务人主张票据权利，只能通过法定的程序进行救济。

2. 票据是金钱债权证券。出票人出票，即已在票据上记载金钱给付内容，也就使自己成为债务人，持票人在一定期日有权依照票据金额向出票人或其委托的付款人收取款项，即行使金钱给付请求权，票据上记载的付款人，必须履行金钱债务，不能用其他财产、劳务代替金钱的支付。

3. 票据是设权证券。出票人向持票人签发票据，即为持票人创设票据权利。票据上所记载的票据权利，即持票人要求票据债务人依照票据记载无条件支付一定金额的权利，完全是依出票人的出票行为而创设的。票据本身并不证明票据权利赖以发生的前项权利的存在与否、性质如何。尽管票据发行原则上要求具有对价关系，但对因出票而新创设的票据权利义务关系来说，这种对价关系只是一种基础关系、原因关系，原因关系和票据权利义务关系依法独立存在。

4. 票据是无因证券。票据权利义务关系因原因关系发生后，即与原因关系相分离，成为独立的票据债权债务关系，再也不受先前原因关系是否存在和是否有效的影响，持票人不必证明自己取得票据的原因即可行使票据权利，票据债务人无权了解作成票据的原因，查验票据真实、合法并到期后就应当无条件支付票面金额。

5. 票据是文义证券。票据的权利义务、票据债权人和债务人、票据行为的效力等，都只能由票据上记载的文字的含义确定，任何人均不能以票据文义以外的证据、文书对票据文义进行变更、修改、补充或限制。

6. 票据是要式证券。票据的记载事项、记载方式，要严格依照票据法的规定进行，违反法定方式作成的票据，其效力将会受到影响，甚至使票据无效。

（三）票据的种类

1. 我国票据法上的票据分类。

（1）汇票、本票和支票。《票据法》第2条规定的票据种类为汇票、本票和支票三种。其中汇票分为银行汇票和商业汇票，银行汇票又可分为银行现金汇票和银行转账汇票，商业汇票又可分为商业承兑汇票和银行承兑汇票。《票据法》第73条第2款规定："本法所称本票，是指银行本票。"银行本票有定额银行本票和不定额银行本票两种。支票依其支付方式不同可分为现金支票、转账支票、普通支票。

（2）境内票据和涉外票据。以票据行为的发生地和法律适用为标准，《票据法》第94条将票据分为境内票据和涉外票据。一张票据上所有的票据行为全部发生在我国境内的为境内票据；出票、背书、承兑、保证、付款等票据行为中，既有发生在我国境内又有发生在我国境外的票据为涉外票据。

（3）银行票据和商业票据。根据《票据法》第19条和第73条的规定，以银行为出票人的票据为银行票据，主要包括银行汇票和银行本票；以银行以外的其他人为出票人的票据为商业票据，主要是商业汇票。

我国《票据法》规定的票据种类，图示如下：

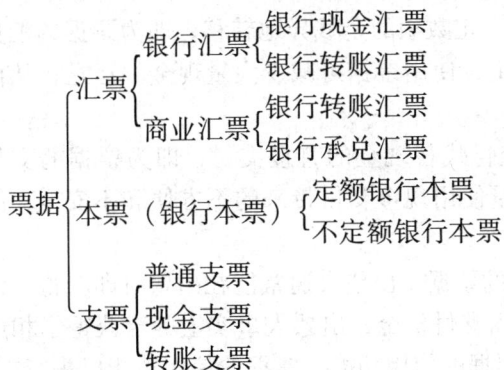

```
        ┌ 汇票 ┬ 银行汇票 ┬ 银行现金汇票
        │      │          └ 银行转账汇票
        │      └ 商业汇票 ┬ 银行转账汇票
        │                 └ 银行承兑汇票
票据 ┤ 本票（银行本票）┬ 定额银行本票
        │                 └ 不定额银行本票
        │      ┌ 普通支票
        └ 支票 ┼ 现金支票
               └ 转账支票
```

2. 学理上的分类。

（1）自付票据和委付票据。以出票人是否直接对票据付款为标准，票据可分为自付票据和委付票据。自付票据是指出票人本人直接向持票人无条件支付一定金额的票据，如本票；委付票据是指出票人本人不直接承担负款义务，而是委托他人向持票人无条件支付一定金额的票据，如汇票和支票。

（2）支付票据和信用票据。以票据的功能和支付期限为标准，票据可分为支付票据和信用票据。即期汇票和支票均是见票即付，是支付票据。另外，《票据法》规定的本票仅限于银行本票而且只能见票即付，也是支付票据。相反，远期汇票是信用票据。

（3）记名票据和无记名票据。以票据出票时对权利人的记载方式为标准，票据可分为记名票据和无记名票据。票据出票时明确记载权利人名称的为记名票据；票据出票时没有记载权利人名称，或仅记载"持票人"或者"来人"字样的为无记名票据。我国的汇票、本票只能为记名票据；支票可以无记名发行。

（4）即期票据和远期票据。以票据记载的付款期限为标准，票据可分为即期票据和远期票据。即期票据是指持票人随时提示付款，付款人见票即付的票据，如支票、即期汇票、本票。远期票据是指在票据上记载出票日之外的将来某个日期为到期日，付款人在该日期到来时才付款的票据，如远期汇票。

（5）完全票据、不完全票据和空白票据。以出票时票据上应当记载的事项是否记载完全为标准，票据可分为完全票据、不完全票据和空白票据。出票时已将应记载事项记载完全的票据为完全票据；出票时没有将应记载事项记载完全的票据为不完全票据，不完全票据是无效票据；出票时有意不将应记载事项记载完全，授权权利人补充空白的为空白票据。《票据法》规定，汇票、本票不允许发行空白票据，支票仅允许出票时空白票据金额和收款人名称。

（四）票据的功能

1. 汇兑功能。通过票据实现一定数额的金钱异地转移，即为票据的汇兑功能。异地交易特别是在国际贸易中，使用票据可减少大量现金的运送，从而避免风险、省时省力、节约费用。

2. 支付功能。通过票据的交付代替现金的直接支付，即为票据的支付功能。以票据代替现金，避免了大量使用现金支付带来的不方便和不安全，能简便而迅速地消灭债权债务关系。

3. 信用功能。约定付款期限的票据，出票人通常能在出票时即获得一定商品的交付，而在票据到期时再实际支付价金，出票人事实上等于获得了相应期限的贷款，票据的这一功能即为票据的信用功能。票据的信用功能以先行交货、延期付款的方式解决了商品交易中买卖双方在所持商品量和所持货币量不同步时的矛盾。

4. 融资功能。票据当事人通过背书转让和贴现等方式融通资金，即为票据的融资功能。当未到期票据的持票人急需现金时，可以背书方式将票据转让他人，也可去商业银行请求贴现，从而取得现金。商业银行贴现票据后还可以向中央银行申请再贴现，或向其他商业银行办理转贴现。

二、票据法概述

（一）票据法的概念

票据法有狭义和广义之分。狭义的票据法是指 1995 年 5 月 10 日第八届全国人民代表大会常务委员会第十三次会议通过，自 1996 年 1 月 1 日起施行并于2004 年 8 月 28 日修正的《中华人民共和国票据法》。广义的票据法是调整与票据有关的社会关系的法律规范的总称。与票据有关的社会关系包括票据关系和与票据关系有关的其他社会关系两个方面。票据关系是指票据当事人因票据行为而产生的票据权利义务关系，与票据关系有关的其他社会关系是指为保障票据关系的发生、变更、消灭而产生的社会关系。因此，广义的票据法除了《票据法》之外，还包括其他法律规范中对票据的规定。为了保障《票据法》得到切实有效的实施，中国人民银行还制定了与《票据法》相配套的《票据管理实施办法》和《支付结算办法》，分别于 1997 年 10 月 1 日和 1997 年 12 月 1 日起实施。

（二）票据法的特征

在民商分立的国家，票据法是商法的一个重要部分；在民商合一的国家，票据法属于民法的特别法。但无论处于哪种情况，票据法均具有以下特征：

1. 强行性。票据法中的规定大多是强行性规范。票据的种类只能由法律规定，而不能由当事人任意创设。票据有法定的统一格式，按照《票据法》的规定，汇票、本票和支票的格式均应统一，出票人签发票据时，应当使用由中国人民银行统一印制的票据凭证格式。票据有法定的记载事项，《票据法》对三种票据的必要记载事项均有明确的规定，出票人应当依法加以记载，如欠缺法定绝对必须记载事项，将导致票据无效。

2. 技术性。票据作为一种商业工具，具有汇兑、支付、信用、融资等功能，为了确保票据的安全与流通，《票据法》关于票据形式的规定，关于票据行为要式性、文义性、无因性、独立性的规定，关于背书连续的规定等，都体现了《票据法》区别于一般法律规范中强调道德与正义的技术性特点。

3. 统一性。票据法的技术性特征，使得票据法能够摆脱一定的地域性或社会性的影响，随着商品经济的全球化，而不断趋向统一，更好地发挥票据在国际支付、结算、汇兑等方面的功能，促进国际经济技术的合作与交流。1930 年制定的《日内瓦统一票据法》为许多国家所借鉴、吸收就是票据法国际统一性的最好例证。

三、票据法上的法律关系

票据法上的法律关系分为票据关系和票据法上的非票据关系两大类。

（一）票据关系

1. 票据关系的概念和特征。票据关系是指票据当事人基于票据行为所发生的票据权利义务关系。与一般的债权债务法律关系相比，票据关系有以下特征：

（1）票据关系发生原因的限定性。票据关系是基于出票、背书、承兑、保证等票据行为而发生的。票据行为之外的任何行为，都不能发生票据权利义务关系。

（2）票据关系客体的限定性。票据关系的内容是票据当事人所享有的票据权利和所承担的票据义务，表现为票据债权人的付款请求权、追索权和票据债务人的付款义务、偿付义务。票据是一种金钱有价证券，因此，票据权利义务的客体，只能是一定数量的金钱。

（3）票据关系主体的复杂性。出票人签发票据以后，持票人可以将票据背书转让，而且在有效期限内，流通转让的次数不受限制，使得票据当事人数量不断增加。除背书外，还有承兑、保证等票据行为，票据关系当事人就更多了。

（4）票据关系效力的独立性。在同一票据上有多个票据行为并引起多个票据关系的情况下，各个票据行为及其所引起的多个票据关系是相互独立的，某一票据行为和票据关系的无效，并不影响同一票据上其他票据行为和票据关系的效力。

2. 票据关系的种类。《票据法》规定的票据行为包括出票、背书、承兑、保证等，因此，基于票据行为产生的票据关系相应地也有以下几种：

（1）票据发行关系。票据的发行关系基于票据的出票行为而发生。汇票与支票出票后，出票人对收款人有担保票据承兑和担保票据付款的义务，收款人有权请求付款人承兑或付款，收款人不获承兑或付款时，对出票人有追索权。本票发行关系的当事人只有出票人和收款人，出票人有付款义务，收款人有权请求出票人付款。

（2）票据背书转让关系。票据的背书转让关系是票据的持票人通过在票据背面或者粘单上记载有关事项并签章将票据转让给受让人而发生的票据关系。票据经背书转让后，背书人（原持票人）须向被背书人（受让人）交付票据，担保票据承兑、付款，在票据不获承兑或付款时，背书人负连带偿付责任。

（3）票据承兑关系。票据承兑关系是远期汇票的付款人通过在汇票正面记载"承兑"字样并签章以承诺负担票据债务而发生的票据关系。承兑人是汇票出票人委托付款的付款人，付款人一经承兑，就成为票据的主债务人，承担到期无条件支付票载金额的义务。

（4）票据保证关系。票据保证关系是汇票和本票的出票人、背书人以外的第三人通过在票据上记载"保证"字样并签章后交付持票人，从而对特定的票据债务人的票据债务承担保证责任而发生的票据关系。保证人在票据不获付款时，与其他票据债务人承担连带清偿责任。保证人承担保证责任后，可向被保证人及其他前手行使追索权。

（二）票据法上的非票据关系

票据法上的非票据关系，是指由票据法直接规定的但又不是由票据行为所发生的法律关系。票据法上的非票据关系虽然也由票据法调整，与票据关系有联系，但也有区别：①产生的原因不同。票据关系是由票据当事人的票据行为而发生的，票据法上的非票据关系是由票据法直接规定而发生的。②权利义务关系的内容不同。作为票据关系内容的权利是票据权利，包括付款请求权和追索权，而票据法上的非票据关系中的权利则表现为利益返还请求权、票据返还请求权。③行使权利的依据不同。票据关系中权利人行使权利以持有票据为必要，而票据法上的非票据关系中权利的行使，以存在票据法规定的原因为依据。

根据《票据法》的规定，票据法上的非票据关系主要有以下两类：

1. 票据返还的非票据关系。票据是完全有价证券，权利人行使票据权利以持有票据为必要。为了维护票据当事人的合法权益，票据法规定了四种票据返还的非票据关系：①票据债务人履行付款义务后请求持票人返还票据以消灭票据关系而发生的关系；②履行票据清偿责任的票据债务人请求追索权行使人交还票据而发生的关系；③持票人因获得承兑或者不获承兑、不获付款后请求付款人退还票据而发生的关系；④正当权利人请求因恶意或重大过失而取得票据的人返还票据而发生的关系。《票据法》第12条规定："以欺诈、偷盗或者胁迫等手段取得票据的，或者明知有前列情形，出于恶意取得票据的，不得享有票据权利。持票人因重大过失取得不符合本法规定的票据的，也不得享有票据权利。"

2. 利益返还的非票据关系。《票据法》第18条规定："持票人因超过票据权利时效或者因票据记载事项欠缺而丧失票据权利的，仍享有民事权利，可以请求出票人或者承兑人返还其与未支付的票据金额相当的利益。"持票人因为在较短的票据时效内，未能及时行使票据权利或者因为票据技术不熟或失误造成票据权利行使和保全的手续不及时或不完善等原因而丧失票据权利时，出票人或者承兑人可能因为没有支付票载金额而获得利益。此时，持票人可依照《票据法》的规定，请求出票人或承兑人返还其与未支付的票据金额相当的利益，使自己丧失的利益得到救济。

四、票据关系当事人

票据关系的当事人，是指参与票据关系，享受票据权利和承担票据义务的法律主体。票据关系的当事人可分为基本当事人和非基本当事人。

（一）票据关系的基本当事人

票据关系的基本当事人，是因出票行为而直接产生的当事人。票据关系基本当事人是构成票据关系的必要主体，如果基本当事人不存在或者不完全，票据关系不能成立，票据也将无效。根据《票据法》的规定，汇票的出票人、付款人和收款人，本票的出票人和收款人，支票的出票人和收款人是票据关系的基本当事人。在我国，支票的付款人是出票人委托的代理付款银行或其他金融机构，其承担的付款责任仅限于出票人存款账户的资金余额；《票据法》没有规定保付支票制度，因此，支票的付款人并非票据关系的当事人。

（二）票据关系的非基本当事人

票据关系的非基本当事人，是指在票据出票完成以后，因其他票据行为而加入到票据关系中的当事人。如根据背书、承兑、保证等行为而产生的被背书人、承兑人、保证人。

五、涉外票据的法律适用

（一）涉外票据的概念和特征

根据《票据法》第 94 条的规定，涉外票据是指出票、背书、承兑、保证、付款等行为中，既有发生在中国境内又有发生在中国境外的票据。与国内票据相比，涉外票据具有以下特征：

1. 出票、背书、承兑、保证、付款等行为中至少有一个行为发生在中国境外。《票据法》规定，划分国内票据和涉外票据的唯一标准是出票、背书、承兑、保证、付款等行为，而不是取决于当事人是否具有涉外因素。由于我国的特殊国情，只要某票据出票、背书、承兑、保证、付款等行为中有一个行为发生在香港、澳门或台湾地区，该票据也适用《票据法》有关涉外票据的法律规定。

2. 涉外票据有特殊的法律适用规则。由于各国票据法律制度的差异，在我国同其他国家和地区的经贸往来中，就不可避免地发生当事人行为能力、行为方式、票据权利的行使和保全等方面的涉外票据法律冲突。《票据法》第 95 条规定了涉外票据的法律适用原则，第 96 条至第 101 条对涉外票据的法律适用作了具体规定。

（二）涉外票据的准据法

1. 票据债务人行为能力的准据法。《票据法》第 96 条规定，票据债务人的民事行为能力,适用其本国法律。但是,票据债务人的民事行为能力,依照其本国法律为无民事行为能力或者限制民事行为能力,而依照行为地法律为完全民事行为能力的,适用行为地法律。

2. 票据行为方式的准据法。《票据法》第 97 条规定,汇票、本票出票时的记载事项,适用出票地法律。支票出票时的记载事项,适用出票地法律,经当事人协议,也可以适用付款地法律。《票据法》第 98 条规定,票据的背书、承兑、付款和保证行为,适用行为地法律。

3. 票据权利行使与保全的准据法。根据《票据法》第 99 条、第 100 条、第 101 条的规定,票据追索权的行使期限,适用出票地的法律;票据的提示期限、有关拒绝证明的方式、出具拒绝证明的期限,适用付款地的法律;票据丧失时,失票人请求保全权利的程序,适用付款地的法律。

案例点拨

本案的焦点是票据的无因性。票据是无因证券,票据权利义务关系因原因关系(A 建筑公司与 B 钢厂买卖钢材合同关系)发生后,即与原因关系相分离,成为新的独立的票据债权债务关系,再也不受先前原因关系是否存在和是否有效的影响,持票人工商银行罗湖分行不必证明自己取得票据的原因即可行使票据权利,票据债务人建设银行南山分行无权了解作成票据的原因,只要查验票据真实、合法并到期、背书连续、提示付款人有合法身份证明或者有效证件,就应当无条件支付票面金额。工商银行罗湖分行如遭建设银行南山分行拒付,有权向出票人 A 建筑公司行使追索权。

实战训练

A 家电销售公司向 B 电器生产公司出具了一张付款期限为 3 个月、金额为 16 万元的汇票购买了价值 16 万元的冰箱、彩电、电饭煲、电磁炉等家用电器。B 电器生产公司接收了该汇票,按时将家电产品如数供给了 A 家电销售公司。B 电器生产公司因欠 C 供电公司当月电费 16.2354 万元,双方协商,在支付尾款后,B 电器生产公司将该汇票背书转让给了 C 供电公司。C 供电公司财务人员未能在法定期限内主张票据权利,要求 A 家电销售公司付款遭到拒绝,C 供电公司只好起诉至人民法院。A 家电销售公司有付款义务吗?

第二节 票据权利和票据行为

学习目标

了解票据权利的概念及其特征、票据权利取得的条件和方式、票据权利行使与保全的概念和方法、票据权利消灭的法定事由、票据的更改伪造变造、票据行为的概念及其特征、票据行为代理的概念及构成要件，了解《票据法》和《票据管理实施办法》、《支付结算办法》的相关规定。

任务驱动

通过学习，能分析现实生活中发生的与票据权利、票据行为有关的票据纠纷，处理相关的票据事务。

典型案例

南都食品公司于2007年3月20日签发了一张定日付款的汇票，票面金额39万元，收款人为谭美粮油公司，付款人为某农业银行，付款日为2007年4月20日。谭美粮油公司收到该汇票后，于2007年4月10日向某农业银行提示承兑，但2007年6月4日才向某农业银行提示付款。某农业银行以该汇票已经超过付款期限为由拒绝付款。谭美粮油公司向人民法院起诉，要求某农业银行付款。

本案中，南都食品公司签发的是定日付款的汇票，并且某农业银行已经承兑，因此，在汇票到期后，谭美粮油公司还可以向某农业银行请求付款，但是谭美粮油公司将丧失对其所有前手的追索权。

法律提示

《票据法》第53条第2款规定："持票人未按照前款规定期限提示付款的，在作出说明后，承兑人或者付款人仍应当继续对持票人承担付款责任。"

相关提示

1. 《票据法》第39条规定："定日付款或者出票后定期付款的汇票，持票人应当在汇票到期日前向付款人提示承兑……"

2. 《支付结算办法》第36条规定："商业汇票的持票人超过规定期限提示付款的，丧失对其前手的追索权，持票人在作出说明后，仍可以向承兑人请求付款……"

3.《最高人民法院关于审理票据纠纷案件若干问题的规定》第 59 条规定："承兑人或者付款人依照票据法第 53 条第 2 款的规定对逾期提示付款的持票人付款与按照规定的期限付款具有同等法律效力。"

基本理论和知识

一、票据权利

（一）票据权利的概念和特征

《票据法》第 4 条规定："本法所称票据权利，是指持票人向票据债务人请求支付票据金额的权利，包括付款请求权和追索权。"票据权利与一般的民事债权相比，具有以下特征：

1. 票据权利是证券性权利。票据是完全有价证券，票据权利与票据本身不能分离，要行使票据权利，必须以实际持有票据为必要。票据丧失后权利人依人民法院的除权判决而行使票据权利，是一种对丧失票据的权利人的补救措施。但是，依照《票据法》第 12 条的规定，以不法手段取得票据的，不得享有票据权利。

2. 票据权利是无因性的金钱权利。票据是金钱证券，持票人有权在一定期日向出票人或其委托的付款人行使金钱给付请求权，付款人必须履行金钱债务，不能用其他财产、劳务代替金钱的支付。而且，持票人不必证明自己取得票据的原因即可行使票据权利，票据债务人无权了解作成票据的原因，查验票据真实、合法并到期后就应当无条件支付票面金额。

3. 票据权利是双重性权利。持票人可以通过先向付款人行使付款请求权来取得票据金额，还可以在发生被拒绝付款或被拒绝承兑或在其他法定原因出现的情况下，通过向其前手，包括出票人、承兑人、背书人、保证人行使追索权，以得到票据金额的偿还。这种双重的票据权利，扩大了持票人行使权利的范围，增强了持票人实现其权利的可能性。

4. 票据权利是单一整体性权利。一份票据只存在一个票据权利，不可能同时存在两个或两个以上的票据权利。票据权利的行使、转让也必须整体行使、整体转让，票据权利人不能将同一权利处分给两个或两个以上的人。

（二）票据权利的取得

依照法定方式或法定原因取得有效的票据，从而享有票据权利，称为票据权利的取得。

1. 票据权利取得的条件。《票据法》对持票人取得票据权利规定了三个必备条件：

（1）持票人取得票据必须给付对价。《票据法》第10条第2款规定："票据的取得，必须给付对价。"所谓对价，是指"票据双方当事人认可的相对应的代价。"如果是未给付对价而无偿取得票据，除非是符合法律规定的情况，否则不得享有票据权利。依照《票据法》第11条的规定，因税收、继承、赠与无偿取得票据的，不受给付对价的限制。但是，该持票人所享有的票据权利不得优于其前手。

（2）持票人取得票据的手段必须合法。《票据法》第12条规定，以欺诈、偷盗，或者胁迫等手段取得票据的，或者明知有前列情形，出于恶意取得票据的，不得享有票据权利。持票人因重大过失取得不符合该法规定的票据的，也不得享有票据权利。实践中，抢夺以及从事走私、贩毒等非法交易或从事赌博、卖淫等非法活动取得的票据，也不得享有票据权利。

（3）持票人取得票据时必须具备主观上的善意。所谓善意，是指持票人取得票据时，事实上不知道也不可能知道票据存在着从该票据外观无法查知的瑕疵的一种主观心理状态。如果持票人取得票据时，知道上述瑕疵而仍然受让该票据的，则为恶意取得；如果持票人取得票据时，因怠于审查而事实上不知道票据上的瑕疵，则为重大过失取得。恶意取得和重大过失取得，都不得享有票据权利。

2. 票据权利取得的方式。票据是完全有价证券，只要合法取得票据也就取得了票据权利。依照《票据法》的规定，持票人取得票据的方式有原始取得和继受取得两种：

（1）原始取得。票据权利的原始取得，是指权利人因出票行为取得票据或具备善意之要件从无票据处分权人手中取得有效票据，从而享有票据权利。因此，原始取得包括出票取得和善意取得两种：

第一，出票取得。出票取得，是指权利人依出票人的出票行为而取得票据权利。出票人的出票行为完成后，其相对人即通过票据的交付实际占有票据，从而原始取得票据权利。

第二，善意取得。善意取得，是指票据受让人依照《票据法》规定的转让方式，善意地从无票据处分权人手中取得票据权利。我国票据善意取得必须同时具备以下构成要件：其一，持票人必须是从无票据处分权人手中取得票据。无票据处分权人，可以是以不法手段取得票据而不得享有票据权利的人，也可以是合法占有票据但无票据处分权的人，如票据的拾得者、保管者。其二，持票人必须依照票据法规定的转让方式取得票据。《票据法》规定的票据转让方式有背书和交付两种，但适用对象有所不同。汇票和本票的转让只能采取背书方式，记载收款人名称的记名支票的转让也只能采取背书方式，只有无记名的支票才能适用交付转让方式。其三,持票人必须是基于善意而取得票据。持票人按照《票据法》规定的转让方式、支付对价、无恶意或重大过失而取得票据,即为善意取得。

(2) 继受取得。票据权利的继受取得,是指持票人以法定方式从票据权利人手中取得票据,从而取得票据权利。票据权利的继受取得,也包括两种情况:

第一,依《票据法》上的方式而取得票据权利。包括:以背书方式从票据权利人手中取得票据权利;以单纯交付方式从票据权利人手中取得票据权利;票据保证人、被追索人因清偿票据债务而取得票据权利。

第二,依其他法定方式而取得票据权利。包括:依民法上的继承、税收、赠与以及公司合并、分立等而取得票据权利。

(三) 票据权利的行使与保全

1. 票据权利的行使与保全的概念。票据权利的行使,是指票据权利人请求票据义务人履行票据义务的行为,如行使付款请求权、行使追索权等。票据权利的保全,是指票据权利人为了防止票据权利的丧失而进行的行为,如按期提示承兑、按期提示付款、被拒绝承兑或被拒绝付款时依法取得拒绝证明等。

票据权利的行使与保全,是两种既相互区别又紧密联系的行为。票据权利的行使使票据权利得以保全,而票据权利的保全又为票据权利的行使提供保障。所以《票据法》将票据权利的行使与保全并在一起进行规定。

2. 票据权利行使与保全的方法。票据权利行使与保全的方法,《票据法》规定了按期提示、依法取证和中断时效三种。

(1) 按期提示。按期提示,是指持票人在《票据法》规定的期间内,现实地向票据债务人或关系人出示票据,请求其履行票据义务的行为。①行使票据权利的票据提示。《票据法》第4条第2款规定:"持票人行使票据权利,应当按照法定程序在票据上签章,并出示票据。"票据是完全有价证券,提示票据是行使票据权利必须的行为方式,如果不提示票据而仅以口头或书面通知方式请求票据义务人履行票据义务,不产生行使票据权利的效力。行使票据权利的票据提示包括行使付款请求权和行使追索权的票据提示。②保全票据权利的票据提示。《票据法》第40条、第53条、第79条规定,持票人不在法定期限内进行承兑或付款提示的,丧失对其前手的追索权。

(2) 依法取证。依法取证,是指持票人为了证明自己曾经依法行使票据权利而遭到拒绝或者根本无法行使票据权利而依法取得相关证据的活动。例如:提示承兑或提示付款遭到拒绝的,持票人可请求拒绝承兑人或拒绝付款人出具拒绝证明或退票理由书;承兑人或付款人死亡的,持票人可向医院请求出具死亡证明;承兑人或付款人被宣告破产的,持票人可向人民法院请求出具相关的法律文书副本。《票据法》第65条规定，持票人不能出示拒绝证明、退票理由书或者未按照规定期限提供其他合法证明的，丧失对其前手的追索权。此外，依照《票据法》第66条规定，持票人还应当在收到拒绝证明之日起3日内，将被拒绝事由书面通知其前手。

（3）中断时效。《票据法》第17条对票据权利的消灭时效作了规定，票据权利在票据时效期限内不行使的，因时效届满而消灭。有关票据权利时效的中断，《票据法》没有明文规定，只能适用《民法通则》对时效中断制度的规定。依照《民法总则》第195条的规定，引起时效中断的事由主要有：①提起诉讼或申请仲裁；②当事人一方提出履行债务的请求；③当事人一方同意履行债务。

3. 票据权利行使与保全的时间、地点。

（1）票据权利行使与保全的时间。《票据法》第16条规定，行使或保全票据权利，应当在票据当事人的营业时间内进行。《票据法》第107条规定，该法规定的各项期限的计算，适用《民法通则》关于期间的规定。按月计算期限的，按到期月的对日计算；无对日的，月末日为到期日。如果票据记载或依法确定的到期日为非营业日或为其他法定假日的，根据《民法通则》第154条规定，以休息日的次日为期间的最后一日。应当注意的是，除票据到期日之外，票据权利的行使与保全，还应当在法定期限内进行，如提示期限、票据时效期限、作成拒绝证明的期限。

（2）票据权利行使与保全的地点。票据是提示证券、流通证券，通常情况下，票据债权人如果不向债务人提示票据请求履行债务，债务人无法知晓谁是票据的债权人。因此，《票据法》第16条对票据权利行使与保全的地点作了不同于民法的规定，即票据债权人应主动到债务人的营业场所或住所地向其提示票据。

（四）票据权利的消灭

1. 票据权利消灭的概念。票据权利的消灭，是指票据权利因一定法定事由的出现而失去法律效力。票据权利包括付款请求权与追索权，所以票据权利的消灭可以分为付款请求权的消灭和追索权的消灭。

2. 票据权利消灭的法定事由。根据《票据法》的规定，票据权利消灭的法定事由有以下几种：

（1）付款。票据债务人依法足额付款后，持票人将票据交付付款人，票据关系终止，票据权利消灭。《票据法》不允许部分付款以部分消灭票据权利。根据《票据法》第15条的规定，持票人丧失票据的，可以依法向人民法院申请公示催告。公告期间没人申报权利或申报被驳回的，人民法院应失票人的请求作出宣告票据无效的除权判决。申请人依除权判决，请求票据债务人付款以消灭票据权利。

（2）被追索人清偿票据债务及追索费用。持票人遭到拒绝承兑或拒绝付款时，向其前手行使追索权，请求偿还票面金额、利息及为追索所支付的费用，被追索人全部清偿后取得票据，原有票据权利即归消灭。如果被追索而全部清偿的人是出票人，票据权利彻底消灭；如果被追索而全部清偿的人是另有前手的背书人或者保证人，履行清偿义务后可行使再追索权。

（3）票据时效期间届满。《票据法》第17条明确规定了付款请求权和追索权的消灭时效。持票人对票据的出票人和承兑人的付款请求权自票据到期日起2年不行使而消灭；见票即付的汇票、本票，自出票日起2年不行使而消灭；对支票的出票人，自出票日起6个月不行使的，付款请求权归于消灭。持票人对其前手的追索权自被拒绝承兑或被拒绝付款之日起6个月不行使而消灭；持票人对其前手的再追索权自清偿日或者被提起诉讼之日起3个月不行使的，追索权归于消灭。

（4）保全手续欠缺。《票据法》第65条规定，持票人不能出示拒绝证明、退票理由书或者未按照规定期限提供其他合法证明的，丧失对其前手的追索权。

另外，票据债权被抵销、混同、提存，也可以使票据权利消灭。

（五）票据权利的瑕疵

根据《票据法》的规定，引起票据权利瑕疵的原因主要有票据更改、票据伪造和票据变造。

1. 票据更改。

（1）票据更改的概念。票据更改，是指更改权人依照法定的格式对票据上允许更改的记载事项进行变更改写的行为。

（2）票据更改的条件。

第一，票据更改只能由有更改权的人进行，更改权人限于原记载人。对票据的记载事项，只有原记载人才享有更改权。反过来，更改权人行使更改权的对象只能是自己原来记载的内容，擅自改写他人记载事项的，不发生更改的效力。

第二，更改权人只能更改票据法允许更改的记载事项。《票据法》第9条第2款、第3款分别规定，票据金额、日期、收款人名称不得更改，更改的，票据无效；对票据上的其他记载事项，原记载人可以更改。

第三，更改权人在更改后须于更改之处签章证明。《票据法》第9条第3款规定，票据更改时应当由原记载人签章证明。更改权人不在更改之处签章证明的，不能发生票据更改的效力，由原记载人按原记载事项的内容承担票据责任。

第四，票据更改应取得持票人和其他签章人的同意。票据更改一般是在原记载人将票据交付之前进行的，如果交付之后需要更改，必须征得持票人和其他签章人的同意，否则不能发生票据更改的效力。

（3）票据更改的效力。票据依法更改后，票据权利义务以改写后的记载内容来确定。票据更改未经原签章人同意的效力问题，《票据法》没有直接规定。比照《票据法》第4条票据行为人以其本人在票据上的记载内容承担责任的规定，更改前的签章人，依票据原记载文义承担票据责任；更改后的签章人，依票据更改后的文义承担票据责任。

2. 票据伪造。

（1）票据伪造的概念。票据伪造，是指故意假冒或虚构他人名义在票据上签章的不法行为。

（2）票据伪造的条件。

第一，伪造行为人实施假冒或虚构他人名义在票据上签章的行为。伪造行为人以盗用、仿制他人印章或制作并无其人的印章、模仿他人签名等多种假冒手段，出票或在票据上签章，是票据伪造的前提条件。

第二，伪造行为在形式上符合票据行为的要件。伪造行为本身并非票据行为，但该行为的外观符合票据行为的法定形式。《票据法》规定的票据行为有出票、背书、承兑、保证四种，伪造其中任何一种，都构成票据伪造。

第三，伪造行为人以享有票据权利，骗取金钱财物为目的。伪造的票据因为形式合法，伪造行为人可以从付款人那里骗取金钱，向善意受让人收取对价，作为购物付款骗取卖方财物。

第四，伪造行为人将伪造的票据交付他人。伪造行为人只有通过出票、背书、请求付款、将无记名票据交付受让人等行为，将伪造的票据交付他人，才有可能实现享有票据权利，骗取他人财物的目的。伪造行为人只要将伪造的票据交付他人，就构成伪造行为，应当承担相应的法律责任。

（3）票据伪造的效力。票据伪造是不法行为，不能发生票据行为的法律效力。但是，根据《票据法》的规定，票据伪造行为能发生以下效力：

第一，伪造行为人无票据义务，但应负其他法律责任。伪造行为人没有在票据上签盖自己的名章，因而不能责其承担票据义务。为了预防和惩治票据伪造行为，保护票据当事人的合法权益，《票据法》第102条、第103条和《刑法》第177条规定了票据伪造行为的法律责任。

第二，被伪造人无票据义务，对持票人有抗辩权，对伪造行为人有民事权利。真实存在的被伪造人，因自己没有在票据上签章，也没有授权他人代理票据行为，根据《票据法》上的抗辩事由，可以对抗任何持票人，拒绝承担票据义务。被伪造人还可以根据《民法通则》第99条、第120条关于保护姓名权、名称权的具体规定和《票据法》第 106 条的规定，要求伪造行为人承担恢复名誉、消除影响、赔礼道歉、赔偿损失等民事责任。

第三，在票据上真实签章的人，就票据文义负责，对伪造行为人有赔偿请求权。票据行为具有独立性，《票据法》第 14 条第 2 款规定，票据上有伪造的签章的，不影响票据上其他真实签章的效力。因此，在票据上真实签章的人，无论其签章在票据伪造前还是在票据伪造后，都要对票据文义负责。在票据上真实签章的人，被持票人追索而清偿票据债务后，有权要求伪造行为人赔偿损失。

第四，善意持票人对伪造行为人有赔偿请求权，对真实签章人有追索权。根据《票据法》第 106 条的规定，如果善意持票人是直接从伪造行为人手中取得伪造票据的，对伪造行为人有民法上的赔偿请求权。根据《票据法》第 14 条第 2 款的规定，如果善意持票人是间接从伪造行为人手中取得伪造票据的，即从真实签章人手中取得票据的，善意持票人对真实签章人有追索权。

第五，付款人及其代理付款人依法审查票据而付款的，没有责任；恶意或有重大过失而付款的，应当自行承担责任。付款人应审查票据上出票人签章是否与其预留印鉴一致、背书是否连续、提示付款人有无合法身份证明或有效证件。《票据法》第 57 条第 2 款规定，付款人及其代理付款人，以恶意或者有重大过失付款的，应当自行承担责任。

3. 票据变造。

（1）票据变造的概念。票据变造，是指无权更改票据内容的人，对票据上签章以外的记载事项加以改变的不法行为。

（2）票据变造的条件。

第一，变造行为人是无票据更改权的人。《票据法》第 9 条规定，原记载人可以更改除票据金额、日期、收款人名称之外的其他事项，并签章证明。因此，原记载人之外的其他人擅自更改除票据金额、日期、收款人名称之外的其他记载事项的，构成票据变造。任何人对票据上记载的票据金额、日期、收款人名称进行更改的，都将导致票据无效。

第二，变造行为人改变的是票据签章之外的其他票据记载事项。这是票据变造与票据伪造的根本区别。《支付结算办法》第 14 条第 3 款规定，票据伪造是指无权限人假冒或虚构他人名义签章的行为，签章的变造属于伪造。变造是指无权更改票据内容的人，对票据上签章以外的记载事项加以改变的行为。

第三，变造行为人须以行使票据权利为目的。票据变造的目的是改变票据权利义务的内容，如持票人变造票据付款地以就近获得票据金额的支付。

（3）票据变造的效力。票据变造同票据伪造一样，都是不法行为，不能发生票据行为的法律效力。根据《票据法》的规定，票据变造行为能发生以下效力：

第一，变造行为人无票据义务，但应负其他法律责任。变造行为人没有在票据上签章，因而不必承担票据义务。《票据法》第 102 条、第 103 条和《刑法》第 177 条规定了变造行为人的民事责任、行政责任和刑事责任。

第二，在变造票据上签章的人应承担的票据义务，依签章在变造前还是在变造后有所不同。《票据法》第 14 条第 3 款规定，票据上其他记载事项被变造的，在变造之前签章的人，对原记载事项负责；在变造之后签章的人，对变造之后的记载事项负责；不能辨别是在票据变造之前或者之后签章的，视同变造之前签章。

第三，善意持票人对变造行为人有赔偿请求权，对真实签章人有追索权。根据《票据法》第 106 条的规定，如果善意持票人是直接从变造行为人手中取得票据的，对变造行为人有民法上的赔偿请求权。根据《票据法》第 14 条第 2 款的规定，如果善意持票人是间接从变造行为人手中取得票据的，即从真实签章人手中取得票据的，对真实签章人有追索权。

第四，付款人及其代理付款人依法审查票据而付款的，没有责任；恶意或有重大过失而付款的，应当承担责任。付款人认真审查了提示付款人的合法身份证明或有效证件、票据上出票人的签章、背书连续等内容后付款的，不承担赔偿责任。

二、票据行为

（一）票据行为概述

1. 票据行为的概念。票据行为，是指以发生票据权利义务为目的而依照《票据法》所实施的法律行为。这一定义，可以从以下几个方面理解：

（1）票据行为是票据法上的法律行为。法律行为，是指能够按照行为人意思表示的内容发生法律效果的行为。出票、背书、承兑、保证等票据行为，均以发生票据权利义务为目的，只要具备法定条件，法律即保障行为目的得以实现。

（2）票据行为以发生票据权利义务为目的。行为人实施票据行为，只能以发生票据权利义务为目的。当然，不同的票据行为所发生的具体票据权利义务是有区别的。

（3）票据行为是依照《票据法》实施的要式行为。票据行为必须严格按照法定款式采用书面形式完成，而且，行为人必须在票据相应栏目中签章，否则，票据记载不能发生法律效力。

2. 我国《票据法》规定的票据行为种类。《票据法》规定的票据行为有出票、背书、承兑、保证四种。

（1）出票是指出票人签发票据并将其交付给收款人的票据行为。

（2）背书是指在票据背面或者粘单上记载有关事项并签章以转让票据的行为。

（3）承兑是指汇票付款人承诺在汇票到期日支付汇票金额的票据行为。

（4）保证是指票据债务人以外的人为担保债务的履行而在票据上记载担保文字并签章的票据行为。

3. 票据行为的特征。票据行为与其他法律行为相比，有以下几个特征：

（1）要式性。票据是要式证券，票据行为是典型的要式行为，《票据法》为各种票据行为均规定了严格的行为方式。各种票据行为的行为人必须依法在票据上签章，各种票据行为的意思表示必须依法记载在票据上，票据上应记载的内容、书写格式和位置必须符合法定款式。

（2）文义性。票据是文义证券，票据行为的内容完全以票据上文字记载为准，即使记载内容与实际情况不一致，也不允许当事人以票据上文字记载以外的事实或理由对票据文字记载的内容加以变更、修改、补充或解释。票据债权人不得向债务人主张票据上文字记载以外的权利；票据债务人也不得以票据上文字记载以外的事项对抗债权人。

（3）无因性。票据是无因证券，由票据行为所产生的债权债务关系独立于原因关系而存在，不受原因关系的影响。持票人主张票据权利时，无须证明自己与前手之间的原因关系的有无和内容。票据债务人不得以原因关系对抗善意持票人。

（4）独立性。同一票据上，同时存在几个票据行为时，各票据行为彼此独立地发生效力。在先的票据行为无效，不影响后续的票据行为的效力；某一票据行为无效，不影响其他票据行为的效力。

4. 票据行为的形式要件。票据行为是要式法律行为，不仅必须具备一般法律行为应具备的实质要件，还必须具备票据法所规定的形式要件。

（1）票据行为必须符合法定形式。《票据法》对各种票据行为的记载事项都有具体的要求，票据行为只有依照《票据法》的规定记载相关的事项，才能发生法律效力。

（2）票据行为人必须在票据上签章。在票据上签章，是确定票据义务人的唯一根据。行为人在票据上签章，表明其参加票据关系，承担票据债务。《票据法》规定，行为人在票据上的签章可以是签名、盖章或者签名加盖章，法人的签章必须是法人单位的盖章加其法定代表人或授权代理人的签章。

（3）票据行为必须以书面形式作成。票据是完全证券，票据权利的发生、转移和行使都必须以票据的存在为必要条件。票据行为是以发生票据权利义务为目的而依法实施的法律行为，因此，票据行为必须以书面形式作成。《票据法》以及《票据管理实施办法》、《支付结算办法》对票据行为的书面形式，甚至所用的纸张格式和所用的笔墨都作了具体的规定。

（4）票据行为人必须交付票据。交付是完成票据行为的标志。完成票据行为，除了在票据上依法记载之外，还必须将票据交付对方。如《票据法》第20条规定："出票是指出票人签发票据并将其交付给收款人的票据行为。"背书、承兑、保证等票据行为完成后，票据行为人同样必须交付票据。

（二）票据行为的代理

票据行为的代理，简称票据代理，是指代理人在票据上表明代理关系，以被代理人的名义实施票据行为，所产生的法律后果由被代理人承担的票据法律制度。

1. 票据行为代理的构成要件。《票据法》第5条第1款规定："票据当事人可以委托其代理人在票据上签章，并应当在票据上表明其代理关系。"由此可见，票据行为代理应具备以下要件：

（1）必须在票据上表明被代理人的姓名或名称。票据行为以在票据上签章为享有票据权利、承担票据义务的前提，因此代理票据行为时，只有在票据上表明被代理人的姓名或名称，才能使被代理人享有票据权利、承担票据义务。如果票据上仅签盖了代理人的名章，即使该代理人已经获得委托授权，被代理人仍然可以不承担票据义务，也不能享有票据权利。

（2）必须在票据上表明代理关系。如果票据上只有被代理人的姓名或名称和代理人的签章，而没有代理关系的说明记载，持票人就很难辨别谁是代理人，谁是被代理人。

（3）代理人必须在票据上签章。所有票据行为都必须签章，无签章而在票据上为意思表示不发生法律效力，代理票据行为也不例外。如果票据上只记载了被代理人的姓名或名称而代理人没有签章，该代理行为不成立，被代理人不负票据上的责任。

（4）代理人必须取得被代理人的委托授权。代理人如果在没有获得被代理人委托授权的情况下为票据行为，一切法律后果只能由代理人自己承担。另外，《票据法》只规定了委托代理，没有规定法定代理和指定代理。

2. 无权代理、越权代理、表见代理。

（1）无权代理。无权代理，是指行为人无代理权而以代理人的名义代被代理人实施票据行为。

虽然行为人以代理人名义实施的票据行为，形式要件合法，票据有效，而且代理行为也具备票据代理的形式要件，但是，因为行为人无代理权，所以《票据法》第5条第2款规定："没有代理权而以代理人名义在票据上签章的，应当由签章人承担票据责任。"

（2）越权代理。越权代理，是指代理人虽有代理权，但其超越代理权限范围而实施的票据行为。

越权代理与自始根本没有代理权的无权代理的区别在于，越权代理人有代理权，但超越了代理权。责任分配上，《票据法》第5条第2款规定："代理人超越权限的，应当就其超越权限的部分承担票据责任。"这样，越权代理人对有权代理部分就不必承担不应有的票据责任。

（3）表见代理。表见代理，是指代理人虽然没有代理权，但客观上存在足以使第三人相信其有代理权的理由而为的票据代理行为。

票据行为的表见代理要求票据形式要件合法，票据有效，而且具备票据代理的形式要件，但是实际上不存在代理权，却存在足以使第三人客观上相信有代理权的理由，持票人是善意取得票据。持票人可以依无权代理向无权代理人主张票据权利，也可以依照表见代理向被代理人主张票据权利。无权代理人不得以表见代理成立为由对持票人进行抗辩。如果持票人非善意取得票据，不得以表见代理对被代理人主张票据权利。

案例点拨

汇票的持票人在法定期限过后提示付款，只丧失对其前手的追索权，但持票人对承兑人或者付款人仍然享有请求权，承兑人或者付款人仍应当继续对持票人承担付款责任。对于定日付款、出票后定期付款或见票后定期付款的汇票，付款人需经承兑后才负有票据责任，因此在付款人已为承兑时，即使持票人未按期提示付款，其对承兑人的票据权利并不因此而丧失。本案中，南都食品公司签发的是定日付款的汇票，某农业银行已为承兑，因此持票人谭美粮油公司在法定期限过后提示付款，仍然可以向承兑人某农业银行请求付款。但是，如果谭美粮油公司没有在规定的期间提示承兑，那么谭美粮油公司将不仅丧失追索权，也将同时丧失对某农业银行的付款请求权。

实战训练

张三因为公司经营不善，在收到李四交付的大理石后，故意签发了一张与其在支票业务银行预留签名式样和印鉴不符的面额为108万元的支票给李四。张三收到货物后，将大理石运到异地销售得到120万元。李四持支票到银行办理转账手续遭到拒绝，于是将张三起诉至人民法院。人民法院应如何裁判？

第三节　票据抗辩与补救

　　了解票据抗辩的概念、种类、限制，票据丧失的构成要件、法律后果，挂失止付的适用范围、程序、效力，公告催告的适用范围、程序、效力，票据诉讼的管辖、被告、担保，了解《票据法》和《票据管理实施办法》、《支付结算办法》的相关规定。

　　通过学习，能分析现实生活中发生的与票据抗辩、票据丧失与补救有关的票据纠纷，处理有关的票据事务。

　　2008 年 4 月 5 日，双喜家具公司到某工商银行贴现了一张某交通银行承兑的汇票。该汇票的正面有出票人记载的"不得转让"字样。某工商银行办理了贴现，向双喜家具公司支付贴现款 38.2459 万元。该贴现汇票到期后，某工商银行到某交通银行提示付款遭到拒绝。某工商银行向人民法院提起诉讼，要求某交通银行履行付款责任。

　　本案中，贴现是一种转让票据权利的行为，某工商银行贴现的是禁止转让的汇票，所以某工商银行并没有依法取得票据权利，承兑行某交通银行有权拒绝付款。

　　《票据法》第 27 条第 2 款规定："出票人在汇票上记载'不得转让'字样的，汇票不得转让。"

　　1.《票据法》第 34 条规定："背书人在汇票上记载'不得转让'字样，其后手再背书转让的，原背书人对后手的被背书人不承担保证责任。"

　　2.《支付结算办法》第 30 条规定："票据出票人在票据正面记载'不得转让'字样的，票据不得转让；其直接后手再背书转让的，出票人对其直接后手的被背书人不承担保证责任，对被背书人提示付款或委托收款的票据，银行不予以受理。票据背书人在票据背面背书人栏记载'不得转让'字样的，其后手再背书转让的，记载'不得转让'字样的背书人对其后手的被背书人不承担保证责任。"

3. 《最高人民法院关于审理票据纠纷案件若干问题的规定》第54条规定："……背书人在票据上记载'不得转让'字样，其后手以此票据进行贴现、质押的，原背书人对后手的被背书人不承担票据责任。"

基本理论和知识

一、票据抗辩

（一）票据抗辩概述

1. 票据抗辩的概念。票据抗辩，是指票据债务人根据《票据法》的规定对票据债权人拒绝履行义务的行为。

票据债务人享有对持票人拒绝履行票据义务的权利，称为票据抗辩权。《票据法》在规定票据权利包括付款请求权和追索权双重权利并对票据债务人的抗辩事由作出限制的同时，又赋予了票据债务人一定的抗辩权，体现了票据法对票据债权人和票据债务人的共同保护。

对票据抗辩的定义，可以从以下几个方面理解：

（1）票据抗辩是票据债务人所享有的权利。票据抗辩是票据债务人依法对持票人行使票据权利的请求进行对抗的行为。这里的票据债务人，是指票据上所有的债务人，包括票据的主债务人和所有在票据上签章的次债务人。

（2）票据抗辩的目的是票据债务人拒绝履行票据义务。票据债务人行使抗辩权的目的，是为了拒绝履行票据义务。票据债务人依法抗辩的，可以阻止不合法票据持有人和不法取得票据的人取得票据利益。

（3）票据债务人行使票据抗辩权必须存在法定的抗辩事由。《票据法》对票据抗辩权的行使理由或原因作了明确的规定，只有存在法定的抗辩事由时，票据债务人才能行使票据抗辩权。如果不存在法定事由而进行抗辩的，票据债务人应当承担法律责任。

（4）票据债务人行使票据抗辩权必须符合票据法的规定。《票据法》第13条第1款规定："票据债务人不得以自己与出票人或者与持票人的前手之间的抗辩事由，对抗持票人。"这表明票据抗辩权的行使仅限于票据债务人与持票人之间存在抗辩事由。另外，票据抗辩只能是对票据金额的全额抗辩，票据保证人不享有先诉抗辩权。

2. 票据抗辩的种类。根据票据抗辩的原因不同，票据抗辩可分为物的抗辩和人的抗辩两种。

（1）物的抗辩。物的抗辩，是基于票据本身或票据行为本身的缺陷而产生的票据债务人可以对抗任何票据债权人的抗辩。

对物的抗辩事由主要包括：①因票据欠缺绝对应当记载事项而导致票据无效；②因票据上记载的到期日尚未届至；③因不符合票据金额记载规则而导致票据无效；④不依票据记载的付款地点和付款金额请求付款；⑤因更改票据不得更改事项而导致票据无效；⑥票据债权因已经付款、依法提存或人民法院的除权判决而消灭；⑦欠缺票据行为能力；⑧无权代理或越权代理；⑨票据伪造或票据变造；⑩欠缺票据权利的保全手续；⑪票据权利因票据时效期间的届满而消灭；⑫对不得转让的票据背书转让。其中前 6 项是一切债务人均可主张的物的抗辩，后 6 项是特定债务人才能主张的物的抗辩。

（2）人的抗辩。人的抗辩，是基于特定持票人的原因而产生的票据债务人可以对抗该持票人的抗辩。

对人的抗辩事由主要包括：①持票人恶意取得票据；②持票人丧失受偿能力；③背书不连续；④持票人为非票据权利人，如持票人只是票据的保管人；⑤原因关系无效或消灭；⑥对价欠缺或不足；⑦欠缺票据交付行为，如持票人是票据的偷盗人或拾得人。其中前 4 项是一切债务人均可向特定的持票人主张的抗辩，后 3 项是特定的票据债务人向特定持票人主张的抗辩。

（二）票据抗辩的限制

1. 票据抗辩限制的概念。票据抗辩的限制，是指《票据法》规定的票据债务人对特定持票人不得抗辩的限制。

实际上，票据抗辩的限制就是人的抗辩的限制。《票据法》第 13 条第 1 款规定："票据债务人不得以自己与出票人或者与持票人的前手之间的抗辩事由，对抗持票人。"票据债务人与出票人或持票人前手之间的抗辩事由，不能用于对抗持票人的票据权利，这就使票据抗辩中人的抗辩限制在直接当事人之间。

2. 票据抗辩限制的内容。根据《票据法》第 13 条的规定，票据抗辩限制的内容主要有以下三个方面：

（1）票据债务人不得以自己与出票人之间的抗辩事由对抗持票人。票据债务人自己与出票人之间的抗辩事由，是指票据债务人与出票人之间因为基础关系而产生的抗辩事由，主要有两种情形：一是票据承兑人或付款人基于资金关系的缺陷，与出票人之间形成的抗辩事由；二是保证人基于原因关系的缺陷，与出票人之间形成的抗辩事由。

票据是无因证券，票据债权人没有义务对票据债务人与出票人之间的关系缺陷承担责任，票据债务人应无条件地向票据债权人履行票据义务。因此票据债务人不得以自己与出票人之间的抗辩事由对抗善意持票人。

（2）票据债务人不得以自己与持票人的前手之间的抗辩事由对抗持票人。票据债务人自己与持票人的前手之间的抗辩事由，是指票据债务人与持票人的前手之间因为基础关系而产生的抗辩事由，主要有三种情形：一是票据债务人与持票人的前手作为直接当事人，基于票据的原因关系缺陷而形成的抗辩事由；二是票据债务人与持票人的前手作为保证人与被保证人，为票据保证而形成的抗辩事由；三是付款人或承兑人与持票人的前手之间，在票据关系之外另有债权债务关系而形成的抗辩事由。

票据的无因性，使票据的原因关系与票据关系相分离。随着票据的转让，作为持票人的前手而存在的票据债务人不断增多。票据债务人可以基于自己与持票人的前手之间所存在的特定关系对该票据持票人的前手主张抗辩，但不得以此为由对抗善意取得票据的现持票人。

（3）票据抗辩限制的例外。

第一，知情抗辩。《票据法》第 13 条第 1 款规定："票据债务人不得以自己与出票人或者持票人的前手之间的抗辩事由，对抗持票人。但是，持票人明知存在抗辩事由而取得票据的除外。"由此可见，票据债务人可以对出票人或者持票人的前手的抗辩事由，对抗知情持票人。

第二，无对价抗辩。《票据法》第 11 条规定："因税收、继承、赠与可以依法无偿取得票据的，不受给付对价的限制。但是，所享有的票据权利不得优于其前手的权利。"因此，票据债务人可以对无对价前手的抗辩事由，对抗无对价取得票据的持票人。

二、票据的丧失与补救

（一）票据丧失与补救概述

1. 票据丧失的概念及法律后果。

（1）票据丧失的概念及构成要件。票据丧失，是指持票人并非出于自己的本意而丧失对票据的占有。票据丧失可分为绝对丧失和相对丧失两种。票据的绝对丧失如票据被烧毁、腐烂，票据的相对丧失如遗失、被盗、被抢。不同的丧失，法律后果不同。

票据丧失应具备以下构成要件：

第一，持票人有丧失对票据占有的事实。持票人已经现实地失去了对票据的占有或控制，也丧失了行使票据权利的前提。

第二，持票人丧失票据是由于其意志以外的原因造成的。无论是持票人自己不慎将票据丢失、撕烂或烧毁，还是票据被盗、被抢，都不是持票人自己的本意，而是由于持票人意志以外的原因造成的。

第三，持票人丧失的票据是合法有效的票据。持票人丧失的票据必须是符合《票据法》规定的有效票据，如果持票人丧失的是无效票据或者丧失票据上的票据权利已不复存在，都不发生票据丧失的法律后果。

（2）票据丧失的法律后果。持票人一旦丧失票据，无论是绝对丧失还是相对丧失，都将导致票据权利人不能行使票据权利的法律后果。如果票据是绝对丧失，失票人虽然暂时不能行使票据权利，但不存在票据金额被他人冒领或被第三人善意取得的可能性，只要失票人采取法定的补救措施，最终还是能够实现自己的票据权利的。在票据相对丧失的情况下，失票人如果不及时采取措施，票据金额有可能被他人冒领，或者票据被第三人善意取得而使失票人遭受损失。

2. 票据丧失的补救方法。《票据法》第15条规定："票据丧失，失票人可以及时通知票据的付款人挂失止付，但是，未记载付款人或者无法确定付款人及其代理付款人的票据除外。收到挂失止付通知的付款人，应当暂停支付。失票人应当在通知挂失止付后3日内，也可以在票据丧失后，依法向人民法院申请公示催告，或者向人民法院提起诉讼。"由此可见，我国票据丧失的补救措施有挂失止付、申请公示催告和提起诉讼三种。其中挂失止付是一种临时性的补救方法，而公示催告和提起诉讼则是失票人要保护自己票据权利的法定必经程序，失票人即使进行了挂失止付，也还必须通过公示催告或者提起诉讼才有可能最终行使自己的票据权利。

（二）挂失止付

挂失止付，是指失票人将票据丧失的情况通知付款人，并请求付款人停止付款，接受挂失止付的付款人在票据款项未被他人取得的情况下，决定暂停支付的一种失票补救措施。

1. 挂失止付的适用范围。《票据法》第15条第1款规定，未记载付款人或者无法确定付款人及其代理付款人的票据不可以挂失止付。但是，这样规定并没有现实意义，因为根据《票据法》第22条、第75条、第84条的规定，未记载付款人的汇票、本票和支票都属于无效票据，当然不能挂失止付。而且，挂失止付是失票人通知付款人或代理付款人暂停支付票据金额的一种补救措施，如果票据的付款人或代理付款人无法确定，失票人也就无法向其发出通知，自然也就不能挂失止付。《支付结算办法》第48条规定："已承兑的商业汇票、支票、填明'现金'字样和代理付款人的银行汇票以及填明'现金'字样的银行本票丧失，可以由失票人通知付款人或者代理付款人挂失止付。未填明'现金'字样和代理付款人的银行汇票以及未填明'现金'字样的银行本票丧失，不得挂失止付。"由此可见，转账的银行汇票和转账的银行本票丧失时，不得挂失止付。

2. 挂失止付的程序。《票据法》第15条规定的挂失止付程序过于简单：先由失票人通知票据的付款人挂失止付；收到挂失止付通知的付款人，应当暂停支付。

《支付结算办法》第48条、第51条为了解决挂失止付缺乏操作性的问题，对挂失止付的程序作了较为详细的规定。失票人应及时向票据的付款人或代理付款人发出记载规定事项的书面通知，收到挂失止付通知书的付款人或代理付款人应进行核查。如查明该票据确未付款，应立即停止付款。中国人民银行1997年9月颁布的《支付结算会计核算手续》则对各种票据的挂失止付程序作了更为细致的规定。

3. 挂失止付的效力。《票据法》第15条第3款规定，失票人应当在通知挂失止付后3日内，依法向人民法院申请公示催告或者提起诉讼，否则，挂失止付失效。《票据管理实施办法》第20条和《支付结算办法》第50条都规定，如果付款人或代理付款人在收到挂失止付通知书之日起12日内没有收到人民法院的止付通知书，自第13日起，挂失止付通知失效，付款人或代理付款人向持票人付款，不再承担责任。

(三) 公示催告

公示催告，是指人民法院根据可背书转让票据失票人的申请，以公示的方法，催告利害关系人在一定期限内向人民法院申报权利；到期无人申报或申报被驳回的，人民法院可根据申请作出所失票据无效的除权判决，失票人可依人民法院的除权判决请求付款人支付原票据金额的制度。

1. 公示催告的适用范围。《票据法》对公示催告的适用范围没有作出明确的规定。《民事诉讼法》第218条规定："按照规定可以背书转让的票据持有人，因票据被盗、遗失或者灭失，可以向票据支付地的基层人民法院申请公示催告。"由此可见：

(1) 公示催告仅适用于按照规定可以背书转让的票据丧失情况，不可背书转让的票据丧失的，不能适用这一补救措施。

(2) 公示催告仅适用于可背书转让票据被盗、遗失或者灭失等非因持票人本意而丧失票据的情况。仅把被盗、遗失、灭失三种情况作为申请公示催告的法定事由，有违《民事诉讼法》增设公示催告程序的立法精神。票据被抢等并非出于持票人自己的本意而丧失对票据占有的，也可以申请公示催告。

(3) 公示催告仅适用于可背书转让的票据持有人针对丧失票据提出申请的情况。这里所说的票据持有人，是指票据因被盗、遗失或者灭失等原因丧失前的最后持票人。所失票据的出票人、付款人、背书人、保证人等都无权申请公示催告。

2. 公示催告的程序。公示催告只能由失票人向票据支付地的基层人民法院提出书面申请。人民法院收到公示催告的申请后，应当立即审查，并决定是否受理。人民法院经审查认为符合受理条件的，通知予以受理，同时通知付款人停止支付，并自立案之日起3日内发出公告；认为不符合受理条件的，7日内裁定驳回申请。公示催告期间不得少于60日，在此期间，票据不得转让、质押、贴现。公示期间届满，无人申报权利，或申报被驳回的，公示催告申请人应自申报权利期间届满的次日起一个月内，申请人民法院作出除权判决。

3. 公示催告的效力。人民法院受理失票人的公示催告申请后，通知付款人停止付款，并发出公告，催促利害关系人申报权利，可防止票款被他人冒领和票据被第三人善意取得。失票人根据人民法院的除权判决，可请求付款人支付原票据金额。

（四）票据诉讼

票据诉讼，是指票据丧失后，失票人在票据权利时效届满之前，提供了相应的担保，请求出票人补发票据或者请求债务人付款遭到拒绝，而向人民法院提起诉讼，请求人民法院判令出票人补发票据或判令债务人支付票据金额的诉讼。

根据《最高人民法院关于审理票据纠纷案件若干问题的规定》第35条、第36条、第38条的规定，提起票据诉讼要注意以下三个问题：

1. 票据诉讼的管辖。票据丧失后，失票人在票据权利时效届满以前请求出票人补发票据，或者请求债务人付款，在提供相应担保的情况下因债务人拒绝付款或者出票人拒绝补发票据提起诉讼的，由被告住所地或者票据支付地人民法院管辖。

2. 票据诉讼的被告。失票人因请求出票人补发票据或者请求债务人付款遭到拒绝而向人民法院提起诉讼的，被告为与失票人具有票据债权债务关系的出票人、拒绝付款的票据付款人或者承兑人。

3. 失票人向人民法院提供担保。失票人向人民法院提起诉讼的，除向人民法院说明曾经持有票据及丧失票据的情形外，还应当提供担保。担保的数额相当于票据载明的金额。

案例点拨

本案的焦点是出票人记载"不得转让"字样的汇票的效力问题。票据是流通证券，票据流通主要采取背书方式。为了保护出票人、背书人的权利，法律允许出票人或背书人在票据上记载禁止背书文句，从而限制持票人将该票据再行背书转让。《票据法》第27条第2款和第34条、《支付结算办法》第30条、《最高人民法院关于审理票据纠纷案件若干问题的规定》第54条对此进行了规定。因此，禁止转让背书有两种：出票人禁止转让背书和背书人禁止转让背书。禁止转让票据因其记载了禁止背书文句"不得转让"字样，即使再将票据背书转让，也不再发生票据背书转让的效力。贴现是一种转让票据权利的行为，《最高人民法院关于审理票据纠纷案件若干问题的规定》第54条明确规定，背书人在票据上记载"不得转让"字样，其后手以此票据进行贴现、质押的，原背书人对后手的被背书人不承担票据责任。双喜家具公司贴现的是禁止转让的汇票，贴现行某工商银行并没有依法取得票据权利，承兑行某交通银行当然有权拒绝付款。某工商银行无权要求某交通银行承担无条件付款的票据责任，某工商银行只能向人民法院起诉双喜家具公司，主张民法上的债权。

实战训练

仙林化妆品公司欠东湖矿泉水公司矿泉水货款10.15万元，经双方协商，仙林化妆品公司在支付尾款后将天福百货公司签发给自己的面额为10万元的支票背书转让给东湖矿泉水公司。东湖矿泉水公司的主办会计王老五酒后误把该支票当成废纸撕成碎片，东湖矿泉水公司遂向人民法院提请公示催告。

人民法院拒绝受理公示催告申请，并说明了三点理由。其一，该支票虽然被撕成碎片，但尚未灭失，没有被他人冒领的危险，要求出票人天福百货公司重新签发一张支票即可，不必通过公示催告程序。其二，即使通过公示催告程序，也应当由支票的收款人仙林化妆品公司提起公示催告，东湖矿泉水公司不是该支票的收款人，没有提起公示催告的主体资格。其三，即使通过公示催告程序，也应当先去银行挂失止付，再到人民法院办理公示催告手续。

请问：人民法院的说法正确吗？

第四节 汇 票

学习目标

了解汇票的概念、特征、种类，汇票的出票和记载事项，汇票背书的概念、特征、种类、记载事项、效力，汇票承兑的概念、特征、记载事项、程序，汇票保证的概念、特征、记载事项、效力，汇票付款的概念、特征、程序，了解《票据法》和《票据管理实施办法》、《支付结算办法》的相关规定。

任务驱动

通过学习，能分析现实生活中发生的各种汇票纠纷，处理相关的票据事务。

典型案例

青苹果公司于 2009 年 10 月 9 日签发了一张定日付款的汇票，汇票金额为 175 万元，收款人为海马公司，付款人为星月公司，付款日分别为 2009 年 11 月 9 日和 2009 年 11 月 19 日，其中 2009 年 11 月 9 日付款 100 万元，2009 年 11 月 19 日付款 75 万元。惠富公司为星月公司提供保证，并且在该汇票上进行了相应记载。海马公司收到该汇票后，于 2009 年 11 月 5 日向星月公司提示承兑遭到拒绝，海马公司于是要求惠富公司承担保证责任也遭到拒绝。海马公司该如何保护自己的票据权利？

本案中，由于青苹果公司签发的汇票有两个付款日，是无效的票据，票据保证人惠富公司有权以票据无效对持票人海马公司进行抗辩，拒绝承担保证责任。海马公司只能向星月公司和青苹果公司进行追索，要求其承担付款责任。

法律提示

《票据法》第 49 条规定："保证人对合法取得汇票的持票人所享有的汇票权利，承担保证责任。但是，被保证人的债务因汇票记载事项欠缺而无效的除外。"

相关提示

1. 《票据法》第 22 条规定："汇票必须记载下列事项：……②无条件支付的委托；……汇票上未记载前款规定事项之一的，汇票无效。"

2. 《票据法》第 54 条规定："持票人依照前条规定提示付款的，付款人必须在当日足额付款。"

基本理论和知识

一、汇票概述

（一）汇票的概念和特征

《票据法》第 19 条规定，汇票是出票人签发的，委托付款人在见票时或者指定日期无条件支付确定的金额给收款人或者持票人的票据。

与本票、支票相比，汇票具有以下特征：

1. 汇票是委付证券。汇票与支票均为委托支付证券，银行本票是自付证券。但是，支票的付款人只能是"办理支票存款业务的银行或其他金融机构"；而汇票的付款人可以是银行，也可以是其他企事业单位。

2. 汇票有承兑制度。《票据法》第38条规定，承兑是指汇票付款人承诺在汇票到期日支付汇票金额的票据行为。汇票的到期日，《票据法》第25条规定了四种：见票即付、定日付款、出票后定期付款、见票后定期付款。根据《票据法》第39条、第40条规定，见票即付的汇票无需提示承兑，定日付款、出票后定期付款、见票后定期付款的汇票，持票人都应当向付款人请求承兑。本票和支票都无需承兑。

3. 汇票是信用证券。支票和即期汇票均是见票即付，属于支付证券。我国《票据法》规定的本票仅限于银行本票而且只能见票即付，付款期限最长不得超过两个月，也是支付证券。相反，远期汇票是信用证券，票据上记载的付款期限越长，出票人从收款人那里取得的信用时间就越长。

（二）汇票的种类

《票据法》第19条第2款规定："汇票分为银行汇票和商业汇票。"

1. 银行汇票。银行汇票，按《支付结算办法》第53条规定，是指出票银行签发的，由其在见票时按照实际结算金额无条件支付给收款人或者持票人的票据。

银行汇票的出票人是银行，银行向汇款人收妥款项后签发汇票，汇款人可将汇票带往异地办理转账结算或支取现金。银行汇票的付款人是出票银行或其委托的异地的银行或者其他金融机构，收款人可以是汇款人自己，也可以是汇款人指定的其他人。

根据银行汇票的用途不同，银行汇票还可以进一步分为银行现金汇票和银行转账汇票。签发银行在票面上载有"现金"字样的汇票是银行现金汇票，票面上载有"转账"字样或未记载"现金"字样的，是转账汇票。银行现金汇票可用于支取现金，银行转账汇票一般用于结算，不用于支取现金。

2. 商业汇票。商业汇票是商业承兑汇票和银行承兑汇票的统称，是指收款人或付款人（或承兑申请人）签发的，由承兑人承兑，并于到期日向收款人或持票人支付票面款额的汇票。

（1）商业承兑汇票，是由收款人签发，经过付款人承兑，或由付款人签发并承兑的汇票。商业承兑汇票由付款人签发还是由收款人签发，由交易双方约定。付款人签发的，付款人本人必须承兑；收款人签发的，应交付款人承兑。商业承兑汇票无论是由付款人签发还是由收款人签发，承兑人都是票据上记载的付款人。

（2）银行承兑汇票，是由收款人或者承兑申请人签发的，由承兑申请人向自己的开户银行申请,银行同意并予承兑的汇票。这里的"承兑申请人"就是交易关系中的付款人。银行承兑汇票的出票人可以是收款人,也可以是承兑申请人,但在票据上承兑的不是承兑申请人,而是承兑申请人的开户银行。因此,银行承兑汇票比商业承兑汇票的安全性高得多。

二、汇票的出票

(一)概念

《票据法》第 20 条规定:"出票是指出票人签发票据并将其交付给收款人的票据行为。"这一定义适用于汇票、本票、支票三种票据。汇票的出票有以下含义:

1. 汇票的出票是出票人创设汇票的基本票据行为。出票是创设汇票的行为,出票行为完成后,其后一系列票据行为才得以在汇票上进行。因此,汇票的出票行为是一项基本的票据行为,而承兑、背书、保证等票据行为是附属的票据行为。

2. 汇票的出票由作成汇票和交付汇票两部分构成。作成汇票,是指以创设汇票权利义务关系为目的,依法在汇票上记载一定事项并签章的行为。交付汇票,是指出票人基于自己的意愿,将作成的汇票交付给汇票上记载的收款人的行为。出票人只有依法作成汇票并将其交付给收款人,出票行为才算完成。

3. 汇票的出票是出票人委托付款人无条件向收款人支付一定金额的行为。汇票是委付证券,汇票的出票,就是对支付票款的委托。

(二)汇票的记载事项

根据票据法的规定,汇票的记载事项包括以下几种情况:

1. 绝对必要记载事项。绝对必要记载事项,是指《票据法》规定票据上必须记载的、不记载将导致票据无效的事项。《票据法》第 22 条规定了汇票必须记载下列事项,未记载其中任何一项的,汇票无效。

(1)表明"汇票"的字样。这种记载,在票据法学上称为"票据文句"。此票据文句表明票据的种类,可以把汇票和其他票据区别开来。在我国,由于空白票据凭证是由中国人民银行统一印制的,票据文句事先已印制在票据凭证上,出票人签发票据时,不必另行记载票据文句,只要根据需要正确选择票据凭证,记载其他事项即可。

(2)无条件支付的委托。《票据法》对无条件支付的委托采用什么样的具体方式,并无特别规定,常见的有"到期日凭票即付""请于到期日无条件支付"等字样形式。这样的委托支付文句通常也统一印制在票据凭证上,无需出票人另行书写。

(3)确定的金额。汇票上记载的要求付款人支付的金额必须明确、具体。

根据《票据法》第 8 条及《支付结算办法》第 13 条规定，汇票金额必须以中文大写和阿拉伯数码同时记载，而且二者必须一致，否则汇票无效。《最高人民法院关于审理票据纠纷案件若干问题的规定》第 43 条规定，票据金额的中文大写与数码不一致，但是汇票的付款人与代理付款人已经对票据付款的，应当承担责任。《支付结算办法》"附一"详细规定了票据金额的记载要求。

（4）付款人名称。付款人是受出票人委托根据票据文义到期无条件支付票据金额的人。没有付款人，持票人就失去了请求承兑和请求付款的对象。付款人对汇票承兑后即成为汇票的第一债务人。

（5）收款人名称。收款人是由出票人指定的、接受票据金额支付的人。收款人名称依法应记载本名、全名或全称。出票人在票据上记载收款人名称后，收款人即成为第一持票人。

（6）出票日期。出票日期是票据的签发日期。出票日期的记载，对于确定出票后定期付款汇票的到期日、见票后定期付款汇票的提示承兑期间、见票即付汇票的提示付款期间、出票时出票人的行为能力等均有决定意义。出票日期与实际出票日期不一致时，以票据记载的出票日期为准。当出票日期实际上并不存在时，如 2 月 31 日，则汇票无效。

（7）出票人签章。票据上的签章，为签名、盖章或者签名加盖章。在票据上的签名，应当为该当事人的本名。法人和其他使用票据的单位在票据上签章，为该法人或者该单位的盖章加其法定代表人或者其授权的代理人的签章。汇票上的签章不符合法律规定的，汇票无效。但是，《最高人民法院关于审理票据纠纷案件若干问题的规定》第 42 条规定，银行汇票的出票人在票据上未加盖规定的专用章而加盖该银行的公章，签章人应当承担票据责任。第 43 条规定，银行汇票的出票人违反规定加盖银行部门印章代替专用章的，如果付款人或代理付款人对这样的汇票付款的，应当承担责任。

2. 相对必要记载事项。相对必要记载事项，是指票据法规定应当记载，但未记载并不影响汇票的效力，而依法律规定进行推定的事项。《票据法》第 23 条规定，汇票的相对必要记载事项包括付款日期、付款地、出票地。

（1）付款日期。付款日期，又称到期日，是指票据权利人行使权利和票据义务人履行义务的日期。到期日是确定票据付款义务履行时间的法律依据，对于票据权利人的利益有十分重要的影响。《票据法》规定，汇票上未记载付款日期的，为见票即付。持票人在法定提示付款期限内，可以随时请求付款。

（2）付款地。付款地是付款人支付票据金额的地点。付款地是确定支付的货币种类、持票人行使或保全票据权利的地点以及管辖法院的重要依据。汇票上如未记载付款地点的，以付款人的营业场所、住所或者经常居住地为付款地。

值得注意的是，《支付结算办法》取消了银行转账汇票填写代理付款人名称和记载兑付地的规定，持票人可以向出票银行的所有分支机构及参加"全国联行往来"的银行提示付款。

（3）出票地。出票地是出票人在汇票上记载的出票地点。对于国内票据，出票地决定票据纠纷案件的管辖法院；对于涉外票据，出票地决定出票行为准据法的适用。出票时记载出票地的，即使其记载与实际出票地不符，仍然应当以记载的出票地为准。出票时未记载出票地的，依法应以出票人的营业场所、住所或经常居住地为出票地。

3. 可以记载事项。可以记载事项，又称任意记载事项，是指法律允许当事人自由选择记载，不记载并不影响汇票的效力；但一经记载，即发生票据法上的效力的事项。《票据法》规定的可以记载事项包括以下两项：

（1）"不得转让"的文句。《票据法》第27条第2款规定："出票人在汇票上记载'不得转让'字样的，汇票不得转让。"因此，出票人可以在汇票上记载禁止转让的文句，有此记载的汇票不得进行转让。《最高人民法院关于审理票据纠纷案件若干问题的规定》第48条规定："依照《票据法》第27条的规定，票据的出票人在票据上记载'不得转让'字样，票据持有人背书转让的，背书行为无效。背书转让后的受让人不得享有票据权利，票据的出票人、承兑人对受让人不承担票据责任。"第53条规定："依照《票据法》第27条的规定，出票人在票据上记载'不得转让'字样，其后手以此票据进行贴现、质押的，通过贴现、质押取得票据的持票人主张票据权利的，人民法院不予支持。"

（2）汇票支付货币种类的约定。国内汇票金额的支付以人民币支付为原则，但《票据法》第59条第2款规定，汇票当事人可以就汇票支付的货币种类进行约定。因此，如果出票人将双方约定的货币种类记载于汇票上，则付款人在对汇票进行付款时，应当按照汇票上记载的币种进行支付。

4. 记载不生票据法上效力的事项。《票据法》第24条规定："汇票上可以记载本法规定事项以外的其他出票事项，但是该记载事项不具有汇票上的效力。"由此可见，出票人除了记载应当记载的事项和任意记载的事项外，还可以记载其他出票事项，但是这类记载不能产生票据法上的效力，在符合其他法律规定时，产生其他法律效力，如当事人在汇票上记载双方约定的管辖法院等。

5. 记载不生任何法律效力的事项。记载不生任何法律效力的事项，不仅不能产生票据法上的效力，而且也不能产生其他法律上的效力。《票据法》第26条规定，出票人签发汇票后，即承担保证该汇票承兑和付款的责任。如果出票人在汇票上记载"免除担保承兑"或"免除担保付款"等字样，该记载就属于不生任何法律效力的记载事项。《票据法》第40条第3款规定，见票即付的汇票无需提示承兑。如果出票人在见票即付的汇票上记载有承兑文句，该记载也属于不生任何法律效力的记载事项。

6. 禁止记载的事项。禁止记载的事项，是指记载违反《票据法》的有关规定从而导致汇票无效的事项。如出票人在汇票上记载不确定的金额或者记载支付汇票金额的附加条件，都将导致汇票无效。

（三）汇票出票的效力

出票人按照《票据法》的规定作成汇票并将其交付给收款人后，汇票即对出票时存在的三方基本当事人——出票人、付款人和收款人产生效力。

1. 对出票人的效力。《票据法》第 26 条规定："出票人签发汇票后，即承担保证该汇票承兑和付款的责任。出票人在汇票得不到承兑或付款时，应当向持票人清偿本法第 70 条、第 71 条规定的金额和费用。"由此可见，出票使出票人成为汇票上的义务人，出票人应当对自己签发的汇票能够获得承兑和付款承担担保责任，当汇票不获承兑或不获付款时承担清偿责任。所谓担保承兑，是指出票人保证其签发的汇票能够获得承兑，如果持票人在依法请求承兑时遭到拒绝，出票人就应当按照《票据法》的规定对持票人承担偿还义务，出票人不得以票据资金已经交付承兑人为由对抗持票人。所谓担保付款，是指出票人保证持票人到期能够获得付款，如果汇票到期不能获得付款，出票人就应当按照《票据法》的规定对持票人承担偿还义务。

2. 对收款人的效力。出票人作成汇票并将其交付给收款人后，收款人便取得了汇票上的一切权利，即付款请求权和追索权。但是，除见票即付的汇票外，其他三种到期日的汇票，须经过付款人承兑，才能请求付款。因此，收款人在汇票获得承兑之前的付款请求权，属于期待权。

3. 对付款人的效力。出票行为对付款人的效力，是指付款人取得了对汇票承兑和付款的资格。付款人是否承兑或付款由自己决定，付款人一旦对汇票进行承兑，就成为承兑人，是汇票上的第一债务人，必须对汇票付款。如果付款人不对汇票进行承兑，就不承担票据法上的义务。

汇票的样式，图示如下：

附式一之 1

×× 银行

银行汇票（卡片）1　汇票号码

付　款　期　限
壹　个　月

第　　号

出票日期：　年 月 日
（大写）

代　理　付　款　行：

收款人：　　　　　　　　　　账号：

出票金额　人民币
　　　　　（大写）

实际结算金额	人民币 （大写）										
---	---	千	百	十	万	千	百	十	元	角	分

申请人：＿＿＿＿＿＿＿＿　　　　　账号或住址：＿＿＿＿＿

出票行：＿＿＿＿＿　行号：＿＿＿＿＿

备　注：＿＿＿＿＿

复核　　　　　　　　　经办

科目（借）＿＿＿＿＿＿＿＿
对方科目（贷）＿＿＿＿＿＿
销账日期：　　年　月　日
复核　　　　记账

此联出票行结清汇票时作汇出汇款借方凭证

10×17.5公分（白纸黑油墨）
注：汇票号码前加印省别代号

附式一之 2

×× 银行

银行汇票2　　　汇票号码

付　款　期　限
壹　个　月

第　　号

出票日期：　年 月 日
（大写）

代　理　付　款　行：

收款人：　　　　　　　　　　账号：

出票金额　人民币
　　　　　（大写）

实际结算金额	人民币 （大写）										
---	---	千	百	十	万	千	百	十	元	角	分

申请人：＿＿＿＿＿＿＿＿　　　　　账号或住址：＿＿＿＿＿

出票行：＿＿＿＿＿　行号：＿＿＿＿＿

备　注：＿＿＿＿＿

凭票付款

出票行签章

科目（借）＿＿＿＿＿＿＿＿
对方科目（贷）＿＿＿＿＿＿
兑付日期：　　年　月　日

多　余　金　额									
千	百	十	万	千	百	十	元	角	分

复核　　　　记账

此联代理付款行付款后作联行往账借方凭证附件

10×17.5公分（专用水印纸蓝油墨，出票金额栏加红水纹）
注：汇票号码前加印省别代号

附式一之 2 背面

被背书人	被背书人	被背书人
背书人签章 年 月 日	背书人签章 年 月 日	背书人签章 年 月 日

（粘贴单处）

持票人向银行　　　　　　　身份证件名称：

提示付款签章：　　　　　　号　　码：

发 证 机 关：

附式一之 3

××银行

付 款 期 限　银 行 汇 票（　　）　**解讫**　汇票号码
壹 个 月　　　　　　　　　　　**通知**　　　3

第　　号

出票日期：　年 月 日
（大写）

代 理 付 款 行：

收款人：　　　　　　　　账号：

出票金额　人民币
（大写）

实际结算金额　人民币
（大写）

千	百	十	万	千	百	十	元	角	分

此联代理付款行兑付后随报单寄出票行，由出票行作多　余 款 贷 方 凭 证

申请人：　　　　　　　　账号或住址：

出票行：　　　　行号：

科目（借）
对方科目（贷）

转账日期：　年 月 日

备注：

多 余 金 额

千	百	十	万	千	百	十	元	角	分

代理付款行盖章

复核　　　经办

复核　　　记账

10×17.5公分（白纸红油墨，实际结算金额栏加红水纹）
注：汇票号码前加印省别代号

附式一之4

××银行

付 款 期 限
壹 个 月

多余款

银 行 汇 票（ ） 4 汇票号码

收账通知

第 号

此联出票行结算多余款后交申请人

出票日期：年 月 日
（大写）

代理付款行： 行号：

收款人： 账号：

出票金额 人民币
（大写）

实际结算金额 人民币
（大写）

千	百	十	万	千	百	十	元	角	分

申请人：_____

账号或住址：_____

出票行：_____ 行号：_____

左列退回多余金额已收入你账户内。

备 注：_____

多 余 金 额									
千	百	十	万	千	百	十	元	角	分

出票行盖章

财务主管 复核 经办

年 月 日

10×17.5公分（白纸紫油墨）
注：汇票号码前加印省别代号

附式二之1

商 业 承 兑 汇 票（卡片） 1

出票日期 年 月 日 汇票号码
（大写） 第 号

此联承兑人留存

付款人	全 称		收款人	全 称											
	账 号			账 号											
	开户银行	行 号		开户银行	行 号										

			千	百	十	万	千	百	十	元	角	分

出票金额	人民币 （大写）

汇票到期日		交易合同号码	

备注：

出票人签章

10×17.5公分（白纸黑油墨）

附式二之 2

商 业 承 兑 汇 票   2

出票日期　　　　　　　　　年　　月　　日　汇票号码
（大写）　　　　　　　　　　　　　　　　　　第　　号

付款人	全　称		收款人	全　称	
	账　号			账　号	
	开户银行	行　号		开户银行	行　号

出票金额	人民币（大写）	千 百 十 万 千 百 十 元 角 分

汇票到期日		交易合同号码	

本汇票已经承兑，到期无条件支付票款　　　本汇票请予以承兑于到期日付款

　　　　　　　承兑人签章　　　　　　　　　　　　　　　出票人签章
　　　　承兑日期　　年　　月　　日

10×17.5公分（专用水印纸蓝油墨，出票金额栏加红水纹）

借方凭证附件
此联持票人开户行随委托收款凭证寄付款人开户行作

附式二之 2 背面

被背书人	被背书人	被背书人
背书人签章 年　月　日	背书人签章 年　月　日	背书人签章 年　月　日

（粘贴单处）

附式二之 3

商 业 承 兑 汇 票（存根）　　3

出票日期　　　　　　　　　　　　年　　月　　日　汇票号码
（大写）　　　　　　　　　　　　　　　　　　　　　第　号

付款人	全　称		收款人	全　称	
	账　号			账　号	
	开户银行	行号		开户银行	行号

出票金额　　人民币（大写）　　千 百 十 万 千 百 十 元 角 分

汇票到期日　　　　　　　交易合同号码

备注：

10×17.5公分（白纸黑油墨）

附式三之 1

银 行 承 兑 汇 票（卡片）　　1

出票日期　　　　　　　　　　　　年　　月　　日　汇票号码
（大写）　　　　　　　　　　　　　　　　　　　　　第　号

出票人全称		收款人	全　称	
出票人账号			账　号	
付款行全称	行　号		开户行	行　号

出票金额　　人民币（大写）　　千 百 十 万 千 百 十 元 角 分

汇票到期日　　　　　　　　　承兑协议编号

本汇票请你行承兑，此项汇票款我单位按承兑协议于到期日前足额交存你行，到期请予以支付

科目（借）_____
对方科目（贷）_____
转账　年 月 日

出票人签章　年 月 日　　备注：　　复核　记账

10×17.5公分（白纸黑油墨）

附式三之 2

银 行 承 兑 汇 票　2

出票日期　　　　　　　　　　年　月　日　汇票号码
（大写）　　　　　　　　　　　　　　　　第　号

出票人全称		收款人	全　称	
出票人账号			账　号	
付款行全称	行　号		开户行	行　号

	千 百 十 万 千 百 十 元 角 分
汇票金额　人民币 （大写）	

汇票到期日	本汇票已经承兑，到期日由本行付款	承兑协议编号
本汇票请你行承兑，到期无条件付款		科目（借）_____ 对方科目（贷）_____
出票人签章 年　月　日	承兑行签章 承兑日期　年 月 日 备注：	转账　年 月 日 复核　　记账

10×17.5公分（专用水印纸蓝油墨）

此联收款人开户行随委托收款凭证寄付款行作借方凭证附件

附式三之 3 背面

被背书人	被背书人	被背书人
背书人签章 年 月 日	背书人签章 年 月 日	背书人签章 年 月 日

（粘贴单处）

附式三之3

银 行 承 兑 汇 票（存根） 3

出票日期　　　　　　　　　　　　年　月　日　汇票号码
（大写）　　　　　　　　　　　　　　　　　　　第　号

出票人全称		收款人	全称			
出票人账号			账号			
付款行全称	行号		开户行		行号	

汇票金额　人民币　　　　千百十万千百十元角分
（大写）

汇票到期日		承兑协议编号	

备注：

10×17.5公分（白纸黑油墨）

三、汇票的背书

（一）背书的概念和特征

《票据法》第27条规定："持票人可以将汇票权利转让给他人或者将一定的汇票权利授予他人行使。出票人在汇票上记载'不得转让'字样的，汇票不得转让。持票人行使第1款规定的权利时，应当背书并交付汇票。背书是指在票据背面或者粘单上记载有关事项并签章的票据行为。"因此，汇票背书是指持票人以转让票据权利给他人或授予他人行使一定的汇票权利为目的，在汇票背面或者粘单上记载有关事项并签章的票据行为。背书有以下特征：

1. 背书是持票人的票据行为。背书的目的是将票据权利转让给他人或者将一定的票据权利授予他人行使，因此，背书只能是持票人的票据行为。持票人有权以背书方式转让票据、设定质押、贴现以及委托他人收款。持票人背书的，称为"背书人"；背书时记载姓名或名称的受让人，以及票据质押权人、办理贴现的金融机构、收款受托人，是"被背书人"。在票据法上如无特殊说明，"被背书人"通常是指转让背书中的受让人。背书是持票人的票据行为，但是，并不是所有的持票人都可以为背书行为。根据《票据法》第36条和《支付结算办法》第27条、第63条的规定，汇票被拒绝承兑、被拒绝付款或者超过付款提示期限的，不得背书转让；现金银行汇票以及未填写实际结算金额或填写的实际结算金额超过出票金额的银行汇票的持票人，不得在汇票上为背书行为。

2. 背书是一种附属的票据行为。出票是基本的票据行为，背书和承兑、保证都属于附属的票据行为。背书以出票行为为前提和基础，因此，出票行为的效力直接影响背书的效力。如果出票行为因为欠缺绝对必要记载事项而无效，即使背书完全符合法律的规定，也会因此而无效。但是，背书行为的无效不会影响到出票行为的效力。

3. 背书的目的是转让票据权利或者将一定的票据权利授予他人行使。根据《票据法》第27条第3款的规定，汇票权利转让必须采取背书的方式。《票据法》第35条规定了将一定的票据权利授予他人行使的委托收款背书和质押背书，为将这两种背书与转让票据权利的背书区别开来，《票据法》第35条规定，在为委托收款背书或质押背书时，必须在汇票上分别记载"委托收款"或"质押"字样。

4. 背书是要式法律行为。《票据法》对背书的形式作了严格的要求，背书行为必须由背书人在汇票的背面或粘单上记载有关事项并签章，然后将汇票交付给被背书人。

（二）背书的种类

根据背书的目的不同，可将汇票的背书分为转让背书和非转让背书两大类。

1. 转让背书。转让背书，是指以转让票据权利为目的的背书。依背书是否在某方面存在特殊情形为标准，转让背书又可以进一步分为一般转让背书与特殊转让背书。

（1）一般转让背书。一般转让背书是指持票人基于普通的票据权利转让的目的，根据票据法的基本规则，在票据上所为的转让背书。以是否记载被背书人为标准，一般转让背书又可分为完全背书和空白背书。我国《票据法》不承认空白背书的效力。

（2）特殊转让背书。特殊转让背书是指背书在背书时间、被背书人等方面存在特殊情形，持票人根据票据法的特别规则，在票据上所为的转让背书。特殊转让背书包括：禁止转让背书、回头背书、期后背书。①禁止转让背书。禁止转让背书是指背书人在票据上记载"不得转让"字样，禁止被背书人再背书转让该票据的转让背书。《票据法》第34条规定："背书人在汇票上记载'不得转让'字样，其后手再背书转让的，原背书人对后手的被背书人不承担保证责任。"②回头背书。回头背书是指以票据上的原债务人为被背书人的转让背书。《票据法》第 69 条从侧面认可了回头背书，并对被背书人行使票据权利作了限制性规定："持票人为出票人的，对其前手无追索权。持票人为背书人的，对其后手无追索权。"③期后背书。期后背书是指在票据被拒绝承兑、被拒绝付款或超过付款提示期限后所为的转让背书。《票据法》第 36 条规定："汇票被拒绝承兑、被拒绝付款或者超过付款提示期限的，不得背书转让；背书转让的，背书人应当承担汇票责任。"

2. 非转让背书。非转让背书，是指不以转让票据权利为目的而另有其他特殊目的的背书。依转让的目的不同，非转让背书又分为委托收款背书和设质背书。

（1）委托收款背书。委托收款背书是指背书人委托被背书人代为收取票据款项，并在票据背面记载"委托收款"字样的背书。《票据法》第 35 条第 1 款规定，背书记载"委托收款"字样的，被背书人有权以受托人、代理人身份，代背书人行使被委托的汇票权利，但不得再以背书转让票据权利。

（2）设质背书。设质背书是指背书人为担保债务而以票据上的权利为被背书人设定质权，并在票据背面记载"质押"字样的背书。《票据法》第 35 条第 2 款规定："汇票可以设定质押；质押时应当以背书记载'质押'字样。被背书人依法实现其质权时，可以行使汇票权利。"在设质背书中，背书人为出质人，被背书人为质权人。背书人将出质汇票交付给被背书人占有，但被背书人虽占有汇票，只有质权，在其质权实现之前，不能行使票据权利。因此，汇票质押具有票据权利转让的或然性，只有在主债务履行期届满时，债务人不能清偿债务，票据权利才转移给质权人；如果债务人清偿了全部债务，票据权利就不发生转移。

（三）背书的记载事项

根据《票据法》的规定，汇票背书的记载事项包括以下几种情况：

1. 绝对必要记载事项。背书的绝对必要记载事项，是指背书人在背书时必须记载的事项。《票据法》规定背书的绝对必要记载事项有两项，欠缺任何一项的背书无效。

（1）背书人签章。背书人只有在票据上签章后交付被背书人，才承担保证其后手所持票据承兑和付款的责任，持票人也才能以此为由对其主张票据权利，没有背书人签章的背书，不能发生背书的法律效力。根据《票据法》第 7 条的规定，背书人为自然人时，签章可以是签名、盖章或者签名加盖章；背书人为法人和其他使用票据的单位时，为该法人或者该单位的盖章加其法定代表人或者其授权的代理人的签章。

（2）被背书人的名称。《票据法》第30条规定："汇票以背书转让或者以背书将一定的汇票权利授予他人行使时，必须记载被背书人名称。"由此可见，《票据法》只承认记名背书，不承认无记名背书。汇票上如果没有记载被背书人的名称，票据债务人可以背书不连续为由对抗持票人。

《最高人民法院关于审理票据纠纷案件若干问题的规定》第49条规定："依照《票据法》第27条和第30条的规定，背书人未记载被背书人名称即将票据交付他人的，持票人在票据被背书人栏内记载自己的名称与背书人记载具有同等法律效力。"因此，被背书人名称不论是由背书人记载还是由被背书人记载于票据，形式上均为有效。

2. 相对必要记载事项。背书的相对必要记载事项，是指背书人应当在背书时予以记载，如果没有记载也不影响背书效力而应依法进行推定的事项。《票据法》规定背书的相对必要记载事项有两项：

（1）背书日期。背书日期是指持票人在汇票上记载的为背书行为的日期。背书日期的记载与实际的背书日期不一致时，以汇票记载的背书日期为准。《票据法》第29条规定："背书由背书人签章并记载背书日期。背书未记载日期的，视为在汇票到期日前背书。"也就是说，背书日期在背书时应当记载，但如果没有记载也不影响背书的效力，而依《票据法》的规定推定为到期日前背书。

（2）非转让背书与转让背书。根据《票据法》第35条的规定，委托收款背书，必须记载"委托收款"字样，质押背书必须记载"质押"字样，凡是没有记载"委托收款"或"质押"字样的背书，都是转让背书。

3. 可以记载事项。可以记载事项，是指法律允许背书人自由选择是否记载，不记载并不影响背书及汇票的效力，但一经记载即发生票据法上的效力的事项。

《票据法》第34条规定："背书人在汇票上记载'不得转让'字样，其后手再背书转让的，原背书人对后手的被背书人不承担保证责任。"背书人可以依自己的意志决定是否记载"不得转让"字样，如果背书人在汇票上记载了"不得转让"字样，其后手将该票据转让、贴现或质押的，原背书人对后手的被背书人不承担责任；后手再背书转让的，接受转让的被背书人只能对原背书人之外的其他债务人行使票据权利。

4. 记载不生票据法效力的事项。记载不生票据法效力的事项，是指背书人除了记载应当记载的事项和可以记载的事项外，还可记载的不能产生票据法上效力的事项。

《票据法》第33条第1款规定："背书不得附条件。背书时附条件的，所附条件不具有汇票上的效力。"也就是说，背书附加条件的，背书行为是有效背书，但所附条件则应视为根本不存在。

5. 记载使背书行为无效的事项。记载使背书行为无效的事项，是指《票据法》规定背书人不得记载，一旦记载将导致背书行为无效的事项。

《票据法》第33条第2款规定："将汇票金额的一部分转让的背书或者将汇票金额分别转让给2人以上的背书无效。"因此将汇票金额部分转让或分割转让的，都将导致背书行为无效。

（四）背书的效力

背书的类型不同，效力也有所不同。《票据法》第37条、第35条分别对转让背书的效力和非转让背书的效力作了规定。

1. 转让背书的效力。转让背书包括一般转让背书和特殊转让背书，因此，转让背书的效力也包括一般转让背书的效力和特殊转让背书的效力。

（1）一般转让背书的效力。一般转让背书依法完成后，在票据法上产生权利转移、责任担保、权利证明和切断抗辩四个方面的效力：

第一，权利转移效力。一般转让背书以票据权利转让为目的，当背书行为依法完成后，即发生票据权利转移的效力，被背书人不仅取得了付款请求权和追索权，还享有再转让票据的权利，即使背书人在票据上记载"不得转让"字样，被背书人仍然可以将汇票背书转让给他人，只是原背书人对被背书人的后手不承担票据责任。

第二，责任担保效力。背书人依法完成背书行为并将汇票交付给被背书人，背书人对其所有后手承担担保承兑和担保付款的责任。如果背书转让的票据被拒绝承兑或者被拒绝付款或者发生其他法定事由，持票人可行使追索权。背书人应承担偿还一定金额的责任。虽然背书人对持票人的担保责任是法定责任而不是约定责任，但是，背书人仍然可以通过在票据上记载"不得转让"字样对这种法定担保责任进行一定的限制。《票据法》第34条规定，背书人在汇票上记载"不得转让"字样，其后手再背书转让的，原背书人对后手的被背书人不承担保证责任。

第三，权利证明效力。持票人所持票据上的背书，只要具有形式上的连续性，法律就推定其为正当的票据权利人。《票据法》第31条第1款规定，持票人以背书的连续，证明其汇票权利。该条第2款规定，背书的连续是指在票据转让中，转让汇票的背书人与受让汇票的被背书人在汇票上的签章依次前后衔接。具体地说，在汇票上第一次背书的人是汇票上记载的收款人，从第二次背书起，每一次的背书人必须是上一次背书的被背书人，最后的持票人必须是最后一次背书的被背书人。

第四，切断抗辩效力。被背书人经背书受让票据权利后，原则上不承受背书人在汇票权利上存在的瑕疵。也就是说，汇票的债务人不得以自己与汇票背书人之间存在的抗辩事由，对被背书人主张抗辩，除非被背书人明知背书人与票据债务人之间存在抗辩事由而仍然受让汇票。

（2）特殊转让背书的效力。特殊转让背书包括"不得转让"背书、回头背书、期后背书，因此，特殊转让背书的效力也包括"不得转让"背书的效力、回头背书的效力和期后背书的效力：

第一，"不得转让"背书的效力。"不得转让"背书与一般转让背书一样，具有权利转移效力、权利证明效力和切断抗辩效力，但是其权利担保效力却受到一定的限制。也就是说，背书人在背书时记载了"不得转让"字样，被背书人再背书转让，转让有效，产生权利转移的效力，只要汇票上的背书连续，持票人依法被推定享有票据权利，具有权利证明效力。但是背书时记载了"不得转让"字样的背书人，对其被背书人的后手不承担担保承兑和担保付款的责任。

第二，回头背书的效力。回头背书与一般转让背书一样，具有权利转移效力、权利证明效力、权利担保效力和切断抗辩效力。但是由于被背书人既是票据上的债务人，又是票据上的权利人，使得他在行使票据权利时，受到一定的限制，这种限制根据被背书人先前在票据关系中地位的不同而有所不同。

当被背书人是承兑人时，如果汇票尚未到期，被背书人享有票据权利，并可以将票据再行转让，但他不能因为自己不愿意对票据付款而向其他债务人行使追索权。如果汇票已经到期，票据关系消灭。

当被背书人是票据上记载的背书人时，被背书人只能对其作为背书人时的前手以及出票人、承兑人行使追索权，而不能对其作为背书人时的后手行使追索权，因为被背书人作为票据上的背书人要对其后手承担担保责任，当他成为被背书人时，对这些后手行使追索权毫无意义。

当被背书人是票据上的保证人时，其地位与被保证人相同。如果被保证人是出票人，被背书人可以向出票人、承兑人行使票据权利。如果被保证人是背书人，被背书人可以向该背书人及其前手行使票据权利。

当被背书人是出票人时，如果汇票未经承兑，当他请求付款人承兑或付款遭到拒绝时，不得行使追索权，因为出票人是最终承担追索责任的人。如果汇票已经承兑，被背书人可以向承兑人追索。

第三，期后背书的效力。《票据法》第36条规定："汇票被拒绝承兑、被拒绝付款或者超过付款提示期限的，不得背书转让；背书转让的，背书人应当承担汇票责任。"《支付结算办法》第31条、《最高人民法院关于审理票据纠纷案件若干问题的规定》第58条都作了相同的规定。因此，期后背书的被背书人只享有对期后背书的背书人的票据权利，只能向背书人追索，而不享有对其他票据债务人的票据权利。

2. 非转让背书的效力。非转让背书包括委托收款背书和质押背书，因此，非转让背书的效力也包括委托收款背书的效力和质押背书的效力。

（1）委托收款背书的效力。委托收款背书是背书人委托被背书人代为收款的背书，票据权利人仍然是背书人，因此委托收款背书不发生权利转移和责任担保的效力。委托收款背书依法完成后，在票据法上产生代理权授予、代理权证明、不切断抗辩三个方面的效力：

第一，代理权授予的效力。《票据法》第35条第1款规定："背书记载'委托收款'字样的，被背书人有权代理背书人行使被委托的汇票权利。但是，被背书人不得再以背书转让汇票权利。"因此，通过委托收款背书，被背书人取得代理背书人行使被委托的汇票权利，包括付款请求权和追索权。

第二，代理权证明的效力。委托收款背书的被背书人享有代为收款的权利，只要被背书人所持汇票形式合法、背书连续，该被背书人就能取得代理权，而无需另行举证。该被背书人行使收款代理权时所发生的一切法律后果，均由背书人承担。

第三，不切断抗辩的效力。因为委托收款背书不发生票据权利转移的效力，背书人仍然是票据权利人，被背书人只是获得授权而代为收款，所以，票据债务人可以与背书人之间的抗辩事由对抗被背书人。

（2）质押背书的效力。质押背书是背书人以提供债务担保为目的而在汇票上为被背书人设定质权的背书。因此，背书人是出质人，被背书人是质权人。质押背书的效力有以下几个方面：

第一，质权设定的效力。背书人完成质押背书并将汇票交付给被背书人，被背书人即取得质权。在被担保的债务未届清偿期时，该质权起担保作用；被担保的债务到期未履行，被背书人依法实现其质权时，可以行使汇票权利，包括付款请求权和追索权。

第二，质权证明的效力。质押背书的被背书人享有质权，只要被背书人所持汇票形式合法、背书连续，该被背书人就能取得质权，而无需另行举证。

第三，责任担保的效力。背书人以票据上的权利为被背书人设定质权，背书人理应对被背书人承担担保承兑和担保付款的责任。如果质押背书的汇票被拒绝承兑或者被拒绝付款，被背书人可以向背书人行使追索权。

第四，限制再背书转让的效力。《最高人民法院关于适用〈中华人民共和国担保法〉若干问题的解释》第101条规定，以票据出质的，质权人再转让或者再质押的无效；第102条规定，以票据出质的，票据的到期日后于债务履行日期的，质权人只能在到期日届满时兑现票据金额。由此可见，质押背书的被背书人不得再为质押背书，也不得再以背书转让该票据实现其质权。

四、汇票的承兑

（一）汇票承兑的概念、特征、记载事项

1. 承兑的概念和特征。汇票是出票人委托付款人付款的委付证券。但是，出票行为生效并不使付款人成为汇票上的债务人，使其承担绝对的付款义务。这就需要设立一种使付款人表示愿意承担付款责任的制度，使收款人或者持票人的付款请求权得以落实，这就是汇票特有的承兑制度。

承兑，是指远期汇票的付款人在票据正面记载有关事项并签章后交还持票人，承诺在汇票到期日无条件支付汇票金额的票据行为。承兑有以下特征：

（1）承兑是一种附属的票据行为。承兑以出票行为为前提，如果出票行为无效，即使承兑完全符合法律的规定，也会因此无效。但是，承兑行为的无效不会影响到出票行为的效力。

（2）承兑是远期汇票特有的票据行为。见票即付的汇票，自出票日起即已到期，持票人可在付款提示期间随时向付款人请求付款，因此无需承兑。承兑是远期商业汇票（包括银行承兑汇票和商业承兑汇票）特有的票据行为。远期汇票包括定日付款的汇票、出票后定期付款的汇票和见票后定期付款的汇票。

（3）承兑以付款人承诺在汇票到期日无条件支付汇票金额为内容。承兑是付款人同意依汇票文义在到期日无条件支付汇票金额的票据行为，因此，承兑只能以无条件支付汇票金额为内容，不得是其他，也不得附条件，《票据法》第38条、第43条对这两个方面作了规定。

（4）承兑是要式法律行为。《票据法》第42条规定："付款人承兑汇票的，应当在汇票正面记载'承兑'字样和承兑日期并签章。"《支付结算办法》第84条也作了同样的规定。付款人必须在汇票正面记载有关事项、签章并交还持票人，才能产生承兑的法律效力。

2. 承兑的记载事项。承兑的记载事项，包括绝对必要记载事项、相对必要记载事项和记载使承兑无效的事项。

（1）绝对必要记载事项。绝对必要记载事项，是指付款人为承兑行为时必须记载，否则将导致承兑无效的事项，包括承兑文句和承兑人签章两项内容。

第一，承兑文句。承兑文句，是指付款人承诺在汇票到期日无条件付款的意思表示。《票据法》第42条规定，付款人承兑汇票的，应当在汇票正面记载"承兑"字样。实务中，相应的承兑文句通常已事先印制在统一使用的票据用纸上，无需承兑人另行记载，承兑人只需在相应栏目中签章即可。

第二，承兑人签章。根据《票据法》第42条的规定，付款人承兑汇票必须在汇票上签章。承兑人的签章必须遵守《支付结算办法》第23条第2款关于在票据上签章的具体规定。

（2）相对必要记载事项。相对必要记载事项，是指承兑人为承兑行为时应当予以记载，但如果没有记载也不影响承兑的效力，其内容按法律规定进行推定的事项。承兑日期属于相对必要记载事项。《票据法》第42条第2款规定，如果承兑人没有记载承兑日期的，以付款人收到提示承兑的汇票之日起的第3日为承兑日期。

（3）记载使承兑无效的事项。记载使承兑无效的事项，是指承兑人不得记载，否则将导致承兑行为无效的事项。《票据法》第43条规定："付款人承兑汇票，不得附有条件；承兑附有条件的，视为拒绝承兑。"可见，附条件承兑的记载是使承兑无效的事项。另外，部分承兑的记载和承兑时改变汇票上原有事项的记载都是使承兑无效的事项。

（二）承兑的一般原则

《票据法》规定的承兑原则，一般认为包括以下三个：

1. 自由承兑原则。自由承兑原则包括两个方面的内容：一是汇票上记载的付款人是否对汇票承兑，由其自由决定，即使付款人和出票人之间确有资金关系和承兑协议，付款人仍然可以拒绝承兑。二是提示承兑是持票人的权利而不是义务，是否向付款人提示承兑取决于持票人的意志，任何人不得强迫、干涉。但是，如果法律规定应当提示承兑的汇票，持票人不提示承兑，将丧失对其前手的追索权。

2. 完全承兑原则。完全承兑原则，是指付款人在对汇票承兑时，必须对全部汇票金额承兑，而不能只对部分汇票金额承兑。《票据法》不允许部分承兑，付款人部分承兑的，视为拒绝承兑。

3. 单纯承兑原则。单纯承兑原则，是指付款人在对汇票承兑时，必须完全按照汇票上记载的文义进行，而不得附有条件或者改变票据上已有的记载事项。承兑附有条件或者改变票据上已有的记载事项，视为拒绝承兑。因此，付款人只能单纯承兑或拒绝承兑。

（三）提示承兑

1. 提示承兑的概念。提示承兑是指持票人向付款人出示汇票，并要求付款人承诺在票据到期日支付汇票金额的行为。提示承兑包括两个方面的含义：

（1）持票人必须将汇票出示给付款人，以表明自己是汇票的持有人，被提示人是汇票上记载的付款人。提示承兑必须出示汇票，交付款人查验，口头要求承兑或不出示票据而以其他文件要求付款人承兑的，不发生提示承兑的效力。

（2）持票人必须向付款人作出请求承兑的意思表示。当然，付款人完全可以基于自己的意愿，作出承兑或拒绝承兑的意思表示。

2. 提示承兑的期间和地点。根据《票据法》第 39 条第 1 款、第 40 条第 1 款的规定，定日付款或者出票后定期付款的汇票，持票人应当在汇票到期日前向付款人提示承兑。见票后定期付款的汇票，持票人应当自出票日起 1 个月内向付款人提示承兑。《票据法》第 40 条第 2 款规定："汇票未按照规定期限提示承兑的，持票人丧失对其前手的追索权。"

持票人提示承兑，应当在汇票上记载的付款人的营业场所、住所或者经常居住地进行。

（四）付款人的承兑程序

持票人在法定期间向付款人提示承兑，付款人亦应在法定期间作出承兑或者拒绝承兑的决定。如果付款人拒绝承兑，持票人可请求作成拒绝承兑证明书并提起期前追索；如果付款人同意承兑，要依法定时间和方式完成承兑，并将汇票交还持票人。

1. 付款人拒绝承兑汇票。根据自由承兑原则，付款人在收到持票人提示承兑的汇票后，可以拒绝承兑。付款人拒绝承兑或在法定期间未承兑的，持票人可以请求付款人出具拒绝证明，以此向其前手提起追索。根据《票据法》第 62 条第 2 款的规定，付款人拒绝承兑又不出具拒绝证明的，应当承担由此产生的民事责任。

2. 付款人承兑汇票。《票据法》第 41 条第 1 款规定："付款人对向其提示承兑的汇票，应当自收到提示承兑的汇票之日起 3 日内承兑或者拒绝承兑。"由此可见，付款人只有在承兑期间内作出承兑才是有效的承兑。另外，付款人还必须根据《票据法》的规定，在汇票正面记载"承兑"字样并签章。

3. 付款人将自己承兑的汇票交还持票人。《票据法》第 41 条第 1 款规定，付款人必须在承兑期间内作出承兑或者拒绝承兑。第 41 条第 2 款规定："付款人收到持票人提示承兑的汇票时，应当向持票人签发收到汇票的回单。回单上应当记明汇票提示承兑日期并签章。"因此，承兑人完成承兑记载后，应当将已承兑的汇票交还持票人，持票人将回单交还承兑人。

五、汇票的保证

（一）汇票保证的概念和特征

汇票的保证，是指票据债务人以外的人，为保证特定票据债务人票据债务的履行，以担保同一票据债务内容为目的，在汇票上记载有关事项并签章的票据行为。汇票的保证具有以下特征：

1. 汇票的保证是一种附属票据行为。汇票的保证以出票行为为前提，如果出票行为无效，即使保证行为完全符合法律的规定，也会因此无效。但是，保证行为的无效不会影响出票行为的效力。

2. 汇票的保证以担保票据债务的履行为目的。汇票保证的目的，在于保证人担保清偿票据债务，当被保证人的票据债务不能清偿时，保证人应依汇票记载文义代为清偿。汇票保证的债务，无论是承兑人的付款债务，还是出票人、背书人的偿还债务，均以担保票据债务履行为目的。

3. 汇票保证以票据债务人之外的第三人为保证人，以特定的票据债务人为被保证人。因为票据债务人已经负有票据债务，而且对持票人负连带责任，所以，汇票保证的保证人只能是票据债务人之外的第三人。《票据法》第45条第2款规定："保证人由汇票债务人以外的他人担当。"《票据管理实施办法》第12条规定："票据法所称'保证人'，是指具有代为清偿票据债务能力的法人、其他组织或者个人。国家机关、以公益为目的的事业单位、社会团体、企业法人的分支机构和职能部门不得为保证人；但是，法律另有规定的除外。"《最高人民法院关于审理票据纠纷案件若干问题的规定》第60条对保证人的资格作了进一步的限制性规定。但是，被保证人，可以是出票人、背书人、承兑人、付款人。根据《票据法》第47条的规定，保证人在汇票或者粘单上未记载被保证人名称的，已承兑的汇票，承兑人为被保证人；未承兑的汇票，出票人为被保证人。

4. 汇票保证是要式法律行为。根据《票据法》第46条的规定，汇票的保证人必须在汇票或者粘单上记载有关事项并签章。《最高人民法院关于审理票据纠纷案件若干问题的规定》第62条规定："保证人未在票据或者粘单上记载'保证'字样而另行签订保证合同或者保证条款的，不属于票据保证，人民法院应当适用《中华人民共和国担保法》的有关规定。"

（二）保证的记载事项

根据《票据法》的规定，保证的记载事项包括：绝对必要记载事项、相对必要记载事项和记载不生票据法上效力的事项。

1. 绝对必要记载事项。绝对必要记载事项，是指保证人必须在汇票或者粘单上记载，否则将导致保证行为无效的事项。根据《票据法》第46条的规定，保证的绝对必要记载事项有保证文句和保证人签章两项。

（1）保证文句。《票据法》第46条规定，保证人必须在汇票或者粘单上记载表明"保证"的字样。《最高人民法院关于审理票据纠纷案件若干问题的规定》第62条规定，保证人未在票据或者粘单上记载"保证"字样而另行签订保证合同或者保证条款的，不属于票据保证，人民法院应当适用《担保法》的有关规定。

（2）保证人签章。《票据法》第46条规定，保证人为汇票保证行为时，必须在票据上签章，以示承担票据债务，否则保证行为无效。保证人签章当然也必须符合《票据法》第 7 条和《支付结算办法》关于签章的具体规定。

2. 相对必要记载事项。相对必要记载事项，是指《票据法》规定保证人应当记载，但如果没有记载并不影响保证行为的效力，而依法律规定进行推定的事项。根据《票据法》第 46 条、第 47 条的规定，保证的相对必要记载事项包括被保证人名称和保证日期两项。

（1）被保证人名称。保证人只有记载被保证人的名称，才能确定自己所承担的票据责任的种类和范围。如果被保证人是出票人或背书人，保证人的责任就是担保汇票承兑和付款；如果被保证人是承兑人，保证人的责任就是付款责任。《票据法》第 47 条第 1 款规定，保证人在汇票或者粘单上未记载被保证人名称的，已承兑的汇票，承兑人为被保证人；未承兑的汇票，出票人为被保证人。

（2）保证日期。保证日期的记载，关系保证生效的时间以及保证人在为保证行为时的票据行为能力。《票据法》第 47 条第 2 款规定，保证人在汇票或者粘单上未记载保证日期的，出票日期为保证日期。

3. 记载不生票据法上效力的事项。记载不生票据法上效力的事项，是指保证人在汇票上记载的不影响保证行为的效力，也不产生票据法上效力的事项。《票据法》第 48 条规定："保证不得附有条件；附有条件的，不影响对汇票的保证责任。"由此可见，汇票上对保证所附条件的记载，就属于不生票据法上效力的事项。

（三）汇票保证的效力

保证行为生效后，对保证人、被保证人、持票人均产生一定的法律效力。

1. 对保证人的效力。根据《票据法》第 49 条至第 52 条的规定，汇票保证对保证人的效力有以下四个方面：

（1）保证人对合法持票人承担保证责任。《票据法》第 49 条规定："保证人对合法取得汇票的持票人所享有的汇票权利，承担保证责任。"因此，保证行为生效后，不受被保证债务效力的影响，即使被保证的债务无效，保证仍然有效，保证人仍然应当承担保证责任。但是，保证人对不法取得票据的人不负保证责任。

（2）保证人对形式合法的汇票承担保证责任。《票据法》第 49 条规定，保证人对合法持票人承担保证责任，"但是，被保证人的债务因汇票记载事项欠缺而无效的除外。"可见，保证人对形式不合法的汇票，不负保证责任。因为这种汇票，持票人不享有票据权利，被保证人不承担票据债务。

（3）保证人与被保证人或者共同保证人对持票人承担连带责任。《票据法》第 50 条规定："被保证的汇票，保证人应当与被保证人对持票人承担连带责任。

汇票到期后得不到付款的，持票人有权向保证人请求付款，保证人应当足额付款。"《票据法》第51条规定："保证人为2人以上的，保证人之间承担连带责任。"

（4）保证人清偿汇票债务后，可以行使持票人对被保证人及其前手的追索权。这是《票据法》第52条规定的。保证人承担保证责任后，从受清偿的持票人手中取得汇票，将代位取得持票人对被保证人及其前手的追索权，被保证人及其前手不得以他们与持票人之间存在的抗辩事由对抗保证人。

2. 对被保证人的效力。被保证人作为票据债务人的票据责任并不因保证行为生效而受到影响，但是，如果保证人承担了保证责任，履行了付款或清偿义务，则享有对被保证人及其前手的追索权。被保证人及其前手对保证人负有清偿的义务，而且不得以自己与原持票人之间存在的抗辩事由对抗保证人。

3. 对持票人的效力。如果被保证人是汇票的承兑人，持票人在汇票到期时可以直接向保证人请求付款；如果被保证人是汇票的出票人或者背书人，持票人在汇票到期不获付款时，可以直接向保证人行使追索权。

六、汇票的付款

（一）汇票付款的概念和特征

汇票的付款，是指付款人或承兑人在汇票到期时，对持票人支付票据金额，使票据关系消灭的行为。在票据法学上，对追索权利人的支付和保证人对持票人的支付通常被称为票据偿还，以区别于票据付款。付款有以下特征：

1. 付款是票据付款人或代理付款人的行为。《票据管理实施办法》第18条规定："票据法所称'代理付款人'，是指根据付款人的委托，代其支付票据金额的银行、城市信用合作社和农村信用合作社。"付款是付款人或代理付款人向持票人支付票据金额，以消灭票据关系的行为。但是，付款行为与出票、背书、承兑、保证等票据行为不同，它不以付款人或代理付款人在票据上为一定的意思表示并签章为要件。因此，付款行为并不属于能够产生票据权利义务关系的票据行为。相反，付款人依法足额付款后，票据法律关系全部归于消灭。

2. 付款是付款人依票据文义支付票据金额的行为。付款人或代理付款人只能依照票据文义向持票人支付确定的金额，不得以其他财物或劳务代替金钱的支付。付款人付款时，原则上以人民币支付。《票据法》第59条规定："汇票金额为外币的，按照付款日的市场汇价，以人民币支付。汇票当事人对汇票支付的货币种类另有约定的，从其约定。"

3. 付款是消灭票据法律关系的行为。汇票的付款人或代理付款人依法履行付款义务后，不仅使持票人的权利因实现而消灭，而且使汇票上所有债务人的票据债务消灭，从而使票据关系归于消灭。《票据法》第60条规定："付款人依法足额付款后，全体汇票债务人的责任解除。"

（二）付款的程序

付款程序，由持票人提示付款、付款人审查、付款人付款或拒绝付款三步构成。

1. 持票人提示付款。提示付款，是指汇票的持票人向付款人或代理付款人现实地出示票据，并请求其付款的行为。

（1）提示付款的提示人和被提示人。提示人一般为持票人，也可以是持票人委托的代理人。持票人在汇票未经背书转让的情况下，就是汇票上记载的收款人；在汇票已经背书转让的情况下，持票人应当是能够以背书的连续证明自己合法票据权利的最后的被背书人。

被提示人包括汇票的付款人或代理付款人。已承兑的汇票，承兑人为被提示人；未承兑的汇票和见票即付的汇票，付款人为被提示人。

另外，根据《票据法》第53条第3款、《支付结算办法》第37条的规定，票据交换系统既可以充当持票人的代理人提示付款，成为提示人；也可以充当付款人的代理人接受付款提示，成为被提示人。

（2）提示付款的期间和地点。提示付款的期间，是指提示人向被提示人出示票据并请求付款的法定时间期限。《票据法》第53条第1款规定："持票人应当按照下列期限提示付款：①见票即付的汇票，自出票日起1个月内向付款人提示付款；②定日付款、出票后定期付款或者见票后定期付款的汇票，自到期日起10日内向承兑人提示付款。"该条第2款规定："持票人未按前款规定期限提示付款的，在作出说明后，承兑人或者付款人仍应当继续对持票人承担付款责任。"可见，如果持票人未在规定期间提示付款，将丧失对其前手的追索权。

持票人提示付款，原则上应在汇票上记载的付款地进行。《票据法》第23条第3款规定："汇票上未记载付款地的，付款人的营业场所、住所或者经常居住地为付款地。"

（3）提示付款的效力。只要持票人按照法定的期间和地点向付款人或代理人提示合法有效的票据，付款人或代理付款人就必须在法定时间内足额付款，否则将承担迟延付款的民事责任。当持票人依法行使追索权时，可根据《票据法》第70条的规定，请求被追索人支付相应的迟延利息。

2. 付款人审查。《票据法》第57条规定："付款人及其代理付款人付款时，应当审查汇票背书的连续，并审查提示付款人的合法身份证明或者有效证件。付款人及其代理付款人以恶意或者有重大过失付款的，应当自行承担责任。"实践中，付款人及其代理付款人付款时，不仅要审查票据背书是否连续和提示付款人的合法身份证明或有效证件，还要从票据格式是否合法、记载事项是否完备、有无伪造或变造等方面对票据进行形式审查。

3. 付款人付款或拒绝付款。根据《票据法》第 54 条的规定，持票人依法直接向付款人提示付款的，付款人必须在当日足额付款。对于商业承兑汇票的持票人通过委托收款银行以邮寄提示方式异地委托收款的，根据《支付结算办法》第 89 条的规定，付款人的开户银行应通知付款人，付款人应在接到通知的当日通知银行付款；付款人在接到通知日的次日起 3 日内未通知银行付款，视同付款人承诺付款，银行应于付款人接到通知日的次日起第 4 日，将票款划给持票人。

《票据法》第 55 条规定："持票人获得付款的，应当在汇票上签收，并将汇票交给付款人。持票人委托银行收款的，受委托的银行将代收的汇票金额转账收入持票人账户，视同签收。"《票据管理实施办法》第 25 条规定："《票据法》第 55 条所称'签收'，是指持票人在票据的正面签章，表明持票人已经获得付款。"

付款人足额支付时，持票人应当签收并将汇票交还付款人，付款程序即告终结；如果付款人拒绝付款，持票人可依法行使追索权。

七、汇票的追索权

（一）追索权的概念和特征

汇票的追索权，是指汇票到期不获付款或期前不获承兑或有其他法定原因时，持票人在依法履行了保全手续以后，向前手或其他票据债务人请求偿还汇票金额、利息和有关费用的票据权利。追索权有以下特征：

1. 追索权是票据权利的"第二次请求权"。票据权利包括付款请求权和追索权。付款请求权是持票人向承兑人或付款人请求支付票据金额的权利，属"第一次请求权"。持票人只有在被拒绝付款或被拒绝承兑或有其他法定原因时，才能向其前手或其他票据债务人行使追索权，以得到票据金额的偿还。因此，追索权是持票人在付款请求权不能实现时才能行使的"第二次请求权"。

2. 追索权是票据不获承兑或不获付款或其他法定原因出现时才能行使的票据权利。付款请求权如能顺利实现，票据关系消灭。在付款请求权因票据到期不获付款、期前不获承兑或有其他法定原因出现不能实现时，持票人才能行使追索权，维护自己的票据利益。

3. 追索权行使的对象是所有的票据债务人，目的是使未获付款的持票人得到偿还。持票人可以不按汇票债务人的先后顺序，对其中任何一人、数人或者全体债务人行使追索权。持票人行使追索权的目的是获得票据金额、利息和有关费用的偿还，因此追索权又叫"偿还请求权"。

4. 追索权的行使以持票人履行了一定的票据权利保全手续为要件。《票据法》第 62 条、第 65 条规定，持票人行使追索权时，应当提供被拒绝承兑或者被拒绝付款的有关证明。持票人不能出示拒绝证明、退票理由书或者未按照规定期限提供其他合法证明的，丧失对其前手的追索权。

（二）行使追索权的要件

持票人行使追索权，必须同时具备实质要件和形式要件。

1. 行使追索权的实质要件。行使追索权的实质要件，是指《票据法》规定的，持票人得以行使追索权的客观原因，包括到期追索的客观原因和期前追索的客观原因两种。

（1）到期追索的客观原因。《票据法》第 61 条第 1 款规定："汇票到期被拒绝付款的，持票人可以对背书人、出票人以及汇票的其他债务人行使追索权。"由此可见，无论是见票即付的汇票，还是须承兑的到期日汇票，只要持票人经依法提示付款而未能获得支付的，持票人均可行使追索权。

（2）期前追索的客观原因。根据《票据法》第 61 条第 2 款的规定，汇票到期日前，有下列情形之一的，持票人可以行使追索权：

第一，汇票被拒绝承兑。拒绝承兑，既包括汇票上记载的付款人直接拒绝承兑的情形，也包括因承兑人附条件承兑、部分承兑和改变汇票原有记载事项的承兑而依法视为拒绝承兑的情形。在汇票到期日之前，持票人依法向汇票上记载的付款人提示承兑而遭到拒绝时，持票人即取得期前追索权。

第二，承兑人或者付款人死亡、逃匿。在汇票到期日之前，承兑人或者付款人死亡、逃匿的，持票人将无法进行承兑的提示或者付款的提示，因此，《票据法》允许持票人行使期前追索权。

第三，承兑人或者付款人被依法宣告破产或者因违法被责令终止业务活动。承兑人或者付款人被依法宣告破产或因违法被责令终止业务活动后，由人民法院或政府主管部门成立清算组织进行清算。作为汇票上记载的承兑人或付款人，企业再也无权对汇票付款或者承兑了，因此，《票据法》允许持票人行使期前追索权。

2. 行使追索权的形式要件。行使追索权的形式要件，是指《票据法》规定的，对持票人行使追索权在程序和手续上的要求。根据《票据法》的规定，行使追索权的形式要件主要包括以下两个方面：

（1）按期提示承兑和提示付款。《票据法》第 39 条第 1 款规定："定日付款或者出票后定期付款的汇票，持票人应当在汇票的到期日前向付款人提示承兑。"《票据法》第 40 条规定："见票后定期付款的汇票，持票人应当自出票日起 1 个月内向付款人提示承兑。汇票未按照规定期限提示承兑的，持票人丧失对其前手的追索权。见票即付的汇票无需提示承兑。"《票据法》第 53 条第 1 款规定："持票人应当按照下列期限提示付款：①见票即付的汇票，自出票日起1个月内向付款人提示付款；②定日付款、出票后定期付款或者见票后定期付款的汇票，自到期日起10日内向承兑人提示付款。"《支付结算办法》第36条规定，商业汇票的持票人超过规定期限提示付款的，丧失对其前手的追索权；银行汇票的持票人超过规定期限提示付款的，丧失对出票人以外的前手的追索权。

（2）依法取得拒绝证明、退票理由书和其他有关证明。《票据法》第62条规定，持票人行使追索权时，应当提供被拒绝承兑或被拒绝付款的有关证明；《票据法》第65条规定，持票人不能出示拒绝证明、退票理由书或者未按规定期限提供其他合法证明的，丧失对其前手的追索权。

因承兑人或者付款人死亡、逃匿或者其他原因，持票人不能取得拒绝证明的，可以依法取得其他有关证明。《票据管理实施办法》第28条规定："《票据法》第63条规定的'其他有关证明'是指：①医院或者有关单位出具的承兑人、付款人死亡的证明；②司法机关出具的承兑人、付款人逃匿的证明；③公证机关出具的具有拒绝证明效力的文书。"除此之外，承兑人或付款人被人民法院依法宣告破产的，人民法院的有关司法文书具有拒绝证明的效力；承兑人或付款人因违法被责令终止业务活动的，有关行政主管部门的处罚决定也具有拒绝证明的效力。

由此可见，持票人在法定提示期间依法提示承兑或提示付款只是行使追索权的前提条件。持票人遭到拒绝承兑或拒绝付款或有其他法定原因时，还必须取得拒绝证明、退票理由书和其他有关证明，这是行使追索权和保全票据权利的证据。

（三）追索与再追索

1. 追索的效力。追索的效力，又称为行使追索权的效力，是指持票人依法行使追索权时，对有关票据当事人产生的法律后果。主要包括对追索权人的效力和对被追索人的效力两个方面。

（1）对追索权人的效力。根据《票据法》第68条第2款、第3款的规定，持票人可以不按照汇票债务人的先后顺序，对其中任何一人、数人或者全体债务人行使追索权。持票人对汇票债务人中的一人或者数人已经进行追索的，对其他汇票债务人仍可以行使追索权。可见，持票人在行使追索权时具有选择权和变更权。

另外，持票人因行使追索权受清偿后，票据权利消灭，应向被追索人交还汇票及有关拒绝证明、收据。

（2）对被追索人的效力。根据《票据法》第68条第1款的规定，汇票的出票人、背书人、承兑人和保证人对持票人承担连带责任。当汇票上同时存在数个被追索人时，持票人可以不按票据债务人的先后顺序，对其中任何一人、数人或全体债务人行使追索权。

根据《票据法》第72条的规定，被追索人依法清偿债务后，其责任解除。这样，被追索人因追索义务的履行而取得汇票，与持票人享有同一权利。也就是说，被追索人可对其前手债务人行使再追索权。

2. 再追索与初次追索的不同规则。根据追索权人和追索的次数不同，追索可分为初次追索和再追索。初次追索，是指票据权利人在提示承兑或提示付款遭到拒绝或有其他法定原因时，对其前手进行的追索。再追索，是指被追索人向追索人清偿了票据金额、法定利息和费用以后，对其前手债务人或承兑人进行的追索。如果初次追索的被追索人是票据责任的最终承担者如出票人、承兑人，则无需再追索。初次追索和再追索的区别如下：

（1）追索的金额不同。根据《票据法》第70条、第71条的规定，初次追索的金额包括被拒绝付款的票据金额；票据金额自到期日或者提示付款日起至清偿日止，按照中国人民银行规定的利率计算的利息；取得有关拒绝证明和发出通知书的费用。再追索的金额包括：已经清偿的全部金额；已清偿的全部金额自清偿日起至再追索清偿日止，按照中国人民银行规定的利率计算的利息；发出通知的费用。可见，随着追索次数的增多，法定利息和追索费用越来越多，追索的金额也会增多。

（2）行使追索权的时效期间不同。根据《票据法》第17条的规定，持票人对其前手的追索权，自被拒绝承兑或者被拒绝付款之日起6个月不行使而丧失；持票人对其前手的再追索权，自清偿日或者被提起诉讼之日起3个月内不行使而丧失。

（3）追索的对象不同。根据《票据法》第68条的规定，持票人可以不按汇票债务人的先后顺序，对其中任何一人、数人或者全体债务人行使追索权。而且，持票人对汇票债务人中的一人或者数人已经进行追索的，对其他汇票债务人仍可以行使追索权。《票据法》第69条规定："持票人为出票人的，对其前手无追索权。持票人为背书人的，对其后手无追索权。"再追索的被追索人只能是追索权人的前手票据债务人或票据承兑人。

汇票流转程序，图示如下：

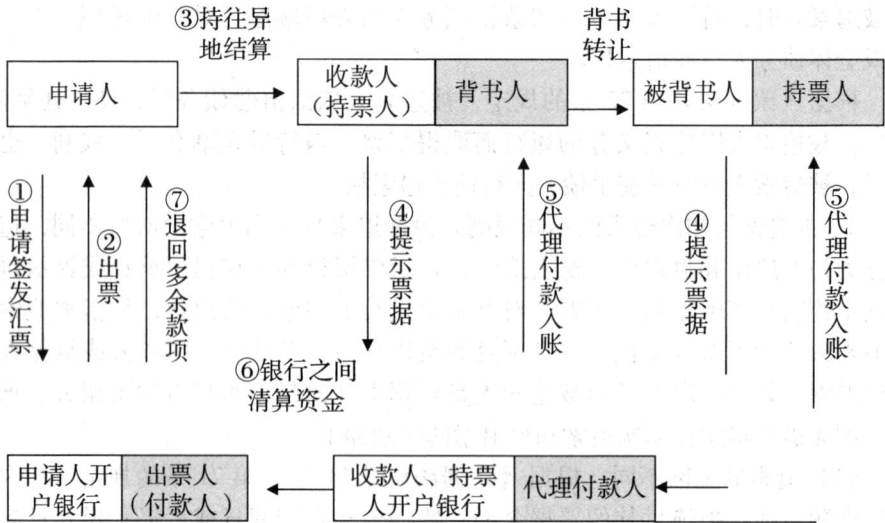

银行汇票流转程序图

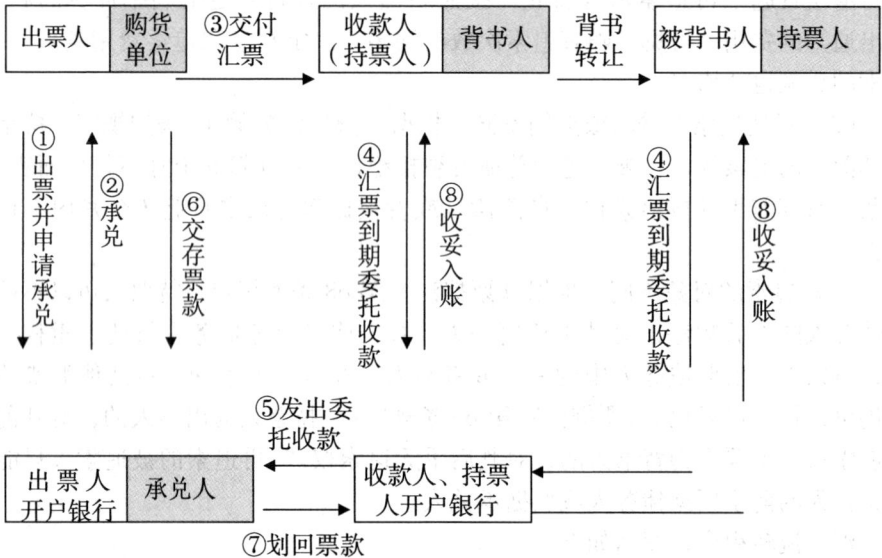

银行承兑汇票流转程序图

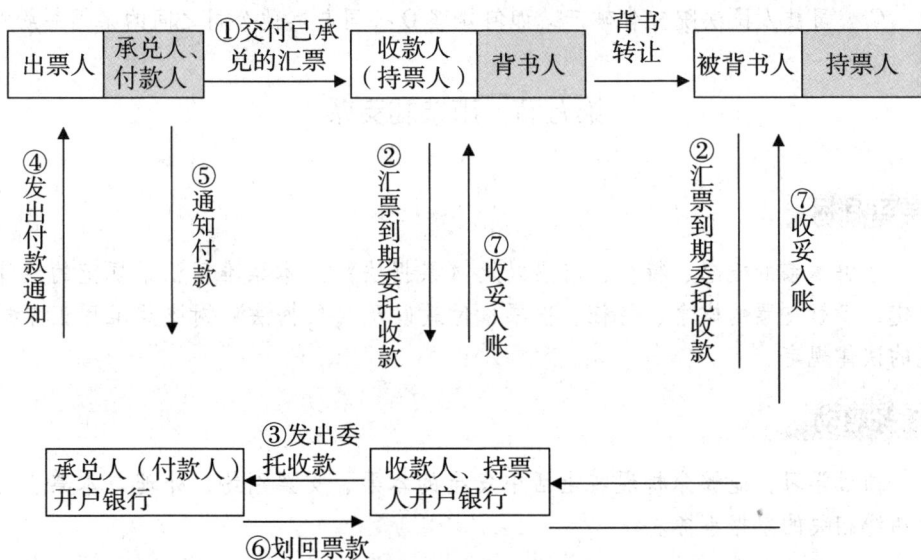

商业承兑汇票流转程序图

案例点拨

本案的焦点是票据无效，保证人是否有权以票据无效对持票人进行抗辩。依照《票据法》第22条第1款第2项的规定，汇票必须记载"无条件支付的委托"。无条件支付是指付款人在见票后进行无条件的支付，而且这种无条件支付是一次性支付，不能分期支付。依照《票据法》第54条的规定，持票人依法提示付款的，付款人必须在当日足额付款。足额付款是指对于票据金额全部支付，票据法不允许进行部分付款。青苹果公司签发的汇票有2009年11月9日和2009年11月19日两个付款日，属无效票据，依照《票据法》第49条的规定，票据保证人惠富公司有权以票据无效对持票人海马公司进行抗辩，拒绝承担保证责任。海马公司只能向星月公司和青苹果公司进行追索，要求两公司承担付款责任。

实战训练

A公司2012年6月6日签发了一张定日付款的汇票，票面金额为59万元，收款人为B公司，付款人为C公司，付款日为2012年7月6日。B公司收到汇票后，于2012年6月13日将该汇票背书转让给了D公司。D公司2012年6月15日持该汇票去C公司提示承兑，C公司审查并承兑了该汇票。2012年6月26

日，C 公司被人民法院宣告破产，如何处理 D 公司与其他公司之间的票据纠纷？

第五节　本票和支票

学习目标

了解本票的概念、特征、出票以及《票据法》对本票准用汇票规范的法律规定，了解支票的概念、特征、出票、付款以及《票据法》对支票准用汇票规范的法律规定。

任务驱动

通过学习，能够分析现实生活中发生的本票、支票纠纷，处理与本票、支票纠纷相关的票据事务。

典型案例

主办会计王小六被伟业餐饮公司解聘时窃得支票一张，并利用职务方便盗盖了公司的印章和公司法定代表人的签章，填写了出票日期和票据金额 28 万元。随后其到天宏百货公司购买了一套高档数码照相器材并以该支票支付了价款，天宏百货公司后将该支票背书转让给了黑猫电子公司以清偿货款。当黑猫电子公司向伟业餐饮公司的支票业务银行招商银行龙岗支行提示付款时，招商银行龙岗支行以伟业餐饮公司存款不足为由拒绝付款。于是，黑猫电子公司起诉至人民法院，要求伟业餐饮公司、王小六、天宏百货公司支付票款。

本案中，伪造行为人王小六没有在支票上签盖自己的名章，因而不能责其承担票据义务。被伪造人伟业餐饮公司因自己没有在票据上签章，也没有授权他人代理票据行为，可以对任何持票人进行抗辩，拒绝承担票据义务。伟业餐饮公司还可以根据《民法通则》和《票据法》的规定，要求王小六承担赔偿损失等民事责任。黑猫电子公司是从真实签章人天宏百货公司手中背书取得票据的，对天宏百货公司有追索权，天宏百货公司清偿票据债务后，有权要求伪造行为人王小六赔偿损失。

法律提示

1.《票据法》第 14 条第 2 款规定："票据上有伪造、变造的签章的，不影响票据上其他真实签章的效力。"

2.《票据法》第 106 条规定："依照本法规定承担赔偿责任以外的其他违反

本法规定的行为，给他人造成损失的，应当依法承担民事责任。"

3. 《最高人民法院关于审理票据纠纷案件若干问题的规定》第 67 条规定："依照票据法第 14 条、第 102 条、第 103 条的规定，伪造、变造票据者除应当依法承担刑事、行政责任外，给他人造成损失的，还应当承担民事赔偿责任。被伪造签章者不承担票据责任。"

相关提示

1. 《票据法》第 102 条规定："有下列票据欺诈行为之一的，依法追究刑事责任：①伪造、变造票据的；②故意使用伪造、变造的票据的；……"

2. 《票据法》第 103 条规定："有前条所列行为之一，情节轻微，不构成犯罪的，依照国家有关规定给予行政处罚。"

基本理论和知识

一、本票

（一）本票概述

1. 本票的概念和特征。《票据法》第 73 条规定："本票是出票人签发的，承诺自己在见票时无条件支付确定的金额给收款人或者持票人的票据。本法所称的本票，是指银行本票。"因此，《支付结算办法》第 97 条进一步规定："银行本票是银行签发的，承诺自己在见票时无条件支付确定的金额给收款人或者持票人的票据。"

与汇票、支票相比本票具有以下特征：

（1）本票是自付证券。本票的付款人就是出票人，出票人对收款人或持票人承担无条件付款责任。汇票和支票的付款人是出票人委托的第三人。

（2）本票的基本当事人只有出票人和收款人。汇票和支票均有三个基本当事人，即出票人、付款人和收款人。

（3）本票无需承兑。本票是出票人承诺自己在见票时无条件支付的票据，因此，收款人或者持票人只要按照法定的期限提示见票，出票人就得付款而无需承兑。

2. 本票在《票据法》上的分类。《票据法》中所规定的本票，仅限于见票即付的银行本票，具体有以下两种分类方法：

（1）定额本票和不定额本票。定额本票的金额事先印制在本票正面，出票人签发时不必另行填写。根据《支付结算办法》第 102 条的规定，定额本票的面额有 1 千元、5 千元、1 万元和 5 万元四种。不定额本票金额，由出票银行出票时根据需要按规定填写。

（2）现金本票和转账本票。现金本票可用于支取现金，转账本票只能用于转账。

（二）本票的出票

1. 本票出票的概念。本票的出票，是指出票银行根据单位或个人的申请，依法签发本票并将其交给收款人的票据行为。《支付结算办法》第 100 条规定："银行本票的出票人，为经中国人民银行当地分支行批准办理银行本票业务的银行机构。"

2. 本票出票的记载事项。《票据法》第 75 条、第 76 条分别对本票出票的绝对必要记载事项和相对必要记载事项作了特别规定。

（1）绝对必要记载事项。《票据法》第 75 条规定，本票必须记载下列事项：①表明"本票"的字样；②无条件支付的承诺；③确定的金额；④收款人名称；⑤出票日期；⑥出票人签章。未记载其中任何一项的，本票无效。

（2）相对必要记载事项。《票据法》第 76 条规定，本票出票相对必要记载事项包括付款地、出票地。本票上未记载付款地或出票地的，以出票人的营业场所为付款地或出票地。

本票的样式，图示如下：

附式四之 1

8×17公分（白纸红油墨）

附式四之 2

| 付款期限
×个月 | ×× 银 行　地
名 | 本票号码 |

本 票　2

出票日期　　　　年　月　日
（大写）　　　　　　　　第　号

收款人：

凭票即付 人民币
（大写）

| 转账 | 现金 | | 科目（借）＿＿＿＿＿＿
对方科目（贷）＿＿＿＿
付款日期　年 月 日 |
| 备注： | | | |

（使用清分机的，此区域供打

8×17公分（专用水印纸蓝油墨）

附式四之 2 背面

被背书人	被背书人	被背书人	
背书人签章 年 月 日	背书人签章 年 月 日	背书人签章 年 月 日	（粘贴单处）

持票人向银行
提示付款签章：　　　　身份证件名称：
　　　　　　　　　　　号　　　码：
　　　　　　　　　　　发 证 机 关：

附式五

××银行本票 存根 本票号码：IX V 00000000 地名 收款人： 金额：**壹万圆整** 用　　途： 科　　目（借） 对方科目（贷） 出　票　日　期　　年 月　　　日	付款期限 ×个月　　×　×　银　行　地名　　本票号码 本　票 出票日期　　年　月　日 （大写） 收款人 凭票即付人民币　　**壹万圆整** 转账　　现金　　　　　￥10 000 出票行签章

8×22.5公分 其中正联17公分（专用水印纸黑油墨）

附式五背面

被背书人	被背书人	被背书人	
   背书人签章 年　月　日	 背书人签章 年　月　日	 背书人签章 年　月　日	（粘贴单处）

持票人向银行
提示付款签章：

身份证件名称：
号　　　码：
发　证　机　关：

（三）《票据法》对本票准用汇票规范的法律规定

1. 对本票的出票，《票据法》作了较为详细的规定，并对本票应当记载的事项作了特别规定。《票据法》第80条第2款规定，本票其他事项的记载适用《票据法》第24条关于汇票"可以记载但不具有票据上效力之事项"的规定。

2. 对本票的背书，《票据法》没有作任何规定，因此本票的背书完全适用于汇票背书的法律规定。

3. 对本票的保证，《票据法》没有作特别规定，应适用汇票保证的法律规定。但是，因为本票无需承兑，因此在适用《票据法》第47条规定时，应为"保证人在本票或者粘单上未记载被保证人名称的，出票人为被保证人"。

4. 对本票的付款，除提示付款的被提示人和期限不同外，本票的付款应适用汇票付款的法律规定。

5. 对本票的追索权，《票据法》也没有特别规定，因此，本票追索权的行使也适用汇票追索权的法律规定。

银行本票流转程序，图示如下：

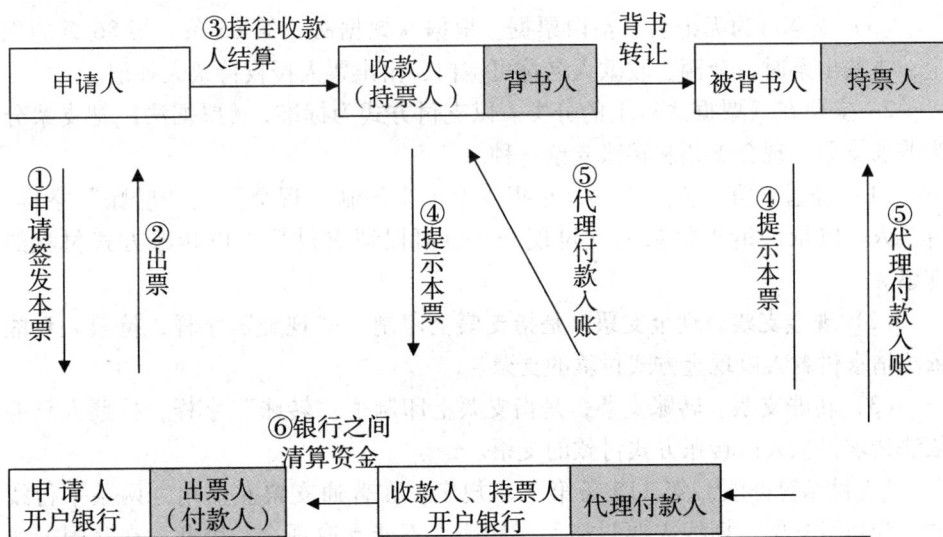

银行本票流转程序图

二、支票

(一) 支票概述

1. 支票的概念和特征。《票据法》第 81 条规定："支票是出票人签发的，委托办理支票存款业务的银行或者其他金融机构在见票时无条件支付确定的金额给收款人或者持票人的票据。"

与汇票、本票相比，支票具有以下特征：

(1) 支票的付款人仅限于办理支票存款业务的银行或其他金融机构。

(2) 支票是见票即付的票据。《票据法》第 90 条规定，支票限于见票即付。出票人在付款人处的存款足以支付票据金额时，付款人应当在当日足额付款。

(3) 支票无需承兑、无需保证。支票是由办理支票存款业务的银行或者其他金融机构在见票时无条件支付的即期票据，且提示付款期限极短，因而无需承兑。汇票和本票都可有保证行为，保证人与被保证人对持票人承担连带责任，《票据法》未规定支票的保证制度。

(4) 出票人与付款人之间必须有资金关系。出票人必须在付款人处开立支票存款账户，与付款人订立支付委托合同，且存款余额足以支付支票金额，否则付款人不予支付。

(5) 支票可为无记名、空白票据。根据《票据法》第 85 条、第 86 条的规定，支票出票时，金额、收款人名称可空白，由出票人授权持票人补记。

2. 支票在《票据法》上的分类。以支付方式为标准，《票据法》把支票分为普通支票、现金支票和转账支票三种。

(1) 普通支票。普通支票，是指支票上未印制"现金"或"转账"字样，持票人可以依法请求付款人支付现金，也可以请求付款人以转账方式付款的支票。

(2) 现金支票。现金支票，是指支票上印制了"现金"字样，持票人只能依法请求付款人以现金方式付款的支票。

(3) 转账支票。转账支票，是指支票上印制了"转账"字样，持票人只能依法请求付款人以转账方式付款的支票。

《支付结算办法》第 115 条第 3 款规定，在普通支票左上角划两条平行线的，为划线支票，划线支票只能用于转账，不能支取现金。因此，在我国的票据事务中，划线支票实际类同于转账支票。

(二) 支票的出票

1. 支票出票的概念。支票的出票，是指出票人作成支票并将其交付给收款人的票据行为。《票据管理实施办法》第 11 条规定："支票的出票人，为在经中国人民银行批准办理支票存款业务的银行、城市信用社和农村信用合作社开立支票存款账户的企业、其他组织和个人。"

2. 支票出票的记载事项。《票据法》第 84 条至第 86 条对支票应当记载的事项作了特别规定。

（1）绝对必要记载事项。《票据法》第 84 条、第 85 条规定，支票必须记载下列事项：①表明"支票"的字样；②无条件支付的委托；③确定的金额；④付款人名称；⑤出票日期；⑥出票人签章。未记载其中任何一项的，支票无效。

（2）相对必要记载事项。支票相对必要记载事项包括付款地和出票地两项。《票据法》第 86 条第 2 款规定："支票上未记载付款地的，付款人的营业场所为付款地。"《票据法》第 86 条第 3 款规定："支票未记载出票地的，出票人的营业场所、住所或者经常居住地为出票地。"

支票的样式，图示如下：

附式六

×× 银行转账支票存根		地 支票号码			
支票号码			×× 银 行 **转 账 支 票**		
科 目		名 出票日期（大写） 年 月 日 付款行			
对方科目		名称：			
出票日期 年 月 日	本支票付款期限十天	人民币（大写）	千百十万千百十元角分		出票人号：
收款人：		账号：			
金 额：		收款人：			
用 途：		上列款项请从我账户内支付	科目（借）		
单位主管 会计			对方科目（贷）		
复 核 记账		用途 _____	出票日期		

8×22.5公分 正联第17公分（底纹按行别分色，大写金额栏加红水纹）

附式六背面

被背书人	被背书人	被背书人	（粘贴单处）
背书人签章 年　月　日	背书人签章 年　月　日	背书人签章 年　月　日	

附式七

×× 银行转账支票存根		×× 银行 支票（）
支票号码	本支票付款期限十天	地　支票号码
科　目		名　出票日期（大写）　年　月　日　付款行
对方科目		名称：

×× 银行转账支票存根

支票号码

科　目

对方科目

出票日期　年　月　日

收款人：

金　额：

用　途：

单位主管　　会计
复　核　　记账

本支票付款期限十天

地　支票号码

×× 银行 支票（）

名　出票日期（大写）　年　月　日　付款行

名称：

人民币 （大写）	千	百	十	万	千	百	十	元	角	分

账号：　　　　　　　　　　　出票人号：

收款人：

上列款项
请从我账
户内支付

用途_____

科目（借）

对方科目（贷）

出票日期

8×22.5公分　正联第17公分（底纹按行别分色，大写金额栏加红水纹）

附式七背面

被背书人	被背书人	被背书人	（粘贴单处）
背书人签章 　　年　月　日	背书人签章 　　年　月　日	背书人签章 　　年　月　日	

（三）支票的付款

支票的付款，是指付款人根据持票人的请求，按票据文义支付支票金额，以消灭票据权利义务关系的法律行为。尽管支票的付款和汇票的付款都包括提示和付款或拒绝付款两大步骤，但由于支票是一种单纯的支付手段，因此支票的付款与汇票的付款存在较大的差异。

1. 支票的付款提示期限。《票据法》第91条规定，支票的持票人应当自出票日起10日内提示付款，超过提示付款期限的，付款人可以不予付款；付款人不予付款的，出票人仍应当对持票人承担票据责任。

2. 支票的付款审查。支票的付款有现金支付和转账支付两种方式，付款程序也不相同。但是，付款人在付款时除审查背书是否连续、提示付款人的合法身份证明或者有效证件外，还要审查两方面内容：一是审查出票人在支票上的签章是否与其预留银行的签章相符，银行与出票人约定使用支付密码的，还要审查支付密码是否正确。二是审查支票是否为空头支票。出票人签发的支票金额超过付款时其在付款人处实有的存款金额的支票为空头支票。

（四）《票据法》对支票准用汇票规范的法律规定

1. 对支票的出票，《票据法》作了较为详细的规定，并对支票应当记载的事项作了特别规定。根据《票据法》第93条的规定，支票的出票行为准用《票据法》第24条、第26条关于汇票出票的法律规定。

2. 对支票的背书，《票据法》没有作任何规定，因此支票的背书完全适用汇票背书的法律规定。

3. 对支票的付款，除了提示付款期限、付款审查内容、付款人的义务以外，支票的付款应适用汇票付款的法律规定。

4. 对支票的追索权，《票据法》也没有特别规定，因此支票追索权的行使也适用汇票追索权的法律规定。

支票流转程序，图示如下：

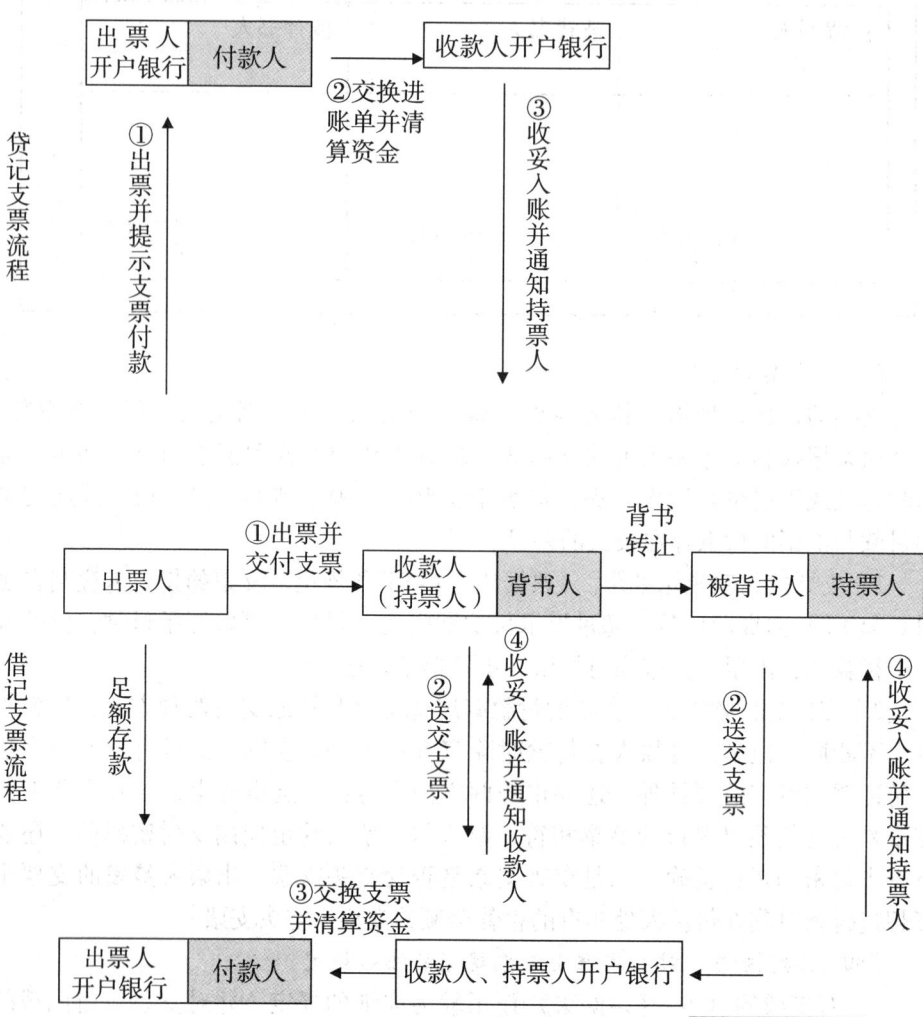

贷记支票流程

借记支票流程

支票流转程序图

　　本案的焦点是伪造行为人和被伪造人有无票据义务，是否应承担其他法律责任。伪造行为人王小六窃取支票，并利用职务便利盗盖了伟业餐饮公司的印章和公司法定代表人的签章，但没有在票据上签盖自己的名章，因而不能责其承担票据义务。《票据法》第102条、第106条、《刑法》第177条规定了票据伪造行为的民事责任、刑事责任。

被伪造人伟业餐饮公司因自己没有在支票上签章，也没有授权他人代理票据行为，根据《票据法》上的抗辩事由，可以对抗任何持票人，拒绝承担票据义务。伟业餐饮公司还可以根据《民法通则》第99条、第120条和《票据法》第106条要求王小六承担赔偿损失等民事责任。

《票据法》第14条第2款规定，票据上有伪造的签章的，不影响票据上其他真实签章的效力。持票人黑猫电子公司是从真实签章人天宏百货公司手中通过背书方式取得票据的，对天宏百货公司享有追索权，天宏百货公司清偿票据债务后，有权要求伪造行为人王小六赔偿损失。

实战训练

2010年9月21日，捷豹汽车公司经与长平钢材公司协商，将路友汽车销售公司签发的收款人为捷豹汽车公司的一张空白转账支票交付给长平钢材公司抵偿所欠钢材货款247万元。长平钢材公司在该空白支票金额栏内填写了247万元后到某银行办理转账手续。某银行以路友汽车销售公司存款不足为由拒绝付款。长平钢材公司于是起诉至人民法院，要求捷豹汽车公司支付货款和违约金。捷豹汽车公司辩称，该空白支票是路友汽车销售公司为偿付捷豹汽车公司247万元汽车货款而签发的，而且捷豹汽车公司已向路友汽车销售公司履行了供货义务，捷豹汽车公司作为该支票的合法持票人已将该支票转交给了长平钢材公司，长平钢材公司可以向路友汽车销售公司主张票据权利。人民法院应当如何裁判？

第六章

保险法律实务

第一节　保险与保险法

学习目标

了解保险的基本原理；理解保险法的调整对象和发展历史；掌握保险法的基本原则。

任务驱动

通过学习，加深对现行保险法律制度的理解，通过运用保险法知识分析实际案例。

案例导入

2005年3月，刘女士为自己向保险公司投保了重大疾病险，保险公司予以承保。2007年，刘女士在保险期限内患病，经三家医院诊断，一致认为其患有急性心肌梗塞。刘女士心想自己刚好有保险，这也算是不幸中的万幸，随即向保险公司提出理赔，要求保险公司给付保险金。

但没想到的是，保险公司对此明确答复："拒绝给付"。保险公司认为刘女士虽患心肌梗塞，但其病不符合其保险条款中关于"心肌梗塞应同时具备的三项医学指标"的要求，故根据合同规定，如其病不能同时具备上述三项医学指标，保险公司应当免除赔付的责任。一周后，通过法医鉴定得出了不利于刘女士的结论：她所患的心肌梗塞确有一项不符合保险条款规定的指标。但刘女士却认为，在订立合同时保险公司并未对"心肌梗塞应同时具备的三项医学指标"才给予保险赔付的规定作出说明，自己并不知道三项指标的医学含义。特别是该份保险单在书面上没有对保险公司的免责条款作出着重说明，保险公司也未做清楚的交代。而保险公司辩解，在订立合同时，本公司已将免责条款对投保人进行了口头说明，该免责条款是有效的。为此刘女士向法院提起诉讼。

【问题】

1. 本案保险合同是否有效？

2. 刘女士的主张能否得到法院的支持？

法律提示

《中华人民共和国保险法》

第四条　从事保险活动必须遵守法律、行政法规，尊重社会公德，不得损害社会公共利益。

第五条　保险活动当事人行使权利、履行义务应当遵循诚实信用原则。

第十二条　人身保险的投保人在保险合同订立时，对被保险人应当具有保险利益。

财产保险的被保险人在保险事故发生时，对保险标的应当具有保险利益。

人身保险是以人的寿命和身体为保险标的的保险。

财产保险是以财产及其有关利益为保险标的的保险。

被保险人是指其财产或者人身受保险合同保障，享有保险金请求权的人。投保人可以为被保险人。

保险利益是指投保人或者被保险人对保险标的具有的法律上承认的利益。

基本理论和知识

一、了解保险

（一）保险

保险又称商业保险，是一种合同关系。投保人向保险人投保，按照保险合同的约定支付保险费，保险人按照合同约定的条件对被保险人承担赔偿或者给付保险金的责任。

我国《保险法》第 2 条规定："本法所称保险，是指投保人根据合同约定，向保险人支付保险费，保险人对于合同约定的可能发生的事故因其发生所造成的财产损失承担赔偿保险金责任，或者当被保险人死亡、伤残、疾病或者达到合同约定的年龄、期限等条件时承担给付保险金责任的商业保险行为。"

公元 14 世纪的意大利沿海城市是海上保险的发源地。当时在海上贸易中商人们经常会遇到海难和海盗的袭击，人货损失严重。商人们为了避免损失过重，创立了互助会、互保基金等合作组织。随着贸易量和经济活动中风险程度的增加，这些组织逐步发展成专门的保险组织。1871 年，英国制定《劳合社法》，出现了最早的保险公司。商人们通过商会和协会等自律组织，制定交易规则——把承接风险者称为保险人，把转移风险者称为投保人，把转移风险的交易称为保险，将交易费用称为保险费。现代保险制度便由此而来。

保险具有以下特征：

1. 保险以约定的危险作为对象。"无危险即无保险"，正因为社会生活中存在危险，才产生了用于处置危险的保险制度。在现实生活中"天有不测风云，人有旦夕祸福"，人所不可抗拒的、不可预料的危险事故是广泛存在的。保险正是针对危险而建立的一种经济制度。

然而，保险也不可能对一切危险都予以承保。所谓可保风险，是指保险公司同意承保的、未来可能发生并且会导致被保险人或者投保人蒙受损失的意外风险。因此，将来确定发生的危险、已经发生的危险事故、投机性危险等均不被列入保险的适用范围。

2. 保险以危险的集中和转移、社会成员互助共济为运行机制。正所谓"人人为我，我为人人"，分担社会性集中地反映出保险制度优越的技术基础。人类对抗灾难事故、不可抗力的办法很多，但唯有保险方法是最科学、最经济、最有效的。保险通过团体互济原理，将同质风险的众多经济组织和个人以保险公司为纽带，形成实力强大的保险集团，投保人以固定的、小额的保险费支出，形成规模巨大的经济补偿基金。一旦发生被保险标的损失，由保险基金加以赔偿。

3. 保险以科学的数理计算为依据。保险人是运用概率理论和大数法则，通过对个别危险事故发生的偶然性进行科学的总结，发现其发生的必然性。保险业根据这一法则，将个别危险发生及其损失的不确定性，变为众多的同类危险发生及其损失的可预测性。保险人因此可以合理地厘定保险费率。保险业借助这些数理科学，可以把握各类危险的发生规律，预测保险责任范围和可能造成的损失后果，并以此为依据确定保险险种、保险责任范围、危险发生的频率和与损失程度相适应的保险费率，实现保险活动科学、有序的运行和发展。

4. 保险是一种商业经营活动。《保险法》中的"保险"是指狭义的保险，即商业保险。它是在保险合同的基础上，由专门的营利性保险公司经营的保险类别。而保险公司经营保险业务，主观上就是要追求利润的最大化，要使投资者能够得到丰厚的利益回报。强调保险行为营利性，就是要尊重保险行业自身的经营规律，尊重对抗危险的技术手段的科学性，不能强制保险公司开办某些显然无利可图、政府又不通过优惠扶持政策加以积极倡导的保险产品。这显然区别于以社会保障为目的的社会保险。社会保险项目是国家社会保障制度的核心组成部分，其不能以营利为目的。

（二）保险的职能

1. 分担风险职能。这是保险的最基本职能。保险的产生就是采用危险转移方式来处理危险的一种有效方法，而接受风险的机构就是保险公司。保险公司通过研究风险的偶然性去寻找其必然性，掌握风险发生、发展的规律，为众多有危险顾虑的人提供保险保障。保险人以收取保险费和支付保险金的形式，将少数人的金额损失分散给众多的投保人，从而使个人难以承担的损失变成可以承担的损失。这实际上是把损失均摊给有相同风险的投保人。所以保险只有均摊损失的功能，而没有阻止损失发生的功能。

2. 经济补偿职能。经济补偿是保险经济价值的最集中体现，是投保人参加保险的最终目的。如果没有经济补偿的实质性与恢复秩序的物质保障，所谓的分担风险就是一句空话。经济补偿行为就是在危险事故发生后由保险人向被保险人或受益人提供金钱给付，它以保险标的的损失为前提，以损失程度与价值确定补偿范围与额度，以帮助被保险人恢复生产生活秩序、补偿财产利益为直接动因。经济补偿的性质与效果在财产保险领域体现得最为充分。

3. 资金融通职能。资金融通职能，是指将形成的保险资金中的闲置部分重新投入到社会的再生产过程中。保险人为了使保险经营保持稳定，必须保证保险资金的增值与保值，这就要求保险人对保险资金加以运用。保险资金的运用不仅有其必要性，而且也具有可能性。一方面，由于保险费收入与赔付支出之间存在时间差；另一方面，保险事故不都是同时发生的，所以保险人收取的保险费不可能一次全部赔付出去，也就是说，保险人收取的保险费与赔付支出之间存在数量差。这些都为保险资金的融通提供了可能。保险资金的融通要坚持合法性、流动性、安全性、效益性的原则。

（三）保险的分类

依据不同的标准，对保险可以作以下基本分类：

1. 根据保险实施的形式不同，可分为强制保险和自愿保险。强制保险又称"法定保险"，是指依法强制实施的，规定在一定范围内的人或物必须购买的保险。例如，2006年7月1日，我国颁布《机动车交通事故责任强制保险条例》，开始在全国范围内实施机动车第三者责任强制保险。

自愿保险是通过自愿的方式，保险人与投保人双方在平等互利、协商一致的基础上签订保险合同的一种保险，这是一种比较普遍的保险实施形式。

2. 根据保险标的的不同，可分为财产保险和人身保险。财产保险是指各种物质财产以及各种无形的利益、责任、信用等为保险标的的一种保险。目前我国开办的财产保险险种有三类：一是国内财产保险；二是农业保险；三是涉外财产保险。

人身保险是指以人的生命、身体或健康为保险标的的一种保险，如人寿保险、健康保险、意外伤害保险。

3. 根据责任承担秩序不同，可分为原保险和再保险。原保险又称"第一次保险""基础保险"，是指保险人对被保险人因保险事故所致损害承担直接的、原始的赔偿责任的保险。我们一般所说的保险多指原保险。

再保险又称"分保""第二次保险""保险的保险"，是指保险人再向其他保险公司或再保险公司投保所产生的保险。保险公司为降低风险，常常将自己承担的风险通过再保险的方式转移部分或全部，由再保险人与其共担风险。需要注意的是，再保险的保险标的是原保险人的保险责任，再保险人面对的是原保险人，其与原保险人的投保人没有直接的关系。

4. 根据保险是否以营利为目的，可分为商业保险与社会保险。商业保险是指以营利为目的的保险。我国《保险法》所调整的"保险"都是指商业保险。

社会保险是指由国家创办，不以盈利为目的，体现社会福利政策，向劳动者提供物质帮助，强制性将某些风险由社会负担的保险，是一种社会保障制度的组成部分。它具有非营利性和强制性。中国的社会保险包括养老保险、医疗保险、失业保险、工伤保险、生育保险五种。

二、认识保险法

（一）保险法

在理论上，保险法的概念有狭义和广义之分。狭义上的保险法仅指调整商业保险关系的法律规范的总称。广义的保险法不仅包括商业保险制度，而且包括以失业保险、养老保险、工伤保险和医疗保险为内容的社会保险制度。

与世界各国的保险法立法一样，我国现行《保险法》采狭义保险法的立场，以商业保险制度为其基本内容，调整范围不包括社会保险制度。社会保险制度由我国《社会保险法》加以规定。

因此，我国的保险法是指以商业保险关系为调整对象的法律规范的总称。商业保险关系是指当事人之间依商业保险合同发生的权利义务关系和国家对保险业进行监督管理过程中所发生的社会关系。由此商业保险关系包括保险经营关系和保险管理关系。

（二）保险法的特点

1. 保险法是私法。这是在法律教学领域中以调整法律关系的性质和实行的手段而进行的划分。保险法直接规范与保险公司相关的交易行为，主要实行任意性规范，尊重当事人对于自身的财产及人身利益的自由支配权，坚持平等自愿、协商一致、等价有偿、诚实信用的原则。私法的性质明确了保险法在以规范方式调整保险权利义务关系时，要尊重民事主体的自由选择权，除非为了维护公共利益，否则不能强制当事人建立保险关系和确定其权利、义务与责任。

2. 保险法是具有公法性的商法。这是由保险关系具有的公共性所决定的。由于现代商事交易关系涉及的领域扩大，交易内容广泛，且与人们的重大生命利益和财产利益息息相关，加之交易方式日益呈现出团体性、标准化、交易主体间经济实力悬殊等特征，单纯由当事人自由协商处分财产利益，可能会出现严重的不公平。从 19 世纪末开始，由公权力介入到商事交易行为的调整范围内已得到社会普遍认可。

3. 保险法是公益法。这一特征来源于保险事业的公益性质。保险业具有分担风险、经济补偿的职能，经营方式表现为高度的社会性、道义性和公共性，其在达到赢利目的的同时，还承担客观上的社会经济保障责任。因此，保险事业具有天然的公益性。

4. 保险法具有鲜明的技术性。保险法属于典型的隶属于行业的法律规范，所设计的法律约束与要求首先要服从于该行业反映的科学与规律的实现性事实，对于保险交易的特殊形式和要件要有基本的认同。保险交易行为经历了六百多年的演变，从形式到内容都发生了很大的变化，保险法必须不断适应这种变化而调整立法条款，及时反映时代的变化与交易方式的变革。在保险费厘定、格式化条款、告知义务、除外责任、准备金提存、按比例承担赔偿责任、保险保证与约定、再保险以及代位求偿权等方面，保险法体现出高度的技术性特征。

（三）保险法的基本原则

学界对保险法的基本原则颇有分歧，一般认为保险法的基本原则主要有：最大诚信原则、保险利益原则、损失补偿原则和近因原则。

1. 最大诚信原则。最大诚信原则是指保险合同当事人双方在签订和履行保险合同时，必须以最大的诚意，履行自己应尽的义务，互不欺骗和隐瞒，恪守合同的承诺和义务。

所有合同均须以诚实信用为基础。无论是民事合同的当事人，还是商事合同的当事人都必须将订立合同的背景情况和合同各个条款的真实情况完整准确地告知对方或者在合同中表述清楚。在我国民法原则中，诚实信用原则要求当事人在主张自己权利的同时承认对方当事人的权利，在自己表述模糊或者有隐瞒误导的情况下，其就应当承担相应的法律责任。保险合同涉及当事人规避风险和承受风险的重大财产利益，尤其要讲究诚实信用原则，投保人要将被保险利益的真实情况完全告诉给保险人，如有任何隐瞒则可能导致整个保险合同无效，因为投保人的告诉是保险人评估风险和计算保险费率的基本依据；保险人也要将保险合同的承保范围和免责范围如实地告知投保人和被保险人，否则可能会出现因为违反了诚实信用原则，而被迫按照被保险人或者受益人的主张解释合同条款的情形。

2. 保险利益原则。保险利益原则，又称"可保利益原则"，是保险法特有的基本原则。该原则是指投保人或被保险人对保险标的具有法律上承认的利益，包括财产保险利益和人身保险利益。

《保险法》规定，无论是财产保险，还是人身保险，当事人所签订的保险合同的效力必须以保险利益的存在为前提。保险利益必须是可保利益，是投保人和受益人对保险标的具有法定利害关系以及由此涉及的经济利益。可保利益是合法利益，在财产保险中投保人必须对保险标的拥有所有权、处分权或者合法占有权；在人身保险中投保人对被保险人必须具有一定亲属血缘关系或者由被保险人所认可的事实。保险利益落实到保险合同中就是转移危险，无危险则无保险，无危险则也无利益。保险法将保险利益作为保险合同的前提，主要是防止投保人（有时也包括保险公司）的赌博投机，避免当事人为了骗取保险赔付不惜违反法律而产生不道德危险。根据保险利益原则还可以派生出损害赔偿原则，即按照损失多少补偿多少的原则，限制被保险人和受益人对保险标的的损害补偿的过分追求。

（1）财产保险利益的基本条件：其一，须为合法利益，也就是法律上承认的利益，包括投保人根据法律拥有或者占有的财产，以及根据有效合同占有他人的财产；其二，须为经济上的利益，即投保人对其财产现在享有的利益或预计享有的利益；其三，须为确定的利益，即该利益是可以通过金钱计价的，无论是现在拥有的利益，还是将来可以恢复的利益都是具有市场价值依据的。

（2）人身保险利益的基本条件是：其一，投保人对本人、配偶、子女、父母，以及与投保人有抚养、赡养或者扶养关系的其他家庭成员、近亲属具有保险利益，这些家庭成员和近亲属与我国《继承法》上规定的第一顺序继承者和与名列第一顺序继承者相同。其二，被保险人同意投保人为其订立保险合同的，视为投保人对被保险人具有保险利益，此处的"同意"是指被保险人以书面承诺同意投保人为自己投保，如果没有被保险人的书面承诺，该保险合同就没有法律效力。

3. 损害补偿原则。损失补偿原则是指保险合同生效后，如果发生保险责任范围内的损失，被保险人有权按照合同的约定，获得全面充分的赔偿。

损失补偿原则是财产保险合同的重要原则，是由财产保险合同的补偿性所决定的，最直接地体现了保险的经济补偿职能。损失补偿的目的在于通过弥补投保人或被保险人的损失，使其尽快地恢复生产和安定的生活。由此，赔偿的数额不超过损害的数额，即赔偿是使被保险人的利益恢复到保险事故发生前的状态。在财产保险中，损失补偿只限于损失财产的实际价值。部分损失部分赔偿，全部损失全部赔偿，但最高赔偿金额不得超过保险金额。坚持损失补偿原则，首先是防止被保险人从保险中获得额外的利益，以致不合理地扩大保险人的责任，破坏保险基金的平衡性；其次是防止诱发投保人或被保险人的道德风险。如果被保险人可以从保险事故中获得超过事故发生前原有的财产利益，就可能故意制造意外事故或任其发生，这将导致社会经济生活的不稳定，与保险的宗旨相背离。

需要注意的是，并不是所有的保险都适用于损失补偿原则。损失补偿原则主要适用于财产保险和少数人身保险。

4. 近因原则。近因是指导致结果发生的并起决定性作用的或最有力的原因。在保险法中，造成保险标的损害的主要的、起决定性作用的原因，即属近因。所谓近因原则是指保险人对承保范围内的保险事故中最直接的、最接近的原因所引起的损失承担保险责任，而对保险范围以外的原因所造成的损失不负赔偿责任。

近因原则是确定保险人对保险标的的损害是否负保险责任以及负何种保险责任的原则。保险人按照约定的保险责任范围内承担责任时，要求保险人所承保危险的发生与保险标的的损害之间存在着最直接的因果关系。只有当该近因属于保险责任的范围时，保险人才赔付保险金，否则，保险人不必承担任何责任。设立该原则的目的正是为了明确事故与损失之间的因果关系，从而认定保险责任。

（四）保险法的发展历史

1. 国外保险法的沿革。据考证，最早的成文保险法是意大利的《康索拉都海事条例》，后来又有 1266 年的《奥列隆法》。1369 年的《热那亚法令》标志着保险立法的诞生。1435 年西班牙的《巴塞罗那法令》标志着海上保险立法达到了高水平，对后世纪的影响很大。1532 年，意大利《佛罗伦萨法令》确立了标准海上保险条款。在欧洲，后来出现的 1563 年比利时《安特卫普法令》，英国 1601 年伊丽莎白女王制定的《海事条例》，以及 1681 年法国路易十四国王颁布的《海事条例》，使欧洲中世纪的海上保险立法达到了相当高超的水平。

在自由资本主义时期，欧美国家的保险法经历了全面发展的过程，初步建立了规范保险交易行为和保险业组织模式的法律体系，有力地促进了保险事业的发展。法国路易十四国王于 1681 年制定的《海事条例》被公认是欧洲近代典型的保险立法。1807 年的《法国商法典》在第二编第 9 章规定了海上保险的相关制度。而陆上保险则规定在 1804 年《法国民法典》第 1964 条的射幸契约。在德国，有关保险的最早立法是 1731 年的《汉堡保险及海损条例》。德国全面建立保险法律制度的标志是 1900 年与民法典同时生效的《德国商法典》，共有

120 条对保险相关制度加以规定。

在近代,国外的保险立法走上加快发展的道路。20 世纪初,欧洲大陆的法国开始探讨保险契约的单独立法问题,因其特殊性多于一般的射幸合同,仅在民法典中进行规定难以适应司法需要。1930 年,法国的《保险契约法》公布施行。该法共 4 章 86 条。在德国,《保险契约法》的颁布时间比法国早 20 年,其于 1910 年实行,共 5 章 194 条。德国于 1901 年制定了《民营保险业监督法》(我国简称其为"保险业法"),于 1931 年又颁布了《再保险监督条例》《民营保险企业及建筑银行法》等。

英国现代保险立法的里程碑,是 1906 年制定的《英国海上保险法》,该法共 94 条,对最大诚信原则、保险利益制度、告知及陈述、契约转让、保险单条款、灭失及委付等内容的规定得较为全面,影响了世界范围内的海上保险立法,很多国家都加以效仿。英国还制定了 1909 年的《保险公司法》、1923 年的《简易人寿保险法》、1930 年的《第三人保险权利法》、1935 年的《保险公司解散法》等。

在美国,保险立法仍由各州享有立法权,联邦层面上仅有少数在全国范围内的劳工补偿保险方面制定的法律。在各州立法中,以纽约州的立法最为完备,其通过 18 章 631 条集中规定了保险监管制度。

2. 新中国保险立法的不断完善。随着中国保险业务的恢复和中国保险市场的发展,中国的保险立法从分散薄弱不断走向完善。

1982 年 7 月施行的《中华人民共和国经济合同法》专门规定了财产保险合同,这是新中国首次颁行的有关保险业务的实质性法律规范。此后,与《经济合同法》配套的《财产保险合同条例》由国务院于 1983 年 9 月颁布并实施,它对财产保险合同的订立、变更和转让,投保人和保险人的义务等内容加以全面规定。

1985 年 3 月,国务院颁布的《保险企业管理暂行条例》是新中国的第一个有关保险业的法律文件,对于加强保险业监管、促进保险业的健康发展而言,具有重要意义。

1992 年 11 月,第七届全国人大常委会通过的《中华人民共和国海商法》专章规定"海上保险合同",成为调整中国海上保险活动的法律依据。

1995 年 6 月,第八届全国人大常委会颁布的《中华人民共和国保险法》是中国保险法体系得以确立的标志。该法作为中国保险立法的基本法,不仅确立了中国保险法律制度的基本原则,还对保险合同制度和保险监管制度进行全面规定,成为规范中国保险市场经营活动、保护保险当事人合法权益、促进中国保险业健康发展的重要保障。

此后，为了充分发挥《保险法》的调整和规范作用，有关政府机关相继颁布一系列保险法规，以补充和完善保险法律规范体系。它们包括：《保险管理暂行规定》（1996年7月中国人民银行发布）、《保险公司管理规定》（2004年5月中国保险监督管理委员会发布）、《向保险公司投资入股暂行规定》（1999年12月中国保险监督管理委员会发布）、《外资保险公司管理条例实施细则》（2004年5月中国保险监督管理委员会发布）、《外资保险机构驻华代表机构管理办法》（1999年11月中国保险监督管理委员会发布）、《保险公司财产制度》（1999年1月财政部颁布）、《保险公司会计制度》（1998年12月财政部颁布）、《保险公司高级管理人员任职资格管理规定》（2002年3月中国保险监督管理委员会发布）、《保险兼业代理管理暂行办法》（2000年8月中国保险监督管理委员会发布）、《保险公估机构管理规定》（2001年11月中国保险监督管理委员会发布）、《保险代理机构管理规定》（2001年11月中国保险监督管理委员会发布）、《保险经纪机构管理规定》（2004年12月中国保险监督管理委员会发布）。而且第九届全国人大通过的《中华人民共和国合同法》作为合同法律制度的基本立法，对《保险法》中的保险合同制度具有指导意义，使其更加全面完善。同样地，第八届全国人大修订的《中华人民共和国刑法》中规定的"金融诈骗罪"一节所增加的"保险诈骗罪"对中国保险市场的正常发展意义重大。

2009年2月28日，经第十一届全国人大常委会第七次会议修订通过新《保险法》，这是继2002年10月28日第一次修订《保险法》后的第二次重大修改。此次对1995年《保险法》的修订篇幅较大，原因之一是为了适应中国保险市场发展变化的需要，原因之二是回应由2008年集中爆发的世界性金融危机引起的加强金融监管的呼声。从整体来看，修订后的《保险法》最核心的三大变化是突出了保护被保险人的重点，突出了加强监管和防范风险的要求，突出了拓宽保险服务领域的需求，对保险业的依法合规经营提出了更高要求。而中国保监会于2010年2月通过的《保险资金运用管理暂行办法》更是与此相配套的规章。

此后，在保险主体不断扩容、投融资渠道次第放开的大背景下，为了让保险业能更好地发展，针对《保险法》的修改继续进行。

2014年8月31日，第十二届全国人民代表大会常务委员会第十次会议通过并公布了《关于修改保险法等五部法律的决定》。

2015年4月24日，第十二届全国人民代表大会常务委员会第十四次会议全国人民代表大会常务委员会通过并公布了《关于修改〈中华人民共和国计量法〉等五部法律的决定》。值得一提的是，2015年的《保险法》修改了13处，重点主要集中在取消保险销售从业人员、保险代理、保险经纪等从业人员的资格核准等行政审批事项上。新修的内容适应了经济新常态，凸显了全面深化市场改革的必然要求，也是推进简政放权放管结合的必然要求，更是加强监管，保护投保人、被保险人和受益人权益的必然要求，在一定的指导思想和基本原则的指导下，新的保险法会发挥出更大的作用。

案例点拨

本案是一起人身保险合同纠纷。

根据我国《保险法》，刘女士应能获得法院的支持，判决该保险合同有效。因为保险合同一般为格式条款合同，是保险人预先拟定且在订立合同时未与投保人进行充分协商的条款。因此，对保险合同内容的把握，保险人与投保人相比具有较明显优势。根据《民法》平等与诚实信用的基本原则，保险人应当采取合理的方式提请投保人对保险合同中免除保险人责任或者限制保险人责任的条款予以充分注意，并按照投保人的要求对该合同中的责任免除条款予以说明解释。保险人对是否履行了明确说明义务应承担举证责任，在证据不充分的情况下，法院应作出有利于被保险人和受益人的解释。

《保险法》第18条第4款规定，关于保险合同中保险人责任免除条款的，保险人在订立保险合同时应当向投保人明确说明，未明确说明的，该条款不产生效力。本案中的保险公司虽主张在订立保险合同时已将免责条款向刘女士作出口头说明，但并无有力证据加以佐证。所以保险公司应承担赔偿责任。

实战训练

2004年3月6日生病在家的张女士，与上门推销保险的业务员签定了保险合同。张女士请业务员代填投保书。

投保书健康询问栏的事项为：0：健康。1：残疾。2：低能。3：癌症、肝硬化、癫痫病、严重脑震荡、精神病、心脏病、高血压。业务员觉得这些选项与张女士情况不符，就留了空白，没有填写该栏内容。张女士阅读后，没有异议，并签了字。保险公司在核对时，也没有注意这点，就签发了保险单。

2005年12月15日，张女士因病亡故。受益人向保险公司申请给付保险金。保险公司在审核时发现，张女士在投保时就已经重病在家，而她没有将真实情况告知保险公司。保险公司拒付。

受益人要求未果，予以起诉。法院审理后，判处保险公司给付保险金。

问题：

张女士受益人的主张为什么能得到法院的支持？法院审理该案的法律依据是什么？

第二节　保险合同的履行

学习目标

　　了解保险合同的基本原理；识别保险合同的主体；掌握保险合同的订立、履行、变更、转让和终止之间的关系。

任务驱动

　　能够运用保险法原理对保险合同的履行、变更、转让及终止进行判断和分析。

案例导入

　　27 岁的男青年小夏于 2005 年 3 月 10 日购买了一份保险金额为 10 万元的个人意外伤害险，并于当天填写了投保单，交纳了 245 元的全年保费。合同约定受益人为小夏的父亲。在投保次日，也就是 3 月 11 日上午 9 时左右，小夏不幸遇车祸身亡。两天后，保险公司经核定之后给小夏的家人送来了保险合同，而保险合同中写明的生效日为 2005 年 3 月 12 日零时。一周后，小夏的父亲作为合同指定的受益人向保险公司提出理赔的申请。保险公司审查后答复，小夏车祸身亡的事故发生在保险合同的正式生效时间，即 3 月 12 日零时之前，不在合同承保的时间范围内，因此不予赔偿。由于理赔不成，小夏的父亲愤而向法院起诉保险公司，并称订立合同时，保险公司业务员并没有说明保险合同要到 3 月 12 日零时才能生效，据此要求法院判决保险公司赔偿保险金 10 万元。

　　问题：

　　上述案例揭示的法律问题，在保险业俗称为"空白期"问题，即投保人在完成投保行为后、保险合同正式生效前发生保险合同中约定的保险事故，其所受损失是否能够得到补偿的问题。那么，小夏的父亲作为受益人能否获得保险公司的赔偿呢？

法律提示

《中华人民共和国保险法》

　　第十条　保险合同是投保人与保险人约定保险权利义务关系的协议。

　　投保人是指与保险人订立保险合同，并按照合同约定负有支付保险费义务的人。

保险人是指与投保人订立保险合同，并按照合同约定承担赔偿或者给付保险金责任的保险公司。

第十七条 订立保险合同，采用保险人提供的格式条款的，保险人向投保人提供的投保单应当附格式条款，保险人应当向投保人说明合同的内容。

对保险合同中免除保险人责任的条款，保险人在订立合同时应当在投保单、保险单或者其他保险凭证上作出足以引起投保人注意的提示，并对该条款的内容以书面或者口头形式向投保人作出明确说明；未作提示或者明确说明的，该条款不产生效力。

基本理论和知识

一、认识保险合同

（一）保险合同

保险合同是投保人与保险人双方达成的一种契约关系，投保人向保险人支付约定的保险费，保险人在约定的保险事故发生或人身保险事件出现时履行向被保险人或者受益人给付保险金的义务。依《保险法》第 2 条、第 10 条规定，保险合同是指投保人与保险人约定，投保人向保险人给付保险费，保险人对于合同约定的可能发生的事故所造成的财产损失承担保险金给付义务，或者当被保险人死亡、伤残、疾病或者达到合同约定的年龄、期限等条件时承担给付保险金义务的协定。保险合同有以下主要特征：

1. 保险合同是债权合同。保险合同在投保人与保险人之间发生保险债权债务关系。保险人对投保人有请求给付保险费的债权，保险人承担约定危险的债务（当保险事故发生时，则表现为依约给付保险金的债务）。

2. 保险合同是射幸合同。"射幸"是传统民法术语，意思是侥幸、碰运气。射幸合同是指合同双方在订立合同时不能确定各自的利益或结果的协议。保险合同之所以是射幸合同，是由保险风险的不确定性决定的。就单个保险合同而言，投保人支付确定的保费，换取的只是保险人做出的当保险事故发生时给予赔偿或给付的承诺。保险人是否履行赔偿或给付保险金的责任，取决于偶然的、不确定的自然灾害或意外事故的发生。

如果在保险期限内没有发生保险事故，则保险人只享有收取保费的权利，不承担赔偿或给付义务；如果在保险期限内发生了保险事故，则保险人必须履行保险合同规定的赔付义务。而且保险人支付给被保险人或受益人的保险金一般要远远高于投保人支付的保险费。

3. 保险合同是最大诚信合同。诚实守信是任何民事合同当事人都必须遵守的原则。而保险合同对保险双方当事人的诚信要求更甚于对一般合同当事人的要求。

一方面，保险人的承保及赔付在很大程度上依赖于投保人或被保险人的告知与保证，如果投保人或被保险人不如实告知保险标的的有关情况、不履行保证事项，保险人的合法权益就会受到侵害。

另一方面，保险合同是格式合同，由保险人单方面拟定，虽然中国保监会要求各保险公司制定保险条款时尽量使用简单通俗的语言，但是保险合同内容繁多、专业术语多，如果保险人及其代理人不向投保人说明保险合同的具体条款，特别是保险责任和除外责任条款，投保人、被保险人、受益人的利益就会受到损害。所以，只有双方当事人最大程度地遵循诚信原则，才能保证对方的合法权益。

4. 保险合同是双务、有偿合同。保险合同是典型的双务合同，投保人负有支付保险费的义务，保险人享有收取保险费的权利；保险人在约定的保险事故发生后承担赔偿或给付保险金的义务，被保险人则享有在约定的保险事故发生后获得赔付的权利。

有偿合同是指一方当事人在享有一定的权利时必须支付一定的代价的合同。从上述分析来看，保险合同的当事人所享有的权利都需要支付一定的代价，因此保险合同也是有偿合同。

5. 保险合同是附合合同。附合合同，又称"格式合同"，是指合同的条款已事先拟定，不需要双方协商的合同。保险条款大都由保险公司拟定，在实践中，投保人一般不能就已定型的标准化条款加以修改。通俗地说，投保人如果想投保某类保险，只能同意相应的标准化保险条款，如果其不同意，则只能放弃该类保险。

6. 保险合同是非要式合同。要式合同是指法律要求必须具备一定的形式和手续的合同。根据《保险法》第 13 条的规定，投保人提出保险要求，经保险人同意承保，保险合同成立。保险人应当及时向投保人签发保险单或者其他保险凭证。据此，《保险法》对保险合同的成立没有任何形式要求。

（二）保险合同的种类

根据不同的标准，可对保险合同作不同的分类。在此只介绍几种主要的分类方式。

1. 定值保险合同与不定值保险合同。根据保险标的的保险价值确定与否为标准，可将保险合同分为定值保险合同和不定值保险合同。由于人的生命和身体是无价的，所以此种分类只适用于财产保险。

（1）定值保险合同。定值保险合同又称定价保险合同，是指双方当事人在订立合同时就确定保险标的的保险价值，并将该价值载明于合同中。定值保险合同成立以后，一旦发生保险事故，双方在合同中事先所确定的保险价值就成为保险人给付保险赔偿金数额的计算依据。

如果保险事故造成保险标的的全部损失，无论该保险标的的实际损失如何，保险人均应支付合同所约定的保险金额的全部，不需要对保险标的进行重新估价；如果保险事故仅造成保险标的的部分损失，则只需要确定损失的比例，该比例与双方确定的保险价值的乘积，即为保险人应支付的赔偿金额，同样无须重新对保险标的的实际损失的价值进行估量。

例如，在足额保险的情况下，双方事先确定的保险标的的保险价值为 12 万元人民币。在保险事故发生后，如果保险标的的损失比例为 40%，则保险人应承担的保险金额应为 4.8 万元人民币。海洋货物运输保险大都采用定值保险合同。此外，船舶保险合同和保险标的的价值不易确定的财产保险合同（如字画、古董等）也经常采用此种合同形式。

（2）不定值保险合同。不定值保险合同是指保险合同当事人事先不约定保险标的的保险价值，仅约定保险金额，在保险事故发生后再确定保险标的的实际价值的保险合同。一般的财产保险，尤其是火灾保险，都采用不定值保险合同的形式。

2. 特定危险保险合同与一切危险保险合同。根据保险人所承保危险的不同范围为标准，可将保险合同分为特定危险保险合同与一切危险保险合同。

（1）特定危险保险合同。特定危险保险合同是指保险人仅承保特定的一种或数种危险的保险合同。在该合同中，保险人承保的危险一般都在保险条款中予以列举约定，如火灾保险、地震保险、盗窃保险等。凡保险人仅承保一种危险的保险合同，称为单一危险保险合同；凡保险人同时承保两种以上危险的保险合同，称为多种危险保险合同。

基于实际生活的需要和保险业务的发展，在现代社会，采用多种危险保险合同的情形极为普遍，而单一危险保险合同的适用范围日趋缩小，许多原来的单一危险保险合同也逐渐发展为多种危险保险合同。如火灾保险已不再单纯以火灾为承保危险，还包括了雷电、地震、洪水、暴风雨、爆炸等多种自然灾害和意外事故所造成的危险。

（2）一切危险保险合同。一切危险保险合同又称为"综合保险合同"，指保险人承保的危险为合同列举规定的不保危险之外的一切危险。在该种合同中，保险人并不列举其所承保的具体危险，而是以"除外责任"条款确定其不承保的危险。凡未列入除外责任条款中的危险，均属于保险人承保的危险范围。

由此可见，所谓一切危险保险合同并非意味着保险人承保一切危险，即保险人所承保的危险仍然是有范围限制的，只不过这种限制采用的是"除外"的方法。

3. 财产保险合同与人身保险合同。按照保险标的性质的不同为标准，可将保险合同分为财产保险合同和人身保险合同。

（1）财产保险合同。财产保险合同是以财产及其有关利益为保险标的的保险合同。财产保险合同又可分为财产损失保险合同、运输工具保险合同、货物运输保险合同、农业保险合同、责任保险合同、信用保险合同、保证保险合同和海上保险合同等。

（2）人身保险合同。人身保险合同是以人的寿命和身体为保险标的的保险合同。人身保险合同可以分为人寿保险合同、意外伤害保险合同和健康保险合同等。人寿保险的基本内容是投保人向保险人缴纳保险费，当被保险人在保险期限内死亡或生存到一定的年龄时，保险人向被保险人或其受益人给付保险金。人寿保险是人身保险中最基本、最主要的种类。

4. 原保险合同与再保险合同。按照保险合同是否必须以已经存在的保险合同为基础，可将保险合同分为原保险合同和再保险合同。为了便于区分，一般将原保险合同称为"第一次保险合同"，将再保险合同称为"第二次保险合同"。

（1）原保险合同。原保险合同是指保险人与投保人最初订立的保险合同。根据原保险合同的内容，保险人对被保险人因保险事故所遭受的损失直接承担赔偿责任，即保险人承担的保险责任系由保险人与投保人订立的保险合同而产生，其责任的承担具有"原始"或"最初"的性质。在保险合同中，当事人为保险人与投保人。

（2）再保险合同。再保险合同是指保险人将其所承担的保险责任，以分保形式将部分保险责任转移给其他保险人而订立的保险合同。分出保险业务的为原保险人，又称分出人；接受分出的保险业务的为再保险人，又称分入人。

原保险合同与再保险合同既相互依存，又相互独立。一方面，再保险合同以原保险合同为基础；另一方面，原保险合同和再保险合同又是相互独立的合同。再保险接受人不得要求原保险的投保人支付保险费。原保险的被保险人或者受益人，也不得向再保险接受人提出赔偿或者给付保险金的请求。再保险分出人不得以分入人未履行再保险责任为由，拒绝履行或者迟延履行其原保险责任。

5. 为自己利益订立的保险合同与为他人利益订立的保险合同。依照订立保险合同是为谁的利益为标准，可将保险合同分为为自己利益订立的保险合同和为他人利益订立的保险合同。

（1）为自己利益订立的保险合同。为自己利益订立的保险合同是指投保人为自己设立权利和义务从而享有赔偿请求权的保险合同。一般有两种情形：

①投保人自己为被保险人，而未另行指定受益人；②投保人以他人为被保险人，而指定自己为受益人。

（2）为他人利益订立的保险合同。为他人利益订立的保险合同是指投保人不自行享有赔偿请求权的保险合同。一般有三种情况：①投保人自己为被保险人，而指定他人为受益人；②投保人以他人为被保险人，而未另行指定受益人；③投保人以他人为被保险人，而又另行指定受益人。

6. 定额保险合同和损失补偿保险合同。以保险合同的保障性质为标准，可将保险合同分为定额保险合同和损失补偿保险合同。

（1）定额保险合同。定额保险合同是指当保险合同约定的事故发生时，保险人按照合同约定的保险金额给付保险金的保险合同。人身保险合同即属于定额保险合同。

（2）损失补偿保险合同。损失补偿保险合同是指保险人承担的保险责任是补偿被保险人的实际损失，补偿金额不得超过保险金额的保险合同。各种财产保险合同均属于损失补偿保险合同。

补偿以损失的存在为前提，只有在保险事故发生并造成被保险人经济损失时，保险人才有赔偿保险金的义务；如果保险事故未发生或虽发生但未造成被保险人任何经济损失，保险人就无须进行赔偿。

7. 足额保险合同、不足额保险合同和超额保险合同。以保险金额与保险价值的关系为标准，可将保险合同分为足额保险合同、不足额保险合同和超额保险合同。

（1）足额保险合同。足额保险合同又称全额保险合同，是指保险金额与保险价值完全相等的保险合同。在订立足额保险合同后，当保险标的因保险事故的发生而遭受全部损失时，保险人按保险价值进行赔偿。保险标的如有损余，保险人则享有物上代位权。如保险标的遭受部分损失，由保险人按照实际损失进行赔偿。

（2）不足额保险合同。不足额保险合同是指保险金额低于保险价值的保险合同。在订立不足额保险合同后，当保险标的因保险事故的发生而遭受全部损失时，保险人按保险金额进行赔偿，保险金与保险价值的差额部分，由被保险人自己承担。如保险标的遭受部分损失，由保险人按照保险金额与保险价值的比例承担赔偿责任。

（3）超额保险合同。超额保险合同是指保险金额高于保险价值的保险合同。因为财产保险合同是损失补偿合同，所以保险金额不得超过保险价值，超过保险价值的，超过的部分无效。

二、辨识保险合同的主体

（一）保险合同当事人

保险合同当事人，是指缔结保险合同并直接享有合同权利、承担合同义务的人，包括保险人和投保人。

1. 保险人。保险人也称为承保人，是在保险合同缔结过程中的重要当事人之一，其在保险合同中享有收取保险费的权利，承担给付保险金的义务。"保险人"的概念，在《保险法》第 10 条第 3 款中有明确表述："保险人是指与投保人订立保险合同，并按照合同约定承担赔偿或者给付保险金责任的保险公司。"因此，我国的保险人以公司法人为限，其设立须经国务院保险监督管理机构批准。

保险人要成为缔约保险合同的适格主体必须具备以下的条件：

（1）保险人是依法设立的保险公司。《保险法》第 6 条明确规定："保险业务由依照本法设立的保险公司以及法律、行政法规规定的其他保险组织经营，其他单位和个人不得经营保险业务。"

（2）保险人必须具有法人资格。保险活动是一种商事活动，保险人也是营利性的商法人，必须满足法人的要件。

2. 投保人。投保人也称为要保人，是与保险人协商订立保险合同的重要当事人，负有交付保险费的义务。《保险法》第 10 条第 2 款明确规定了"投保人"的概念："投保人是指与保险人订立保险合同，并按照合同约定负有支付保险费义务的人。"

投保人可以是自然人，也可以是法人，但要成为缔结保险合同的适格主体则必须具备民事权利能力和相应的民事行为能力。自然人要作为投保人必须具备民事权利能力和完全民事行为能力，也就是说无民事行为能力人和限制民事行为能力人一般不能亲自从事缔结保险合同的法律行为。对于法人而言，法人的民事权利能力和民事行为能力始于成立之时，因此法人自成立之日起即可成为投保人。

此外，与其他合同不同，投保人作为保险合同的一方当事人，本身并不必然享受保险合同的利益，却必须履行保险合同的主要义务即须依约交纳保险费。事实上，保险合同的利益主要由保险合同的关系人来享受的。

（二）保险合同关系人

保险合同是为财产或人身风险提供保障的合同，保险合同关系人是保险合同特有的一类主体，是属于因保险合同的成立而直接享受保险合同利益的人，主要包括被保险人和受益人。

1. 被保险人。被保险人是直接受保险合同保障的主体，我国《保险法》第

12 条第 5 款对此作了明确的界定："被保险人是指其财产或者人身受保险合同保障,享有保险金请求权的人。投保人可以为被保险人。"在我国,被保险人可以是自然人、法人或其他单位和组织。

从《保险法》对被保险人的定义来看,被保险人是保险合同的保障对象,是订立保险合同最终的利益承受者,是保险合同中最特殊也是最重要的主体,其在保险合同中一般仅享有主要的保障利益,即保险金请求权,却很少承担诸如交纳保险费等主要的合同义务。

既然被保险人是不承担义务、仅享有权利的主体,那么对被保险人是否有资格限制呢?从我国《保险法》的规定来看,任何人包括自然人、法人、其他组织都可以成为被保险人,尤其在财产保险中,无论是完全民事行为能力人、限制民事行为能力人还是无民事行为能力人,都可以成为被保险人。而在人身保险中,由于保险标的的人格化,通常会禁止为未成年人或精神病人等无民事行为能力人投保以死亡为给付保险金条件的保险。例如,《保险法》第 33 条规定:"投保人不得为无民事行为能力人投保以死亡为给付保险金条件的人身保险,保险人也不得承保。父母为其未成年子女投保的人身保险,不受前款规定限制。但是,因被保险人死亡给付的保险金总和不得超过国务院保险监督管理机构规定的限额。"

在人身保险合同中,我国《保险法》还赋予了被保险人某种程度上的同意权,主要表现在以死亡为给付保险金条件的保险合同中,以及关于合同受益人的指定问题。例如,《保险法》第 34 条第 1 款和第 2 款规定:"以死亡为给付保险金条件的合同,未经被保险人同意并认可保险金额的,合同无效。按照以死亡为给付保险金条件的合同所签发的保险单,未经被保险人书面同意,不得转让或者质押。"第 39 条第 1 款和第 2 款也规定:"人身保险的受益人由被保险人或者投保人指定。投保人指定受益人时须经被保险人同意。投保人为与其有劳动关系的劳动者投保人身保险,不得指定被保险人及其近亲属以外的人为受益人。"被保险人同意权的设立充分体现了对被保险人人格权的尊重,并且使被保险人能够自己决定自己死亡风险的控制方式,从而有效地防范了道德风险。

2. 受益人。受益人,也称保险金受领人,是保险合同中一类重要主体。我国《保险法》第 18 条第 3 款对"受益人"下了明确的定义:"受益人是指人身保险合同中由被保险人或者投保人指定的享有保险金请求权的人。投保人、被保险人可以为受益人。"

目前市场上的保险合同主要有财产保险合同和人身保险合同两种,而受益人则主要见之于人身保险合同中,尤其是在以被保险人死亡为请求保险金条件的人身保险合同中。我国《保险法》也只是在"人身保险合同"一节中对受益人加以规定，至于财产保险合同中是否存在受益人，学术界也存在诸多争议。当以被保险人死亡为请求保险金条件的人身保险合同的保险事故发生时，由于受益人领取保险金的权利是基于人身保险合同而享有的，其并非继受取得，因此无须缴纳遗产税或个人所得税。当然，如果保险合同中没有指定受益人的话，根据《保险法》第42条的规定，被保险人的死亡保险金将作为被保险人的遗产处理，由保险人依照《中华人民共和国继承法》（以下简称《继承法》）的规定履行给付保险金的义务。由于在上述合同类型中，只有在被保险人死亡后受益人才能够获得保险金请求权，因此，为了控制道德风险，《保险法》第39条和第41条分别明确规定了投保人指定和变更受益人必须经过被保险人同意方为有效；第43条第2款也明确规定，如果受益人故意造成被保险人死亡或者伤残的，抑或是故意杀害被保险人未遂的，都将丧失受益权。此外，我国《保险法》第40条还规定了被保险人或投保人亦可以指定数名受益人，并可以确定受益顺序和份额。

三、保险合同的订立和履行

（一）保险合同的订立与生效

保险合同的订立，通常由投保人向保险人提出保险申请，经与保险人协商，保险人同意承保而成立的保险合同。保险合同订立的过程分为投保与承保两个步骤。

1. 投保。投保是投保人向保险人提出订立保险合同的意思表示，此为要约。实务中表现为投保人向保险人索取保险单并按保险人的要求填写，然后交付保险人的行为。

（1）填写投保单。投保单，亦称"保险申请书"或"要保书"，是保险人为了业务上的需要，预先按照业务种类设计好固定样式的投保单。投保单上应载明涉及保险合同的主要内容，如财产保险合同中的保险标的及其坐落地点、保险金额、保险责任及责任期限等。

当投保人提出保险要求时，由保险人把投保单交付投保人，投保人如实、完整地填写有关保险标的的重要信息。投保人在认可保险人设计的保险费率和保险条款的前提下，将投保单交付保险人，便构成了要约。

（2）投保人的如实告知义务。订立保险合同，保险人就保险标的或者被保险人的有关情况提出询问的，投保人应当如实告知。如实告知的形式一般表现为投保人填写投保单，要求投保人必须按照投保单所列内容逐一如实填写。投保人对告知义务的履行是否符合要求至关重要，这影响到合同的效力。

（3）保险人的说明义务。在订立保险合同时，投保人愿意采用保险人提供的格式条款的，保险人向投保人提供的投保单应当附格式条款，保险人应当向投保人说明合同的内容。对保险合同中免除保险人责任的条款，保险人在订立合同时应当在投保单、保险单或者其他保险凭证上作出足以引起投保人注意的提示，并对该条款的内容以书面或者口头形式向投保人作出明确说明；未作提示或者明确说明的，该条款不产生效力。

2. 承保。承保就是保险人接受投保人的投保申请，向投保人作出的愿意承保的意思表示，此为承诺。实务中表现为保险人同意接受保人的投保单，在投保单上签字盖章的行为。有人认为在保险人出具保险单时保险才成立，这种观点是不正确的。出具保险单是保险人在合同成立之后应当履行的义务之一。

保险人经过对投保人填写的投保单进行必要的审核，没有其他疑问的，通常表示为接受并在投保单上签章，此为承诺，保险人承诺后合同成立。保险人应当及时向投保人签发保险单或者其他保险凭证，并在保险单或者其他保险凭证中载明当事人双方约定的合同内容。当事人也可以约定采用其他书面形式载明合同内容。

3. 生效。依据《保险法》第 13 条第 1 款的规定，投保人提出保险要求，经保险人同意承保，保险合同成立。依法成立的保险合同，自成立时生效。投保人是否交付保险费不影响保险合同的成立与生效，因为交付保险费是投保人履行保险合同的义务。

（二）保险合同的履行

保险合同的履行就是指保险合同当事人依据合同约定全面、适当地履行各自的义务，以实现权利的行为。

从保险合同权利与义务的对等性来看，不论投保人是为谁的利益而订立合同，投保人依据保险合同应当承担的义务和因此而取得的权利是一个统一体，即使保险费的支付人和保险金的领受人不是一个人，但因法律对这些人之间利益关系的要求，其统一性最终仍能实现。所以，投保人义务的履行，同时也包括被保险人和受益人义务的履行。

投保人的义务包括：

1. 交付保费的义务。我国《保险法》第 14 条规定，保险合同成立后，投保人按照约定交付保险费。可见，交纳保险费是投保人的主要义务。投保人应按照保险合同约定的数额、期限、地点和方式，向保险人交付保险费。

如果投保人未按约定履行给付保险费的义务，将会产生如下法律后果：①在约定交付保险费为保险合同生效要件的场合，保险合同不生效；②在财产保险合同中，保险人有权对不履行交费义务的投保人进行催交，要求投保人继续履行合同约定的交费义务；如果投保人经催告后在合理期限内仍未履行交费义务，保险人有权解除保险合同；另外，保险人还可以用诉讼方式要求投保人交付保险费。③在人身保险合同中，投保人不按照合同约定交纳续期保险费的，保险合同效力中止，在合同效力中止期间，如果发生保险事故，保险人不承担给付保险金的责任；或者保险人可以按照合同约定的条件减少相应的保险金额。

2. 维护保险标的安全的义务。维护保险标的安全的义务又称防灾减损义务，就是投保人或被保险人有尽量避免灾害的发生或减低损失程度的义务。根据《保险法》第51条的规定，关于维护保险标的安全的义务，应当做到以下两点：其一，被保险人应当自觉遵守国家有关消防、安令、生产操作、劳动保护等方面的规定，主动维护保险标的的安全；其二，保险人有权监督、协助投保人、被保险人履行维护保险标的的安全的义务。如果保险人认为有必要，并且征得被保险人的同意，可以直接对保险标的采取安全预防措施。例如，对投保火灾保险的财产增设防火设备等。如果保险人向投保人或被保险人提出消除不安全因素和隐患的书面建议，投保人、被保险人必须接受。

投保人或被保险人未按照约定履行其对维护保险标的安全应尽的责任的，保险人有权要求增加保险费或者解除合同。也就是说，保险人享有选择权，即在增加保险费或解除合同二者中选择其一。

3. 危险程度显著增加的通知义务。危险程度显著增加的通知义务，是指在保险合同有效期限内，保险标的面临危险程度显著增加的，被保险人依据合同应当履行将危险程度显著增加的情况通知保险人的义务。在保险合同存续期间内，随主观因素及客观因素的变动，契约所约定的保险事故的发生概率可能维持订约时的原状，也可能相应地增加。在危险发生的概率不变的情况下，保险人基于原订保险费承保风险，对保险人、投保人双方而言均属公平。但当危险程度显著增加时，则使保险合同成立时的客观基础发生了变化，若继续维持原有保险费，则显失公平。因此，履行危险程度显著增加的通知义务，可以平衡投保人的利益及保险人承担的风险，维持双方之间的公平。

依据《保险法》第52条的规定，在合同有效期内，保险标的的危险程度显著增加的，被保险人应当按照合同约定及时通知保险人，保险人可以按照合同约定增加保险费或者解除合同。保险人解除合同的，应当将已收取的保险费，按照合同约定扣除自保险责任开始之日起至合同解除之日止应收的部分后，退还投保人。被保险人未履行危险增加通知义务的，因保险标的的危险程度显著增加而发生的保险事故，保险人不承担责任。

4. 保险事故发生的通知义务。保险事故发生时的通知义务，也称出险的通知义务，是指在保险合同有效期限内，合同约定的保险事故发生后，投保人、被保险人或受益人应当将此情形及时通知保险人的义务。

根据《保险法》第21条的规定，故意或者因重大过失未及时通知，致使保险事故的性质、原因、损失程度等难以确定的，保险人对无法确定的部分，不承担赔偿或者给付保险金的责任，但保险人通过其他途径已经及时知道或者应当及时知道保险事故发生的除外。

5. 出险施救的义务。所谓出险施救义务，又称防止损失扩大义务，是指保险合同约定的保险事故发生时，投保人、被保险人除及时通知保险人外，还应当采取积极合理的措施，抢救出险的财产，以避免或减少损失的义务。《保险法》第 57 条明确规定：保险事故发生时，被保险人应当尽力采取必要的措施，防止或者减少损失。被保险人因积极施救而支出的必要的、合理的费用，由保险人承担，并在保险金额以外另行计算，但最高不能超过保险金额的数额。

被保险人应在知道或应当知道保险事故发生时履行施救义务。因被保险人没有履行施救义务而致使损失扩大的，对扩大部分的损失，保险人不承担赔偿责任。

保险人的义务：

1. 赔偿或者给付保险金的义务。在保险合同的有效期限内，合同约定的保险事故或事件发生后，保险人有按照约定或法定的责任、期限、金额，赔偿或者给付保险金的义务。保险人未依合同约定或者法律规定的期限赔付保险金的，构成违约，应当承担违约责任。

2. 支付其他费用的义务。保险人承担的赔偿或给付保险金的义务，是基于保险合同而产生的基本义务，而在财产保险合同中，保险人除了承担基本义务以外，在某些情况下还要承担支付必要合理费用的义务。比如，依据《保险法》第 57 条第 2 款、第 64 条、第 66 条，保险人还要承担施救费用、检验费用和仲裁诉讼费用。

3. 为投保人或被保险人保密的义务。保险人对在办理保险业务时知道的投保人或被保险人的业务情况、财产情况、家庭状况、身体健康状况等，负有保密义务。这是保险人的一项法定义务。

4. 说明合同内容的义务。订立保险合同时，保险人应当向投保人说明保险合同的条款内容，特别是对责任免除条款必须明确说明；否则，责任免除条款不产生效力。

四、保险合同的变更和转让

（一）保险合同的变更

1. 保险合同变更的概念。我国《合同法》上的合同变更，系指合同内容的变更。因此，保险合同的变更亦指保险合同内容的变更。所谓保险合同的变更，是指当事人间享有的权利、承担的义务发生变化，而合同当事人并未改变的情形。主要表现为保险合同条款的变化，例如，保险标的、保险价值、危险程度、保险期限、保险费、保险金额等约定事项的变更。

2. 保险合同变更的条件。

（1）必须以当事人已经存在的保险合同关系为基础。

保险合同的变更是改变原合同关系。无原合同关系，则无变更的对象。

（2）必须引起合同内容的变化。保险合同内容的变更主要包括：危险的变更、复保险的变更、超额保险的变更、不足额保险的变更，以及其他法定或约定内容的变更。

（3）须经过双方当事人协议或依法直接规定或法院裁决。大部分保险合同的变更，是由当事人各方协商一致而完成的，达不成协议或者约定不明确便不发生合同变更的法律效力。基于法律的直接规定而变更合同，法律效果可直接发生，不以经法院的裁决或当事人协议为必经程序。如因保险合同债务人违约使履行债务变为损害赔偿债务，法律效果当然发生。对于合同的变更须经法院裁决程序的，我国法律主要规定了两种适用情形：一是意思表示真实的合同，如因重大误解而成立的合同，不论是撤销还是解除须经过法院裁决；二是适用情事变更原则，无论是解除合同还是履行合同，均须法院裁决。

（4）保险合同变更须遵守法律要求的方式。《保险法》第20条第2款规定，变更保险合同的，应当由保险人在原保险单或者其他保险凭证上批注或者附贴批单，或者由投保人和保险人订立变更的书面协议。可见，保险合同的变更必须采用书面形式。

3. 保险合同变更的效力。合同变更的实质是以变更后的合同代替了原合同。所以，保险合同变更生效后，当事人应当按照变更后的保险合同内容履行各自的义务，任何一方违反变更后的合同内容都构成违约。

（二）保险合同的转让

1. 保险合同转让的概念和形态。所谓保险合同的转让，是指保险合同当事人一方依法将其合同的权利和义务全部或部分地转让给第三人的行为。根据《合同法》规定，保险合同的转让主要包括以下三种形态：保险合同权利的转让、保险合同义务的转让和保险合同权利义务的概括转让。

2. 保险合同转让的类型。保险合同的转让因财产保险合同和人身保险合同而有所不同。财产保险合同的转让一般由保险标的的转让引起。保险标的的转让可以引起合同权利的转让，也可以导致合同权利、义务的概括转让。人身保险合同的转让一般由保险人被强制解散或破产引起。

（1）财产保险合同的转让。财产保险合同的转让一般是由保险标的的权属变动即转让引起的。在现代经济生活中，财产转让十分普遍。由于财产保险的保险利益主要体现为人与财产的关系，所以，当保险标的转让时，原投保人

（被保险人）即对保险标的失去保险利益，此时，保险标的的权属承继人一般会取代原权属人的地位，变成保险合同的主体。依照《保险法》第49条的规定，保险标的转让的，保险标的的受让人承继被保险人的权利和义务。保险标的转让的，被保险人或者受让人应当及时通知保险人，但货物运输保险合同和另有约定的合同除外。

（2）人身保险合同的转让。与财产保险合同相比，人身保险合同的转让主要体现在受益人和保险人的变更。

第一，受益人的变更。人身保险合同的受益人是由被保险人或者投保人指定的。根据《保险法》第41条的规定，如果被保险人与受益人之间的法律关系或者信赖关系发生变化，被保险人或者投保人可以根据自己的意志来变更受益人并书面通知保险人。保险人收到变更受益人的书面通知后，应当在保险单或者其他保险凭证上批注或者附贴批单。投保人变更受益人时须经被保险人同意。

第二，保险人的变更。保险人的变更即保险合同的转移，实质上是承担赔偿责任主体的变更，它直接关系到被保险人的合法权益能否保障的问题，这在法律上十分复杂，有的国家通过专门的立法来解决保险合同的转移。我国《保险法》第92条规定了经营人寿保险业务的保险人发生变更的情形，即"经营有人寿保险业务的保险公司被依法撤销或者被依法宣告破产的，其持有的人寿保险合同及责任准备金，必须转让给其他经营有人寿保险业务的保险公司；不能同其他保险公司达成转让协议的，由国务院保险监督管理机构指定经营有人寿保险业务的保险公司接受转让。转让或者由国务院保险监督管理机构指定接受转让前款规定的人寿保险合同及责任准备金的，应当维护被保险人、受益人的合法权益。"

五、保险合同的中止和复效

（一）保险合同的中止

1. 保险合同中止的概念。保险合同中止，是指在保险合同有效期内，因某种事由出现而使合同效力处于暂时停止的状态。根据我国法律，保险合同的中止仅适用于人身保险合同，《保险法》第36条第1款规定："合同约定分期支付保险费，投保人支付首期保险费后，除合同另有约定外，投保人自保险人催告之日起超过30日未支付当期保险费，或者超过约定的期限60日未支付当期保险费的，合同效力中止，或者由保险人按照合同约定的条件减少保险金额。"但从我国保险实务来看，保险合同效力的中止，其适用范围并不限于人身保险合同的范畴，也应当适用于某些财产保险合同。然而，由于目前分期付款的保险合同主要为较长期限的人身保险合同，因此保险合同中止的规定主要还是适用于人身保险合同。

2. 保险合同中止的法律效果。《保险法》设置保险合同中止这一特殊制度的法律效果是在保险合同的中止期间，保险人不承担保险合同约定的保险责任。但这并不意味着保险合同的效力已经终止，而是保险合同的效力暂时中止，且若具备一定条件，保险合同的效力即可以恢复。我国《保险法》第37条第1款就规定："合同效力依照本法第36条规定中止的，经保险人与投保人协商并达成协议，在投保人补交保险费后，合同效力恢复。但是，自合同效力中止之日起满2年双方未达成协议的，保险人有权解除合同。"

3. 保险合同中止的构成要件。

（1）主要适用于人身保险合同。

（2）投保人的交费方式为分期交费。即使是人身保险合同，在实务中交付保险费的方式也多种多样，倘若合同约定要求投保人一次性交纳全部保险费用，那么也就不可能出现保险合同效力中止的问题。

（3）保险合同已经发生效力。这是保险合同效力中止的前提基础。

（4）投保人逾期仍未交付当期保险费。这是保险合同中止的事由，只有投保人出现了在超过合同约定或法定的宽限期后仍不交纳当期保费的情况，才能构成保险合同的中止。

（5）保险合同没有其他约定的补救措施。也就是说保险合同对于如何处理投保人逾期未交付保险费的问题，没有约定合同效力中止以外的诸如解除保险合同、终止保险合同、保险费自动垫交等其他解决办法。

（二）保险合同的复效

1. 保险合同复效的概念。保险合同复效，是指导致保险合同中止的法定事由消除后，具备相应的条件，经过一定的程序，其效力自行恢复中止前的状态。保险合同的复效与保险合同的中止一样，其主要的适用范围也是人身保险合同。如前已引述《保险法》第37条第1款的规定，合同效力依照本法第36条规定中止的，经保险人与投保人协商并达成协议，在投保人补交保险费后，合同效力恢复。

保险合同的复效，只是使得处于效力中止状态的原保险合同继续有效，并不意味着原保险合同关系的消灭和新保险合同关系的产生。事实上，复效前后的保险合同在内容上存在着延续性。当然，即便保险合同最终不能复效，投保人和被保险人也并不会因此完全丧失所有权益。《保险法》第37条第2款规定："保险人依照前款规定解除合同的，应当按照合同约定退还保险单的现金价值。"不过，保险合同在中止之后能够复效，这在大多数情况下有利于被保险人，尤其是在人身保险合同中。例如，在保险合同中止之后，被保险人已经超过了人身保险对投保年龄的限制，那么在这种情况下，只有使保险合同复效，才能让被保险人继续享有保险保障。

2. 保险合同的复效条件。如前所述，保险合同效力中止后，并不必然导致复效的后果。为了使效力中止的保险合同恢复其效力，需要满足以下的相关条件：

（1）需要由投保人向保险人提出复效请求。效力中止的保险合同不能自行复效，在保险实务中，投保人申请复效的意思表示一般是通过填写复效申请书的方式作出的。

（2）投保人提出复效的期限不超过 2 年。如果在该期间内不申请复效，则赋予了保险人解除保险合同的权利。

（3）投保人补交所欠的保险费及利息。保险合同的中止就是因为投保人不按时交付保险费所引起的，因此要使保险合同复效，就必须补交保险费，包括保险合同中止前所欠的保险费和保险合同中止期间所需交付的保险费。至于利息问题，虽然我国《保险法》对此没有规定，但在保险实务中均会有相关的规定和要求。

（4）投保人和保险人就复效问题达成协议，保险人同意保险单复效。即双方就复效事宜达成合意。

3. 保险合同复效的后果。保险合同中止后，若具备相应的条件，合同可以复效，复效后的保险合同是复效前保险合同的继续。保险合同复效后，中止期间一般仍然计入保险期间，使保险期间仍可以保持连续性和完整性。

六、保险合同的终止

保险合同的终止是指某种法定或约定事由的出现，致使保险合同当事人双方的权利义务归于消灭。保险合同终止的主要原因有合同的期限届满、履行完毕、主体消灭等法定或约定事由，其结果是合同权利义务的消灭。

（一）保险合同因解除而终止

1. 保险合同解除的概念。保险合同的解除是指在保险合同有效期内，有解除权的一方当事人向他方表示解除合同的意思表示，使保险合同关系归于消灭。

2. 保险合同解除权在当事人之间配置的立法原则。保险合同是格式合同。保险条款由保险人事先拟定，投保人并未参与保险条款的制定。为了平衡保险人与投保人在法律地位上的不平等性，我国法律规定解除权向投保人倾斜，即法律赋予投保人较大权限的自由解除合同的权利，而对保险人的合同解除权作了较大限制。

3. 保险合同解除的种类。

（1）协议解除，又称约定解除，是指当事人双方经协商同意解除保险合同的一种法律行为。

（2）法定解除，是指保险合同当事人一方直接依照保险法的规定解除保险合同的一种法律行为。

4. 保险合同解除的条件。

（1）必须以依法成立的有效保险合同为前提。

（2）必须具备解除条件。

（3）必须有解除行为。合同解除权属于形成权，权利人只有行使解除权，并向对方发出解除合同的通知，当通知到达对方时保险合同才得以解除。

（4）必须采用书面形式。

（5）必须在法定、约定或合理的期限内行使解除权。

5. 保险合同解除的法律后果。一般情况下，保险合同的解除不产生溯及既往的效力，即保险人对于合同解除之前发生的保险事故承担保险责任，仅退还合同解除日当天起至保险期限结束的保险费。

特殊情况下，保险合同的解除产生溯及既往的后果，具体表现为保险人对于合同解除前发生的保险事故不承担赔偿责任。《保险法》第52条规定，对保险标的的危险程度显著增加时，被保险人未履行通知义务致保险人解除保险合同的，保险人对于合同解除前发生的保险事故不承担赔偿责任。

（二）保险合同因其他原因而终止

1. 保险合同因有效期限届满而终止。保险合同不同于其他合同的一个重要特点就是，保险人履行合同义务具有不确定性，即保险人只对在合同约定期限内发生的保险事故履行赔偿或给付保险金的义务。一旦保险期限届满，双方权利义务及归于消灭。

2. 保险合同因保险人履行全部义务而终止。在保险合同有效期间内，发生保险事故后，保险人按约履行了全部保险金赔偿或给付义务，合同即终止。

3. 财产保险合同因保险标的灭失而终止。

4. 人身保险合同因被保险人的死亡而终止。

案例点拨

前文已介绍过，保险合同成立的判断标准是要约与承诺的完成。从合同成立的角度上来说，小夏填写投保单的行为是投保人向保险人发出要求订立合同的要约行为，保险公司接受小夏的要约即投保单后，经审核无误同意承保即承诺行为，即标志着保险合同的成立。在本案中，保险合同能够成立应当是毫无争议的，因为保险公司对小夏的要约并没有提出任何修改或反驳，双方意思表示达成一致。然而，保险公司到底从什么时候才开始承担保险责任，在本案中却是值得商榷的。

　　小夏身亡的事故发生在保险公司收保费并核保之后、送达保险合同之前。目前，对这段空白期里发生保险事故的责任划分，我国法律尚无明确规定，各地法院的判决也互有不同。有些法院单从合同文本角度认为，保险单上既然载明了保险合同的生效时间，那么，在没有其他问题干扰的情况下，保险合同应当在 2005 年 3 月 12 日零时生效，保险公司从此时开始承担保险责任。依此，就小夏的情况而言，保险公司是不需要承担任何赔偿责任的。不过，也有些法院在法律未明确的前提下，依照诚实信用原则，按"谁受益、谁承担"的原则来平衡双方利益。根据这个观点，保险公司为了扩大业务量，采用预收保费的做法防止客户流失，人为地制造了一段空白期，这是为自身利益的做法，因此，保险公司应对小夏的事故给予理赔。不过，似乎本案并未到此结束，因为小夏的父亲提出保险公司业务员没有说明保险合同的生效时间。如果这是事实的话，那么保险公司需要承担保险责任吗？我们知道，一份有效的合同是双方真实意思表示一致的反映，无法想象任何一方不经协商擅自将自己的意志记载在合同文本上的行为。而且，保险合同对合同订立双方的诚信要求本身就比较高，我国《保险法》中也明确规定了保险人的合同缔约说明义务，第 17 条规定："订立保险合同，采用保险人提供的格式条款的，保险人向投保人提供的投保单应当附格式条款，保险人应当向投保人说明合同的内容。对保险合同中免除保险人责任的条款，保险人在订立合同时应当在投保单、保险单或者其他保险凭证上作出足以引起投保人注意的提示，并对该条款的内容以书面或者口头形式向投保人作出明确说明；未作提示或者明确说明的、该条款不产生效力。"保险合同的生效时间作为保险合同的重要条款，直接决定了保险人承担保险责任的时间，适用该条款的规定，要求保险人进行明确说明，否则不产生效力。

　　由此，在本案中，如果保险人未对合同生效时间进行明确说明，则可认定该条款无效，该保险合同的生效时间就是合同的成立时间。那么，又该如何确定本案中保险合同的成立时间呢？

　　我们认为，保险合同的成立无异于其他合同，在没有特殊形式要求的情况下，要约与承诺的完成就意味着保险合同的成立。我国《保险法》第 13 条第 1 款也规定："投保人提出保险要求，经保险人同意承保，保险合同成立。保险人应当及时向投保人签发保险单或者其他保险凭证。"从法理上来说，本案中保险合同的成立时间就是保险公司同意承保的时间。然而，保险公司的承保时间属于公司内部信息，在目前的法律制度下投保人是无从得知的。为了解决这个难题，我们建议，在信息不对称的情况下，处于强势地位的保险公司应当承担更多的法律责任和不利后果，这也是我国保险立法的倾向。因此，本案中的保险公司在无法证明合同成立时间的情况下，应当承担由此引起的不利后果，即保险公司要按保险合同承担相应的赔偿责任，向受益人即小夏的父亲进行赔偿。

现实中，类似案例的多次发生不得不让我们对保险合同的空白期问题予以重视。我们认为，空白期问题主要源于相关法律对保险合同的成立与生效问题规定不明确。此外，对于保险合同的成立和生效问题还存在着不少的误解，一些保险公司认为，保险合同主要是由保险公司制定，投保人只能选择投保或者不投保，而不能选择怎样投保，这种强势观点与现行保险法律制度对保险公司的要求是相违背的，其不但不利于保险行业的发展，更不利于保险企业的发展壮大。

在国外，对某一保险空白期通常有明确的处理办法。保险公司一般会在收到首期保费后为投保人出具一份暂保单来作为一种临时约定，为保户提供空白期的保障。暂保单可以对此期间的各种可能情况作出事先约定，以及明确保险公司在此期间是否承担赔付责任，以提醒保户虽然交纳了保险费，但保险合同还没有生效的事实。暂保单中的保险责任的额度是基本确定的，这个时期的保障到保险合同正式出具时即终止。例如，在美国，保险公司会为投保人提供空白期的免费意外保险，但是这份免费的意外保险有一个确定的保险额度，这样既保障了客户在空白期的权益，也给保险公司避免了不必要的麻烦。

我国《保险法》应在借鉴国外经验的基础上，对空白期问题作出明确规定；同时，保险公司应当尽心尽责地向投保人明确说明保险合同的关键内容，特别是与保险公司承担保险责任相关的条款，这样能有效避免和减少类似纠纷。

实战训练

2008 年 1 月 22 日，J 市某商城向保险公司投保并填写投保单，以该商城东区、西区营业房屋和屋内财产投保，保险金额为 500 万元，保险费 11 075 元，保险责任期限自 2008 年 1 月 23 日起至 2009 年 1 月 22 日止。次日，即 1 月 23 日，该商城提出保险费延期至 2 月 1 日交付，保险公司口头表示同意，并向该商城开具了 11 075 元的保险费收据，并填写了保险单，但并未向投保人出具保险单，而是由保险公司保存。2008 年 1 月 25 日，J 市遭遇罕见大雪袭击，东区和西区营业房被大雪大面积压塌，造成 1 死 3 伤，直接经济损失 735 万余元。事后，该商城向保险公司提出理赔请求，而保险公司坚持认为保险合同并未成立，于是该商城向人民法院提起诉讼。

问题：

1. 保险合同是否成立？是否生效？

2. 投保人延期交纳保险费是否导致保险合同无效？

第三节　人身保险合同

了解人身保险合同；理解人身保险合同的主体及权利；掌握人身保险合同的特点、分类及合同条款。

能够运用人身保险合同法律制度对适用情形中的特殊性进行判断和分析。

2008 年 2 月 20 日，李某被宋某驾驶的广州本田汽车撞伤住院治疗，交警部门认定在本次交通事故中司机宋某负全部责任。经协商，宋某赔偿了李某医疗费 6000 元，营养费、护理费、误工费、交通费、律师费合计 5500 元，共计 11 500 元。在事故发生前，李某已向其保险公司投保 2 万元的意外伤害医疗保险。为此，李某向保险公司申请赔付 2 万元的保险金。

对此，有三种意见：

第一种意见认为：李某获得了宋某的赔偿后，就不可以再向保险公司申请赔付保险金。

第二种意见认为：李某获得了宋某的赔偿后，还可以再向保险公司申请赔付 2 万元的保险金。

第三种意见认为：李某获得了宋某的赔偿后，还可以再向保险公司申请赔付 11 500 元的保险金。

问题：

1. 被保险人对因第三人原因造成的保险事故是否同时享有保险索赔权和民事损害赔偿请求权？

2. 人身保险合同是否具有填补损害的功能？

《中华人民共和国保险法》

第四十六条　被保险人因第三者的行为而发生死亡、伤残或者疾病等保险事故的，保险人向被保险人或者受益人给付保险金后，不享有向第三者追偿的权利，但被保险人或者受益人仍有权向第三者请求赔偿。

基本理论和知识

一、认识人身保险合同

（一）人身保险合同的概念

我国《保险法》第 12 条第 3 款规定："人身保险是以人的寿命和身体为保险标的的保险。"据此，人身保险合同是指投保人根据合同约定向保险人支付保险费，保险人在被保险人死亡、伤残、疾病或者达到合同约定的年龄、期限等条件时承担给付保险金义务的保险合同。

人身保险是与财产保险并存的一类基本保险种类，在保险市场中占有重要地位。

（二）人身保险合同的特点

与财产保险相比，人身保险合同具有如下特点：

1. 保险标的人格化。人身保险合同以被保险人的寿命和身体为保险标的，并以其存在形式为保险利益，此种利益实际上属于人身或人格利益，不能用货币进行计价。即人身保险合同的保险标的只有价值而没有价格，而绝大多数财产保险合同的保险标的既有价值又有价格。

2. 保险金定额给付。保险标的的人格化特征决定了人身保险合同的保险标的价值难以确定，保险金额缺乏明确的客观参照标准，只能采取在合同中由投保人与保险人约定一定数额的方式来确定保险金额。可见，人身保险合同中约定的保险金额不是人身保险合同的保险标的的价值。除非保险人限定或者法律规定了人身保险合同的最高保险金额，投保人可以投保任何金额的人身保险，而不会发生财产保险中的超额保险的问题。但特定种类的人身保险合同，如健康保险中也存在依据实际医疗费用给付保险金的情况。

3. 人寿保险保险费的非诉性。人寿保险的时间长、保费数额较大，如果任由保险人通过诉讼方式强制投保人支付，在投保人经济困难时将会给投保人带来灾难性的后果；况且人寿保险带有储蓄性质，只是投保人的一种投资选择，不宜强制投保人缴纳保险费。《保险法》第 38 条对这种保费的非诉性作了规定。但人身保险中的健康保险和意外伤害保险时间较短、保费不高，也没有浓厚的储蓄色彩，实践中可以允许保险人以诉讼方式请求投保人缴纳保险费。

4. 以生命表或伤残表作为技术基础。人身保险合同的保险标的是人的生命和身体，被保险人的死亡和伤残是保险人承保的危险。保险人确定人寿保险中的保险费率的基础是生命表或伤残表，即对从属于某一范围的人群在一定时间内的生命现象和伤残情况进行综合考察，从而作出的反映死亡率或伤残率变动情况的表格。

5. 保险人无代位求偿权。财产保险的标的发生保险事故导致的损失，如果依法应由第三人承担赔偿责任，保险人给付保险金后能够依法取得保险金限额内的代位求偿权。人身保险合同中不适用代位求偿权的规定，保险人不享有代位投保人或受益人因保险事故的发生而产生的对第三人的赔偿请求权。

6. 人身保险的保险事故涉及人的生死和健康。人身保险合同的保险事故可以为任何导致保险人对被保险人或者受益人承担给付保险金责任的各种法律事实，包括被保险人生存到保险期限、被保险人在保险期限内发生死亡、伤残、疾病及分娩等事项。

二、人身保险合同的当事人

人身保险合同的当事人不仅要符合保险合同制度的一般要求，而且还应当具备人身保险合同所要求特殊条件。

（一）保险人

人身保险合同的保险人不仅要有经保险监督管理机关依法批准的保险人资格，而且其业务范围必须包括获准经营人身保险。因为，我国《保险法》第95条第2款规定："保险人不得兼营人身保险业务和财产保险业务。"而第95条第3款又规定："保险公司应当在国务院保险监督管理机构依法批准的业务范围内从事保险经营活动"。

（二）投保人

人身保险合同的投保人可以是自然人，也可以是法人或其他组织。他（它）们作为人身保险合同的投保人，不仅要具备民事行为能力，而且在订立人身保险合同时，应当是对被保险人具有相应的保险利益。该保险利益不同于财产保险合同中的保险利益，应与法定的投保人与被保险人之间存在的经济利害关系。关于其认定范围，在各国保险法上不尽相同。

概括来讲，人身保险合同的保险利益一般产生于三种情况：

其一，血缘、婚姻关系（如父母、子女、配偶等）；其二，债权债务关系（如签订借贷合同的出借人与借贷人、签订旅游合同的旅行社与游客）；其三，劳动（雇佣）关系（如企业与在职职工、雇主与雇员的关系）。我国《保险法》第31条确认："投保人对下列人员具有保险利益：①本人；②配偶、子女、父母；③前项以外与投保人有抚养、赡养或者扶养关系的家庭其他成员、近亲属；④与投保人有劳动关系的劳动者。除前款规定外，被保险人同意投保人为其订立合同的，视为投保人对被保险人具有保险利益。"而且，人身保险合同与财产保险合同对保险利益的要求有所不同。按照第31条第3款的规定，人身保险合同强调投保人在订立保险合同之时与被保险人存在保险利益，"投保人对被保险人不具有保险利益的，合同无效"。

（三）被保险人

人身保险合同的被保险人是指以自己的生命或身体作为保险标的的人，故而仅限于自然人；而且，应当符合相应的人身保险合同条款中关于年龄限制、身体条件等要求。例如，我国保险公司开办的团体（个人）人身意外伤害保险的被保险人应当是 16~65 周岁、身体健康、能正常参加学习的在校生；至于儿童保险的被保险人则是 1 周岁至 15 周岁、身体健康的儿童。同时，被保险人还必须符合保险法有关的限制性规定。例如，我国《保险法》第 33 条第 1 款规定："投保人不得为无民事行为能力人投保以死亡为给付保险金条件的人身保险，保险人也不得承保。"从而，在此情况下，无民事行为能力人就不能成为被保险人，但是，"父母为其未成年子女投保的人身保险，不受前款规定限制。但是，因被保险人死亡给付的保险金总和不得超过国务院保险监管机构规定的限额。"

（四）受益人

受益人在人身保险合同中是独立的主体类型。各国保险法对于受益人的资格没有限制。自然人或法人或其他组织均可成为受益人，投保人或者被保险人可以同时是受益人，受益人也可以是投保人、被保险人以外的第三人。不过，受益人应当产生于被保险人的指定行为。根据我国《保险法》第 39 条的规定："人身保险的受益人由被保险人或者投保人指定。投保人指定受益人时须经被保险人同意"，而"被保险人为无民事行为能力人或者限制民事行为能力人的，可以由其监护人指定受益人"。

三、人身保险合同的主要条款

人身保险合同所设计的条款具有自身的特定内容及适用上的特殊要求。

（一）不可抗辩条款

不可抗辩条款，又称不可争议条款，是指如果保险人放弃了可以主张的权利，经过一定期间后保险人无权再以此进行抗辩的人身保险合同条款。该条款规定，在保单生效一定时期（通常为 2 年）后，其就成为不可争议的文件，保险人不能以投保人在投保时违反诚实信用原则、没有履行告知义务等为由，从而否定保单的有效性。保险人的可抗辩期一般为 2 年，保险人只能在 2 年内以投保人误告、漏告、隐瞒等为由解除合同或拒付保险金。该条款旨在保护被保险人和受益人的正当权益，同时约束保险人以避免其滥用诚实信用原则。我国《保险法》第 16 条规定了不可抗辩条款的内容，依据该条规定，保险人自合同成立之日起超过 2 年不得因投保人违反如实告知义务而解除合同；发生保险事故的，保险人应当承担赔偿或者给付保险金的责任。另外，我国《保险法》第 32 条对于投保人申报年龄不实的，也作出了保险人行使解除权的不可抗辩条款。

（二）年龄误告条款

年龄误告条款即是规定投保人在投保时误报被保险人年龄的情况下的处理方法的条款。一般分为两种情况：一是年龄不实影响合同效力的情况。被保险人的真实年龄不符合合同约定的年龄限制的，保险合同无效，保险人可以解除保险合同，并按照合同约定退还保险单的现金价值。保险人行使解除权受到不可抗辩条款的限制。二是年龄不实影响保费及保险金额的情况。投保人申报的被保险人年龄不真实，致使投保人支付的保费少于应付保费的，保险人有权更正并要求投保人补交保险费，或者在给付保险金时按照实际支付的保险费与应付保险费的比例支付；投保人申报的被保险人年龄不真实，致使投保人支付的保险费多于应付保险费的，保险人应当将多收的保险费退还投保人。

（三）宽限期条款

宽限期条款的主要内容是投保人虽未按合同约定的时间交付保险费，但在合同约定或法定的缴费宽限期内，人身保险合同仍然有效，而投保人在宽限期满后仍未缴纳保险费的，则导致人身保险合同失效。

多数人身保险合同是长期性合同，保险费大多分期缴纳。而在保险合同期限内，很多因素都会影响到投保人履行交费义务。为了确保人身保险合同效力的稳定性，双方当事人往往在合同中规定缴费的宽限期（或称优惠期）。在此期间，投保人虽未缴纳保险费，但保险合同的效力和保险人的保险责任不受影响。而超过此期限仍未缴纳保险费的，人身保险合同依法失效。根据我国《保险法》第 36 条的规定，"合同约定分期支付保险费，投保人支付首期保险费后，除合同另有约定外，投保人自保险人催告之日起超过 30 日未支付当期保险费，或者超过约定的期限 60 日未支付当期保险费的，合同效力中止"。其中的 30 日和 60 日即为宽限期限。

（四）复效条款

复效条款的主要内容是当有关人身保险合同失效时，依法恢复人身保险合同的效力。

如前所述，人身保险合同多为长期性合同，在其有效期内，投保人难免会受各种原因的影响而不能在宽限期内交付保费，致使保险合同失效。在此种情况下，若被保险人需要继续寻求保险保障的，投保人申请保险合同复效较之重新订立人身保险合同更为有利。尤其是被保险人在保险合同失效后已经超过承保年龄限制时，只能通过申请复效来继续取得保险保障。

不过，适用复效条款必须符合相应条件，始产生复效的法律结果。对此，我国《保险法》第 37 条第 1 款规定：人身保险合同效力中止的，"经保险人与投保人协商并达成协议，在投保人补交保险费后，合同效力恢复。但是，自合同效力中止之日起满 2 年双方未达成协议的，保险人有权解除合同" 可见，人身保险合同复效的条件包括：①投保人向保险人正式提出申请；②申请复效的时间不得超过法定的 2 年期限；③经保险人审核同意，并与投保人协商达成协议；④投保人补交失效期间的保险费。在保险实务中，投保人补交保险费一般是一次性的，经协商后也可分期补交。

（五）不丧失价值条款

不丧失价值条款又称不丧失价值任选条款，是指投保人有权在合同有效期内选择有利于自己的方式处置保单上的现金价值的条款。

《保险法》第 47 条规定，投保人解除合同的，保险人应当自收到解除合同通知之日起 30 日内，按照合同约定退还保险单的现金价值。

（六）贷款条款

人寿保险的保险单具有现金价值，一般规定为在保险单经过 2 年后，可将保单抵押给保险人申请贷款。

在实际操作中，一般贷款额度不超出保单现金价值的一定比例，比如 80%。当贷款本利和达到保单现金价值时，投保人应按照保险人通知的日期归还款项，否则保单失效。领取保险金时如果款项未还清，则保险金将在扣除该款项后支付。保单贷款期限一般为 6 个月，时间短、额度小、笔数多，一般贷款净收益低于保险人投资收益，所以该条款是保险人对投保人的优惠行为。《保险法》没有规定此项条款，因此在实践中，由各保险公司自己规定此项条款。

（七）自杀条款

自杀条款，是指在人身保险合同中，人身保险的被保险人在投保后一定期间内自杀者，保险人不承担保险金的给付义务，仅退还保险单的现金价值。

《保险法》第 44 条规定："以被保险人死亡为给付保险金条件的合同，自合同成立或者合同效力恢复之日起 2 年内，被保险人自杀的，保险人不承担给付保险金的责任，但被保险人自杀时为无民事行为能力人的除外。保险人依照前款规定不承担给付保险金责任的，应当按照合同约定退还保险单的现金价值。"

（八）保险单转让条款

人身保险单因积存的责任准备金而具有现金价值，由此体现的有价证券属性，使其具有可转让性。对此，投保人与保险人应借助订立转让条款来约定是否允许保险单的转让及转让条件。实际上，保险单的转让就是投保人的变更，故根据我国《保险法》第 34 条第 2 款的规定，按照以死亡为给付保险金条件的合同所签发的保险单，未经被保险人书面同意的，不得转让。至于其他给付条件的人身保险单的转让及其条件，则取决于当事人的约定。

四、认识各类人身保险合同

虽然在保险实务中，人身保险的适用范围十分广泛，但归纳起来，无非是人寿保险、意外伤害保险和健康保险三大类。

（一）人寿保险合同

人寿保险合同是指以被保险人的生死为保险标的，以一定期限内的死亡或期满生存为保险事故，当约定的保险事故发生时，由保险人对被保险人或受益人给付保险金的一种人身保险合同。

1. 人寿保险合同的法律特征：

（1）人寿保险合同是一种典型的定额保险合同。通常由投保人根据自身的保险保障需要和投保能力，与保险人约定保险金额。

（2）人寿保险合同兼有保险和储蓄的双重功能。

（3）人寿保险合同以人的生命状态作为保险对象，其效力往往具有长期性。

2. 人寿保险合同的分类。人寿保险合同的适用范围广泛，保险保障的落脚点各有侧重，保险服务的角度不尽相同。按照不同的标准，人寿保险可以分为不同险种。

（1）以承保技术为标准，可以将人寿保险合同分为普通人寿保险合同和特种人寿保险合同。

从承保技术上说，人身保险最初主要是为了保障和救助人的生命因保险事故（死和生）所致的损害后果。此后其保障范围扩展到有关身体和健康因保险事故（疾病、伤残、丧失工作能力等）导致的灾难，进而扩展到社会成员在日常生活中因特殊情况（如儿童的成长教育、子女的婚姻、妇女的怀孕、成人的失业等）导致的经济困难。其中，以保障生、老、病、死等基本灾难为主要内容的人身保险为普通人寿保险合同，其他人寿保险则是从普通人寿保险中派生出来的，称为特种人寿保险合同。

（2）以保险金的给付条件为标准，人寿保险合同可分为死亡保险合同、生存保险合同和生死两全保险合同。

死亡保险合同，是以被保险人死亡作为保险金给付条件的人寿保险合同。

生存保险合同，这是以被保险人在保险期限内生存至期限届满时作为保险金给付条件的人寿保险合同。若被保险人生存至约定期限，保险人给付保险金，若被保险人在此期间内死亡的，保险人的保险金给付责任消灭，也不退还保险费。我国公司开办的个人养老金保险合同即属于此类。

两全保险合同，是由生存保险和死亡保险合并而成的独立险种，又称混合寿险合同。其内容是被保险人在保险期限内死亡或生存至保险期限届满时，保险人均应按合同约定支付保险金。即在保险期限内，被保险人死亡的，保险人按约定支付保险金，保险合同的效力终止；或者保险合同的保险期届满时，被保险人仍然生存的，保险人按约定给付保险金至给付期限届满。

（3）以保险金的给付方法为标准，人寿保险合同分为资金保险合同和年金保险合同。

资金保险合同，是指保险人在保险事故发生时，向被保险人或受益人一次性给付人身保险金，故又称一次给付保险。普通的人寿保险如无特别约定，均采用这种一次给付方法。

年金保险合同，是指保险人按合同约定的时间，分期支付保险金给被保险人或受益人。年金支付方法一般于生存保险合同和两全保险合同中予以采用，保险人支付年金的保险责任从约定时间开始支付直到被保险人死亡时止。

（4）以有无红利为标准，人寿保险合同分为红利分配寿险合同和无红利分配寿险合同。

红利分配寿险合同，简称分红保险，是指保险人将寿险经营盈利的一部分分配给被保险人的人寿保险合同，例如，我国保险公司开办的终身分红保险合同和两全型分红保险合同。作为人身保险的具体险种，分红保险的法律表现形式就是分红保单。因此，持有分红保单意味着投保人依据分红保险合同享有要求保险人定期或者不定期将保险经营所得的盈利予以给付的权利。

无红利分配寿险合同，是指被保险人在交付保险费后，仅仅获取保险金，而不分取保险人盈利的人寿保险合同。可见，无红利分配保险合同只是单纯的保险保障，不涉及其他经济利益。

（二）意外伤害保险合同

意外伤害保险合同，是以被保险人的身体利益作为保险标的，即被保险人在保险期限内，因遭受意外事故而使身体受到伤害及因此致残、致死时，保险人按合同约定给付保险金的人身保险。

1. 意外伤害保险合同的法律特征。

（1）意外伤害保险合同属于给付性合同，而非补偿性合同，即通过保险人给付保险金维持被保险人或受益人的生活稳定，其给付数额是保险合同约定的金额。

（2）保险标的是被保险人的身体利益，仅限于被保险人的自然人体，故经过人工而安装于被保险人身体之上的假肢、假牙、义眼等不能成为意外伤害保险合同的保险标的。

（3）在意外伤害保险合同中，被保险人由于意外事故而死亡、伤残，或者因此支付医疗费用的，保险人承担保险责任。

（4）意外伤害保险合同的承保条件，一般情况下较为宽松，对被保险人没有资格上的法律限制。

（5）保险合同费率的厘定方法比较特殊。主要取决于被保险人的职业和其所从事的活动所涉及的危险程度，保险费率一般低于其他人身保险合同。

（6）意外伤害保险合同一般是短期保险。合同期限届满时，当事人可以就新的条款和保险费率协商续保。

2. 意外伤害保险合同的分类。人身意外伤害保险合同在实际适用中，可以构成独立险种，也可作为某一险种的附加或附加条款。

（1）按其承保方式和承保范围的分类。

第一，普通伤害保险。这是独立的人身保险险种，专门为被保险人因意外事故所致身体损伤而提供保险保障。其保险期限一般为短期，以 1 年期居多。保险内容、保险金额和保险方法，均由双方当事人协商约定。

第二，人寿保险合同附加伤害保险。在适用中，该意外伤害保险是一种附加险，而不得独立投保。

第三，意外伤害保险与健康保险一并投保。这实为一种广义的疾病保险，一般是定期 1 年的保险合同。我国保险公司开办的大学生团体平安保险、（中、小）学生平安保险、幼儿平安保险、军人平安保险等均属于此。

第四，团体意外伤害保险。这是由团体组织投保，以该团体的全体在职人员为被保险人的意外伤害保险。

第五，旅客意外伤害保险。这是以旅客为被保险人，以一定的旅行过程作为保险期间的意外伤害保险。

第六，电梯乘客意外伤害保险。这是由电梯装置所有者、经营者投保，以乘坐电梯的乘客作为被保险人的意外伤害保险，承保载客电梯在运行中发生的意外伤害。

第七，公共游乐场人身意外伤害保险。这是以在各种公共游乐场游玩的游客作为被保险人的意外伤害保险，其保险期限从游客购票后经检票口进入游乐场所时起至游客离开游乐场所规定的出口时止。

（2）按被保险人的范围的分类。

第一，普通的意外伤害保险。适用于各行各业的自然人。

第二，特殊的意外伤害保险。只适用于特定范围的被保险人，如我国保险公司开办的厂长、经理人身意外伤害保险，出租汽车乘客意外伤害保险，旅游者意外伤害保险，住宿旅客意外伤害保险等。

（3）根据投保人的不同的分类。

第一，团体人身意外伤害保险。这是由机关、团体、企事业单位投保，以其在职人员为被保险人的人身意外伤害保险。

第二，个人人身意外伤害保险。这是公民本人投保或由有关单位（如公共游乐场所、旅馆、饭店、出租车经营单位等）代为办理的人身意外伤害保险。

（4）按照适用依据的不同的分类。

第一，自愿保险。其适用依据是双方当事人的独立意思表示，是否投保意外伤害保险由投保人自行决定，是否承保也取决于保险人的意愿。

第二，强制保险。其通用依据则是有关法律、法规的规定。是否投保和是否承保不取决于当事人的意思表示，必须签订相应的意外伤害保险合同。

（三）健康保险合同

健康保险合同作为人身保险合同的三大险种之一，是指以被保险人的健康利益为保险标的，对被保险人因疾病、分娩等保险事故导致其身体受到伤害或者死亡所引起的费用支出或者损失予以保险赔偿的人身保险合同。

1. 健康保险合同的法律特征。

（1）健康保险合同一般是补偿性保险合同。以保险事故为分类标准，可以概括为疾病、分娩及因疾病、分娩所致的伤残和死亡四大类健康保险合同。

（2）健康保险合同主要是综合经营险种。合同所涉及的医疗技术十分复杂，而且有关社会成员的患病率、治愈率、死亡率、致残率的计算和运用具有较大难度，导致保险公司经营此类保险业务的风险极大，利润不高。

（3）健康保险合同的承保风险具有特殊性，即必须是由于被保险人身体的内在原因所引发的疾病损害。被保险人的身体健康才是健康保险合同所承保的风险，既排除了由外来原因造成的被保险人损害，从而将其区别于意外伤害保险合同，也排除了由先天性或者自然原因导致的身体功能的减弱或者丧失，而将其区别于人寿保险合同。

（4）健康保险合同具有定值保险与不定值保险的双重属性。从本质上讲，健康保险合同作为人身保险合同属于定值保险合同，在发生保险事故时按照保险合同约定的价值给付保险金。该定值性质对于因患有疾病、分娩而导致被保险人死亡、伤残而言，表现得最为典型。同时，对于因疾病、分娩所支出的医疗费用和工资损失的补偿，则表现为不定值性质，保险人在保险金额范围内根据实际发生数额给付保险金。

（5）健康保险合同一般为短期保险合同，通常以1年作为保险期限。

由于上述特点，很多国家将健康保险合同称为介乎于财产保险合同与人身保险合同之间的第三类保险合同。不过，我国《保险法》和保险实务仍把健康保险合同列入人身保险合同的范畴。因此，健康保险合同仍具有人身保险合同的基本性质，其不适用代位求偿制度。

2. 健康保险合同的分类。根据保险人提供的保险保障内容，健康保险合同可以分为：

（1）医疗费用保险合同，即当被保险人因患病而支出大额医疗费用时，由保险人按约定支付保险金的健康保险合同。因医疗费用保险合同提供的保险保障专门针对大额医疗费用的支出，而不包括日常轻微疾病所致的小额医疗费用支出，所以保险实务中一般以被保险人是否因病住院治疗作为判断标准。相应地，保险人在医疗费用保险合同中给付的保险金，一般包括住院费、检查费、治疗费、手术费、护理费、药品费等费用。

（2）收入损失保险合同，即被保险人因患有疾病、分娩无法正常工作而失去收入，保险人给付疾病津贴的健康保险合同，又称疾病津贴保险合同。其中，被保险人为工薪收入者的，又称为工资收入保险合同；被保险人为医生、律师、会计师等自由职业者的，又称为专业人员劳务收入保险合同。其给付条件是被保险人因患病失去收入，保险人一般按比例承担给付责任，给付时间多为定期。

（3）疾病死亡或者疾病致残保险合同，即被保险人因患有疾病、分娩而造成死亡成伤残的，保险人依合同约定给付保险金的健康保险合同。

（四）人寿、意外伤害和健康保险合同的比较

人寿保险、意外伤害保险和健康保险作为人身保险合同的三个基本险种，主要区别在于各自的侧重点不同。

1. 保险对象不同。相较于意外伤害保险和健康保险以身体利益为主要保险对象，人寿保险的保险范围则更加宽泛，包括人的身体利益和生命利益。

2. 费率计算依据不同。人寿保险主要依被保险人的年龄来确定保险费率，年龄越大，费率越高；意外伤害保险则依被保险人的职业、工种作为指定保险费率的依据，职业危险越高，费率越高；而健康保险则以被保险人的健康状态确定保险费率。

3. 期限长短不同。在这三个险种中，人寿保险通常为长期性的人身保险合同，而意外伤害保险和健康保险通常为短期性的保险，这主要与三种保险的不同保险目的有关。

4. 储蓄性不同。人寿保险和健康保险具有一定的储蓄性，保险实务中往往涉及返还保险单现金价值的问题，而意外伤害保险则无储蓄性。

案例点拨

本案充分体现了人身保险合同的法律性质。同意第二种意见。

李某被宋某驾驶的广州本田汽车撞伤而住院治疗，李某与宋某之间形成了侵权之债，李某有向宋某请求侵权损害赔偿的权利。同时，李某向保险公司投保了意外伤害医疗保险，李某因撞伤住院治疗，也有根据保险合同向保险公司

申请住院医疗保险金的权利。在李某能否申请保险金赔付的问题上，涉及法律上的请求权竞合的问题。

在财产保险中，补偿原则是财产保险合同理赔时最明显的原则之一。根据补偿原则，被保险人所获得的赔偿不得超过其所受到的损失，被保险人不能因保险而取得额外的利益。因此，如果被保险人因他人过错遭受损失，在获得保险公司的赔偿后，就不能再向第三者索赔，而应当将向第三者的索赔权转让给保险公司。

而在人身保险中，由于人的生命和健康是难以用价值来衡量的，因此，人身保险合同的理赔一般不适用补偿原则。从现行的法律规定来看，《保险法》第46条规定："被保险人因第三者的行为而发生死亡、伤残或者疾病等保险事故的，保险人向被保险人或者受益人给付保险金后，不享有向第三者追偿的权利，但被保险人或者受益人仍有权向第三者请求赔偿。"可见，人身保险具有叠加性，保险公司理赔后，并不获得代位求偿权，由此推断，已报销的医疗费，仍可要求被告赔偿。人身保险可以重复投保，也允许得到多份保险金。并且如果被保险人因他人过错遭受损失，在获得保险公司的赔偿后，并不影响其再向第三者索赔的权利。反之，被保险人向第三人索赔后，仍可以向保险公司索赔。因此，在人身保险合同中，一旦发生请求权的竞合，请求权应当可以分别行使。

李某投保的是人身保险中的健康类保险，医疗健康保险的理赔属人身保险中比较特殊的一类，因为医疗保险的理赔与财产保险一样，也适用补偿原则，被保险人获得的赔付一般不得超过其实际支出的医疗费用。关于医疗保险能否排除重复赔付，较早时的保险监管机关——中国人民银行就做出过相应的批复。中国人民银行保险司〔1998〕63号文件《关于医疗费用重复给付问题的答复》规定："如果在意外伤害医疗保险条款中没有关于'被保险人由于遭受第三者伤害，依法应负赔偿责任时，保险人不负给付医疗费'的约定，保险人应负给付医疗费的责任。"因此，李某在发生车祸前已经向保险公司投保了2万元的人身意外伤害医疗保险，那么，即使李某已经从第三者手中获得了损害赔偿金，除非保险条款中有相反的规定，否则，并不影响李某再向保险公司申请人身意外伤害医疗保险金。该医疗保险金的数额应在2万元保额内按李某实际支出的医疗费用计算。至于误工费、交通费等并不属于医疗费用的范围，因此，这部分费用不能得到保险公司的赔付。

实战训练

2010年3月12日，于某为子投保人寿保险，保险金5万元，保险费50元。保险合同规定被保险人的最低年龄为16周岁。其子于1994年10月出生，时年还不满 16 周岁。为了投保，于某将其子的出生日期填写为 1994 年 3 月，这样满足了保险合同的要求。第二年，其子在水塘边玩耍，不幸溺水身亡，于某向保险公司提出索赔的申请。保险公司经过调查，作出不予赔付的决定，并且发出了拒绝赔付通知书。于某不服，认为适保年龄仅差几个月，保险公司应当予以赔偿。

问题：

被保险人年龄申报不实，保险人是否承担保险责任呢？

第四节　财产保险合同

学习目标

了解财产保险合同的基本原理；认识各类财产保险合同；掌握财产保险合同的代位求偿权制度、重复保险制度和再保险制度。

任务驱动

能够运用财产保险合同法律制度对现实案例进行判断和分析。

案例导入

2009 年 1 月 2 日，正阳公司向本市一家电器厂租借了一间 300 多平方米的厂房做生产配套车间，双方在租赁合同中约定租赁期为 1 年，若有一方违约，则违约方将支付违约金。同年 3 月 6 日，正阳公司向当地保险公司投保了企业财产险，期限为 1 年。当年正阳公司因订单不断，欲再向电器厂续租厂房 1 年，却遭到拒绝，因此正阳公司只好一边维持生产一边准备搬迁。次年 1 月 2 日至 15 日间，电器厂多次与正阳公司交涉，催促其尽快搬走，而正阳公司经理也多次向电器厂解释并表示愿意支付违约金。最后，电器厂法人代表只得要求正阳公司最迟在 2 月 8 日前交还厂房，否则将向有关部门起诉。2 月 3 日，正阳公司职员不慎将洒在地上的煤油引燃起火，造成厂房内设备损失 215 000 元，厂房屋顶烧塌，需修理费 53 000 元，于是正阳公司向保险人索赔。但双方针对厂房屋顶修理费的赔偿产生了争议。

问题：

本案中，厂房的租借合同已经到期，但承租人正阳公司对租借的厂房仍然在使用过程中，则承租人对该厂房是否享有保险利益呢？承租人正阳公司是否能获得保险公司的屋顶维修费的赔偿呢？

法律提示

《中华人民共和国保险法》

第十二条　人身保险的投保人在保险合同订立时，对被保险人应当具有保险利益。

财产保险的被保险人在保险事故发生时，对保险标的应当具有保险利益。

人身保险是以人的寿命和身体为保险标的的保险。

财产保险是以财产及其有关利益为保险标的的保险。

被保险人是指其财产或者人身受保险合同保障，享有保险金请求权的人。投保人可以为被保险人。

保险利益是指投保人或者被保险人对保险标的具有的法律上承认的利益。

第二百一十二条　租赁合同是出租人将租赁物交付承租人使用、收益，承租人支付租金的合同。

第十条　当事人订立合同，有书面形式、口头形式和其他形式。

法律、行政法规规定采书面形式的，应当采用书面形式。当事人约定采用书面形式的，应当采用书面形式。

基本理论和知识

一、认识财产保险合同

（一）财产保险合同的概念

财产保险合同是以财产及其有关利益为保险标的的保险，即投保人与保险人之间所达成的，由投保人缴付保险费，保险人对于承保的物质财产及其有关利益因保险事故所遭受的损失承担赔偿责任的保险合同。财产保险合同与人身保险合同并存，是保险合同的两大基本种类之一。

（二）财产保险合同的特点

1. 财产保险合同的保险标的是财产，又称为产物保险合同。广义的财产保险合同，其保险标的包括物质财产以及与物质财产有关的利益。前者是指有形财产，后者则涉及相关经济利益或损害赔偿法律责任等无形财产，诸如责任保险合同、保证保险合同、信用保险合同的保险标的。我国《保险法》及保险实务正是在此意义上规定和运用财产保险合同。这就决定了财产保险合同的适用范围极为广泛，以物质财产作为保险标的的根本性特点，是确立财产保险合同其他各项特点的基础，也是财产保险合同区别于以人的寿命和身体作为保险标的的人身保险合同的典型标志。

2. 财产保险合同是补偿性合同。在财产保险合同中，保险人承担的保险责任是以赔偿保险标的因保险事故所致损失为内容的。因此，财产保险合同的适用严格遵守损害填补原则。为此，保险人履行该保险责任的前提，必须是财产保险合同的保险标的因保险事故而遭受实际的、可以用货币加以计算的经济损失。而保险人针对保险财产的损失，应按照财产保险合同约定的条件和保险财产的实际损失程度履行保险责任。相应地，被保险人通过财产保险合同可以获得的保险赔偿，能够弥补其因此遭受的经济损失，但不能取得额外收益，故又称其为损害保险合同。这一特点与以给付为目的的人身保险合同截然不同。

3. 财产保险合同根据承保财产的价值确定保险金额。保险财产的实际价值是被保险人对保险财产享有的保险利益的货币表现。基于财产保险合同的补偿性质，保险人与投保人应在保险财产的实际价值范围内约定保险金额。保险人只能在保险财产的实际价值范围内承担保险赔偿责任，因此，保险财产的实际价值是确定财产保险合同之保险金额的根据，也应成为保险人承担保险赔偿责任的最高限额。《保险法》禁止订立保险金额超过保险标的价值的财产保险合同，以防止在保险领域中滋生道德危险。

4. 财产保险合同一般是短期性保险合同。在市场经济条件下，财产保险合同承保的各类财产都是具有使用价值和交换价值的商品，这决定了其在市场经济活动中的流动性。因此，财产保险合同一般是按年度来测算其损益结果的，保险人往往是按年约定财产保险合同的保险期限，故有别于以长期性为主的人身保险合同。

5. 代位求偿和委付是财产保险合同特有的理赔环节。财产保险合同的补偿性，使其在理赔中能够适用代位求偿和委付等特有制度，它们的核心内容都着眼于被保险人因发生保险事故而遭受财产损失时，通过财产保险合同取得不超过保险金额的保险赔偿，以便补偿实际的财产损失，而防止被保险人利用财产保险合同攫取额外利益。与此不同的是，具有返还性和给付性的人身保险合同在保险责任的履行过程中，则不适用上述制度。

二、财产保险合同的主要内容

各类财产保险合同的具体内容不尽相同，但也有其共同的内容。

（一）财产保险合同的保险标的

财产保险合同的保险标的是财产及其有关利益。它是投保人予以投保并寻求保险保障的对象，也是保险人同意承保并负保险责任的目标。因此，保险标的是财产保险合同的首要内容。

在保险实务中，广义的财产保险合同的保险标的，可以概括为两大类：

1. 物质财产。在此，物质财产是指各种有形财产。依其存在形式，具体包括生产过程涉及的财产（如厂房、设备、原材料、产成品等）、流通过程涉及的财产（如运输中的货物、运输工具等）、消费过程涉及的财产（如各种家庭财产）、建造过程涉及的财产（如在建工程、在造船舶等）等。物质财产是财产保险合同最为常见的保险标的。

2. 与财产有关的利益。作为财产保险合同的保险标的，这种与财产有关的利益属于无形财产，具体表现为运费损失、利润损失、经济权益、民事赔偿责任、信用等形式。

（二）财产保险合同的保险费率

保险费率是指按保险金额计算保险费的比例。以财产保险为例，它是根据保险标的的种类、危险可能性的大小、存放地点的好坏、可能造成损失的程度以及保险期限等条件来加以考虑的。保险费率是计算保险费的依据，保险费的缴付是投保人的义务，如不按期缴付保险费，则属于违约行为，保险人有权解除保险合同。

（三）财产保险合同的保险金额

保险金额是保险事故发生时保险人承担赔偿责任的最高限额，也是计算保险费的依据。保险标的的保险价值，可以由投保人和保险人约定并在合同中载明，也可以按照保险事故发生时的实际价值确定。因此，根据保险金额与保险财产实际价值的关系，一般可将保险金额分为三种情况：足额保险、不足额保险和超额保险。

1. 足额保险。投保人以保险标的的全部保险价值作为保险金额向保险人投保，使得财产保险合同的保险金额等于或接近于保险财产的实际价值，即为足额保险，又称全额保险或等额保险。基于足额保险，被保险人在保险财产全损时，可获得等于或接近于保险财产价值的足额赔偿。

2. 不足额保险。投保人以保险标的之保险价值的一部分作为保险金额予以投保，使得财产保险合同的保险金额小于保险财产的实际价值，即为不足额保险，又称低额保险。这意味着保险财产的实际价值与保险金额的差额部分，由被保险人自行负担，因此，当保险财产因发生保险事故而致损，并且实际损失金额大于保险金额时，被保险人只能在保险金额范围内按比例获得保险赔偿。我国《保险法》亦规定："保险金额低于保险价值的，除合同另有约定外，保险人按保险金额与保险价值的比例承担赔偿保险金的责任"。

3. 超额保险。投保人以高于保险标的之保险价值的保险金额投保，致使保险金额大于保险财产的实际价值，构成超额保险，又称超值保险。对此，应当区别不同情况加以处理。若出于投保人善意行为所致超额保险，保险人在保险标的的实际价值范围内承担赔偿责任，而其超额部分归于无效，保险人不负保险责任。我国《保险法》第55条第3款的规定即为如此。若基于投保人恶意行为导致超额保险，则保险人有权解除财产保险合同。

（四）财产保险合同的保险责任与责任免除

保险责任，是指保险人对于保险事故造成保险标的损失，依财产保险合同的约定进行赔偿的义务。保险责任是被保险人寻求保险保障的目的所在，也是保险人经营财产保险业务的基本义务。

从保险法上讲，保险责任分为基本责任、责任免除和特约责任。为明确起见，财产保险合同一般采用列举方式进行规定，以便双方当事人遵守和执行。

1. 基本责任。基本责任即保险责任，是指财产保险合同中载明的保险人承担保险赔偿责任的危险范围。虽然，各类财产保险合同具体承保的危险范围并不一样，但是，一般概括为三大类：

（1）自然灾害。一般包括暴风、洪水、海啸、地震、雪灾、冰雹等。

（2）不可预见的意外事故。一般包括火灾、爆炸、因自然灾害或意外事故导致的停水、停电、停气损失等。

（3）为了抢救保险财产或者防止灾害损失的扩大而采取必要措施所发生的施救、保护、整理等合理费用的支出。

2. 责任免除。责任免除是指保险人不承担保险赔偿责任的风险损失。

（1）对于财产保险合同的责任免除条款中列明的灾害事故造成的损失，保险人不承担保险赔偿责任。一般来说，战争、军事行动、暴力行为、核辐射污染、被保险人的故意行为等，多被列入责任免除条款当中。

（2）基本责任（保险责任）条款未列明，又未列入责任免除条款的灾害事故所造成的损失，也属于责任免除的内容。

3. 特约责任。特约责任又称附加责任，是指经投保人和保险人协商，将基本责任以外的灾害事故附加一定条件予以承保的赔偿责任。实质上这是特约扩大的保险责任，目的是满足被保险人特殊的保险保障需要。例如，机动车辆保险合同中的第三者责任保险、家庭财产保险合同附加的盗窃保险等即为特约责任。

（五）财产保险合同的保险赔偿方法

财产保险合同经常采用的赔偿方法有以下几种：

1. 比例责任赔偿方法。它指按照财产保险合同的保险金额与保险财产在出险时的实际价值的比例计算赔偿金额。采用该赔偿方法的财产保险合同，只规定保险金额而不规定保险财产的保险价值，此时，保险财产出险时的实际价值就是影响赔偿金额的重要因素。财产保险合同涉及市场价格变动较大的财产时，经常采用该方法计算赔偿金额。

2. 第一危险损失赔偿方法。它是指在保险金额范围内，首先遭受保险事故的保险财产的损失金额即为保险赔偿金额。该赔偿方法实际上将保险财产的价值分两个部分：第一部分是保险金额范围内的保险价值，首先发生的保险事故造成其损失的，保险人承担全部赔偿责任，按实际损失予以赔偿，故称为第一危险责任。第二部分是超过保险金额的价值，该部分损失由被保险人自行承担，保险人不负赔偿责任。该赔偿方法的特点是，被保险人在第一危险范围内可获足额赔偿。这种赔偿方法在家庭财产保险合同中的适用较为普遍。

3. 定值赔偿方法。它是指双方在签约时约定保险财产的保险价值，并以约定的保险价值作为确定保险金额、计算保险赔偿金额的基础。该赔偿方法的特点在于，保险金额是依据双方约定的保险价值来确定，无须考虑保险财产在受损之时的实际价值，省却了对受损财产实际价值的评估。海上货物运输保险合同通常采用该赔偿方法。

4. 限额赔偿方法。它是指保险人在双方约定的限额范围内承担保险赔偿责任。该赔偿方法经常适用于机动车辆保险合同、农业保险合同、工程保险合同和责任保险合同等。

三、保险的代位求偿权

（一）代位求偿权的概念

所谓代位求偿权，简称代位权，系指保险标的发生保险事故时，保险人依约向被保险人进行保险赔偿之后，依法获得向造成该保险标的损害负有赔偿责任的第三者的追偿的权利。

代位求偿权是财产保险合同补偿性的具体表现，是保险人履行了保险赔偿责任后的必然结果。各国保险法已普遍接受保险代位求偿制度，并不断发展该制度。我国保险立法已确认此制度。《保险法》第 60 条规定了保险代位权，因第三者对保险标的的损害而造成保险事故的，保险人自向被保险人赔偿保险金之日起，在赔偿金额范围内代位行使被保险人对第三者请求赔偿的权利。此外，我国《海商法》也有代位求偿的规定。由此可见，代位求偿是财产保险合同和海上保险合同的特有法律制度。

（二）代位求偿权的功能

1. 避免被保险人获得双重补偿。被保险人因受领保险给付后，其对第三人损害赔偿请求权即转移于保险人，以免被保险人获得保险给付后又向第三人请求损害而于补偿损失外获不当得利。

2. 避免轻慢与放纵第三人责任。在保险人给付后，被保险人因不得于补偿损失外获不当得利，其在给付范围内的损失亦不能再向第三人行使，但其损害赔偿请求权仍存在。此时若不将其转移给保险人，则会形成被保险人有权利却不能行使，保险人欲行使而无权利的状况，以及客观上第三人应负损害赔偿责任却产生不必负责的情况，因此，通过代位求偿权可避免加害人逃脱责任。

3. 通过减轻保险人的给付义务而降低保险团体的保费。在保险人给付后，通过对有清偿能力的加害人行使代位权可获得一定的给付金额，此时两者互相抵消。对于个别合同而言，减少了保险人给付的实际支出；对于保险团体而言，降低了保险人收取的保费总额，进而降低保险费率。

（三）代位求偿权的取得条件

1. 被保险人因保险事故对第三者有损害赔偿请求权。这是保险人取得保险代位权的先决条件。首先，发生的事故必须是保险事故，保险标的的损失必须在保险合同约定的保险人承担的保险责任范围内，这是保险人行使保险代位权的必要条件。其次，保险事故的发生是由第三者的行为引起，即必须是第三者的行为致使保险标的遭受损害，才有可能产生代位求偿权。在此，第三者的行为包括侵权行为、违约行为、共同海损等。再者，被保险人对第三者有损害赔偿请求权，当第三者依法应承担责任时，被保险人才享有赔偿请求权，才存在向保险人转移请求权的可能，即"无请求权，无代位权"。

2. 保险人已向被保险人实际支付赔偿保险金。这是保险代位权的实质条件。保险人在给付被保险人保险金之前，被保险人既可以选择向保险人请求给付保险金，也可选择向第三者要求损害赔偿，此时保险人的代位求偿权表现为期待权。该期待权只有在保险人给付保险金之后，才能转化为既得权。根据我国《保险法》第 60 条规定，因第三者对保险标的的损害而造成保险事故的，保险人自向被保险人赔偿保险金之日起，享有对第三者的损害赔偿请求权。依照此规定，应以实际支付赔偿保险金作为保险人是否取得及何时取得代位求偿权的唯一判断依据。

3. 代位求偿权的金额以赔付的保险金额为限。该要件是保险代位权行使的额度条件。保险合同作为补偿合同，保险人不得从中牟利，所以保险人取得的代位求偿权仅限于保险人实际赔付的数额，超过部分应归被保险人所有。海上保险人行使代位求偿权，不可影响被保险人的其他权利。

四、重复保险

（一）重复保险的概念

重复保险，又称复保险，相对于单保险而言，是指就同一保险标的、同一利益、同一保险事故，在同一保险期间，分别与两个以上保险人订立数个保险合同，且保险金额总和超过保险价值的保险。《保险法》第 56 条第 4 款对此作出了规定。重复保险只适用于财产保险合同，对于保险金额无法用货币予以衡量的人身保险合同，无须适用重复保险的规则。

法律设置规则调整重复保险的目的在于：

1. 防止超额保险。损失填补是损失保险的原则，损失保险正是通过填补被保险人所遭受的损失，达到消化危险、分担损失、安定社会的目的。超额保险与保险制度"无损失无保险"的理念格格不入。

2. 避免不当得利。保险的目的在于消化危险于无形、分摊损失于大众，其基本理念应为填补损失而非使人获利。投保人就同一危险分别与数个保险人订立数个保险合同，当保险事故发生时，倘若投保人或被保险人从数个保险人处皆能得到补偿，那么保险不仅填补了实际损失本身，还将使其获得额外的利益。如此一来，无异于鼓励故意重复投保，使保险金额总和超过保险价值，以期获取非法利益。

3. 控制道德危险。保险所承保之危险不能基于故意行为（因履行道德义务除外）而引发。保险旨在分散危险而非使危险增多。若放任投保人利用复保险恣意妄为，会发生投保人或被保险人为获取不正当利益选择"铤而走险"的情形，社会秩序因之产生紊乱。为控制道德危险，确保保险制度的存在价值，理应调整复保险关系。

4. 增强安全保障。重复保险还具有保护投保人或被保险人利益的功能——增强安全保障。据此，立法上对复保险的评价并非绝对否定，而是应当区别对待，使其发挥积极作用。在构成复保险的情况下，投保人可能是基于善意，可能纯粹出于多一份安全保障的考虑进行了重要保险，而非意图谋利。故区分善意复保险与恶意复保险而为不同的处分，必要且可行。此外，若出现保险人破产或偿付能力下降的情况，合理设置复保险的效力，被保险人则可以减少或避免因保险人资金能力变化所承担的危险，达到填补损失的目的，使其利益不至于落空，从而增强保险对投保人或被保险人的安全保障。

（二）重复保险的构成要件

1. 投保人与数个保险人分别订立数个保险合同。投保人与数个保险人订立数个保险合同。重复保险须保险人是复数，保险合同亦必须是复数。如投保人与一个保险人订立一个保险合同或数个保险合同，皆是单保险而不是复保险。如投保人与数个保险人订立一个保险合同，此为保险人联合负给付义务，属共同保险而非复保险。

2. 基于同一保险利益订立合同。所谓同一保险利益，是指投保人或被保险人对同一保险标的所具有的相同特定利害关系。同一投保人对于同一保险标的有相同的保险利益。如果就同一保险标的下的不同保险利益订立数个不同的保险合同，则不构成重复保险。例如，甲就其所有的房屋基于所有权与数个保险人订立保险合同。须是同一保险标的上的同一保险利益，若投保人就不同的保险标的与数个保险人订立数个保险合同，非为复保险。同一保险标的，常载有不同保险利益，故虽为同一保险标的，却可以不同保险利益订立数个保险合同。若甲就其房屋所有权保险利益投保，乙就该房屋的抵押权保险利益投保，因保险利益不同，依然是单保险而非复保险。

3. 保险事故相同。投保的保险事故相同才能构成复保险，即针对同一保险事故。例如，甲就其所有房屋向乙、丙投保火灾保险，事故同为"火灾"。投保人就同一保险利益向数个保险人投保，须所投保的保险事故相同才能构成复保险。如果，甲就其房屋分别向保险人乙投保火灾险，向丙保险人投保水险，向丁保险人投保地震险，则非复保险。

4. 保险期间具有重叠性。保险合同在保险期间上具有重叠性。复保险的构成以时间有重叠性为要件。时间上的重叠包括全部重叠和部分重叠两种。全部重叠，指投保人就同一保险标的、同一保险事故和保险利益向不同保险人订立的数个保险合同，其保险的起讫时间均相同，亦称"同时复保险"。部分重叠，指投保人就同一保险标的、同一保险利益、同一保险事故同数个保险人订立的数个保险合同，其起讫时间虽非完全相同，但仍有部分相同，亦称"异时复保险"。时间上的重叠指数个保险合同之"生效期间"的重叠，并非指"成立期间"的重叠。

5. 保险金额总和超过保险价值。数个保险合同中约定的保险金总和超过保险价值，才构成复保险。如果数个保险合同中约定的保险金总和不超过保险价值的，行为人无法获得不当得利，不构成复保险。

（三）重复保险合同投保人的通知义务

1. 通知。《保险法》第56条第1款规定，重复保险的投保人应将重复保险的有关情况通知各保险人。所谓有关情况，是指与其订立保险合同的保险人的名称和住所、保险标的、保险价值、保险费、保险金额、保险责任范围、保险期间和保险金给付等情况。《保险法》对通知内容未采取列举方式规定。投保人的通知义务应以投保人已知或应知的事实为限。但在下述情况下，投保人不必通知：①保险人已知的事实；②在通常情况下，保险人应知的事实；③保险人或其代理人已经声明不需告知的事实。

2. 通知义务的意义。关于重复保险的法律规则的设计，无非是避免投保人利用复保险合同，使其保险金额的总和超过保险价值而从中谋利。重复保险的投保人的通知义务的意义在于杜绝投保人恶意利用重复保险图谋不当得利的情形。

3. 不通知的法律后果。关于投保人违反通知义务的法律后果，《保险法》未有明文规定。立法上应如何设置违反重复保险通知义务的法律后果，我们认为，在投保人图谋超额保险金利益为重复保险而故意不为通知的，保险合同无效；投保人善意为重复保险而未通知各保险人的，除法律另有规定或合同另有约定外，保险人不得解除或终止保险合同并以不超过保险价值为限，比例分担给付义务。

（四）重复保险保险人的保险给付义务分担

依《保险法》第56条第2款前段规定，在构成重复保险时，根据损失填补原则，被保险人不能获得超过保险价值的给付。为了防止请求人获不当得利，《保险法》第56条第2款后段确定了重复保险的比例分担的法律效果，即重复保险的保险金额总和超过保险价值的，各保险人的给付金额的总和不得超过保险价值。除合同另有约定外，各保险人按照其保险金额与保险金额总和的比例承担给付义务。

五、再保险

（一）再保险的概念及其意义

再保险，是指保险人为了减轻自身承担的保险责任而将其不愿意承担或超过自己承保能力以外的部分保险责任转嫁给其他保险人或保险集团承保的行为，又称分保。因这种办理保险业务的方法具有再一次进行保险的性质，故称再保险。

再保险是在原保险合同的基础上建立的。在再保险关系中，直接接受保险业务的保险人称为原保险人，也叫再保险分出人；接受分出保险责任的保险人称为再保险接受人，也叫再保险人。再保险的权利义务关系是由再保险分出人与再保险接受人通过订立再保险合同确立的。再保险合同的存在虽然是以原保险合同的存在为前提，但两者在法律上是各自独立存在的合同，所以再保险的权利义务关系与原保险的权利义务关系之间是相互独立的法律关系，不能将两者相混淆。

再保险业务是国际保险市场上通行的业务。它可以使保险人避免危险过于集中，不致因一次巨大事故的发生而无法履行支付赔款义务，对经营保险业务起到稳定作用。

（二）再保险的具体形式

再保险的具体形式可以分为比例再保险和非比例再保险两类。

比例再保险是原保险人与再保险人，即分出人与分入人之间订立再保险合同，按照保险金额，约定比例，分担责任。对于约定比例内的保险业务，分出人有义务及时分出，分入人则有义务接受，双方都无选择权。在比例再保险中，又可以分为成数再保险和溢额再保险。成数再保险是原保险人在双方约定的业务范围内，将每一笔保险业务按固定的再保险比例，分为自留额和再保险额，其保险金额、保险费、赔付保险金的分摊都按同一比例计算，自动生效，不必逐笔通知。溢额再保险是由原保险人先确定自己承保的保险限额，即自留额，当保险业务超出其自留额而产生溢额时，就将这个溢额根据再保险合同分给再保险人，再保险人根据双方约定的比例，计算每一笔分入业务的保险金额、保险费以及分摊的赔付保险金数额。

在非比例再保险中，原保险人与再保险人协商议定一个由原保险人赔付保险金的额度，在此额度内的损失由原保险人自行赔付，超过该额度的，就须按协议的约定由再保险人承担其部分或全部赔付责任。非比例再保险的保险费率由双方当事人议定。

（三）再保险与原保险的关系

再保险与原保险的关系表现在：①原保险是再保险的基础，是再保险存在的前提，再保险合同不以离开原保险合同而单独存在。同时，原保险承担的风险与责任也要依赖再保险才能进一步分散。②再保险人的责任、再保险金额和有效期限均以原保险合同的责任、保险金额和有效期限为限。再保险人和原保险人是利益共享、损失共担的合作关系。③作为保险的原则，即保险利益原则、最大诚信原则和损失补偿原则，同样适用于再保险。原保险与再保险都是一种以法律为依据的经济合同行为，都是以大数法则为依据实现分散风险的目的。

再保险与原保险的区别在于：①原保险标的一般是物、责任、信用或者是人的身体和生命，而再保险的标的是原保险人承担的风险和责任。②再保险合同是以原保险合同为基础的合同，但它又是脱离原保险合同的独立合同。主要表现在：其一，再保险合同有自己独立的当事人，即原保险人和再保险人；其二，一般情况下，再保险人不得请求原投保人交付保险费，原保险的被保险人也不得向再保险人提出赔偿要求；其三，不论再保险人是否履行再保险赔偿义务，原保险人都应对原被保险人履行赔偿义务；其四，当原保险人因破产或其他原因未履行赔偿原被保险人的义务时，再保险人不得因此而免除对原保险人的再保险赔偿义务。③保险的赔付性质不同，原保险合同包括补偿性合同和给付性合同两种，而再保险合同均为补偿性合同。

六、认识各类财产保险合同

针对社会经济生产生活对财产保险制度提出的各种各样的保障需求，保险人设计了丰富多彩的财险险种。依照《保险法》第 95 条的规定，以保险标的及保险人承担的危险性质、范围为标准，财产保险合同可分为财产损失保险合同、责任保险合同、信用保险合同、保证保险合同等。可见，上述分类为财产保险合同的法定分类。每一类财产保险合同在保持财产保险的共有法律属性的前提下，又各具特色。

（一）财产损失保险合同

财产损失保险合同，是指以有形财产为保险标的的，补偿其直接损失的财产保险合同，也称为狭义的财产保险合同。

财产损失保险合同的保险标的以有形物为限，并能以货币来确定或衡量其价值。财产损失保险合同所承保的财产损失指一定有形财产因承保危险发生所致损毁、灭失的经济利益，包括直接经济损失以及对保险标的进行施救等引起的必要的、合理的费用。

财产损失保险合同是由火灾保险发展演变而来的。随着社会经济的发展和保险经营技术的改进，财产损失保险合同逐步将火灾保险承保的保险责任扩展到各种自然灾害和意外事故，形成了目前的承保范围。

1. 财产损失保险合同的法律特征。财产损失保险合同的突出特色在于其保险标的。与其他财产保险合同相比较，财产损失保险合同的保险标的具有一般性。这就是说，其他各类财产损失保险合同所承保的均是特定范围内的财产。例如，运输工具保险合同承保营运中的运输工具，货物运输保险合同承保在途运输的货物。而财产损失保险合同的保险标的则为其他各类财产保险合同承保的特定有形财产以外的一般性的有形财产，其中包括动产和不动产、固定资产和流动资金、生产资料和生活资料。而且，作为财产损失保险合同的保险标的，这些财产相对静止地处于保险合同约定的固定地点。

2. 财产损失保险合同的主要种类。根据保险标的的具体形态不同，财产损失保险合同可分为火灾保险合同（在我国主要体现为企事业财产保险合同与家庭财产保险合同）、货物运输保险合同、运输工具保险合同和农业保险合同。

（1）火灾保险合同，是指以为权利人所有或管理的动产或不动产上发生火灾、爆炸等不可抗力或意外事故为承保危险的财产损失保险合同。

火灾最初是海上保险所承保的一种危险，后来由于经济发展，火灾保险开始在陆上适用，并成为独立险种。其承保对象完成了从不动产向动产的扩张，其责任范围从火灾的单一危险扩展到爆炸、雷击、暴风、暴雨、洪水、台风、龙卷风、雪灾、雹灾、冰凌、泥石流等自然灾害和意外事故的综合危险。目前我国保险营业中的火灾保险合同主要包括企事业财产保险合同、家庭财产保险合同等。

企事业财产保险合同，是指以组织坐落或存放于固定地点的企业或事业被保险人所有或与他人共有而由被保险人负责的财产、由被保险人经营管理或替他人保管的财产、其他具有法律上承认的与被保险人有经济利害关系的财产因火灾以及其他灾害事故发生所致损失为保险标的的财产保险。家庭财产保险合同是指以坐落于确定地点内的为权利人所有的家庭财产为保险标的，对其发生不可抗力或意外事故所致损失予以补偿的财产保险合同。两者都源于以火灾为主要承保危险的火灾保险合同。

（2）货物运输保险合同，是指以运输中的货物为保险标的，保险人对运输中发生不可抗力或意外事故所致货物损失予以补偿的财产损失保险合同。

由于货物、运输方式的多样性，不同的货物在不同运输方式下的危险是不同的。据此，货物运输保险合同的种类较多，根据运输的地域不同，可分为国内货物运输保险和涉外货物运输保险；根据运输方式不同，分为水路货物运输保险、陆路货物运输保险、航空运输保险和货物联运保险等。保险人常根据货物在运输中的易损程度，在货物运输保险合同中约定不同的保险费率。

（3）运输工具保险合同，是以机动车、船舶或飞机等运输工具为保险标的的财产损失保险合同。通过运输工具运载旅客或货物，因交通条件各异，易发生危险事故导致财产损失。运输工具保险已广为行为人所采用。运输工具保险合同由于作为保险标的的运输工具性能不同，其危险性质也不同。据此，可分为机动车保险合同、飞机保险合同、船舶保险合同等。

（4）农业保险合同，是指以农作物种植、禽畜养殖为保险标的，对种植物、养殖物因不可抗力或意外事故所致损失予以补偿的财产损失保险合同。根据其标的是属于种植物还是养殖物，基本可分为种植物保险合同和养殖物保险合同。种植物保险合同是指以植物生产为保险标的，以生产过程中可能遭遇的自然灾害或意外事故为承保危险的财产损失保险合同。养殖物保险是指以各种处于养殖过程中的动物为保险标的的、以养殖过程中可能遭遇的自然灾害或意外事故为承保危险的财产损失保险。依据《保险法》第 184 条第 1 款规定，国家支持保险人开展为农业生产服务的保险，但农业保险由法律、行政法规另行规定。

作为保险标的的种植物、养殖物，因其自身情况复杂，发生承保危险的实际损失具有难于确定的特点。道德危险的防控至为重要，营业风险较大。

（二）责任保险合同

责任保险合同是指经保险人与投保人约定，以被保险人依法应当向第三人承担的民事赔偿责任时，由保险人负责赔偿的一种财产保险合同。

责任保险的保险利益为消极的期待利益，是基于现有利益而期待某种责任不发生的利益，属于财产上的保险利益。根据《保险法》第 65 条第 4 款的规定，订立责任保险合同的目的是由保险人担负被保险人对第三者的损害赔偿责任。责任保险的标的是被保险人在法律上应当承担的损害赔偿责任，区别于以某种物质形态财产为标的的其他财产保险合同。

相比较而言，责任保险合同产生的时间较晚。从十九世纪中期，首次在英国出现铁路承运人责任保险（1855 年）和马车第三者责任保险（1875 年）至今，责任保险合同仅有一百多年的历史。它是随着民事法律制度不断完善，为满足社会成员在社会生产和生活中承担民事责任的风险不断增加而寻求保险保障的需要所产生的。社会生活城市化，尤其是制造业和交通运输业的高度发展，使得责任保险的成长速度十分惊人。在 1979 年后，责任保险在我国发展为独立的险种。首先，根据国务院有关文件的规定，机动车第三者责任保险已被作为强制保险险种在全国普遍实施。同时，在涉外保险范围内，陆续开办了船舶、飞机、汽车及建筑安装工程的第三者责任险、公众责任保险、产品责任保险和雇主责任保险等专门性责任保险。

1. 责任保险合同的法律特征。

（1）责任保险补偿的对象是保险合同主体以外的第三人。尽管责任保险中承保人的赔款是支付给被保险人的，但这种赔款实质上是对被保险人之外的受害方即第三者的补偿，从而是直接保障被保险人利益、间接保障受害人利益的一种双重保障机制。

（2）责任保险承保标的是民事赔偿责任。责任保险承保的是各种民事法律风险，并非实体的、物质形态的标的。保险人在承保责任保险时，通常要对每一种责任保险业务规定若干等级的赔偿限额，由被保险人自己选择。被保险人选定的赔偿限额便是保险人承担赔偿责任的最高限额，超过限额的经济赔偿责任只能由被保险人自行承担。

（3）责任保险的承保方式多样。按照承保方式的不同，责任保险分为承保独立责任的责任保险合同（如产品责任保险合同）；将民事赔偿责任作为保险责任组成部分的责任保险合同（如，船舶一切合同约定的三类保险责任中的一项就是船舶碰撞责任）；将民事赔偿责任作为附加责任予以承保的责任保险合同（如，建筑工程第三者责任保险合同）。

2. 责任保险合同的主要种类。根据业务内容的不同，责任保险可以分为公众责任保险、产品责任保险、雇主责任保险、职业责任保险和第三者责任保险五类业务，其中每一类业务又由若干具体的险种构成。

（1）公众责任保险，是指对机关、企事业单位及个人在经济活动过程中因疏忽或意外事故造成他人人身伤亡或财产损失进行承保的一种责任保险。公众责任保险的形式很多，主要包括普通责任险、综合责任险、场所责任险、电梯责任险、承包人责任险等。机关、企事业单位及个人的办公楼、饭店、工厂、商场、影剧院、旅店、医院、展览馆等各种公共活动场所都可以通过投保公众责任保险来转嫁这方面的风险。

（2）产品责任保险，是指因产品本身的缺陷造成他人（一般是指消费者）人身或财产的损失为承保责任，产品责任保险保障的是产品给他人造成的人身伤害或财产损失承担赔偿责任，主要承保制造、销售或修理商因制造、销售或修理的产品有瑕疵，致使用户或消费者遭到人身伤害或财产损失，依法应由制造、销售或修理商承担的赔偿责任。产品责任保险的投保人可以是产品的制造商、出口商、进口商、批发商、销售商、修理商等主体中的一个单独投保或者全体联合投保。产品责任保险的被保险人除包括投保人以外，还包括投保人指定的经保险人认可的其他主体。

（3）雇主责任保险，是指被保险人所雇用的员工在受雇过程中，从事与被保险人经营业务有关的工作而遭受意外或患有与业务有关的国家规定的职业性疾病所致伤、致残或死亡，被保险人根据国家劳动法及劳动合同应承担的医药费用及经济赔偿责任，由保险人在规定的赔偿限额内负责赔偿的一种保险。雇主责任保险主要承保雇主对其雇用人员，在从事与职业有关的工作时，由于遭受人身伤亡而依法或根据雇佣合同而应由雇主承担的赔偿责任。在我国，三资企业、私人企业、国内股份制公司、国有企业、事业单位、集体企业以及集体或个人承包的各类企业都可为其所聘用的员工投保雇主责任险。

（4）职业责任保险，也称职业赔偿保险，是以各种专业技术人员（医生、药剂师、律师、会计师、建筑师、设计师等）在其从事专业技术性工作时，因工作上的疏忽或过失所造成第三人人身损害或财产损失，依法需要由其承担的经济赔偿责任为保险标的的保险。

（5）第三者责任保险，是以被保险人的各种运输工具、建筑安装工程等意外事故造成的第三者财产人身损害的赔偿责任为保险标的的责任保险。第三者责任保险在效力上可以区分为强制第三者责任险和商业第三者责任险。主要险种包括机动车第三者责任险、飞机第三者责任险和建筑安装工程第三者责任险。

（三）保证保险合同

保证保险是指保险公司向履行保证保险的受益人承诺，如果被保险人不按照合同约定或法律规定履行义务的，则由保险公司承担赔偿责任的一种保险形式。《保险法》中并未对保证保险合同的概念加以规定，保监会1999年发布的《中国保险监督管理委员会关于保证保险合同纠纷案的复函》中对保证保险的定义为："保证保险是财产保险的一种，是指由作为保证人的保险人为作为被保证人的被保险人向权利人提供担保的一种形式，如果由于被保险人的作为或不作为不履行合同义务，致使权利人遭受经济损失，保险人向被保险人或受益人承担赔偿责任。"

保证保险最早出现于约十八世纪末十九世纪初，它是随商业信用的发展而产生的。随着我国经济的快速发展，人们消费观念的改变，消费信贷体系的日益健全，分期付款购房，分期付款购车等消费形式的日益普及，保证保险的出现正是迎合了银行减少信贷经营风险、保险公司拓展业务范围、扩大保险市场的需求。

1. 保证保险合同的法律特征。

（1）保证保险合同除投保人与保险人之外，还涉及第三方关系人，即作为主债务人的被保证人。

（2）保险人通常要求被保证人提供反担保。如果被保证人不能按照合同履行义务，保险人代替被保证人向权利人补偿损失，在保险人补偿损失后，其取得向被保证人追偿的权利。为了保险人的追偿权能够实现，被保证人通常于投保的时候被要求提供反担保。

（3）保证保险合同的变更和终止涉及合同双方当事人和第三人。

2. 保证保险合同的主要种类。

（1）忠实保证保险合同，又称雇主忠诚保证保险合同，是指保险人以被保证人的诚实与否向雇主提供保证，当被保证人（雇员）因不诚实给被保险人（雇主）造成损失时，由保险人负责赔偿的保险合同。雇员的不诚实行为，如盗窃、侵占、贪污、欺诈等给雇主造成的损失均由保险人承担给付保险金义务。

（2）合同保证保险合同，是指合同承保被保证人不履行各种合同义务造成权利人经济损失的，由保险人承担赔偿责任的保险合同。合同保证保险存在多种具体形态，我国常见的是建筑工程承包合同的保证保险。

（3）产品保证保险，是指保险人以保证人身份承担被保证人制造或销售的产品存在质量缺陷而产生的对产品本身损失的赔偿责任的保险。产品保证保险往往与产品责任保险共同为保险人综合承保。该险种的投保人有义务严格执行产品检验制度，保证产品质量。对保险期满后未发生赔偿或赔款未达到保险金额一定比例的，投保人续保时可享受无赔款安全奖励，奖励金额一般为上一年已交保费的一定比例。

（4）司法保证保险，是指保险人以保证人的地位确保被保证人在司法活动中忠实实施相应行为的保险，分为诉讼保证保险与信托保证保险。诉讼保证保险适用于诉讼当事人在请求司法机关采取诉讼保全措施时所提供的担保情形；信托保证保险适用于依法行使财产管理职责的人在管理财产时为避免其不当行为导致的损失的情形。

（5）执照、许可证保证保险，是指投保人因从事特定行为，根据法律、法规或行政规章而与保险人订立保险合同，由保险人以保证人地位对被保证人在从事特定行为时违反义务造成他人损失为保险金给付的保险合同。

（四）信用保险合同

信用保险合同是指权利人要求保险人对他方信用提供担保的保险合同。例如，卖方为防止买方不能如期付款而向保险人投保，保险人保证上述情况发生并导致卖方遭受损失时，由保险人填补损失。信用保险是促进商业信用销售的重要措施。

1. 信用保险合同的法律特征。信用保险合同以信用风险作为保险标的，其既不同于其他财产保险合同，也因以下特点区别于保证保险合同：

（1）信用保险合同的投保人和被保险人是同一民事主体（债权人），而债务人则未参与信用保险合同关系。

（2）保险人在信用保险合同中承保的是保险合同以外的第三人（债务人）不履行义务的信用风险。

（3）被保险人（债权人）通过信用保险合同转嫁给保险人的信用风险，是指债务人不履行债务而造成的债权人的实际损失。

（4）保险人具有特定性。在各国保险市场上，并非所有的保险组织都能够经营信用保险，只能是由政府机构直接办理（政策性）信用保险业务，如英国的出口信用保险部；或者是由政府出资参股的保险公司办理出口信用保险，如加拿大的出口发展公司，或者是由政府授权商业保险公司经营信用保险业务，如德国的赫尔梅斯保险公司。

2. 信用保险合同的主要种类。

（1）出口信用保险合同，是指以出口商在经营出口业务过程中因进口商的商业风险或进口商的政治风险而遭受的损失为保险事故的信用保险。其主要包括短期出口信用保险、中长期出口信用保险、商业风险的出口信用保险、政治风险的出口信用保险和综合风险的出口信用保险。与其他的商业保险相比，出口信用保险的承保标的、承保风险、经营目的等具有自身的特点，被称为一种"经营风险巨大且难以控制的险种"。

（2）国内贸易信用保险合同，是指国内的商品卖方因买方信用危险，致使货款无法收回时，由保险人依照合同约定给予赔偿的财产保险合同。其包括贷款信用保险合同、赊销信用保险合同和预付信用保险合同三种类型。

（3）投资信用保险合同，又称政治风险合同，是指投保人（海外投资商）向保险人所在国投资经营，因政治原因造成经济损失，保险人承担赔偿责任的一种财产保险合同。开展投资保险的主要目的是为了鼓励资本输出。作为一种新型的保险业务，投资保险于二十世纪六十年代在欧美国家出现以来，现已成为海外投资者进行投资活动的前提条件。

（4）雇员忠诚保险合同，又称诚实担保保险合同，其内容是保险人根据雇主的投保要求，承保雇主因其雇员的欺诈、伪造、隐匿、盗窃、违背职守等不诚实行为所遭受的经济损失。进一步讲，雇员忠诚保险合同又包括承保投保单位的特定雇员的失职行为的"指名忠诚保险合同"、承保投保单位的多数雇员的失职行为的"团体忠诚保险合同"、承保投保单位的所有雇员的失职行为的"总括忠诚保险合同"和承保投保单位的特定职位的雇员的不忠诚行为的"职位忠诚保险合同"等具体种类。

3. 信用保险合同与保证保险合同的联系与区别。

(1) 信用保险合同与保证保险合同的联系。

第一，保险标的均为无形的信用利益。二者的保险标的不同于其他财产保险承保的物质形态的标的。

第二，保险人履行保险合同约定的给付义务以被保证人不能履行应承担的义务为前提。

第三，在保险人履行给付保险金义务后，被保证人对保险人支付的费用负有返还义务。保险人享有代位求偿权，即取得主合同债权人对债务人的求偿权。

(2) 信用保险合同与保证保险合同的区别。

第一，投保人不同。保证保险合同的投保人是主合同债务人，该债务人根据债权人的要求，保证履行自身债务而向保险人投保。信用保险合同的投保人是主合同的债权人，该债权人为了实现自己的债权，向保险人投保，债务人不履行债务时由保险人承担给付保险金的义务。

第二，投保人与实际受益人不一致。保证保险合同的投保人是主合同债务人，而实际受益人是主合同的债权人。信用保险合同的投保人是主合同的债权人，实际受益人也是该债权人，二者同一。

第三，主体范围不同。信用保险的被保险人（也是投保人）是保险合同的权利人，承保的是被保证人（义务人）的信用风险，除保险人外，保险合同中只涉及权利人和义务人两方。保证保险是义务人应权利人的要求投保自己的信用风险，义务人是被保证人，由保险公司出立保证书担保；保险公司实际上是保证人，保险公司为了减少风险往往要求义务人提供反担保（即由其他人或单位向保险公司保证义务人履行义务）。除保险公司外，保证保险合同中还涉及义务人、反担保人和权利人三方。

第四，承担的风险不同。在信用保险中，被保险人交纳保费是为了把可能因义务人不履行义务而使自己受到损失的风险转嫁给保险人，保险人承担着实实在在的风险，必须把保费的大部分或全部用于赔款（甚至亏损）。保险人在赔偿后虽然可以向责任方追偿，但成功率很低，就是说信用保险的承保风险比较大。在保证保险中，义务人交纳的保费是为了获得向权利人保证履行义务的凭证。保险人出立的保证书，履约的全部义务还是由义务人自己承担，并没有发生风险转移，保险人收取的保费只是凭其信用资格而得到的一种担保费，风险仍由义务人承担。在义务人没有能力承担的情况下才由保险人代为履行义务，事后再通过反担保措施索取代为承担的赔偿款。因此，经营保证保险对保险人来说，风险相对比较小。

案例点拨

　　本案涉及财产保险合同中保险标的的构成要件的保险利益的确认问题。本案中损坏的设备由被保险人正阳公司所有，当然具有合法的保险利益，保险公司理应赔偿其损失，这一点不存在争议。但承租人正阳公司对承租厂房进行投保，其是否对承租厂房有保险利益，则出现了多种理解。尤其在本案中厂房租借合同已到期，但承租人仍然在使用过程中，此时，承租人对该厂房是否享有保险利益是解决本案的关键。

　　经分析认为，正阳公司对承租厂房享有保险利益，保险事故发生时保险合同合法有效，保险公司应根据保险合同的约定向正阳公司赔偿 215 000 元的设备损失及 53 000 元的房顶烧塌修理费。

　　第一，本案中正阳公司于 2009 年 1 月 2 日向电器厂租借厂房，租期为 1 年，根据《合同法》第 212 条的规定，"租赁合同是出租人将租赁物交付承租人使用、收益，承租人支付租金的合同"，正阳公司享有对承租厂房使用及收益的权利，因此在本案中，正阳公司在投保时对厂房具有保险利益，保险合同合法有效。

　　第二，本案的关键在于租赁合同期满后，保险合同是否仍具有法律效力。我国《民法通则》第 56 条规定："民事法律行为可以采取书面形式、口头形式或者其他形式。"《合同法》第 10 条第 1 款规定："当事人订立合同，有书面形式、口头形式和其他形式。"本案中，在正阳公司与电器厂的租赁合同到期后，双方经数次交涉，电器厂的法定代表人最终同意正阳公司在 2010 年 2 月 8 日前交还厂房。前述事实表明，电器厂对正阳公司租赁合同到期后继续使用厂房的行为是认可的，双方之间达成了延长租赁合同至 2010 年 2 月 8 日终止的口头协议。因此，保险事故发生时，正阳公司对厂房这一保险标的仍享有保险利益，保险合同依然有效。

　　我国《保险法》第 12 条第 2 款规定："财产保险的被保险人在保险事故发生时，对保险标的应当具有保险利益。"第 6 款规定："保险利益是指投保人或者被保险人对保险标的具有的法律上承认的利益。"财产保险的保险利益必须具备三个成立条件：合法性、经济性和可确定性。

　　财产保险合同是以补偿被保险人因保险事故的发生而遭受的损失为目的的保险合同，即使发生了保险事故，如果被保险人并不因此而遭受经济损失的，就不存在保险人对被保险人的经济补偿问题。由此，保险利益的存在是财产保险合同的成立要件和存续要件，对保险合同的效力具有基础评价意义，即投保人或被保险人对于保险标的应当享有保险利益，不享有保险利益的，保险合同无效。并且，投保人和保险人一般不能以保险合同的约定排除或限制保险利益原则的适用，没有保险利益，保险合同绝对不具有约束力，否则，将无法禁止把保险作为赌博的工具，或故意诱发保险事故而牟取不当得利的行为的发生。保险利益是保险合同生效的依据，只有对保险标的享有保险利益的人才能取得投保人的资格而与保险人签订保险合同，双方所签订的保险合同才具有法律效力。保险利益也是保险人履行保险责任的前提，当保险标的遭受保险事故而导致受损时，被保险人只有对该保险标的享有保险利益，才有权向保险人提出保险索赔，保险人才向其履行保险赔偿责任。同时，在具体的保险合同中，被保险人据以索赔的保险利益应当属于该保险合同承保的风险范围之内，如果超出承保范围的危险事故所造成的保险标的的损失，被保险人也不具有向保险人要求保险赔付的权利。

实战训练

廖某于 2008 年 5 月向其所在地的甲保险公司投保家庭财产保险（含盗抢险），保险金额为 5 万元，保险期间为 1 年；同年 8 月，廖某所在单位用福利基金为全体职工在乙保险公司也投保家庭财产保险（含盗抢险），廖某的财产保险金额为 4 万元。单位将保险单交给廖某。在单位投保的一个月后，廖某的家中被盗，廖某发现后立即向公安机关报案，并通知了两家保险公司。经现场勘查，发现廖某家中的两道门锁被撬，丢失财物价值为 6.2 万元。3 个月后，公安机关未能破获案件。廖某向保险公司索赔。甲保险公司在收到索赔申请后，经审核，决定赔偿廖某 5 万元。乙保险公司在接到廖某的索赔请求后，得知廖某已经先向甲保险公司投保，遂以廖某投保时没有通知本公司，是对同一财产进行重复投保，与本公司签订的保险合同无效为由拒绝赔付。

问题：

1. 本案是否构成重复保险？
2. 各保险公司应当如何承担保险责任？

第五节　保险业监管法

学习目标

了解保险组织的设立条件和程序；识别保险中介人；弄清保险公司的解散、撤销与清算程序及其法律效果；了解保险监管的模式和机构设置；掌握保险监管的内容。

任务驱动

能够运用保险监管的知识对保险组织的违规行为进行判断和分析。

案例导入

1997 年 12 月 1 日，中国人民银行陕西省分行发布公告，依法对永安财产保险股份有限公司（以下简称"永安"）进行接管。这是我国首例保险公司被接管的案件。

一、永安的历史

随着改革开放的深入和中国保险市场的开放和开发，中国人民银行于 1996 年 1 月 22 日批准了筹建商业性财产保险公司——永安财产保险股份有限公司。同年 8 月 25 日，该公司正式成立。永安的主要股东为国家电力、电子、邮电、有色金属、航空航天等行业的国营大型企业集团和骨干企业，注册资金为 6.8 亿元人民币，主要经营财产保险、责任保险、信用保证保险等业务。永安是我国唯一一家设在西部地区的保险公司，总部位于西安，营业区域为西北五省及山西省、四川省和重庆市。该公司实行董事会领导下的总裁负责制。

旨在奋力开拓西部保险市场、为西部经济崛起服务的永安，起步之时就创造了国内保险业的三个第一：第一家将总部设在西部地区的保险公司；第一家开业便同时建成全资拥有的各类设施齐备的现代化智能型办公大厦的保险公司；第一家全面引进世界先进的计算机网络系统，将承保、理赔、财务核算等信息资料全部实行计算机管理，并聘请国外专家进行技术指导，按照国际惯例实行现代化管理的保险公司。永安在成立初期，十分注重社会效益，曾为西安市万名公安干警免费承保"公安机关工作人员意外伤害责任保险"，保险总金额达 5 亿元。1996 年，永安实现保费收入 455 万元。

然而在其营业不到一年半的时间内，中国人民银行陕西省分行就发布公告称，鉴于永安财产保险股份有限公司存在严重违法违规等问题，中国人民银行决定对永安财产保险股份有限公司进行依法接管，并责成陕西省分行负责实施，接管期限为 1997 年 12 月 1 日至 1998 年 5 月 31 日，为期半年。在被宣布接管的这一年里，永安的保费收入为 3169 万元。

二、接管后的永安

在被接管之后，永安首先于 1998 年 2 月完成了第一阶段的任务，即查清问题、理顺资金、财务关系。在随后的半年时间里（包括接管延长的 3 个月），永安完成了资本金重组和内控机制建设的任务。据报道，在原来的 14 家旧股东中，除了上述 3 家出资公司得以保留外，另有 9 家公司参股，全部注入货币资金，注册资本减为 3.1 亿元。资本重组后的永安，资产负债率不到 1%，是国内保险公司中资产质量最好的公司之一，新的公司领导全部是有 10 年以上保险从业经历的专家。

接管结束之后，公司董事会认真分析了永安的具体情况，提出了"以业务发展为中心，巩固接管成果，内求团结，外树形象，稳健经营"的基本发展思路，扎扎实实地采取了一系列的变革创新措施。公司大胆地在管理体制创新上做文章，逐步实现了由物的管理到人的管理、由经验管理到现代化管理的转变。在用人机制上，通过年度综合考核，进行末位比例淘汰，中层干部实行招标竞聘，形成一种能上能下的格局；在考核机制上，推行量化目标奖罚责任制，明确权责，担供工作效率；在分配机制上，推行工效挂钩分配制度，形成一个向贡献倾斜的分配机制；在效益管理上，推行了以经济效益为目标的成本核算约束机制；在业务管理上，从管理的正规化抓起，修订并完善了各项业务操作实务规范。

1998 年，永安实现保费收入 2421 万。由于永安自开业以来存在的诸多问题，中国保监会在 1999 年底没有批准该公司设立新疆、重庆两家省外，以及陕西省内六家分公司的申请。保监会给永安的建议是：首先抓好业务。

1999 年，公司实现保费收入 5294.4 万元，是接管前的 2.3 倍，完成年计划目标的 108%；公司一举扭亏为盈，实现利润 1006.6 万元，是年计划目标的 3.4 倍，弥补了前三年连续累计亏损后仍有节余；综合赔付率为 26.9%，比上年降低 33.2 个百分点，年综合费用为 39.8%，比上年降低 75 个百分点。经过重组股本和领导班子，永安发展了业务，加强了管理，健全了内部控制制度，走上了依法稳健经营的轨道。值得庆贺的是，2000 年 11 月，永安拟在重庆、山西、新疆三地设立分公司的申请得到了中国保监会的批准。

问题：

1. 永安的问题是什么？为什么会出这样的问题？
2. 怎样解决这样的问题？

法律提示

《中华人民共和国保险法》

第一百四十四条 保险公司有下列情形之一的，国务院保险监督管理机构可以对其实行接管：

（一）公司的偿付能力严重不足的；

（二）违反本法规定，损害社会公共利益，可能严重危及或者已经严重危及公司的偿付能力的。

被接管的保险公司的债权债务关系不因接管而变化。

第一百四十五条　接管组的组成和接管的实施办法，由国务院保险监督管理机构决定，并予以公告。

第一百四十六条　接管期限届满，国务院保险监督管理机构可以决定延长接管期限，但接管期限最长不得超过二年。

第一百四十七条　接管期限届满，被接管的保险公司已恢复正常经营能力的，由国务院保险监督管理机构决定终止接管，并予以公告。

第一百四十八条　被整顿、被接管的保险公司有《中华人民共和国企业破产法》第二条规定情形的，国务院保险监督管理机构可以依法向人民法院申请对该保险公司进行重整或者破产清算。

基本理论和知识

一、认识保险组织

保险组织的设立和组织形式直接关系到公众利益和社会稳定，所以各国一般都实行保险业务经营许可证特许管理，特别规定经营者的资格。

（一）保险公司

在我国，设立保险公司必须符合保险法律、法规所规定的实体内容，遵守法定的设立程序，否则将依法承担法律责任。

1. 设立保险公司的条件。设立保险公司的条件大都包括实体条件和程序条件。实体条件，是指设立保险公司所应达到的能承担责任的物质标准和其他标准，诸如公司章程、资本金的规定、高级管理人员的规定、有关组织机构和管理制度的规定，还有关于营业场所和与业务有关的其他设施的规定等。程序条件，是指法律法规规定的设立保险公司须遵循的程序方面的要求。

（1）股东条件。对于股东的资格，一般公司并无限制，但向保险公司投资入股则不同。我国《保险法》第68条第1项规定："主要股东具有持续盈利能力，信誉良好，最近3年内无重大违法违规记录，净资产不低于人民币2亿元"。

（2）资本条件。资本条件即保险公司设立时所应具备的法定最低资本限额。为了保证保险公司具备经营所需的资本，多数国家都通过保险立法，对保险公司设立时应当具备的最低资本额给予明确规定。我国法律要求保险公司在设立时，必须具有最低限额的注册资本，即发起人认缴和向社会公开募集的股本达到法定资本最低限额。《保险法》第69条规定了设立保险公司，其注册资本的最低限额为人民币2亿元。国务院保险监督管理机构根据保险公司的业务范围、经营规模，可以调整其注册资本的最低限额，但不得低于第 69 条第 1 款规定的限额。保险公司的注册资本必须为实缴货币资本。

（3）公司章程条件。保险公司章程是规范保险公司组织机构、管理制度、资本金数额、业务范围等事项的要式法律文件，是保险公司组织和活动的基本准则。因此，设立保险公司，必须制定符合我国《保险法》《公司法》的章程。保险公司的组织形式不同，章程的制定、应记载的事项以及通过的程序也不同。

2. 保险公司设立的程序。国家对保险公司经营保险业务实施许可证制度，因此保险公司的设立要经过一个复杂的过程，首先必须取得保险监管部门的许可，取得经营许可证，然后向工商行政管理部门办理设立登记。

（1）设立申请。申请设立保险公司，应当向金融监督管理部门提交设立申请书、可行性研究报告和金融监督管理部门规定的其他文件和资料。提交的申请书中应记载拟设立的保险公司的名称、注册资本、业务范围等事项。

（2）初审。保险监督管理部门的初步审查，主要涉及两个方面：一是审查保险公司的设立是否符合保险业的发展和公平竞争的需要；二是审查保险公司设立的必要性、可行性。如果经初审保险监督管理部门同意，设立程序将进入下一阶段。

（3）筹建。设立申请经初步审查合格后，申请人应当依照《保险法》《公司法》的规定进行保险公司的筹建。在这一阶段，发起人需要拟定公司章程、履行出资义务、选举高级管理人员、召开创立大会等。经批准筹建的，筹建申请人应当在 1 年内完成保险公司的筹建工作。逾期未完成的，原批准筹建的文件自动失效。筹建机构在筹建期间不得从事任何保险业务活动。

（4）正式申筹建工作完成后，申请人可以向金融监督管理部门提出正式审查申请。在这一阶段，申请人除应当提交正式申请书外，还需要提交下列文件和资料：保险公司的章程；股东名册及其股份或者出资人及其出资额；持有公司股份 10% 以上的股东的资信证明和有关资料；法定验资机构出具的验资证明；拟任职的高级管理人员的简历和资格证明；3 年经营规划和分保方案；营业场所和与业务有关的其他设施的资料；金融监督管理部门规定的其他文件和资料。

（5）审核决定。金融监督管理部门自收到正式申请书和相关资料后，应当依法审查申请人提交的文件和资料是否真实、完整，拟设立的公司是否已经具备法定的设立文件。审查的期限为 60 日，对于决定批准设立的，批准部门应当颁发经营保险业务许可证。

（6）设立登记。申请人凭批准部门颁发的经营保险业务许可证向公司登记机关申请设立登记。申请登记的期间为自保险公司取得经营保险业务许可证之日起 6 个月。如无正当理由超过 6 个月不申请登记，许可证自动失效。

3. 保险公司的解散与撤销。保险公司的解散，是指依法设立的保险公司经过保险监管部门的同意而终止业务经营活动，并从清算终结时消灭其法人资格的情形。

根据《保险法》第 89 条第 1 款规定，保险公司主动解散（因分立、合并需要解散，或者股东会、股东大会决议解散，或者公司章程规定的解散事由出现），必须经过国务院保险监督管理机构的批准。同时该条第 2 款又规定："经营有人寿保险业务的保险公司，除因分立、合并或者被依法撤销外，不得解散。"这是由人寿保险的储蓄性和长期性的特点以及对社会稳定的影响所决定的，保险公司不得任意解散。

保险公司的撤销，是指保险公司因违反法律、法规的规定，被保险监督管理部门撤销保险经营资格。保险公司的撤销包括：①保险公司因违法经营被依法吊销经营保险业务许可证的；②保险公司的偿付能力低于国务院保险监督管理机构规定标准，不予撤销将严重危害保险市场秩序、损害公共利益的，由国务院保险监督管理机构予以撤销并公告。

保险公司在宣告解散或撤销时，需要对其资产及其债权债务关系进行处分。在这一阶段，保险公司应当依法成立清算组进行清算，只有经过清算，才能终结保险公司现存的法律关系。在清算期间，保险公司不得再进行以营业为目的的任何活动。

4. 保险公司的破产及清算。保险公司的破产，是指保险公司不能清偿到期债务时，人民法院依据保险公司或者债权人的申请，宣告保险公司破产，并在人民法院的主持下将破产保险公司的财产清偿给债权人。保险公司的破产必须严格按照法定程序进行。

我国《保险法》第 90 条规定："保险公司有《中华人民共和国企业破产法》第 2 条规定情形的，经国务院保险监督管理机构同意，保险公司或者其债权人可以依法向人民法院申请重整、和解或者破产清算；国务院保险监督管理机构也可以依法向人民法院申请对该保险公司进行重整或者破产清算。"

保险公司的破产清算，是指保险公司被依法宣告破产后，在人民法院的主持下按照法定程序对破产保险公司的资产及债权债务关系进行处分。

保险公司被宣布破产的，由人民法院指定破产管理人，管理人负责破产保险公司的财产的保管、清理、估价、处理和分配，并可以依法进行必要的民事活动。清算组对人民法院负责并且向人民法院报告工作。

管理人通过清算活动，确定并清理破产财产，拟定破产财产的分配方案，经债权人会议通过，报请人民法院裁定后执行。我国《保险法》第 91 条确定了保险公司的破产财产在优先清偿破产费用和共益债务后的清偿顺序：①所欠职工工资和医疗、伤残补助、抚恤费用，所欠应当划入职工个人账户的基本养老保险、基本医疗保险费用，以及法律、行政法规规定应当支付给职工的补偿金；②赔偿或者给付保险金；③保险公司欠缴的除第 1 项规定以外的社会保险费用和所欠税款；④普通破产债权。破产财产不足以清偿同一顺序的清偿要求的，按照比例分配。

经营人寿保险业务的保险公司被依法撤销或被依法宣告破产的，其持有的人寿保险合同及准备金，必须转移给其他经营人寿保险业务的保险公司。不能同其他保险公司达成转让协议的，由国务院保险监督管理机构指定经营人寿保险业务的保险公司接受转让。

（二）保险中介

保险中介，是指介于保险经营机构之间或保险经营机构与投保人之间，专门从事保险业务咨询与销售、风险管理与安排、价值衡量与评估、损失鉴定与理算等中介服务活动，并从中依法获取佣金或手续费的单位或个人。保险中介在保险市场上发挥的作用，是由其在专业技术职务、保险信息沟通、风险管理咨询等诸方面的功能所决定的。

保险中介人的主体形式多样，主要包括保险代理人、保险经纪人和保险公估人等，此外，其他一些专业领域的单位或个人也可以从事某些特定的保险中介服务，如保险精算师、事故调查机构和律师等。在此，只介绍保险代理人和保险经纪人。

1. 保险代理人。保险代理人是指根据保险人的委托，向保险人收取佣金，并在保险人授权的范围内代为办理保险业务的单位或个人。

保险代理人分为专业代理人、兼业代理人和个人代理人三种。其中，专业保险代理人是指专门从事保险代理业务的保险代理公司；兼业保险代理人是指受保险人委托，在从事自身业务的同时，指定专人为保险人代办保险业务的单位，主要有行业兼业代理、企业兼业和金融机构兼业代理、群众团体兼业代理等形式。个人代理人是指根据保险人的委托，在保险人授权的范围内代办保险业务并向保险人收取佣金的个人。

我国《保险法》第 119 条规定："保险代理机构、保险经纪人应当具备国务院保险监督管理机构规定的条件，取得保险监督管理机构颁发的经营保险代理业务许可证、保险经纪业务许可证。"保险专业代理机构、保险经纪人凭保险监督管理机构颁发的许可证向工商行政管理机关办理登记，领取营业执照。保险兼业代理机构凭保险监督管理机构颁发的许可证，向工商行政管理机关办理变更登记。由此可知，保险代理人一般须经过考核和政府有关部门的批准，方能取得代理资格。

2. 保险经纪人。保险经纪人是指基于投保人的利益，为投保人与保险人订立保险合同提供中介服务，并依法收取佣金的机构。

保险经纪人一般具有以下法律特征：

（1）保险经纪人以独立名义从事中介活动。在进行保险经纪活动时，保险经纪人是以自己的名义与保险人进行交往，并承担由此产生的法律后果。

（2）保险经纪人必须是基于投保人的利益，为投保人和保险人订立保险合同提供中介服务。

（3）保险经纪人依法收取佣金，即通过向委托人提供劳务而获取报酬。

（4）保险经纪人对自己的行为独立承担责任。

二、保险监管

监管是监督和管理的合称，保险监管是指对保险业的监督和管理。依据监管主体范围的不同，保险监管有广义和狭义两种理解。广义的保险监管是指有法定监管权的政府机关、保险行业自律组织（如保险行业公会或协会）、保险企业内部的监督部门以及社会力量对保险市场和市场主体的组织和经营活动的监督或管理。狭义的保险监管一般专指政府保险监管机关依法对保险市场和保险市场主体的组织经营活动的监督和管理。

（一）保险监管的模式和机构设置

1. 保险监管的模式。世界各国根据其不同的经济背景和法律环境建立了各自的监管制度。总体来看，世界范围内监管模式主要有公示监管模式、准则监管模式和实体监管模式三种。

（1）公示监管模式，是指政府不直接监管保险业的经营，只是要求保险人按照政府规定的格式及其内容，将其营业结果定期呈报给主管机关，并予以公布。

该模式是一种宽松的监管方式。凡是保险业的组织形式、保险合同内容的设计、保险资金的运用等，均由保险人自行决定，政府不作过多干预。保险经营的好坏，由被保险人及一般大众自行判断。采用此种监管方式必须具备一定的条件，包括国民经济一定程度的发展，保险机构的普遍存在，投保人具有选择保险人的可能，保险企业具有一定的自治能力，保险市场具有平等的竞争条件和良好的职业道德，社会大众具有较高的文化水准和参与意识，被保险人对保险公司的优劣有适当的判断能力和评估标准等。1994 年以前英国曾采用这一管理方式，由于不利于保护被保险人的利益，英国逐渐放弃这一方式。

（2）准则监管模式，又称规范监管方式或形式监管方式，是指国家对保险业的经营制定一定的准则，要求保险人共同遵守的一种监管方式。

政府规定的准则仅涉及重大事项，例如，保险公司的最低资本额、资产负债表的审查、法定公布事项的主要内容等。这种方式强调保险经营行为在形式上的合法性，故比公示监管方式具有较高的可操作性，其曾被视为"适中的监管方式"。但由于这种监管方式仅从形式出发，难以适应所有保险组织，加之保险技术性强，涉及的事务复杂多变，所以仅有某些基本准则难以起到有效监管的作用。

（3）实体监管模式，亦称严格监管方式或许可监管方式，是指由国家制订完善的保险监督管理规则，主管机构根据法律、法规赋予的权力，对保险市场尤其是保险人进行全面的监督管理的一种方式。实体监管主要是对保险组织的市场准入、保险经营以及市场退出机制进行全方位的监管。该监管方式于1985年由瑞士首创，目前包括我国在内的世界上大多数国家都采用实体监管方式。

2. 保险监管的机构设置。

（1）我国保险监管机构的设置。我国保险监管机构的设置经历了一个复杂的变迁过程。1980年国内保险业逐渐恢复，中国人民保险公司从中国人民银行中分立出来，成为国务院直属的局级经济实体。1983年，国务院颁布《保险企业管理暂行条例》（已失效），首次以立法形式明确规定了国家保险管理机关是中国人民银行。而实际行使管理权的是中国人民银行非银行金融机构管理司下设的保险管理处。1995年《保险法》颁布后，中国人民银行内部进行机构调整，成立了保险司，专门负责保险市场的监管。1998年11月18日，经国务院批准，按照银行业与保险业"分业经营、分业监督管理"的原则，设立了中国保险监督管理委员会（以下简称"中国保监会"）。此后，中国保监会成为全国商业保险的主管机关，根据国务院授权履行行政管理职能，依照法律、法规统一监管中国保险市场。

（2）中国保监会的职权。中国保监会是全国商业保险的主管部门，为国务院直属事业单位，根据国务院授权行使行政管理职能，依照法律、法规统一监督管理我国保险市场，维护保险业合法、稳健的运行。

中国保监会的职权包括：①拟订有关商业保险的政策法规和行业发展规划；②依法对保险企业的经营活动进行监督管理和业务指导，维护保险市场秩序；③依法查处保险企业的违法违规行为，保护被保险人利益；④培育和发展保险市场，推进保险业改革，完善保险市场体系，促进保险业公平竞争；⑤建立保险业风险评估与预警系统，防范和化解保险危险，促进保险企业稳健经营与业务的健康发展。

（二）保险监管的内容

保险的监管包括保险组织监管、偿付能力监管、保险资金运用监管、危险防范监管、不正当竞争监管、合同内容监管以及信息监管七个方面的内容。

1. 保险组织监管。

（1）保险公司的整顿。保险公司的整顿，是指因保险公司不能在限期内执行保险监督管理机构纠正其不法行为的措施，由保险监督管理机构成立整顿组织，监督保险公司清理整治其业务、财务资金运用状况以及经营管理状况的措施。整顿目的在于监管保险公司，使其纠正违法行为，恢复合法经营状态。

《保险法》第139条和第140条规定的整顿原因是保险公司在指定期间内不能改正责令其改正的违法行为。主要包括：①未能在期限内提取或者结转各项责任准备金；②未能在期限内依法办理再保险；③未能在期限内改正违法运用资金的行为；④未能在限期内调整负责人及有关管理人员。被整顿保险公司经整顿已纠正其违反《保险法》规定的行为，恢复正常经营状况的，由整顿组提出报告，经国务院保险监督管理机构批准，结束整顿，并由国务院保险监督管理机构予以公告。

整顿权由整顿组织行使。整顿组织的成员由保险监督管理机构选派和指定，由保险专业人员和该被整顿保险公司有关人员组成。在整顿组织成立后，须作出整顿决定并予以公告。整顿决定的内容包括：被整顿公司的名称、整顿理由、整顿组织和整顿期限。

整顿组织只能行使监督权，保险公司的日常业务活动仍由保险公司进行，而不是由整顿组织进行。整顿组织行使监督权的同时还须承担监督职责，若怠于监督，应承担法律责任。

整顿组织对保险公司进行整顿具有一定的期限和条件，当达到一定条件后，整顿程序结束。

（2）保险公司的接管。保险公司的接管，是指保险公司偿付能力严重不足或违反保险法的规定，损害公共利益，可能严重危害或危及保险公司的偿付能力时，由保险监管机构对其采取必要措施，以保护被保险人的利益，恢复保险公司的正常营业。对保险公司的接管是比对其整顿更为严格的政府监督措施。其目的是对被接管的保险公司采取必要措施，以保护被保险人的利益，恢复保险公司的正常经营。

根据《保险法》第144条的规定，只有在保险公司有下列情形的，国务院监督管理机构才可以对其实行接管：①公司的偿付能力严重不足的；②违反《保险法》规定，损害社会公共利益，可能严重危及或者已经严重危及公司的偿付能力的。

保险公司被接管后，其债权债务关系并不因接管而发生变化，原有债权债务关系仍然有效。保险公司作为商事主体，被接管后只是发生管理工作的变化，其商事主体的资格并未改变。

2. 偿付能力监管。保险公司偿付能力是指保险公司清偿其债务的能力。偿付能力监管是防范风险、加强监管的核心。先收取的保险费被视为保险人的负债，给付保险金视为对负债的偿还。若保险人在经营过程中偿付能力不足或破产，而保险合同的履行期却未届至，这将使被保险人失去保险保障，蒙受损失，并给社会带来不安定的因素。由此可见，保险人的偿付能力在保险人的经营中具有举足轻重的地位。

（1）偿付能力监管的内容。保险监督管理机构应当建立健全保险公司偿付能力监管指标体系，对保险公司的最低偿付能力实施监控。保险公司偿付能力指标是指保险公司应当具有与其风险和业务规模相适应的资本，确保偿付能力充足率不低于100%。

保险公司应加强资产管理、负债管理、资产负债匹配管理和资本管理，影响公司偿付能力的因素都应当纳入公司的内部偿付能力管理体系。

保险公司应当按照中国保监会制定的保险公司偿付能力报告编报规则及有关规定编制和报送的偿付能力报告。保险公司偿付能力报告包括年度报告、季度报告和临时报告。

（2）偿付能力监管的实施。中国保监会建立以风险为基础的动态偿付能力监管标准和监管机制，对保险公司偿付能力进行综合评价和监督检查，并依法采取监管措施。中国保监会对保险公司偿付能力的监督检查采取现场监管与非现场监管相结合的方式。

中国保监会根据保险公司偿付能力状况对保险公司实施分类监管，一般分为下三类：不足类公司，充足Ⅰ类公司和充足Ⅱ类公司。

不足类公司，是指偿付能力充足率低于100%的保险公司。对于不足类公司，可以采取下列一项或者多项监管措施：责令增加资本金或者限制向股东分红；限制董事、高级管理人员的薪酬水平和在职消费水平；限制商业性广告；限制增设分支机构、限制业务范围、责令停止开展新业务、责令转让保险业务或者责令办理分出业务；责令拍卖资产或者限制固定资产购置；限制资金运用渠道；调整负责人及有关管理人员；接管等。

充足Ⅰ类公司，指偿付能力充足率在100%～150%间的保险公司。中国保监会可以要求充足Ⅰ类公司提交和实施预防偿付能力不足的计划。

充足Ⅱ类公司，指偿付能力充足率高于150%的保险公司。充足Ⅱ类公司存在重大偿付能力风险的，中国保监会可以要求其进行整改或者采取必要的监管措施。

3. 保险资金运用监管。资金运用是保险行业的核心业务，它已经超越保费收入，成为保险公司利润的主要来源。保险资金运用不仅能够增强保险公司的竞争力，提高其偿付能力，而且能推动资本市场的发育与成熟，从而带动国民经济的发展。保险资金是指保险公司的各项保险准备金、资本金、营运资金、公积金、未分配利润和其他负债，以及由上述资金形成的各种资产。保险资金运用应当遵循安全性原则、流动性原则与收益性原则。

（1）保险资金运用的渠道及限制。《保险法》第106条根据我国保险市场的现状，以上述原则为基础，规定保险人可以如下形式运用保险资金：①银行存款；②买卖债券、股票、证券投资基金份额等有价证券；③投资不动产；④国务院规定的其他资金运用形式。

保险资金只能用于《保险法》规定的渠道，不能超出法律和法规规定的范围。同时，保险公司的保险资金不得用于设立证券经营机构，不得用于设立保险业以外的企业。保险公司运用的资金和具体专案的资金占其资金总额的数额不得超出一定的比例，具体的比例由保监会确定。同时，保险公司运用保险资金的具体方式、具体品种的比例以及认定的最低评级，应当符合保监会的规定。

（2）保险资金运用的模式。我国保险资金的运用主要通过成立专门的保险资产管理公司，设立专门的投资机构、委托第三方投资管理公司等三种模式来运作。

第一，设立保险资产管理公司。保险资产管理公司一般是保险公司的全资或控股子公司，专门负责资金的运用。这是大型保险公司通常采取的模式。

第二，设立专门的投资机构。通常是由保险公司总部设立专门的投资部来负责管理公司的投资账户资产。此种模式通常被规模较小的保险公司予以采用。

第三，委托第三方投资管理公司。委托第三方投资管理公司，就是将保险资金委托给其他专业化投资机构进行管理，这些投资机构主要是一些独立的基金公司和综合性资产管理公司。通过委托第三方资产管理公司进行资金运作，可以充分利用其专业化的优势，实现其资产的保值增值，为公司节省人力成本。

4. 危险防范监管。为防范经营危险，现代保险公司将承保危险分解为自留危险与分保危险，保险法从危险的自留额与再保险两个方面设计危险防范的制度构造。

（1）自留危险控制制度。自留危险是指保险人对危险的自我承担，即保险公司自我承受风险损害后果的方法。《保险法》设有关于保险人总体最大自留责任的确定规则与个体危险最大自留责任限额的确定规则。保险人应根据其自身能力来确定自留额与分保额，确保自留危险能够为其所承担，同时其分保额亦不应损及其赢利。经营财产保险业务的保险公司本年度的自留保险费，不得超过公司的实有资本金加公积金总和的4倍。因人身保险的保险事故发生概率缺乏稳定性，其营业危险较小，所以经营人身保险的保险人不受此限。而且，保险人对每一危险单位的个体最大自留责任不能超过其资本金与公积金总额的 10%。

（2）再保险制度。再保险是采用保险方法再分散保险责任的一种办法，是原保险人的一种经营策略，借以减轻自己的责任，也可以达到保障营业安全的目的。我国《保险法》规定保险公司对每一危险单位，即对一次保险事故可能造成的最大损失范围所承担的责任，不得超过其实有资本金加公积金总和的 10%；超过的部分应当办理再保险。保险公司应当按照国务院保险监督管理机构的规定办理再保险，并审慎选择再保险接受人。

5. 不正当竞争行为监管。不正当竞争行为主要表现为：降价排挤竞争对手；诋毁商誉；不当利诱；商业贿赂；虚假宣传；侵犯商业秘密。竞争是推动保险企业进步的内在动力源泉，能够激励保险人为保险商品的消费者提供优质服务。不正当竞争，不但提高企业的经营成本，形成无效率的运作，而且容易导致保险人清偿能力的下降和消失。保险市场上存在的回扣、差价和不按费率规则随意加减保费等不正当竞争行为，不仅破坏了保险行业的正常营业，而且严重影响了保险市场秩序。因此，各国保险法都对保险市场中的不正当竞争行为进行规制。

《保险法》第 115 条规定："保险公司开展业务，应当遵循公平竞争的原则，不得从事不正当竞争。"同时又在其后规定了不正当行为的种类和各自负有的法律责任。保险人的不正当竞争行为亦可依据《中华人民共和国反不正当竞争法》追究其法律责任。

6. 合同内容监管。

（1）对一般合同的监管。保险合同是典型的格式合同，体现出较强的技术性。合同当事人之间存在明显的信息不对称，会危及公平的实现。同时，合同双方的地位明显不对等，保险人处于强势地位。对此，我国保险法专门规定，保险公司应当按照国务院保险监督管理机构的规定，公平、合理地拟订保险条款和保险费率，不得损害投保人、被保险人和受益人的合法权益。保险公司应当按照合同约定和《保险法》规定，及时履行赔偿或者给付保险金义务。

（2）对特殊险种的监管。保监会对特殊险种采用审批制和备案制两种方式进行监管。关系社会公众利益的保险险种、依法实行强制保险的险种和新开发的人寿保险险种等的保险条款和保险费率，应当报保险监督管理机构审批。保险监督管理机构在审批时，应当遵循保护社会公众利益和防止不正当竞争的原则。审批的范围和具体办法，由保险监督管理机构制定。其他保险险种的保险条款和保险费率，应当报保险监督管理机构备案。

保险公司使用的保险条款和保险费率违反法律、行政法规或者国务院保险监督管理机构的有关规定的，由保险监督管理机构责令停止使用，限期修改；情节严重的，可以在一定期限内禁止申报新的保险条款和保险费率。

7. 信息监管。信息监管，是指保险公司应当将保险经营过程中的重大事项或经营活动中的资料或数据予以披露或报告的制度。保险经营涉及公众利益，保险经营的安全关乎国计民生。信息监管是有效防范保险风险的重要措施。信息监管包括信息披露和信息报告两项内容。

（1）信息披露制度。《保险法》不仅要求保险公司按照国务院保险监督管理机构的规定，真实、准确、完整地披露财务会计报告、风险管理状况、保险产品经营情况等重大事项，而且还要求建立对关联交易的管理和信息披露制度。未按照规定披露信息的，由保险监督管理机构责令限期改正；逾期不改正的，处1万元以上10万元以下的罚款。

（2）信息报告制度。保险公司应当按照保险监督管理机构的规定，报送有关报告、报表、文件和资料。保险公司的偿付能力报告、财务会计报告、精算报告、合规报告及其他有关报告、报表、文件和资料必须如实记录保险业务事项，不得有虚假记载、误导性陈述和重大遗漏。保险公司应当聘用经国务院保险监督管理机构认可的精算专业人员，建立精算报告制度。保险公司应当聘用专业人员，建立合规报告制度。除中国保监会另有规定外，保险公司的股东大会、股东会、董事会的重大决议，应当在决议作出后30日内向中国保监会报告。

案例点拨

近年来，我国保险市场以年均30%的速度保持增长，但是以保险费收入的快速增长作为保险公司发展的核心评价指标，会导致保险公司风险防范意识的下降；在新中国至今没有保险公司破产的情形下，更会使保险公司的管理层产生漠视风险而盲目扩大保险营业规模的恶果。

本案是我国第一起保险公司被接管的案件，也是中国保监会对保险业实施监管的范例。对中国保险业第一例接管案件的再次研究无疑将有助于提高我国保险业监管水平，促进我国保险业的健康发展。

据了解，永安之所以被接管，主要是基于两个问题，其一是违规经营，即存在异地开展业务问题；其二是资本金问题，即资本金不足。本案中，永安保险公司的注册资本为6.8亿元，但其实缴资本金却不到1亿元；永安保险公司应向中国人民银行陕西省分行交存保证金1.36亿元，但其实际上没有达到这一要求。有的股东的达不到股东资格，有的股东资本金未到位。中国人民银行是根据《保险法》（1995年）第113条规定决定对永安实行接管的。第113条规定为："保险公司违反本法规定，损害社会公共利益，可能严重危及或者已经危及保险公司的偿付能力的，金融监督管理部门可以对该保险公司实行接管。接管的目的是对被接管的保险公司采取必要措施，以保护投保人的利益，恢复保险公司的正常经营。被接管的保险公司的债权债务关系不因接管而变化。"保险业的违规、违法经营在中国的保险市场上时有所闻，永安的行为已经严重地危及了公司的偿付能力，因而走向了被接管的道路。

一、永安的违法违规行为分析

根据《保险法》（1995）第72条，"设立保险公司，其注册资本的最低限额为人民币二亿元。保险公司注册资本最低限额必须为实缴货币资本"。然而在永安被接管前，据陕西省有关部门的一份调查指出，永安注册资本为6.8亿元，实际到位不足1亿元。在永安的十余家股东中，西安飞机制造公司注资1000万元，彩虹集团注资6800万元，西北电力管理局注资1000万元，因而实缴货币资本仅为8800万元，远远未达到《保险法》规定的2亿元最低限额。注册资本金是公司运营最基本的条件，注册资金不到位不仅仅涉及违法问题，它严重地影响了公司的偿付能力，直接损害投保人的利益。《保险管理暂行规定》（1996）（以下简称《暂行规定》）的第49条第1款为："保险公司最低偿付能力为中国人民银行规定的其实际资产减实际负债的差额。"在注册资金不到位的情况下，永安的实际资产必将大大缩水，因而偿付能力将受到极大的影响。偿付能力不足则无法保证理赔的顺利完成，资本金是保险公司成立之初时偿付能力的最后防线，而目前的注册资本的不到位严重削弱了永安应付风险的能力，为以后的发展和经营埋下巨大的隐患。

根据《暂行规定》第17条，未设分支机构的保险公司只能在该公司注册地开展业务。其他保险机构只能在中国人民银行批准的区域内开展业务。作为一家区域性的保险公司，永安的营业区域应为西北五省及山西、四川省和重庆市。跨地区经营会带来许多问题。从资本金方面来看，区域性和全国性的公司有不同的资本金要求。《暂行规定》第5条第1项规定为，"在全国范围内开办保险业务的保险公司，实收货币资本金不低于人民币5亿元；在特定区域内开办业务的保险公司，实收货币资本金不低于人民币2亿元；设在省、自治区、直辖市、计划单列市政府所在地的分公司，营运资金不得低于人民币5000万元。"营业区域的扩大意味着公司规模的扩大，因而需要相应的资本增加以抵御风险。从管理方面来看，扩大营业区域要求管理要跟得上。区域的扩大并不是简单地依靠增加分支机构的设立，如何因地制宜地开展业务，如何实现公司的战略目标，怎样实现资产的保值增值以及取得利润最大化都是应当考虑的问题。从监管方面来看，保险公司不按规定的区域经营，监管的主体、客体概念不明确，责任不明晰，必将增加监管的难度。保费是一种低成本的资金来源，保险机构对保费的争夺有可能引发经营区域混乱的局面，从而造成监管的混乱。

据了解，除了到位的 8800 万货币资金，永安还拥有价值数亿的固定资产——永安大厦。另外，在接管永安之后，中国人民银行立即撤换了永安的原董事长王建才，并罚其 11 年内禁入中国金融业。依据上述事实，我们能够设想这样的一种可能：永安在筹得包括固定资产在内的资金后，非法取得验资证明并获得营业执照。这样的可能情形反映了当前我国保险市场上的一种信息不对称——保险机构真实财务信息的披露问题。此处暂不分析保险机构制造此类虚假信息的目的，仅从后果来看，虚假信息加剧了保险市场的混乱现象，使得市场正常的规则被扭曲，市场信息缺乏可靠性，市场行为的是与非、正与邪被人为复杂化，从而保险市场变得更加难以解读。准确、及时、全面地获取和处理各种信息，是对保险业实施有效监管的一个基本前提。如果保险公司的财务信息披露不真实，任何形式的监管都是低效率的，甚至是毫无意义的。

二、监管机构存在的问题

从监管者的角度来讨论，根据《保险法》的有关规定，设立保险公司，应有符合规定的注册资本最低限额，并且具有法定验资机构出具的验资证明。在永安公司注册资本实际到位不到 1 亿元的情况下，其却获得了验资证明。《保险法》（1995）第 78 条规定，"保险公司成立后应当按照其注册资本总额的 20% 提取保证金，存入金融监督管理部门指定的银行，除保险公司清算时用于清偿债务外，不得动用。"在后来的《暂行规定》中的第 26 条明确要求，"在特定区域内开办业务的保险公司向注册地的中国人民银行省、自治区、直辖市、计划单列市分行交存保证金。"按照永安 6.8 亿元的注册资本数额，它应向中国人民银行陕西省分行交存保证金 1.36 亿元，在公司只有货币资金 8800 万元的时候，它是如何满足这项要求的？虽然虚假的验资证明可以通过非法手段取得，但永安是确实没有满足应向中国人民银行陕西省分行交存保证金 1.36 亿元的要求。

提供虚假验资证明的机构将受到《中华人民共和国公司法》的处罚。作为地方监管者（中国人民银行陕西省分行），在知晓永安保证金不足的情况下却仍然允许其营业达 1 年之久，这一现象的产生与中国存在的地方保护主义不无关系。保险公司的设立应属于市场行为，而从实际来看，市场的准入带有强烈的政府色彩。在得到地方政府的支持之后，有法不依、执法不严的现象十分普遍，如何能够切实地依法办事已成为发展中国保险业甚至是发展中国市场经济的当务之急。作为中央监管者，由于保险管理力量薄弱等原因，其对保险业的监管往往偏重于机构设置，而轻视业务监督，监管力度明显不足。虽批准设立了一批地方性保险公司，但对其业务稽核、监督和管理，远远滞后于保险业的发展，因此出现了永安等违法违规的混乱现象。允许资本金不到位的保险公司进行经营，短期来看可以壮大我国保险业，但这是以牺牲投保人的利益为代价的。

实战训练

2009 年 4 月，某县的县政府和县委考虑到近年来的麦收季节均发生严重的暴雨和麦场火灾、触电事故，为了解决广大农民的后顾之忧，决定成立一家直属县政府的"保险公司"，按照每户 5 元的标准摊收公司资本，共收得 62 万元。同时，该"保险公司"与各村村民委员会签订了麦田损失保险合同和麦场火灾保险合同。麦收期间，若干村子因发生麦场火灾，造成收获的麦子和其他财产的损失。于是，受灾村子的村民委员会手持上述保险合同，要求保险公司予以保险赔偿。但是，得到的答复却是该保险公司因管理不善，严重亏损而无力支付保险赔偿款项。

问题：

这家直属县政府的"保险公司"是否符合我国《保险法》规定的设立条件和程序？